21世纪普通高等学校工程管理专业规划教材

住建部高等学校工程管理专业指导委员会　审订

工程项目管理(上)

(第2版)

主　编　乐　云　谢琳琳

武汉理工大学出版社

·武汉·

【内 容 提 要】

本书内容涵盖了工程项目管理的基本概念,项目管理的组织理论,项目目标控制原理,项目策划、投资控制、进度控制、质量控制等的基本方法,采购与合同管理、安全管理与环境管理、信息管理等的概念及其理论。

本书注重理论和实践紧密结合,系统地总结了国内外工程管理的最新经验;同时从培养学生从事工程项目管理的基本能力出发,重点讲述了工程项目管理的基本理论和实际方法,具有很强的针对性和实用性。

本书是武汉理工大学出版社出版的工程管理专业本科系列教材中的一本,主要用于工程管理专业的"工程项目管理"平台课程的教学,也可用于土建学科其他专业的"工程项目管理"课程的教学。本书还可供政府管理部门、建设单位、设计单位、工程管理咨询单位、科研单位和施工单位参考。

图书在版编目(CIP)数据

工程项目管理.上册/乐云,谢琳琳主编.—2版.—武汉:武汉理工大学出版社,2019.12
ISBN 978-7-5629-5837-6

Ⅰ.① 工…　Ⅱ.① 乐…　② 谢…　Ⅲ.① 工程项目管理　Ⅳ.① F284

中国版本图书馆 CIP 数据核字(2019)第 002599 号

项目负责人:王兆国	责 任 编 辑:王兆国
责 任 校 对:雷红娟	排　　　版:翰之林

出 版 发 行:武汉理工大学出版社
地　　　址:武汉市洪山区珞狮路 122 号
邮　　　编:430070
网　　　址:http://www.wutp.com.cn
经 销 者:各地新华书店
印 刷 者:武汉市天星美润设计印务有限公司
开　　　本:787×1092　1/16
印　　　张:20
字　　　数:512 千字
版　　　次:2019 年 12 月第 2 版
印　　　次:2019 年 12 月第 1 次印刷
定　　　价:45.00 元

第 2 版前言

《工程项目管理(上)(第 2 版)》以高等学校工程管理和工程造价学科专业指导委员会编制的《高等学校工程管理本科指导性专业规范》为指导,紧密结合我国建筑业改革实践、项目管理创新实际以及对复合型工程管理及相关专业学生能力培养最新要求,在继承了第 1 版的编写体例基础上,重新编写。

本次改版主要做了以下 5 个方面的充实完善:

(1)教材第 2 章,充实了工程项目组织模式、组织行为及项目治理等内容及案例;

(2)教材第 3 章,重新编排项目策划内容,补充了多个最新案例;

(3)教材第 4 章,充实了风险管理内容;

(4)教材第 10 章,补充了 BIM 协同管理平台及其技术支撑、平台构建、应用流程,增加了 BIM 应用案例;

(5)更新了项目管理前沿理论、质量管理体系文件、标准合同文本等内容,充实了工程项目职业健康安全与环境管理等内容。

本教材内容体系完整,知识结构新颖,案例与知识耦合度高,所述方法可操作性强。本版教材较之上一版,具有以下特色:

(1)既强调项目管理知识的系统性又考虑工程实际的操作性。针对本科教学需求和教学特点,在保证知识体系完整的基础上,强调培养学生的实际操作能力。本版教材的编写融入了编者长期工程实践经验和前沿理论研究成果,力求把这些知识和经验融会贯通到本版教材中,让学生知道如何在项目管理各个阶段运用理论知识。

(2)强调理论和实践的紧密结合。全书在注重介绍工程项目管理的基本概念与基本原理的同时,引进了较多的管理案例,将基本原理与管理案例有机结合,图文并茂和通俗易懂,使读者加快、加深对工程项目管理客观规律的认识和掌握。

(3)注重基本概念原理的准确性,并体现当下本领域发展的创新性。本版教材对项目管理的概念内涵、项目策划、项目组织等基础知识,从多个维度展开尽可能全面、详尽的论述,力求用清晰明了的语言鞭辟入里地剖析项目管理理论框架;同时,以前沿理论探讨结合工程实际来审视当下本领域发展的新趋势,例如重大工程治理问题、BIM 技术应用问题等。

本书由同济大学乐云教授、华南理工大学谢琳琳副教授担任主编。第 1 章、第 2 章、第 3 章、第 6 章、第 10 章,以及各章的案例分析由乐云撰写;第 4 章、第 5 章、第 7 章、第 8 章、第 9 章由谢琳琳撰写。全书由乐云教授统稿。华南理工大学硕士研究生贺迪、韩婷、许庭等同学为本书的出版做了许多有益的工作,在此一并表示谢意。

编 者

2018 年 10 月 6 日

第 1 版前言

我国基本建设领域正在逐步与国际接轨,工程项目管理作为一种成熟的管理理念和管理模式,日益受到人们的广泛重视。为了给建设领域培养合格的人才,我国许多高等院校工程管理和土木工程等专业本科生教学的管理平台课程中都开设了工程项目管理课程,有些学校还面向更广的范围开设选修课。新世纪的工程项目管理出现了许多新的理论发展和实践变化,为了满足教学需要,更新工程项目管理教材已经成为当务之急。武汉理工大学出版社适应形势所需,组织编写了一套工程管理专业本科教材,本书为本系列教材中的一本。

本书依据高等学校土建学科教学指导委员会和工程管理专业指导委员会所编制的《全国高等学校土建类专业本科教育培养目标和培养方案及主干课程教学基本要求——工程管理专业》编写,遵循工程管理专业本科教学的管理平台课程"工程项目管理(一)"的基本要求编写。

本书具有三方面的特色:第一是全面。对工程项目管理实践中所需的知识进行了全面的介绍,并注意与相关课程的衔接。第二是新颖。特别注重内容更新,补充了工程管理最新理论和发展动态,与国家现行的法律法规制度相一致,具有鲜明的时代特征,同时考虑到作为教材这一特点,对理论知识只介绍成熟的理论。第三是实用。紧密联系工程管理实践,注意增加工程管理工作中所需要的实务知识。此外,本书内容充实新颖,阐述严谨而不失活泼,体系设计合理,可读性强。

本教材主编由同济大学经济与管理学院建设管理与房地产系主任乐云教授担任,副主编由何清华、谢琳琳担任,主审由黄如宝教授担任。任俊山在教材编写中做了大量的工作。其他参编人员有高显义、李永奎、彭勇、罗晟、刘海峰、陈绍甲、卢昱杰等。

特别感谢同济大学经济与管理学院和上海科瑞建设项目管理有限公司在本教材编写中给予的大力支持。

由于作者水平有限,书中缺点和错误在所难免,诚请同行专家不吝赐教,并欢迎广大老师、同学、读者朋友批评指正。

编　者

2008 年 6 月

目　　录

1

概　论

本章提要

本章主要阐述工程项目的含义和特点、工程项目管理的定义、项目管理的类型和任务,以及国内外工程项目管理的背景和发展趋势。

1.1 工程项目的含义和特点

1.1.1 项目的含义和特点

项目存在于我们生活的方方面面,在社会经济和文化生活的各个方面都存在项目。如建设项目、航天项目、软件开发项目、国防项目、科研项目、文化娱乐项目等。小到日常的工作会议,大至国际瞩目的奥运会、世博会,都是项目。可以这么说,项目已经成为日常生活中不可缺少的组成部分。

根据美国项目管理学会的定义,项目是创造独特产品、提供独特服务、达到独特结果的临时性工作(A temporary endeavor undertaken to create a unique product,service or result)。对于项目定义的理解,应注意以下三个方面。

1.1.1.1 一次性
项目与时间紧密相关,具有明确的开始和结束时间,因此需要对项目进度进行控制。

1.1.1.2 特定的产品或服务
项目的特定性表现在两个方面:任何项目都具有自身特定的目标,也都具有特定的限制条件;任何产品或服务总是以一些显著的方式区别于其他任何类似的产品或服务,不存在两个完全相同的项目。

1.1.1.3 多方参与
项目目标的实现往往都是有难度的,因此可能需要多个组织共同参与和努力。以建设工程项目为例,由于各参与单位的工作性质、工作任务和利益不同,形成了不同类型的建设工程项目管理,包括项目业主项目管理(OPM)、设计方项目管理(DPM)、施工方项目管理(CPM)和材料设备供应方项目管理(SPM)等。

从项目管理的角度而言,项目是一个专门术语,它具有以下几个基本特点:

(1)目标性

一个项目必须有明确的目标,这种目标从广义的角度看,表现为项目创造的独特产品或提供的独特服务,具体包括产品或服务应具有的性能、使用功能、应达到的技术指标等。这类目标称为项目的成果性目标,也就是项目的最终目标。

(2)约束性

任何项目都是在一定的限制条件下进行的,包括资源条件(人力、财力和物力等)和人为约束,其中质量(工作标准)、进度、费用是项目普遍存在的三个主要约束条件。这类限制条件也称为项目的约束性目标,是项目管理的主要目标。此外,项目的完成还要受到环境条件的约束,包括自然环境和社会法律环境。例如,恶劣的气候条件会对项目的建设和生产造成负面影响;环境保护法又对项目建设和生产过程中废弃物的标准有所规定。

(3)唯一性

项目是一次性的任务,由于目标、环境、条件、组织和过程等方面的特殊性,每一个项目都有其独特性;项目不会重复,不存在两个完全相同的项目。即使在形式上非常相近的两个项目,也可能存在着非常显著的差别。如北京奥运会和雅典奥运会虽然都是现代奥林匹克运动会,但它们的举办时间、举办地点、组织形式、风险程度都不同。所以,项目与项目之间无法等同,无法替代。

(4)临时性

任何项目都有其确定的时间起点和终点,只存在于有限的一段时间内。项目管理的组织形式和管理手段必须适应项目临时性的特点,如项目组织机构随着项目开始而建立;在项目实施的过程中往往需要进行动态调整;项目完成后,项目管理的组织机构将解散。

(5)不确定性

项目是一次性任务,是经历不同阶段而完成的。通常前一阶段的结果是后一阶段继续进行的依据和条件。不同阶段的条件、要求、任务和成果是变化的,存在很多不确定性的因素,因此,项目管理应该是动态的管理。

(6)整体性

项目是一系列活动的有机结合,从而形成一个完整的过程。在项目进展过程中,各阶段的管理应服从全过程的管理目标,局部利益应服从整体利益。项目管理应充分运用系统工程的思想、组织、方法和手段。

1.1.2　工程项目的含义和特点

1.1.2.1　工程项目的内涵

(1)工程项目是一种既有投资行为又有建设行为的项目,其目标是形成固定资产。工程项目是将投资转化为固定资产的经济活动过程。

(2)工程项目是一次性任务。

(3)对一个工程建设项目范围的认定标准,是具有一个总体设计或初步设计的。凡属于一个总体设计或初步设计的项目,不论是主体工程还是相应的附属配套工程,不论是由一个还是由几个施工单位施工,不论是同期建设还是分期建设,都只能作为一个工程项目。

（4）工程项目是在一定的组织机构内进行，一般由一个组织或几个组织联合完成。

1.1.2.2　工程项目的特点

工程项目除了具有一般项目的基本特点外，同时还具有自己的特点。工程项目的特点可归纳为以下几个方面：

（1）具有明确的建设目标

如建设一个住宅小区、建设一座发电厂、修建一座桥梁等。

（2）具有明确的质量、进度和费用目标

工程项目受到多方面条件的制约：一是时间约束，即要有合理的工期时限；二是资源约束，即要在一定的人力、财力和物力投入条件下完成建设任务；三是质量约束，即要达到预期的使用功能、生产能力、技术水平、产品等级的要求。这些约束条件构成了项目管理的主要目标，即质量目标、进度目标和费用目标。

（3）一次性

工程项目的一次性特征包括建设地点的固定性以及产品的唯一性。

工程项目包括一定的建筑工程和安装工程，其建设成果和建设过程固定于某一地点，都必须受到项目所在地的资源、气候、地质等条件制约，受到当地政府及社会文化的干预和影响。因此，工程项目的固定性使项目实施过程中干扰的因素增多，加大了项目管理的难度。

工程项目产品的唯一性是由建设成果和建设过程的固定性、设计的单一性、施工的单件性、管理组织的一次性所决定的，这有别于一般商品的批量生产过程。如一栋住宅有其自己的设计图纸，即使采用同样型号标准图纸建设的两栋住宅，由于建设时间、建设地点、建设条件、施工队伍等不同，两栋住宅也存在差异。

（4）整体性

一个工程项目往往包括多个单项工程，单项工程又包括多个单位工程。如要修建一所学校，该工程项目可由教学楼、宿舍、办公楼、图书馆、食堂等单项工程组成。其中教学楼项目可由土建工程、水暖工程、电气工程等单位工程组成。土建工程又可细分为基础工程、主体工程、装饰工程等分部工程。因此各项工程只有形成一个完整的系统，才能实现项目的整体功能。任何一个子项目的失败都有可能影响整个项目。项目建设包括多个阶段，各阶段紧密联系，各阶段的工作都对整个项目能否顺利完成产生影响。

（5）管理的复杂性

工程项目管理的复杂性主要表现在五个方面：一是工程项目涉及的单位多，各种关系的协调工作量大；二是工程技术的复杂性，许多应用新技术、新材料和新工艺的设备不断出现；三是项目的建设规模越来越大，包含的单项工程越来越多；四是社会政治经济环境对工程项目的影响越来越复杂，特别是对一些跨地区、跨行业的大型工程项目；五是工程项目要经历项目构思、决策、设计、施工、验收及试运转、投入运营等过程，项目的建设周期和使用周期长，因此增加了管理和协调的难度。

1.1.3　工程项目全寿命周期

工程项目全寿命周期是指工程项目从设想、研究决策、设计、建造、使用，直到项目报废所经历的全部时间,通常划分成 3 个阶段,即项目的决策阶段、实施阶段和使用阶段(也称为运营阶段)。传统概念的项目管理即指项目实施阶段的项目管理(Project Management)。在整个项目全寿命周期中,项目决策阶段的管理通常称为开发管理(Development Management),项目使用阶段的管理通常称为设施管理(Facility Management),也称为物业管理。如图 1.1 所示,工程项目的全寿命周期中,项目决策阶段和项目实施阶段的边界是项目立项,项目实施阶段和项目使用阶段的边界是项目开始动用。

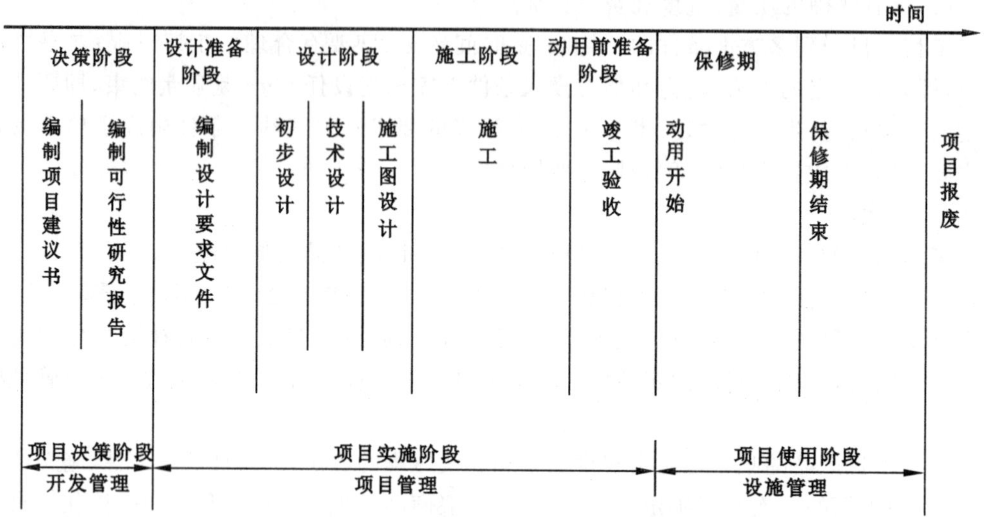

时间								
决策阶段		设计准备阶段	设计阶段			施工阶段	动用前准备阶段	保修期	
编制项目建议书	编制可行性研究报告	编制设计要求文件	初步设计	技术设计	施工图设计	施工	竣工验收	动用开始	保修期结束	项目报废
项目决策阶段		项目实施阶段						项目使用阶段	
开发管理		项目管理					设施管理		

图 1.1 工程项目全寿命周期

1.1.3.1 决策阶段

工程项目决策阶段的工作包括编制项目建议书和编制项目可行性研究报告,其主要任务是确定项目定义,即确定项目建设的任务、投资目标、质量目标和工期目标等。项目建议书阶段进行投资机会分析,提出建设项目投资方向的建议,是投资决策前对拟建项目的轮廓设想。可行性研究阶段是在项目建议书的基础上,综合运用多种学科方法对拟建项目从建设必要性、技术可行性和经济合理性等方面进行深入调查、分析和研究,为投资决策提供重要依据。

1.1.3.2 实施阶段

工程项目实施阶段的主要任务是完成建设任务,并使项目建设的目标尽可能好地实现,可细分为设计准备阶段、设计阶段、施工阶段、动用前准备阶段和保修阶段。其中设计准备阶段的主要工作是编制设计任务书;设计阶段的工作内容是进行初步设计、技术设计和施工图设计;施工阶段的主要工作是按照设计图纸和技术规范的要求,在建设场地上将设计意图付诸实施,形成工程实体;动用前准备阶段的主要工作是进行竣工验收和试运转,全面考核工程项目的建设成果,检验设计文件和工程产品的质量;保修阶段的主要工作是维修工程因建设问题所产生的缺陷,了解用户的意见和工程的质量。由于招标工作分散在设计准备阶段、设计阶段和施工阶段中进行,因此这里不单独划分招标阶段。

1.1.3.3 使用阶段

项目使用阶段的工作包括设施管理等,以确保项目的运行或运营,使项目能保值或增值。需要指出的是,虽然保修期已进入项目的使用阶段,但是在保修期结束前,有些项目实施的合同尚未终止,从项目管理的角度,应把保修期的管理工作纳入项目实施阶段管理的范畴。保修期的项目管理与运营期的设施管理在时间上是交叉的。

根据项目全寿命周期的概念,作为业主方的项目管理应该涵盖项目全过程,从前期策划直到工程项目使用阶段结束。而项目管理可以采取自行管理或委托项目管理的方式。按照我国现行法规和市场现状,业主方委托项目管理有以下四种模式:

(1)施工阶段委托代表项目业主利益的项目管理,即现行的工程建设监理;

(2)委托包括设计阶段和施工阶段在内的项目管理,即实施阶段的项目管理;

(3)委托从项目决策阶段到施工阶段的项目管理,即项目建设的全过程管理,包括项目前期策划与实施阶段的项目管理;

(4)委托从项目决策阶段至使用阶段的项目管理,即项目全寿命周期管理,包括项目前期策划、实施阶段的项目管理与使用阶段的设施管理。

1.2 工程项目管理的定义

由于在目标实现过程中,工程项目受到种种限制条件的约束,可利用的资源是有限的,不同利益的项目参与方需要协调和控制,因此为了实现项目的目标,必须进行项目管理。

1.2.1 管理的定义

管理是由多个环节构成的有限次循环过程,如图 1.2 所示。

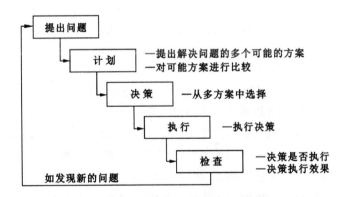

图 1.2 管理的有限次循环过程

(1)提出问题

管理工作与科学研究的区别之一在于,科学研究首先是假设问题,然后再通过实验论证假设的成立与否;而管理工作首先是发现或预见实践中存在的问题,其问题是生活、工作中客观存在的。

(2)计划

根据提出的问题,设计不同的备选解决方案。方案内容包括计划达到的目标、实现目标的措施和行动计划等，以便于项目决策者选择。管理计划也可称为管理规划和管理策划。

（3）决策

从多方案中选择最适合的计划作为最终方案。选择的因素包括目标的满意程度、计划的可行性、实施成本以及风险因素等。

（4）执行

按计划规定的方法及要求执行决策。

（5）检查

在执行过程中，要动态跟踪执行的情况和效果，及时总结或发现计划执行过程中的经验和缺陷。检查内容包括两个方面：决策是否被严格、真实地执行，以及决策执行效果是否符合计划的要求。检查中如发现新的问题，又可以对新问题进行计划、决策、执行和检查。因此，管理是一个由有限次环节组成的循环过程。

1.2.2 工程项目管理的定义

美国项目管理学会（Project Management Institute，PMI）对广义的项目管理的定义是：项目管理是一种将知识、技能、工具和技术投入到项目活动中去的综合应用过程，目的是为了满足或超越项目所有者对项目的需求和期望。其中，项目所有者对项目的需求和期望由彼此之间既相互竞争又保持动态均衡的因素构成，包括项目的范围、时间、成本和项目品质，对项目持有不同需求和期望的项目所有者，对项目明确的要求（需求）以及不明确的要求（期望）。（Project Management is the application of knowledge, skills, tools, and techniques to project activities in order to meet or exceed stakeholder needs and expectations from a project. Meeting or exceeding stakeholder needs and expectations invariably involves balancing competing demands among: scope, time, cost and quality; stakeholders with differing needs and expectations; identified requirements (needs) and unidentified requirements (expectations).）

英国皇家特许建造学会（The Chartered Institute of Building，CIOB）对工程项目管理的定义是：工程项目管理可以被定义为贯穿于项目开始至完成的一系列计划、协调和控制工作，其目的是为了在功能与财务方面都能满足客户的需求。客户对项目的需求表现为：项目能够在确定的成本和要求的质量标准前提下及时地完成。（Project Management may be defined as an overall planning, co-ordination and control of a project from inception to completion aimed at meeting a client requirements in order to produce a functionally and financially viable project that will be completed on time within authorized cost and to the required quality standards.）

我国对工程项目管理的定义是：工程项目管理是从项目开始至项目完成，通过项目计划和项目控制，以使项目的费用目标、进度目标和质量目标尽可能好地实现的过程。

根据上述工程项目管理的定义，工程项目管理（Project Management）主要内容由项目计划（Project Planning）和项目控制（Project Control）构成，以公式化文字表示，即

$$PM = PP + PC$$

对于工程项目管理的理解,应注意以下几个方面的含义:

(1)"从项目开始至项目完成"指的是项目管理的时间范畴。传统的项目管理时间范畴特指项目实施阶段。项目寿命周期集成化管理的时间范畴包括项目寿命周期全过程——项目决策阶段、项目实施阶段和项目使用阶段。

(2)"项目计划和项目控制"是指工程项目管理的主体内容。项目计划指的是在项目前期,明确项目定义、构建项目目标以及为实现项目目标而制订计划等一系列工作;项目控制指的是在项目目标建立以后,通过组织、管理、经济、技术等措施,确保项目目标得以实现的过程。

(3)"投资目标"既包括项目实施阶段费用成本的降低,也包括项目使用阶段投资收益的增长和运营成本的降低。投资目标是针对工程项目的业主方而言,对项目施工方而言的是成本目标。

(4)"进度目标"是在资源、投资限制、质量要求等条件的约束下,通过对进度影响因素实施控制及各种关系协调,综合运用各种可行方法、措施,将项目的计划工期控制在事先确定的目标工期范围之内,在兼顾成本、质量控制目标的同时,努力缩短建设工期。

(5)"质量目标"是三大目标中最重要的目标,是投资目标、进度目标的基础。质量目标的实现既体现为满足项目投资方的要求和期望,也体现在符合相关法律、法规的规定,满足项目合同的要求以及社会效益的提高、环境的保护等诸多方面。

(6)投资目标、进度目标和质量目标之间既有矛盾的一面,也有统一的一面,三者的关系是对立、统一的关系。

一个项目往往由许多参与单位分别承担不同的工作任务,就同一项目而言,不同参与方的项目管理既有共性,又有特性。业主方的项目管理的工作内容都包括如下七项工作:

①投资控制;

②进度控制;

③质量控制;

④合同管理;

⑤信息管理;

⑥安全管理;

⑦组织协调。

1.2.3　工程项目管理的特点

与一般制造业企业生产过程相比,工程项目实施过程有其自身显著的特点。企业生产是批量生产,工程项目实施是单件生产;企业生产主要在车间实施,而项目是在特定的不同地点实施;企业生产是流水线作业,而项目实施是一次性的行为。如图1.3所示,上述项目实施与企业生产的不同特点决定了项目管理与企业管理的不同特征,也决定了项目管理本质的特点。

工程项目管理最主要的特点体现在两个方面:一是工程项目计划的重要性与多变性;二是组织协调的关键性。

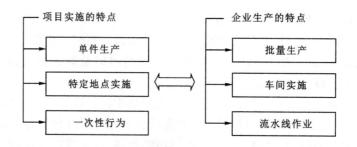

图 1.3 项目实施与企业生产的主要特点对比

1.2.3.1 工程项目计划的重要性与多变性

为了实现工程项目目标,必须重视项目的计划。由于项目实施具有单件性、一次性,并受特定限制条件的约束,造成了任何工程项目目标的确定和工程项目实施的过程都没有完全可以借鉴的计划和经验,因此,工程项目计划在项目管理过程中十分重要。

另外,由于工程项目实施过程容易受到干扰,所以工程项目管理计划又具有多变性的特点,主要表现为:

(1)项目计划种类的多样性

不同的项目目标,对应不同的项目计划;而在相同的项目目标下会有不同深度的项目计划,直接影响到项目的实施过程。项目计划的深度不同,反映的是对项目计划的重视程度不同。项目计划应当具有详细的投资分解结构,并符合工程项目实际,以利于项目实施中的控制和调整。若项目计划不够详细、不符合实际,则不能很好地支撑项目实施。

(2)项目计划的逐层细化

项目的投资、进度计划随着工程的逐步开展而逐层细化,如进度计划由计划总工期逐渐细化为粗横道图、细横道图、网络图、时标网络图等。

以工程项目投资计划为例,工程项目全过程开展的主要工作包括项目可行性研究、设计要求文件编制、方案设计、初步设计、施工图设计、施工招投标、合同谈判等。随着项目可行性研究、方案设计、初步设计、施工图设计等工作的深入,相应每个阶段项目投资目标的精确度、参考依据、参考定额发生变化,因此伴随着上述工作的开展,需要不断重新确定项目的投资目标。例如,在项目可行性研究阶段明确的项目投资目标,称为匡算;依据方案设计明确的项目投资目标,称为估算;依据初步设计明确的项目投资目标,称为概算;依据施工图设计明确的项目投资目标,称为预算;在施工招投标工作中明确的项目投资目标,称为标底等等。整个建设工程项目投资目标的不断深化和明确过程,统称为工程项目的多次计价,如图 1.4 所示。

(3)组织结构的多次调整

组织结构将在项目的不同阶段进行调整。如项目早期可能仅是一个小型的研究组织;进入设计阶段可能采用直线式组织,或由一职能经理领导进行项目规划、设计以及合同谈判;在施工阶段可能是一个矩阵式的组织,以生产管理为主。

(4)招标方案的多次调整

招标方案将随着项目进展而调整,在设计阶段要进行设计单位的招标,在施工阶段要进行承包商、分包商、材料和设备供应商以及工程监理单位的招标。

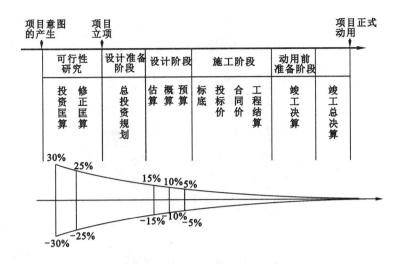

图 1.4 工程项目多次计价过程

(5)风险管理的内容和重点的不断变更

风险管理的内容和重点会随着项目的推进不断发生变化,如在项目决策阶段主要面临着决策风险,体现在对投资决策、总体方案确定、设计或施工单位的选择方面;在项目实施阶段主要面临着组织与管理风险、技术风险、自然风险等;在项目使用阶段主要面临着市场风险和生产安全风险等。

由此可见,正因为项目本身会不断变化,才更需要项目计划,而且要多次计划、逐步细化、调整计划、修订计划,这正是引入项目管理概念的原因之一。引申到项目管理的哲学思想,即变化是绝对的,不变是相对的;平衡是暂时的,不平衡是永恒的。

1.2.3.2 组织协调的关键性

项目往往发生在不同的特定地点,在相对开放的环境下进行,需要多个组织的共同参与。因此,项目管理是多个组织共同工作的跨组织管理。

工程项目实施往往不是一个企业或部门完成的,它的产品是建筑物,但是工程项目的业主并不直接从事生产活动,而是委托专业公司承担,并且委托的不止一家单位,如图 1.5 所示。

工程项目的业主本身不从事设计,而委托设计单位承担;本身不从事施工,而委托施工单位承担;本身不从事设备安装,而委托设备安装单位承担。当生产活动都可以外包的时候,生产活动就成为跨组织的活动。由于专业技术可以由外包的专业组织提供,因此,跨组织活动的工作中心不再是技术,而是组织和协调。项目业主与这些单位相互之间也不是简单的上下级之间的关系,因此不能简单地像制造业一样,用公司管车间、车间管班组的内部指令关系来实现。

由于项目管理环境中各组织的目标、利益和工作性质并不相同,所以组织之间容易出现利益的抵触、目标的不一致,影响项目目标体系的最终实现。因此需要项目业主、项目经理团队通过合同、组织等手段明确组织间的权利、义务,规范组织间的行为,协调组织间的不平衡。根据组织之间是否存在合同关系,项目业主的组织协调工作分为基于合同关系的跨组织管理以及基于指令、协调关系的跨组织管理。

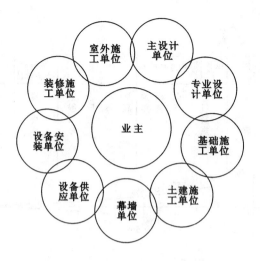

图 1.5 基于合同关系的跨组织团队

基于合同关系的跨组织管理是指项目业主与存在合同关系的组织之间的组织管理工作。以建设工程项目为例,项目业主需要委托多家单位共同工作,需要与多家单位签订合同。在合同环境下,许多具体专业工作可以通过契约的方式转交合同方承担,对于项目业主而言,其项目核心能力不再是专业工作能力,而体现为合同管理与组织、协调能力。合同管理的内容涵盖从合同模式的选择、合同条款和计价方式的拟定、招投标管理、合同谈判到合同履行过程管理的全过程。因此项目投资方需要强有力的招标、采购和合同管理团队。

基于指令、协调关系的跨组织管理是指项目业主与非合同关系的组织之间的组织管理工作。与传统企业管理不同,项目管理是一个开放式系统,在合同关系的项目组织系统之外,还存在许多外部组织或团体,如图 1.6 所示。

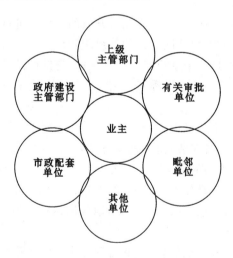

图 1.6 基于非合同关系的跨组织团队

工程项目外部非合同关系的组织包括上级主管部门、政府建设行政主管部门、有关审批部门、市政配套部门等。这些组织虽然与项目业主不存在合同关系,不能通过合同手段规范彼此的权利、义务,但是同样对项目目标的实现起着重要作用,因此要求项目业主具有很强的组织、协调能力,处理好与此类组织的关系。

　　与项目计划一样,工程项目管理中的组织与协调对项目目标的实现也有着重要的意义。以工程项目的进度目标为例,由于工程项目管理系统是一个开放型的组织,影响项目进度目标的因素不仅有存在合同关系的建设参与各方、设计单位、施工单位、设备供应单位等,也有不存在合同关系,但是需要组织、协调的市政部门、政府审批部门、毗邻单位等。影响项目进度目标的因素不仅有技术的原因、资金的原因,也有气候的原因、政治的原因和组织、协调的原因,如图 1.7 所示。因此,项目管理者的组织能力、协调能力和管理能力决定着其对项目的控制能力,并直接影响项目的最终成败。

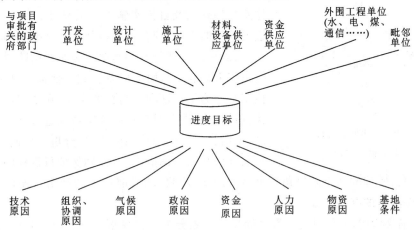

图 1.7　建设工程项目进度目标的影响因素

　　综上所述,由于工程项目实施与企业生产的主要特征不同(图 1.3),决定了工程项目实施不仅需要制造业生产所需的企业管理,还需要项目管理的理论与方法。而工程项目的管理特征是由工程项目的基本特征———一次性所决定。正因为工程项目是一次性事业,才导致项目实施过程的不确定性,导致了项目实施过程中容易受到多方干扰,导致项目实施方式和目的容易发生多次变化。其中项目实施的不确定性决定了工程项目需要多次计划;项目的干扰因素多决定了工程项目需要控制协调;项目实施的多变性决定了工程项目需要进行风险管理。因此,工程项目的主要特征都是由工程项目的基本特征所决定,如图 1.8 所示。

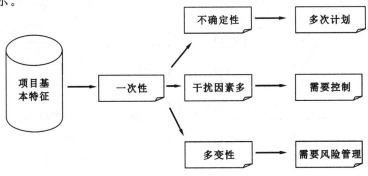

图 1.8　项目的基本特征与项目管理的主要特征

1.2.4 工程项目管理的过程

工程项目管理本身是一个过程,根据工程项目管理在不同时期所表现的不同特征,项目管理过程可以划分为若干阶段。美国项目管理学会PMI将广义项目管理的过程划分为5个标准阶段,分别是启动、计划、执行、控制和结束,其流程如图1.9所示。

图 1.9 PMI 项目管理的 5 个标准阶段

(1)项目管理的启动阶段标志着项目意图的确立和项目目标体系的明确,其主要工作是项目前期策划。

(2)项目计划阶段包括对启动过程确立的项目目标体系的细化以及目标实施方案的构建。为了适应项目进展的不断变化,项目计划也处于不断变化的过程中。

(3)项目管理的控制与执行是平行的阶段。执行是指组织人力、物力、财力以及协调其他资源以执行计划;控制是指为了保证项目目标的实现,在依据项目计划的执行过程中,需要对项目的执行情况进行动态跟踪和控制,定期将实际值与计划值比较,分析产生偏差的原因,采取针对性的纠偏措施,从而确保项目目标的实现。

(4)项目管理的结束阶段包括项目的调试、验收、动用前准备和动用后评估等一系列工作,确保项目的有序结束。

根据前文所述,工程项目全寿命周期可以划分为项目决策、实施和使用三个阶段。其中,工程项目实施阶段又可细分为设计准备阶段、设计阶段、施工阶段、动用前准备阶段和保修阶段五个阶段;而在每一个阶段分别有启动、计划、执行、控制和结束五个阶段。如图1.10所示,上一个阶段的结束就是下一个阶段的开始;上一阶段的输出,就是下一个阶段的输入。

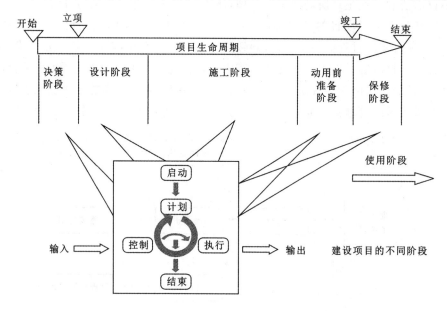

图 1.10 项目建设全过程管理的不同阶段

英国皇家特许建造学会 CIOB 在其《项目管理和项目建设与开发的实施规范》中针对建设工程项目在不同时期所表现的不同特征,将建设工程项目管理过程划分为如下 8 个阶段:

①启动阶段;

②可行性研究阶段;

③战略策划阶段;

④施工前准备阶段;

⑤施工阶段;

⑥工程设备试运行阶段;

⑦竣工、移交与使用阶段;

⑧竣工后评估/项目结束报告阶段。

1.2.5 工程项目管理的核心

工程项目管理就是运用各种知识、技能、手段和方法去满足或超出项目参与方对某个工程项目的要求,其核心任务是目标管理。工程项目管理的目标主要有三个:质量目标、进度目标和投资目标。因此投资控制、进度控制和质量控制构成了工程项目管理的三项核心内容。

(1)投资控制是指为保证在批准的预算内完成所有工程项目内容的建设,根据工程技术资料和行业数据等相关资料,计算和预测工程项目的全部费用,并在项目开展的各个阶段,采取一定的方法和措施,把投资支出控制在合理的或预先核定的范围内。

(2)进度控制是指在项目实施过程中,对各阶段的进展程度和项目最终完成的期限所进行的管理,目的是保证项目能按期实现总目标。其工作内容包括工作定义、工作顺序安排、工作时间估算、进度计划和进度控制。

(3)质量控制是指为保证工程项目的质量而进行的一系列管理工作。其内容包括建立和健全质量管理体系;按照工程项目建设程序,对工程项目决策阶段、设计阶段、施工阶段、验收阶段以及使用阶段的各项作业进行控制和监督。

此外,随着工程项目管理理论研究和实际经验的积累,除传统的三大管理目标外,现代工程项目管理还强调合同管理、组织协调、信息管理以及安全管理。

(1)合同管理是对项目合同的签订、履行、变更和解除等进行计划和控制的过程,其主要内容包括合同模式的选择、合同条款和计价方式的拟订、招投标管理与合同谈判、合同履行过程管理、合同索赔与反索赔等。

(2)组织协调是通过信息传递和信息交流化解不同利益主体方的矛盾,解决组织成员之间的障碍,协调项目目标因素之间的关系,调整项目各子系统内部、子系统之间、子系统与环境之间的管理,使系统结构达到均衡。

(3)信息管理是指对信息的收集、整理、存储、传播、利用等一系列工作的总称。信息管理的目的就是要通过有效的信息规划和组织,使管理人员能及时、准确地获得相应的信息。

(4)安全管理不仅涉及项目进展过程中对可能影响项目目标实现的风险问题的识别、

评估、决策和实施,也关系到人身的健康与安全。在建设工程项目管理中,安全管理是最重要的任务。

1.3　工程项目管理的类型和任务

1.3.1　工程项目管理类型概述

一个工程项目往往由许多参与单位承担不同的建设任务,而各参与单位的目的、利益、工作性质、要求和期望都不相同,就形成了不同类型的项目管理。按照工程项目不同参与方的工作性质和组织特征划分,工程项目管理包括如图 1.11 所示的几个类型。

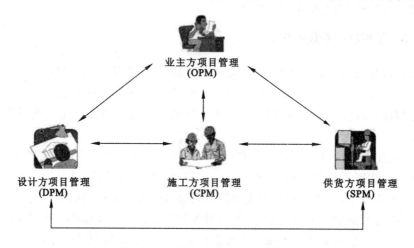

图 1.11　工程项目管理的不同类型

图中,咨询公司提供的代表业主方利益的项目管理服务属于业主方的项目管理;施工总承包方和分包方的项目管理属于施工方的项目管理;材料和设备供应方的项目管理都属于供货方的项目管理。

1.3.2　业主方项目管理的目标和任务

项目业主是指项目在法律意义上的所有人,它可能是单一的投资主体,也可能是各投资主体按照一定法律关系组成的法人形式。因此,业主方是建设工程项目生产过程的总集成者——人力资源、物质资源和知识的集成,业主方也是建设工程项目生产过程的总组织者。对于一个工程项目而言,虽然有不同参与方的项目管理,但是,业主方的项目管理是工程项目管理的核心。它的管理活动面向整个项目周期,对应于每一个阶段有不同的管理,包括开发管理、项目管理和设施管理,如图 1.1 所示。它的管理时间范畴是整个项目实施阶段,包括设计准备阶段、设计阶段、施工阶段、动用前准备阶段和保修阶段。

业主方项目管理代表业主方利益,对实现最终的项目成果目标负责。项目成果目标即形成特定的固定资产,满足一定的使用需要或形成一定的生产能力。因此,业主方项目管理目标是项目实施过程中的总体约束目标,即投资目标、进度目标和质量目标。

（1）投资目标,指的是项目的总投资目标。

（2）进度目标,指的是项目动用的时间目标,即项目交付使用的时间目标,如工厂建成可以投入生产、道路建成可以通车、办公楼可以启用、旅馆可以开业的时间目标等。

（3）质量目标,指的是整个项目的质量,不仅涉及施工的质量,还包括设计质量、材料质量、设备质量和影响项目运行或运营的环境质量等。质量目标包括满足相应的技术规范和技术标准的规定,以及满足业主方相应的质量要求。

由于业主方项目管理的目标是针对整个项目以及项目实施全过程的,所以只有从业主方的角度,才能统筹全局,把握整个项目管理的目标和方向。而项目管理三大目标之间既存在着内在联系又相互制约,既有矛盾的一面,也有统一的一面。例如,要加快进度往往需要增加投资,欲提高质量往往也需要增加投资,过度地缩短进度会影响质量目标的实现,这都表现了目标之间关系矛盾的一面;但通过有效的管理,在不增加投资的前提下,也可缩短工期和提高工程质量,这又反映了目标之间关系统一的一面。因此业主在项目管理过程中要注重协调和平衡三大目标之间的关系,力求以资源的最优配置实现工程项目目标。在实际工作中,通常以质量目标为中心,如果投资目标和进度目标与质量目标发生矛盾时,应服从质量目标;如果投资目标与进度目标发生矛盾时,应根据项目性质和当时的条件,进行时间-费用分析。在项目的不同阶段,对各目标的控制也会有所侧重,如在项目前期,具有较大的节省投资的可能,应以投资目标的控制为重点;在项目后期,大量资金已经投入,工期延误将造成重大损失,应以进度目标控制为重。总之,三大目标之间应相互协调,达到综合平衡。

业主方项目管理工作涉及工程项目实施阶段的全过程。按项目实施阶段,对业主方项目管理的任务可以进一步分解为设计准备阶段、设计阶段、施工阶段、动用前准备阶段和保修阶段五个阶段的任务。每一个阶段的项目管理工作任务都包括项目管理工作的七项基本内容,即质量控制、投资控制、进度控制、合同管理、信息管理、安全管理和组织协调。因此,建设工程业主方项目管理的任务共由 35 项构成,具体如表 1.1 所示。

表 1.1　业主方项目管理的任务

	设计准备阶段(1)	设计阶段(2)	施工阶段(3)	动用前准备阶段(4)	保修阶段(5)
投资控制(A)	A-1	A-2	A-3	A-4	A-5
进度控制(B)	B-1	B-2	B-3	B-4	B-5
质量控制(C)	C-1	C-2	C-3	C-4	C-5
合同管理(D)	D-1	D-2	D-3	D-4	D-5
信息管理(E)	E-1	E-2	E-3	E-4	E-5
安全管理(F)	F-1	F-2	F-3	F-4	F-5
组织和协调(G)	G-1	G-2	G-3	G-4	G-5

1.3.3　设计方项目管理的目标和任务

设计方作为工程项目建设的一个参与方,其项目管理主要服务于项目的整体利益和设计方本身的利益。其项目管理的目标包括设计的成本目标、设计的进度目标和设计的质量目标,以及项目的投资目标。项目的投资目标的实现与设计工作密切相关。

设计方的项目管理工作主要在设计阶段进行,但它也涉及设计前的准备阶段、施工阶段、动用前准备阶段和保修阶段。

设计方项目管理的任务包括:

(1)设计成本控制和与设计工作有关的工程造价控制;

(2)设计进度控制;

(3)设计质量控制;

(4)设计合同管理;

(5)设计信息管理;

(6)与设计工作有关的安全管理;

(7)与设计工作有关的组织和协调。

1.3.4　施工方项目管理的目标和任务

施工方作为项目建设的一个参与方,其项目管理主要服务于项目的整体利益和施工方本身的利益。其项目管理的目标包括施工的成本目标、施工的进度目标和施工的质量目标。

施工方的项目管理工作主要在施工阶段进行,但它也涉及设计准备阶段、设计阶段、动用前准备阶段和保修阶段。在工程实践中,设计阶段和施工阶段往往是交叉的,因此施工方的项目管理工作也涉及设计阶段。

施工方项目管理的任务包括:

(1)施工成本控制;

(2)施工进度控制;

(3)施工质量控制;

(4)施工合同管理;

(5)施工信息管理;

(6)施工安全管理;

(7)与施工有关的组织与协调。

施工方是承担施工任务的单位的总称,它可能是施工总承包方、施工总承包管理方、施工分包方,或建设项目总承包的施工任务执行方,或仅仅提供施工的劳务方。当施工方担任的角色不同,其项目管理的任务和工作重点也会有差异。

施工总承包方(General Contractor,GC)对所承包的建设工程承担施工任务的执行和组织的总的责任,它的主要管理任务如下:

(1)负责整个工程的施工安全、施工总进度控制、施工质量控制和施工的组织等;

(2)控制施工的成本(这是施工总承包方内部的管理任务)。

施工总承包方是工程施工的总执行者和总组织者,它除了完成自己承担的施工任务以外,还负责组织和指挥它自行分包的分包施工单位和业主指定的分包施工单位的施工(业主指定的分包施工单位有可能与业主单独签订合同,也可能与施工总承包方签约,不论采用何种合同模式,施工总承包方应负责组织和管理业主指定的分包施工单位的施工,这也是国际的惯例)。施工总承包方的管理任务有:

(1)负责施工资源的供应组织;

(2)代表施工方与业主方、设计方、工程监理方等外部单位进行必要的联系和协调等。

施工总承包管理方(Managing Contractor,MC)对所承包的建设工程承担施工任务组织的总责任,它的主要特征如下:

(1)一般情况下,施工总承包管理方不承担施工任务,它主要进行施工的总体管理和协调。如果施工总承包管理方通过投标(在平等条件下竞标),获得一部分施工任务,则它也可参与施工。

(2)一般情况下,施工总承包管理方不与分包方和供货方直接签订施工合同,这些合同都由业主方直接签订。但若施工总承包管理方应业主方的要求,协助业主参与施工的招标和发包工作,其参与的工作深度由业主方决定。业主方也可能要求施工总承包管理方负责整个施工的招标和发包工作。

(3)不论是业主方选定的分包方,或经业主方授权由施工总承包管理方选定的分包方,施工总承包管理方都承担对其的组织和管理责任。

(4)施工总承包管理方和施工总承包方承担相同的管理任务和责任,即负责整个工程的施工安全、施工总进度控制、施工质量控制和施工的组织等。因此,由业主方选定的分包方应经施工总承包管理方认可,否则它难以承担对工程管理的总责任。

(5)负责组织和指挥分包施工单位的施工,并为分包施工单位提供和创造必要的施工条件。

(6)与业主方、设计方、工程监理方等外部单位进行必要的联系和协调等。

分包施工方承担合同所规定的分包施工任务,以及相应的项目管理任务。若采用施工总承包或施工总承包管理模式,分包方(不论是一般的分包方,或由业主指定的分包方)必须接受施工总承包方或施工总承包管理方的工作指令,服从其总体的项目管理。

1.3.5 供货方项目管理的目标和任务

供货方作为项目建设的一个参与方,其项目管理主要服务于项目的整体利益和供货方本身的利益。其项目管理的目标包括供货方的成本目标、供货的进度目标和供货的质量目标。

供货方的项目管理工作主要在施工阶段进行,但它也涉及设计准备阶段、设计阶段、动用前准备阶段和保修阶段。供货方项目管理的主要任务包括:

(1)供货的成本控制;

(2)供货的进度控制;

(3)供货的质量控制;

(4)供货合同管理;

(5)供货信息管理;

(6)供货的安全管理;

(7)与供货有关的组织与协调。

1.4　工程项目管理中的主要利益相关者

利益相关者理论是对以股东利益最大化为目标的股东至上主义理念的挑战。利益相关者理论的出现弱化了股东的地位，强调了各个利益相关者的重要性。在1963年，斯坦福大学首次给出了利益相关者的定义："利益相关者是这样一个团体，如果没有他们的支持，企业就无法生存"。这一定义下的利益相关者包括股东、雇员、顾客、供货商等相关人员。随着利益相关者理论的发展，利益相关者的概念一般可以从狭义和广义两个角度理解：

狭义上的利益相关者仅包括直接参与企业的个人或团体，公众、政府、NGO等被排除在外。Clarkson(1994)给出了一个较为权威的定义，"利益相关者就是对工程项目投入一定专用性资产，能够影响项目过程并且其利益受到项目影响的个人或组织"。

广义上的利益相关者则将概念扩大到与企业存在相互影响的个人或团体。Freeman(1990)认为利益相关者就是所有受公司经营活动影响或者影响公司经营活动的自然人或社会团体。

类比企业，工程项目中同样存在与项目相互作用和相互影响的利益相关者。美国项目管理协会将工程项目利益相关者定义为"积极参与项目或者其利益受到项目影响的个人或组织，他们还会对项目的目标和结果施加影响"。这一定义和广义上的企业利益相关者是基本一致的。从利益相关者在工程项目中的地位和起到的作用出发，狭义利益相关者的概念从项目本身的角度出发，指对项目有直接影响的个人或团体；广义利益相关者的概念从项目整体环境出发，指能间接影响到项目实施的非正式成员。

工程项目在建设过程中会涉及不同的利益相关者，工程项目的高效管理依赖于各利益相关者在项目全生命周期内的紧密协作，因此有必要界定出项目的主要利益相关者。

1.4.1　业主方

业主是指工程建设项目的投资人或投资人专门为工程建设项目设立的独立法人。业主服务于业主的利益。业主方作为建设工程项目的发起人和投资者，与项目的成功实施与否有着最为密切的利害关系。业主方全面负责从建设工程项目的策划、融资、设计、实施直至验收运营。由于业主方是工程成本和监理费用的支付方，是建筑产品的最终需求和使用者，更是项目风险的主要承担者。业主方往往密切关注项目的顺利实施和运营，要求项目在预算内具有一定的投资收益率。业主方在追求经济效益的同时也对项目的社会效益和环境效益提出了一定要求。

1.4.2　设计方

设计方是设计服务的提供方，服务于项目整体利益和设计方自身利益。设计方受委托方委托，依据批准的项目可行性研究报告、设计任务书等文件，依照相关设计标准和定额、技术规范与规程、勘察资料等一系列相关文件把委托方的建设意图和建设设想具象化，形成指导项目实施的设计文件。设计方的工作连接着决策和施工两个阶段，设计方的工作从前期设计一直延伸到施工阶段,例如与施工方、甲方等多方协调进行设计变更和技术变更。设计方作为设计任务的受托方,在追求设计质量的同时也要追求利润。

1.4.3 施工方

施工方是项目实施过程的主要参与者,把建设工程项目的建设意图和建设目标实现为具体的目标物。施工方在密切关注自身利益时也必须服务于项目整体利益。施工方一般通过投标的形式参与竞争,中标后根据自身情况和工程要求制定经济合理的施工方案,通过人、材、机等资源的投入进行工程的施工作业和安装作业,力求在既定的工期和现有的预算内全面完成符合发包方标准要求的建设工程项目,并通过后续验收,提供后期的维护和保修服务。

1.4.4 咨询方

咨询方受委托方委托,在授权范围内针对工程建设的某个阶段或者全过程提供专业的咨询服务,为委托方决策提供参考依据。咨询方服务于项目整体利益和咨询方自身利益。咨询方是独立的第三方,与材料供应方、施工方等不能有隶属关系和其他利害关系,其职责是依据客观事实,提出有关工程项目的建议和解决方案。

1.4.5 监理方

在我国当下的工程实践中,监理方往往是独立于提供造价、项目管理等服务的咨询方的,为此有必要单独将其列出。监理方受业主方委托,在业主授权范围内展开对于施工方施工质量、进度等一系列的监督工作,为业主决策提供参考和建议。监理方服务于项目整体利益和自身利益。监理方的诉求首先是满足业主方的监督要求,对施工方进行监督和控制,保证工程在既定目标内完成。值得注意的是,监理方虽然代表业主行使监督权力,但是其并没有决定权,只有建议权。

1.4.6 政府

政府是多个代表社会公权力对建设工程项目进行监督和管理的发展与改革、规划、国土等多个职能部门的集合。政府代表全体公民的利益,着眼于项目对于经济社会发展、环境保护等方面施加的影响。政府在建设工程项目管理相关的法律、法规规范等文件的指导下,制订并执行各项规章制度,监督工程建设的合法合规,保护公众的利益。不同的政府部门行使不同的监管职能,例如采取宏观调控建筑市场,维护正常市场秩序,采取行政、执法、经济等多种方式联合监督各参与方在建设工程项目中的行为。

1.4.7 公众

这里的公众特指受项目影响或者能影响项目,能参与社会活动的个人或群体。公众代表社会公众利益对建设工程项目各参与方进行监督,受监督各方应当重视起自身的社会责任。公众的组成是相当宽泛的,一部分人可能受益于某个项目而另一部分人的利益则可能受到项目的负面影响。随着公众自身权利意识的提高,公众对于建设工程项目的关注度越来越高,特别是在环保、安全、社会影响等方面,公众对于项目决策阶段的影响越来越大。

1.5 工程项目管理的国内外背景及其发展趋势

1.5.1 工程项目管理的国内外背景

工程项目的存在已有悠久的历史。随着人类社会的发展,社会的各方面如政治、经济、文化、宗教、生活、军事对某些工程产生需要,同时当社会生产力的发展水平又能实现这些需要时,就出现了工程项目。历史上的工程项目主要包括:房屋建设,如皇宫、庙宇、住宅;水利工程,如运河、堰坝;道路桥梁工程;陵墓工程以及军事工程等。有些古代的工程项目至今还发挥着经济和社会效益,如长城、都江堰、大运河、故宫等,体现了当时先进的社会生产力水平。

有项目必然有项目管理,虽然现在史书上关于当时项目管理的记载很少,但可以肯定,在一些复杂、庞大的工程建设中各工程活动之间存在统筹、系统的安排,也就是存在着原始的项目管理思想,否则不可能完成规模如此宏大的工程。但受当时科学技术水平限制,人们主要是靠生产实践摸索和拜师学艺的方式积累工程管理的经验和方法,并未形成系统的管理理论。

20 世纪 50 年代以后,现代项目管理成为一门学科,逐步发展起来。它的起因有两方面:一是由于社会生产力的高速发展,大型及特大型的项目越来越多,技术也越来越复杂,同时又受到时间和资金的严格限制,需要新的管理手段和方法提高项目的成功率;二是由于现代科学技术的发展,产生了系统论、信息论、控制论、运筹学、预测技术、决策技术、计算机技术,这些给项目管理理论和方法的发展提供了可能性。

20 世纪 60 年代末和 70 年代初,工业发达国家开始将项目管理的理论和方法应用于建设工程领域,并于 20 世纪 70 年代中期在大学开设了与工程管理相关的专业。

20 世纪 70 年代中期,兴起了项目管理咨询服务,项目管理咨询公司的服务对象主要是业主,但也服务于承包商、设计方和供货方。国际咨询工程师协会(FIDIC)于 1980 年颁布了业主与项目管理咨询公司的项目管理合同条件(FIDIC IGRA 80 PM)。该文本明确了代表业主方利益的项目管理方的地位、作用、任务和责任。在许多国家工程项目管理由专业人士——建造师担任。

我国从 20 世纪 80 年代初开始引进世界银行和一些国际金融机构的工程项目,逐步接触到工程项目管理领域。我国于 1983 年由原国家计划委员会提出推行项目前期项目经理负责制;于 1988 年开始推行建设工程监理制度;1995 年原建设部颁发了《建筑施工企业项目经理资质管理办法》,推行项目经理负责制;2003 年原建设部发出《关于建筑企业项目经理资质管理制度向建造师资格制度过渡有关问题的通知》。2004 年原建设部颁布了《建设工程项目管理试行办法》,在我国开始了建设工程项目管理的试点。2008 年中国建筑业协会工程项目管理委员会发文要求做好《建设工程项目管理规范》的宣传培训和实施工作。

1.5.2　工程项目管理的发展趋势

经过半个多世纪的发展,工程项目管理思想与理论、技术与方法呈现出新的发展趋势。

1.5.2.1　工程项目管理规范化趋势日益明显

随着建筑市场竞争的加剧,建筑技术得到进一步提高,项目管理日趋完善和规范。项目公司普遍实行项目经理负责制,以保证项目的各项任务能有效地按合同规定的指标按期完成。项目经理是工程项目合同的管理者,全面负责项目实施的组织领导工作,对项目的进度、费用、质量全面负责。此外,项目管理的规范化还表现在对工程项目组织多实行矩阵管理,能够形成以项目任务为中心的管理,集中全部资源为项目服务,使项目目标的实现得以保证。

1.5.2.2　工程项目专业化管理的特征显著

随着社会分工的发展,工程建设领域在技术方面向专业化发展,形成建筑设计专业化和结构设计专业化,以后又逐渐形成各种工程设备设计的专业化、施工对象的专业化、施工阶段的专业化和施工工种的专业化。专业化分工不仅导致了管理工作的复杂性,也增加了业主的管理难度和强度。工程项目管理由业主自行管理逐步过渡到工程咨询机构管理,由施工阶段委托监理发展到全过程委托管理。此外,在不同的专业技术领域,如建筑技术、建筑材料、建筑工艺和建筑设备等领域,工程项目管理的复杂性和管理专业化分工的势头日益突出。

1.5.2.3　信息技术在工程项目管理中的应用日益广泛

随着信息技术和网络技术的发展,信息技术在工程管理中的应用也越来越广泛,逐渐出现了以下趋势:

(1)基于建设产品和建设过程的信息管理,实现建设项目全过程各阶段之间信息的无遗漏、无重复传递和处理。

(2)加大模拟、虚拟和灵敏度分析技术的应用,利用可视化技术改善各阶段之间的信息。

(3)基于 Internet 的工程项目管理采用自行设计并建立本工程项目的网站同时提高相应功能的方式,或者采用现有提供专门服务的商业网站。

(4)针对工程项目的虚拟建设,即设计和施工相结合;通过电子技术进行沟通;业主方、工程项目管理方、设计方、供货方横向联系的管理技巧。

1.5.3　工程项目管理的前沿研究

项目管理自 20 世纪 50 年代出现以来,已经经历了四代的发展,如图 1.12 所示。第一代是项目管理(Project Management),即传统上单个项目的项目管理,它是以单个项目的目标控制为核心的管理;第二代是项目群管理(Program Management),它是指对多个相互有关联的项目组成的项目群的管理,其控制的核心是组织整体的战略目标,时间范围不仅限于项目的实施阶段,更重视项目决策阶段的管理;第三代是项目组合管理(Portfolio Management),它是指多个并不一定相互有关联的项目组成的项目群的管理;第四代是变更管理(Change Management),即指针对不断变化环境的项目管理。

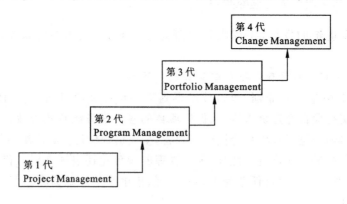

图 1.12　项目管理的 4 个发展阶段

1.5.3.1　项目群管理

项目群是经过协调管理,以便获取单独管理这些项目时所无法取得的收益和控制的一组互相联系的项目。项目群可能包括处于项目群中各单个项目范围之外的相关工作(如持续运作)。不难理解,实行项目群管理可以实现 1+1>2 的效应。另外,一些组织把大项目认为是项目群。对于这些大型的独立项目或者某个被拆分为若干更易于管理的子项目的大型项目,这些项目的管理依然仍然属于项目管理的范围,并且在 PMBOK®(指南(A Guide to the Project Management Body of Knowledge,简称 PMBOK)第 3 版中已经包含了这些内容。如果一个大型项目被分为若干个相互关联的项目,并且这些相互关联的项目都具有明确的收益管理时,这种类型的项目就成了项目群。比如 2010 年上海世博会的工程建设项目包括指挥部负责实施的项目、其他投资主体负责建设的项目以及大市政项目,而每个大类项目下面又包括了许多不同的子项目,如其他投资主体负责建设的项目包括永久性项目和临时性项目。上述这些项目的收益管理都是非常明确的,组成了一个典型的项目群。

组织通过预期投资启动项目和项目群以获得收益,项目群和项目都是通过提高组织现有的能力、拓展新的能力并提供给组织使用以便为组织交付收益。收益是对利益相关者提供效用的活动或行为而产生的成果。与项目一样,项目群通常是在战略计划背景下,实现组织目的和目标的一种手段。

尽管在一个项目群中所包含的一组项目可以具有各自独立的收益,但它们通常都也支持基于项目群所建立的共同收益。项目群管理是对一个项目群采取集中式的协调管理,以实现这个项目群的战略收益和目标。此外,在项目群管理中,通过几个重要管理主题的实施和运用来确保项目群的成功完成。这几个管理主题是:收益管理、利益相关者管理和项目群治理。

以项目群的方式管理多个项目可以优化和集成成本控制工作,整合项目群的可交付成果,交付额外收益,在满足整个项目群需求的情况下实现人员的优化配置。项目之间可能会因为利益关系而存在彼此依赖的关系。或许会在某一方面具有共同的特征。例如,具有共同的客户、消费者、销售人员、技术或资源。

一个项目群可能与项目之间有多种关联,表现在以下几个方面:

(1)项目中各项任务之间的依赖性;

(2)可能会影响到项目群中各项目的资源约束;

(3)影响到多项目的方向和降低风险所采取的行动;

(4)组织方向的改变影响项目中的工作,以及与其他项目和工作之间的关系;

(5)不断出现的问题、范围的变更、质量、沟通管理、风险,以及项目群接口或依赖关系。

项目群管理关注这些项目之间的依赖性关系,进而制定出最佳的项目群计划。这样就可以实现项目群中项目适宜的计划、进度、执行、监视和控制。

此外,项目群管理不同与多项目管理,多项目管理是对多个项目进行的管理,这些项目之间不一定存在联系。而项目群管理的目的是为了实现组织确定的目标,该目标是组织长期战略计划的一部分,它和多项目组合管理、项目管理共同构成一个多层次结构的系统;而多项目管理却连一个共同目标都没有,虽然能对其所管理项目的项目管理起指导作用,但是它不能属于上述系统。实际上,是否应该把多项目按照项目群的方式来进行管理取决于以下因素:战略收益、协调计划、共享资源、依赖性和最优计划等。

项目群管理过程集成的本质就是对每个项目或项目群工作包的流程进行协调。协调贯穿启动、计划、执行、监控和收尾的全过程。对这些过程的管理在高于单个项目管理层面的层级上进行。这种集成的例子是:在项目群层面上,管理需要解决的问题和风险,而它们在单个的项目管理层面是无法解决的。

此外,在项目群层面和项目层面的过程可以是反复进行的。首先要按照一种自上而下,然后再自下而上的方法制定出有效的项目群计划。这种方法不仅有利于获取各个层面的相关信息,还有利于取得项目群利益相关者的支持。这种项目群层面流程和项目层面流程之间的交互活动存在于项目群生命期的各个阶段。例如,在进度制定阶段就存在这样一个交互活动,需要对项目层面的总体进度进行详细的回顾,以验证项目群层面的信息。

项目群管理与项目管理之间的关系就好比是足球运动员射门过程中的大脑和身体之间的关系。在射门之前运动员首先获得周围环境的信息,然后再将获得信息交给大脑处理,接着大脑分析做出对射门动作时机、角度和力量的判断,然后大脑向身体各部位下达进行射门动作的指令,最后由身体各部位协同完成射门动作。决定射门成功与否的因素,一是大脑做出的判断是否正确,二是身体各部位能否做出预想的射门动作。项目群管理就好比运动员的大脑,它一般只关心如何完成项目的整体目标并进行战略指导,而项目管理就好比是运动员的身体,它负责各个项目的具体实施,接受项目群管理的指挥。运动员在射门的时候一般不会考虑射门动作的细节问题,比如手臂该如何摆动、身体怎样保持平衡等,这些应该在平时就已经训练好。同样,项目群管理一般也不会涉及某个项目的具体管理,因为项目经理及其团队应该已经具有保证该项目顺利实施的能力。在特殊情况下,运动员才会考虑细节问题,比如在进行超远程射门的时候需要考虑助跑距离。项目群管理有时候也会参与单个项目的管理,例如:解决在单个项目中出现的对项目群造成重大影响的问题,制定多个项目共享资源的详细计划,在多个项目间进行核心人员的调动,参与单个项目重大问题的决策等。

1.5.3.2 项目组合管理

最早提出"组合管理"思想的是诺贝尔经济学奖获得者、美国经济学家 Harry Markowitz,他于 1952 年在 Journal of Finance 杂志上发表文章《现代组合理论》,阐述如何进行投资组合选择,以减少投资风险。直到 1998 年,才由 John Thorp 在 The Information Paradox 上发表文章指出:组合管理常被用来进行风险管理,也可以用来获取投资的最大回报。这种管理思想在金融投资领域叫作投资组合管理(Portfolio Management)。

美国学者 David Cleland 称:在应付全球化的市场变动中,战略管理和项目管理将起到关键性的作用。实践证明,战略管理与项目管理已逐渐成为企业成功的两大支柱。战略管理指引企业"do the right thing(做正确的事情)",项目管理引导企业"do the thing right(把事情做正确)"。因此,在未来社会中获得成功的企业将是那些"do the right thing right(把正确的事情做正确)"的企业。

随着外部环境的发展变化,项目管理方法在企业的广泛应用已不局限于传统的"项目型公司",生产运作型企业及政府部门也已广泛地实施项目管理。这使得"基于战略视角"的企业项目管理模式研究成为必然趋势。项目组合管理(Project Portfolio Management)正是这一趋势的产物,他架起了企业战略与项目之间的桥梁。项目组合管理已被美国和欧洲国家的很多的企业采用。跨国集团公司的实践表明,项目组合管理要比独立项目管理给企业带来更佳的绩效。

项目组合是指为了实现战略业务目标而集中统一在一起以便于进行有效管理的一组项目、项目群和其他工作。项目组合体现了组织已经执行的或已经计划的投资,这些投资必须支持组织的战略整体目标和细化目标。项目组合会确认组成项目的优先级、制定投资决策并分配资源。

项目组合的组成项(项目或项目群)具有以下共同特点:

(1)它们代表了组织已经执行的或已经计划的投资;

(2)它们支持组织的战略整体目标和细化目标;

(3)通常它们都有一些显著的特征,使得组织认为把它们组织在一起进行管理效率会提高;

(4)这些组成项都可以被定量管理,如可以对其进行度量、排序、确定优先级等。

项目组合管理是为了实现特定的战略业务目标,对一个或多个组合进行的集中管理,包括对项目、项目群和其他相关工作的识别、优先排序、授权、管理和控制等活动。

项目组合管理根据项目、项目群和其他工作对组织战略和目标的支持和贡献程度,进行选择、优先级排序、评估和管理,从而确保组织的战略整体目标得以实现。项目组合管理会从以下两个方面综合考虑:① 组织角度,确保所投资的项目能够满足项目组合的战略目的;② 项目管理角度,有效交付项目,并且对项目组合做出期望的贡献。

项目群管理和项目管理都会对单个组成项目的事迹和计划情况进行度量比较,包括进度、投入和预算等。通过度量可以发现潜在的问题,并且及时采取纠正措施,同时还需要向项目组合管理报告这些分析结果。项目组合的评审过程将使用这些信息来确定如何采取适当的措施。项目群管理和项目管理职能也将和项目组合管理职能一起协作来确定某个正在执行的组成项或某个获得提议的组成项是否可以通过"继续或不继续"的判断标准,也包括"是否终止"的标准(这往往发生在阶段末尾的控制关口)。另外,项目群管理和项目管理职能还会和项目组合管理职能一起协作提供资源需求信息(如人力资源、财务资产、实物资产等),作为组织能力规划的依据。

图 1.13 展示了项目组合管理与项目管理、项目群管理三者之间的关系。项目组合表示在某个特定的时间点上所选择的全部组成项的整体形象,这些组成项既支持也影响着组织的战略目标。也就是说,项目组合表示在某个特定时间点组织内部正在活跃着的一系列项目群、项目、子项目组合和其他工作。项目或项目群不一定都相互依赖或者直接相关。

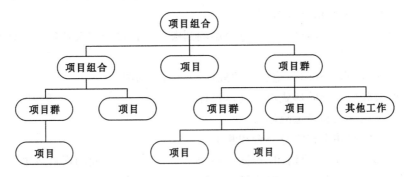

图 1.13　项目组合与项目及项目群之间的关系

项目组合管理与项目管理、项目群管理之间在"范围、变更、度量成功标准"等方面存在差异。表 1.2 对项目、项目群和项目组合管理进行了对比。

表 1.2　项目、项目群和项目组合管理的比较

	项目	项目群	项目组合
范围	项目的范围较窄,有具体的交付物	项目群的范围较宽,为了满足组织对收益的期望,可以对范围做出调整	项目组合只有一个业务范围,它随着组织战略目标的调整而变化
变更	项目经理试图把变更控制在最小范围内	项目群经理必须对变革有所准备,甚至需要主动利用变更	项目组合经理在较宽的范围内对变更进行持续监控
度量成功的标准	是否符合预算、是否准时、是否交付了规定的产品	投资收益率、新增生产能力、所实现的收益等	项目组合中组成项的总体绩效
领导风格	为了满足成功标准,侧重于对任务的委派和指导	侧重于关系管理和冲突解决。项目群经理在利益相关者管理中应注重政治因素的影响	应该在项目组合决策中体现价值
管理对象	项目经理需要管理技术人员和专业人员等	项目群经理需要管理项目经理	项目组合经理需要管理或协调项目组合管理成员
管理者扮演的角色	项目经理是团队协作者,使用知识和技能对团队进行激励	项目群经理是领导者,提供愿景和领导力	项目组合经理是领导者,需要有敏锐的洞察力和综合考虑事情的能力

	项目	项目群	项目组合
管理 手段	项目经理通过制定详细计划对项目产品的交付进行管理	项目群经理通过高层计划对项目进行指导,详细计划由各项目编制	项目组合经理建立并维护必要的项目组合过程并就此进行沟通
管理者 的任务	项目经理监督并控制完成项目产品所需的任务和工作	项目群经理通过管理机制对项目和工作进行监控	项目组合经理监控整体绩效和价值指标

不同的行业、不同的企业的战略目标、项目类型以及资源拥有情况都不尽相同,但项目组合管理的过程通常由五步组成:

第一步设定战略目标,这个目标将会影响到哪些项目将会纳入到项目组合中,哪些会排出在外。

(1)通过开放、非正式的讨论公司的战略和面临的问题;

(2)采取头脑风暴会的形式设定具体目标;

(3)高层会议讨论和确定战略目标;

(4)将目标定案并发布给与会者和相关干系人。

第二步获取详细的项目清单,根据不同的需要编制范围不同的项目清单。

(1)根据初步判断获取符合战略目标的所有项目,并编制项目清单;

(2)根据在建项目的状态,考虑是否将其纳入到项目清单中(有许多企业希望通过PPM重新请求和重新评估所有的项目)。

第三步对项目组合的调整,去除一些不适合的项目。

(1)重复的项目:两个或多个项目的工作都是为了一个相同的成果,并且通过一个项目的方式运作能更好地利用资源并获得收益,则需要删除多余的项目;

(2)项目不适应企业远景:一些项目可能属于企业或某部门的工作范围,但是其与自身的发展远景不相适应,则需要删除这些项目。

第四步对项目进行评估,确定项目组合。

(1)对每个项目进行评估,以最终确定项目组合的具体内容;

(2)评估项目的商业价值和项目预算,并确定项目的行动级别。

第五步项目组合管理,项目组合不通过管理将是一个空的概念。

(1)建立项目组合管理委员会,由企业高层组成;

(2)定时反馈项目组合情况以及各项目运作情况;

(3)对新的项目需求进行审批和评估,根据企业战略目标调整项目组合情况。

1.5.3.3 复杂项目管理

进入 21 世纪以来,随着投资主体趋于多元化,金融服务体系日臻完善,各种复杂工艺技术日益成熟,世界范围内的项目大型化、群体化、复杂化的趋势愈加明显。管理对象、管理环境、管理目标、组织结构、组织行为等因素的复杂化对项目管理理论和方法提出了新的挑战,原有的项目管理理论和方法已经很难满足新时代变革带来的新问题对对新项目管理理论与方法的渴求,这在世界范围内掀起了一场研究复杂项目管理的热潮。

学术界对复杂项目有多种叫法,Mega Projects、Complex Projects、Large Scale

Projects、Mega Projects、Major Projects、Major Programme Management 等,尽管侧重点各有不同,但是都对项目复杂性给予了足够的重视和关注。

牛津大学大型群体项目管理(Major Programme Management)BT(英国电信)研究中心主任、国际著名大型群体项目专家 Bent Flyvbjerg 教授认为,巨型工程(Mega Projects)并不一定按照投资额度来划分,要看具体内容,例如 5 亿投资的项目对于一个中等规模的城镇而言可能就是一个巨型项目,但对于一个大城市而言可能只是一个小项目。

巨型工程具有以下特点:

(1)由于基于长期规划的视野和项目与其背景、项目中不同部分之间的复杂界面而引起的项目内在风险;

(2)决策制定、政策和计划往往是一个存在利益冲突的多角色的过程;

(3)项目规模或雄心壮志往往随着时间而发生显著变化;

(4)数据显示这些未经计划的项目往往下落不明,致使预算不恰当;

(5)因而,关于成本、收益和风险的误报是稀疏平常的事情;

(6)结果就是大部分的项目中成本超支、利润减少。

维基百科认为 Major Programme Management 等同于 Mega Projects,定义为:大型复杂项目为一个极其大规模的投资项目,通常定义为投资超过 10 亿美元,并由于对社会、环境和财政产生重要影响而广受关注。

复杂项目管理的研究和实践经过了以下重要阶段:

(1)2003 年英国工程和自然科学研究委员会(EPSRC,Engineering and Physical Sciences Research Council)资助了一项研究"项目管理再思考(Rethinking Project Management)",伦敦大学等研究团队于 2006 年初步完成了报告,研究认为,项目管理有以下五大发展方向:

①(Theory about Practice):"项目和项目管理的生命周期模型"到"项目和项目管理的复杂性理论;

②(Theory for Practice):"项目作为工具性过程"到"项目作为社会性过程";"将产品创新作为主要关注点"到"将价值创新作为主要关注点";"狭义的项目概念"到"广义的项目概念";

③(Theory in Practice):"实践者作为训练有素的技师"到"实践者作为自适应的实践者"(Practitioners as reflective practitioners)。

其中复杂性项目管理是理论研究的一个重要趋势。

(2)德国的 Manfred Saynisch 研究团队是包括著名思想家 Erin Laszlo、演化论科学家 Heinz V. Foerster(二阶控制论)在内的跨科学的研究团队。该团队于 1992 年启动了"Beyond Frontiers of Traditional Project Management"的研究计划,充分借鉴了复杂性科学研究成果,对传统项目管理进行了根本性的再思考,研究成果"Project Management Second Order(PM-2)"荣获 IPMA2007 全球项目管理研究大奖。其核心思想见图 1.14。

(3)2007 年 2 月,IPMA2007 年全球大会澳大利亚昆士兰(Queensland)大学 S. Jonathan Whitty 等发表了"复杂项目管理即将出现"(And then came Complex Project Management)的论文,该论文是澳大利亚复杂项目经理学院(CCPM,College of Complex

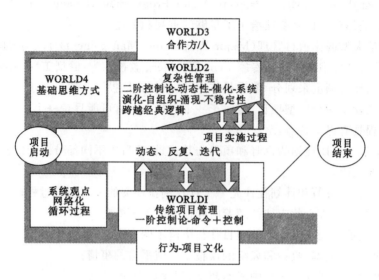

图 1.14 Project Management Second Order(PM-2)

Project Managers)的研究成果。论文对复杂项目管理经理能力标准(CSCPM,Competency Standard for Complex Project Managers,)进行了介绍。

(4)2007 年 11 月,英国牛津大学和英国电信(BT)成立了世界上第一个大型复杂群体项目管理研究中心(Research Centre for Major Programme Management),并计划于 2008 年开始全面开展工程、计算机和法律等跨专业研究,形成大型复杂群体项目管理的方法论。该中心 2009 年 4 月份引进了著名大型复杂群体项目管理研究专家 BENT Flyvbjerg。

(5)2008 年 11 月,复杂项目管理国际中心(ICCPM,International Centre for Complex Project Management)于 IPMA2008 年全球大会期间在罗马成立,其前身为 2005 年提议于 2007 年成立的澳大利亚复杂项目经理学会(CCPM)。根据 ICCPM 公告,目前尚没有全球接受的有关复杂性的定义,但是对复杂项目的定义包括以下内容:

①projects that are characterized by uncertainty, ambiguity, dynamic interfaces, and with significant political or external influences;

②projects that usually run over a period which exceeds the cycle time of the technologies involved; and projects that can be defined by effect, but not by solution

同时指出,传统的、线性的项目管理工具和技术对管理当今复杂的项目已显不足,而 ICCPM 的目的是和全球合作伙伴一道,研究和实践复杂项目管理的先进方法。该组织 2009 年 6 月在阿德莱德召开了国防和工业(D&I,Defence&Industry)高级项目管理知识和实践会议,其中 Dr Kaye Remington 做了"Tools for Complex Projects"报告。

(6) 2008 年 11 月,IPMA2008 年全球大会在意大利罗马召开,会议设置了复杂项目管理专题"Complexity in project management",该专题收录了德国、英国和澳大利亚等国共 13 篇论文。其中德国的 Manfred Saynisch 介绍了 PM-2 成果。德国的 Sonja Ellmann 的"Management of complex projects:Invisible structures,coordination and recommenda-

tions for management"采用复杂性理论和社会性理论进行的研究受到了广泛关注,该论文来自于其博士论文(2007)。而来自于澳大利亚 CCPM 的成员则展示了他们的研究成果,包括 Complex Program Institute 的 David H. Dombkins 教授提出分析的项目管理历史与未来趋势,总结认为 2005 年以后是复杂项目管理研究的重要阶段,见图 1.15。阿德莱德大学的 Vernon Ireland 论文"复杂项目的管理模型(Modelling the management of complex projects)",借鉴软件领域的 CATWOE,开发了 PACT V2,提出了开发复杂项目管理知识体系指南的设想(COMPLEX PMBOK)。

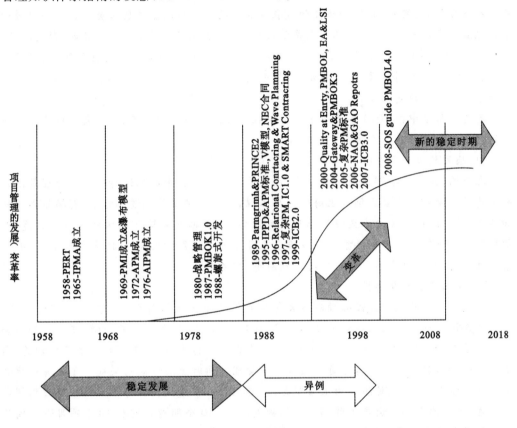

图 1.15 项目管理历史与未来趋势(David H. Dombkins)

(7)2009 年 6 月,IPMA2009 年芬兰赫尔辛基全球大会上,专门设置了复杂项目管理的主题模块。讨论者分别从理论、承包商、供应商和客户等角度进行了交流。英国赫尔(Hull)大学商学院 Mike C. Jackson 教授做了"复杂项目管理的观点——基于系统理论角度"(Perspectives on Managing Complex Project:A Systems Thinking Perspective)的大会报告。此外,BAE Systems 的 Erik Johannesen 以"Managing Complexity in Defence Projects:A Contractor Perspective"从承包商角度介绍了国防复杂项目的管理,认为管理复杂性是业务成功的关键。ICCPM 的 Simon Henley 以"Managing Complex Projects——A Customer Perspective"从客户角度分析了政府复杂项目的管理。

(8)2009 年 9 月,同济大学经济与管理学院乐云教授、何清华教授主持完成了针对中国 2010 年上海世博会的专项课题"大型群体复杂项目系统性控制关键技术研究",对上海世博会工程进度紧迫、质量控制困难、投资控制任务艰巨以及组织协调复杂等问题，归纳出项目构成、组织结构、进度控制、信息沟通的复杂性、项目管理的社会属性等大型群体工程的复杂性特征，提出了以项目对象分解技术、工程管理的组织策划技术、进度系统化控制技术、投资与合同管理成果技术、标准化管理技术五大技术为核心的大型复杂项目群系统性控制思想。

【案例分析1.1】　复杂项目管理关键技术——以中国2010上海世博会为例

世界博览会(简称世博会)是由一个国家的政府主办，由多个国家或国际组织参加，以展现人类在社会、经济、文化和科技领域取得成就的超大型国际性展示会。其最早起源于中世纪欧洲商人的定期集市，其特点是举办时间长、展出规模大、参展国家多、影响深远。2010年世博会在中国上海举行，为期184天，其筹办工作是一个庞大的巨系统，包括参展事务、沟通推介、规划建设、展览展示、市场开发、活动演出、运营管理和综合保障等内容，是一个不折不扣的复杂项目。

笔者参与了中国2010年上海世博会工程建设总体项目管理工作，将大型群体复杂项目的共性问题归纳为5个方面：

(1)项目构成的复杂性

在中国，大型复杂群体项目特别多，把大量工程项目集中起来进行建设和管理是国家经济建设和发展的需要。例如上海世博会工程，单体项目累计超过300个，有场馆类建筑和市政类建筑，前者又分永久性场馆和临时性场馆，临时性场馆又包括外国国家自建馆、租赁馆和联合馆——不同类型的项目投资主体不同，管理组织不同，技术要求不同，进度紧迫性不同，所在地块不同——需要区别对待，统筹考虑。

(2)组织管理的复杂性

大规模项目的集中建设必须有庞大复杂的管理组织机构与之相对应。与国外相比，中国的建设项目管理组织往往要复杂很多，体现出"集中力量办大事"的特征。例如举全国之力举办世博会，上有世博组织委员会；中有世博执行委员会；下有世博事务协调局，内设35个部室，其中工程部具体负责项目建设管理。同时上海市政府又成立了上海世博会工程建设指挥部，其成员组成为上海市各区、委、办，工程建设指挥部下设工程建设指挥部办公室，由世博事务协调局工程部为主体构成，下设10个职能处室和10个项目部。因此应仔细界定工作界面、工作分工与工作流程。

(3)进度控制的复杂性

在经济高速发展的当今中国，高节奏、高速度、高效率成为各项工作的现实要求，项目管理的三大目标中进度控制往往成为压倒一切的首要目标。例如上海世博会必须在2010年5月1日开幕，但由于前期功能需求的不确定造成设计上的困难，拆迁腾地组织协调工作的复杂性造成对开工时间的影响，受国际金融危机的影响造成参展国家的迟迟不能确定等因素严重影响了总进度目标的控制。场馆建设与市政建设之间的相互制、园区建设与轨道交通及越江隧道之间的影响，不同项目及不同工种立体交叉作业、相互之间的配合等给进度计划与控制都带来新的要求，应进行方法与技术的创新。

(4)信息沟通的复杂性

大型复杂群体项目的建设是集团军作战，现场千军万马来自四面八方，分属不同的系统、不同的单位、不同的部门，项目之间的信息沟通与交流体现出前所未有的复杂性。如何确保指令的快速和通畅，如何确保信息的透明和共享，如何确保突发事件的快速响应和应急处置等是摆在项目管理者面前的新的难题。为了实现项目管理的规范化、正规化，需要制定标准的管理工作流程，建立项目群管理信息平台，在确保数据安全的前提下最大限度地实现信息共享。

(5)项目管理的社会属性

大型复杂群体项目管理是跨组织、开放式管理，强烈地体现出项目管理的社会属性。例如上海世博会工程建设项目拆迁腾地涉及复杂的社会问题，项目实施涉及城市中心区扰民问题，建设过程中涉及扬尘、噪音、垃圾等环境污染问题，施工过程中涉及保护农民工利益问题，还有反恐、防台防汛、人身安全及社会和谐问题等，应对项目管理内容和方法进行拓展，以满足发展的需要。

为应对上述问题，笔者结合上海世博会工程建设总体项目管理的体会，尝试提出以下针对大型复杂群体项目管理的五大关键技术。

(1)项目对象分解技术

长期以来，项目管理几乎都是从工作分解结构(Work Breakdown Structure,WBS)开始的。项目管理协会(Project Management Institute,PMI)在其出版的《项目管理知识体系指南》中将 WBS 置于项目范围管理中，作为项目管理的首要工作。WBS 受到了很多的关注和重视，但其概念却常常被误解。广义的项目有两种，一种是没有形成实体对象的一次性活动，如某项演艺活动；另一种是有实体对象产生的一次性工作，如建设工程项目。简单的建设工程项目往往在 WBS 中通过分层来解决对工程实体对象的分解，如上层是项目对象分解，下层为工作任务包。但在大型复杂群体项目中，项目对象分解本身就很复杂，直接运用 WBS 会有严重的不适应性，会因将工作任务分解与项目对象分解混为一谈而产生的思想上的困惑。

实际上，根据对项目群管理的系统论和管理哲学的拓展认识，项目群管理的第一步不应该是工作分解结构，而应该是项目实体对象分解，建立项目分解结构(Project Breakdown Structure,简称 PBS)，对项目群进行梳理，并以此作为项目管理其他工作的基础。在大型复杂群体项目中，PBS 应该是不同于 WBS 的独立分解结构。有了项目对象目标以后，接下来才是为实现对象目标所进行的工作任务梳理，建立工作分解结构，WBS 可看做项目群管理的第二步。在此还有一项工作至关重要，即遵循对项目对象的认识，建立项目实施与管理的组织机构，形成管理组织分解结构(Organization Breakdown Structure,简称 OBS)。如果说 WBS 解决了"要做哪些工作"，那么 OBS 就是为了解决"由谁做"的问题。据此，PBS、WBS 和 OBS 成为项目群管理的三大分解体系，共同形成了项目群管理的工作基础。

PBS、WBS 和 OBS 是项目群管理的三大基础，上海世博会工程建设项目提出了"项目管理的三维视角"，即项目对象维、工作目标维和管理组织维，如图 1.16 所示。在上海世博会工程建设项目的设计阶段，设计单位按照项目性质对所有项目进行了分解，形成了项目分解结构。但到了项目建设实施阶段，该项目分解结构由于没有考虑管理和组织因素，而不能适应建设管理的需要，为此，便于项目实施的项目分解结构被重新编制。该项目分解结构充分考虑了上海世博会工程建设指挥部办公室对项目的总体管理作用,又体现出项目的不同投资主体和管理组织。该项目分解结构作为其他各项管理工作的基础,被编制在上海世博会工程建设项目大纲中。

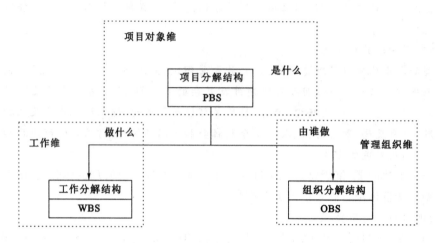

图 1.16 项目管理的三维视角

(3)工程管理的组织策划技术

根据组织论的基本原理,目标决定组织,组织是目标能否实现的决定性因素,组织因素是可以通过主观努力进行优化的。在传统的组织工具中,无论是线性组织结构、职能组织结构,还是矩阵型组织结构都无法准确表现上海世博会建设工程这一大型群体项目的复杂组织结构,因此需要工程管理组织策划技术。上海世博会组织结构分为四个层次,依次为上海世博会组织委员会、执行委员会、协调局和局下设的各部门,其中一个部门为负责建设管理的工程部。因此,在工程部下设工程建设指挥部,其部署人员由市所属各大型企业或事业单位以及政府部门抽调而成,指挥部下设具体负责建设管理的建设指挥部办公室。为统筹世博会建设工程管理,工程建设指挥部办公室下设 10 个职能处室、10 个项目部。为应对上海世博会工程建设所需要的各部门各项目的综合协作,总体项目管理团队依据实际情况,协助指挥部办公室按照项目对象分解为一职能部门矩阵对其组织架构进行调整。由于职能部门应对世博工程建设管理全覆盖,而对三大类项目的管理内容、深度和管理办法不同,应区别对待,事先做出严格规定,因此总体项目管理再次优化项目组织,针对不同项目的不同管理职能,明确横向职能部门,针对项目及项目进展的管理分工,责任界定与协调配合,着眼于形象进度的职能部门与项目部分工、责任与配合。

(4)进度系统化控制技术

作为有明确时间限定的大型复杂群体项目,如奥运会、世博会、国庆节等,进度具有明显的强制性。不仅如此,由于此类项目包含众多的子项目,子项目之间又存在复杂的联系,使得其进度控制具有复杂性。

①不同子项目(项目群)进展时间不同,处于不同阶段。因此,在同一时间点上对这些子项目的进度协调、管理方法和控制手段都有所不同,不能一刀切,应区别对待。如有的项目已开工,有的项目还在做设计,有的项目却在拆迁腾地,对它们进度控制方法当然不一样。

②不同项目的阶段之间有联系,要统筹考虑。不能只考虑各子项目内部各阶段之间的联系,还应考虑不同项目之间在工艺流程、空间以及资源等方面的联系,如世博轴的施工要考虑旁边中国馆施工的影响,还要考虑地下轨道交通立体交叉施工的影响等,需要以全局最优的视角来考虑进度安排。

③不同子项目(项目群)之间的进度相互牵制,应成为协调的重点。不同子项目之间的进度牵制主要体现在项目空间、专业、资源上的相互联系。例如相邻的 AB 两个项目,A 项目的临时设施、塔吊施工以及材料堆场等都可能影响 B 项目的施工进展,这就是空间上项目之间的制约。此类子项目之间的相互制约关系也需要在进度计划和控制中妥善处理。

在应对以上复杂性时,如果仅用传统的方法采用网络计划编制项目群总进度计划,会导致计划节点太粗,起不到进度控制的效果;如果分别编制不同项目群的细化的总进度计划,由于无法建立子项目之间的进度协调关系,同样也达不到控制的效果。

为了解决这个问题,在世博会工程建设项目中采取了多阶网络进度计划方法,将计划分级,由总进度纲要和一系列子网络计划共同形成计划体系。总进度纲要是里程碑计划,从总体上对整个项目的关键节点进行把握。该里程碑计划是根据上海世博会 2010 年 5 月正式开幕这个最终目标倒推而来的,在倒推的过程中又充分考虑了实际工作中的各项要求,如世博会参展指南对具体工作的时间要求等。并最后通过正式文件将该里程碑计划下发到各相关项目部。里程碑计划中,明确了三个关键节点即 2008 年 5 月全面开工、2009 年 5 月结构施工全部完成和 2010 年 5 月正式开幕。

在总进度纲要的基础上,工程建设指挥部办公室建立了逐级细化的进度计划体系,依次编制了总进度规划(项目实施指导性计划)、分区进度计划(分区实施控制性计划)和单体进度计划(单体实施控制性计划)。多阶网络计划既细化了里程碑计划,使其具有可操作性,又建立了子项目之间的关联关系。在多阶网络进度计划体系中,每一个子项目计划都作为上一级进度计划中的部分节点的细化和扩展,与其他子项目发生联系,保证对每个子项目的进度控制是基于全局视角。

(5)投资与合同管理集成技术

投资控制是任何大型复杂群体项目的重要任务之一,也是主要困难之一。为了勤俭办世博会,必须解决投资巨额性、投资主体多元化以及投资计划多变性等不断涌现的新问题。传统的工程投资控制方法很大的一个局限性是投资数据与合同数据的分离,无法真正实现以合同为依据,对工程投资实施动态控制。大型复杂群体项目合同类型多、合同结构复杂、工程变更影响大,在多文化背景下合同管理难度更大。从系统性的角度对投资控制与合同管理进行综合性深入思考,实现两者计划、预测、控制等的综合集成,将为实现大型复杂群体项目的投资控制提供新的突破口,也将发挥合同对于投资控制的关键作用。

在上海世博会工程建设项目中,研发的 C3A 建设投资控制与合同管理信息集成化系统,是一个以业主方项目管理为主导,集成项目投资控制和合同管理信息,在互联网平台上为项目参与各方提供信息沟通和协作功能的信息系统。其主要功能包括规章制度、文档管理、合同管理、合同流转、信息沟通、投资控制以及资金管理等。

①所有与投资控制和合同管理有关的管理制度、管理流程和管理用表等规章制度均

在该信息系统中公布。

②项目前期的127份政府批文、工程建设指挥部办公室签署的858份合同文档以及工程建设指挥部各处室内外交流的所有文档均属于该系统文档管理的范畴。

③合同管理功能包括合同分类查询和合同报表等主要功能,所有合同流转过程均在信息平台上进行,能及时反映待签合同正由谁处理,处于什么状态,有利于对合同进行跟踪。

④信息沟通功能反映每一用户所接收到的信息和所发送的信息,是对合同管理的支撑。

⑤C3A的报表能反映投资计划情况、投资总体完成情况、合同数据及合同变更情况,并可进行实际投资和计划投资的比较分析,同时能反映资金的拨入和支付情况,可制订资金计划,与财务管理全面对接。

(6)标准化管理技术

与发达国家的先进工程管理方法相比,我国工程管理的最大差距体现在随意性、忙乱性和不规范性上。而标准化、规范化和正规化,才是科学化的工程管理。大型复杂群体项目参与单位众多,不同系统、单位、部门和项目之间的指令关系、任务分工与协作、信息沟通和交流等具有极大的复杂性。各单位对项目管理的理解和管理方式也具有多样性和差异化,如何使得这些单位在短时间迅速相互配合,协同作战,这就需要标准化的管理技术,从整个大型复杂群体的宏观管理到各项具体工作都形成一套适用标准,从而实现了管理工作的高效化。

在上海世博会工程建设项目中,工程建设指挥部办公室制定了项目建设大纲、一系列管理的工作手册(一纲九册),制定了42项管理制度、43项标准工作流程,从粗到细地分别对项目的总体目标、职能管理、管理制度和管理流程进行了规定。项目建设大纲内容包括项目分解结构、管理组织分解结构、总进度纲要、规划设计管理、投资控制与合同管理、设备材料采购、安全质量管理、参展协调、信息与沟通管理以及项目文化建设。作为项目建设的纲领性文件,用"立法"形式对管理工作的方方面面进行了严格规定。

在项目建设大纲的基础上,围绕工程建设指挥部办公室各处室工作职责分别编制了各自的职能管理工作手册,对各自工作内容和权责范围进行了明文规定。这些制度和流程从制度上明确了各处室在职能工作中应遵守的管理制度,从程序上明确了各处室的工作开展顺序。工程建设指挥部办公室所使用的信息平台促进了各项管理的标准化和正规化。

【案例分析1.2】 南京幸福城保障房项目管理的前沿探索

在南京幸福城保障房项目的建设中,建设方积极对保障房的建设管理不断进行机制的创新,管理理念和技术的创新,激发了更大的"改革红利"进而在新型城镇化进程中成功完成了保障房建设任务。南京幸福城项目建设过程中所进行的一系列创新值得工程项目管理从业人员学习借鉴。

(1)全寿命周期项目总控管理

项目总控是一种运用现代信息技术为大型建设工程业主方的最高决策者提供战略性、宏观性和总体性咨询服务的新型组织模式。

幸福城项目借鉴国内外大型工程项目(港珠澳大桥、平安大厦等)的先进建设管理经验,依据国家、江苏省、南京市有关法律、法规及规范性文件,建立了高效的组织架构,编写了国内首部针对保障房项目的全寿命周期的管理制度。以此规范各参建单位的管理行为,保证项目目标的顺利实现。

(2)基于3L的价值工程管理

为了把幸福城建设成为国内领先的保障房社区,栖霞建设积极开展"有限总价全寿命周期低碳住宅"(Limited Price, Lifecycle, Low-carbon house,3L)的建设实践,即在有限总价下,以项目的全寿命周期价值最优为目标,集成选用先进适用的新材料、新设备、新技术和新工艺,减少项目在建造以及使用过程中的资源消耗和碳排放量,使幸福城项目的建设管理过程及工程产品本身均处于国内保障房建设领域的领先水平。

(3)全面的集成化管理管理

集成化管理的核心是运用集成的思想,保证管理对象和管理系统完整的内部联系,提高系统的整体协调程度,以形成一个更大范围的有机整体,从而实现项目管理的无缝对接。全面的集化成管理可以概括为组织集成、过程集成和职能集成。

① 组织集成:通过项目的全寿命周期目标设计和全寿命周期的组织责任,消除项目组织责任的盲区和项目参加者的短期行为,使整个项目组织无障碍沟通和运作。幸福城项目采用新型的开发商委托代建模式以及集成化的项目组织模式把项目各参与方整合到了一起,实现了项目参与者之间的无缝对接。

② 过程集成:幸福城项目包括8大组团,100幢主要建筑物,8条主次干道,以及中学、小学、幼儿园、商业、社区中心等各种配套设施,工程项目对象系统的范围相当庞大。为了更好地实现整个项目建设管理的过程集成,首先通过对幸福城项目进行EBS分解(工程系统结构分解)和WBS分解(工作结构分解),构建项目的工程技术系统结构和工作分解结构,明确幸福城项目的各个功能面和专业要素之间的界面,利用集成化管理的方式,实现范围对接和专业对接。

③ 职能集成:以工程技术系统分解结构(EBS)为主线将工程项目的成本管理、进度管理、质量管理、合同管理等贯通起来。管理职能的集成能使项目管理者有效地进行综合计划,综合控制,形成良好的界面管理、组织协调和信息沟通。为实现质量、进度、投资等管理目标,幸福城项目部及各参与单位参照ISO 9001质量管理体系运行模式,建立符合本项目特点的管理体系,采用PDCA方法对幸福城项目部和所有参与单位的质量、进度、投资实行全面控制。

在幸福城项目的建设实践中,运用专业化、标准化、系列化、产业化等手段,努力提高项目全寿命周期三大控制的效率,力争实现幸福城项目的建设高标准、高品质、高速度、高配套和低成本。

① 专业化:在幸福城建设中,实行了全面的专业化分工,建立了主任工程师专业负责制,实现了全过程全方位的无缝对接。通过实行专业化的管理,在一些常规项目(如住宅、学校、幼儿园等)的设计中,请专业的工程师直接进行详尽的初步设计方案审查,在此基础上可以跳过扩大初步设计阶段进行施工图设计,既保证了设计质量,又大大节省了工期。

② 标准化:为了推动建筑部品与构件标准化、户型设计标准化、工艺工法标准化和国

林设计模块化,编制了《幸福城项目管理制度》、《夏热冬冷地区居住建筑"四节一环保"技术导则》、《保障房建设项目管理制度》、《房地产企业质量管理标准》等标准化规范文件。标准化的实施节省了建设时间和成本,提高了产品的品质。在幸福城项目营造过程中采用标准化设计,节约了项目建设投资约10%左右。

③ 系列化:住宅产品的系列化是实现产品结构合理化的重要手段,由于住宅产品的系列化,令使用者有更丰富的选择空间。幸福城项目在标准化的基础上,提供了多种户型系列和平、立、剖面系列;建筑的高度也涵盖了11层、18层、28层等多种小高层和高层;经济适用房、公租房、廉租房、集体宿舍以及中低价商品房等多种类型并存。

④ 产业化:住宅产业化是通过标准化设计、集约化生产、配套化供应、装配化施工、社会化服务,从而全面改变住宅的使用功能和居住环境,实现住宅的现代化。幸福城项目建设中充分借助工厂化手段,具备工厂化生产条件的部品、构件,都在工厂内生产(如园林模块化、装修工厂化),从而提高了效率,保证了品质。

复习思考题

1. 请阐述对项目定义的理解。
2. 请阐述项目管理的含义。
3. 请从项目实施与企业批量化生产的特点出发,分析工程项目管理的特点。
4. 请分析工程项目管理的过程及其核心任务。
5. 项目管理的工作内容包括哪些工作?
6. 请以建设工程项目为例,分析项目生命周期的内容及项目生命周期项目业主、项目管理系统的含义。

2

工程项目管理相关的组织理论及
基本组织工具

本 章 提 要

本章内容包括:组织结构的基本类型、特点和适用范围;工程项目结构分解及其编码;任务分工与管理职能分工设计;工作流程组织;业主方工程项目管理的组织结构;工程项目管理中的项目经理以及项目建设大纲。

2.1 与工程项目管理相关的组织理论概述

2.1.1 项目参与方之间的关系

项目实施的特点之一是多方参与,一个项目要由许多参与单位承担不同的工作和任务,而不是由一家单位独立完成。建设工程项目的参与单位包括业主以及业主委托的项目管理单位、造价审计单位、招标代理单位、勘察设计单位、工程监理单位、施工单位、材料设备供应单位等。单位与单位之间存在各种复杂关系,但归纳起来,工程项目各参与方相互之间主要存在三大关系,即合同关系、指令关系和协调关系,如图 2.1 所示。

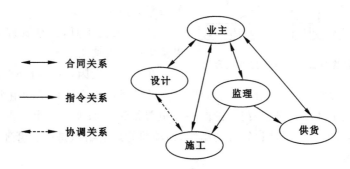

图 2.1 项目参与各方关系图

2.1.1.1　合同关系

业主与设计单位、监理单位、施工单位、供货单位之间的工作关系属于合同关系,即业主分别与这些单位签订合同,合同双方按照合同约定承担各自的义务。在项目管理理论中,合同关系一般用合同结构图表示,在图中一般用双向实线箭头表示合同关系。

2.1.1.2　指令关系

监理单位与施工单位、供货单位之间没有合同关系,但也存在着密切的工作关系。按照我国《建设工程监理规范》规定,在项目实施过程中,监理单位受业主委托,代表业主的利益,对施工过程实施监理;当项目施工出现质量问题时,监理单位有权对施工单位下达整改令或停工令;当项目实施期间供货出现问题时,监理单位有权对供货单位下达指令。因此,监理单位虽然与施工单位、供货单位之间没有合同关系,但却存在着指令关系。在项目管理理论中,指令关系一般用组织结构图表示,在图中一般用单向实线箭头表示指令关系。

2.1.1.3　协调关系

设计单位与施工单位之间既没有合同关系,也没有指令关系,但同样存在密切的工作关系。双方虽然没有签订合同,但是设计必须要考虑到施工环境和施工技术等情况,才能具有可施工性;施工必须依据设计文件进行施工,要接受设计的指导和规定。在施工前,设计单位必须向施工单位进行设计交底;在施工过程中,设计单位要答复施工单位提出的技术问题,双方要协商设计变更事宜等。设计和施工双方必须保持充分协调和密切沟通,通常的做法是设计单位选派设计代表常驻施工现场,以确保与施工单位的经常联系。因此,设计单位与施工单位之间虽然没有合同关系,也不存在指令关系,却存在协调关系。在项目管理理论中,协调关系一般用信息流程图表示,在图中一般用双向虚线箭头表示协调关系。

2.1.2　组织与目标的关系

工程项目的建设目标能否实现往往取决于三大因素,即组织因素、人的因素、方法与工具因素,如图 2.2 所示。

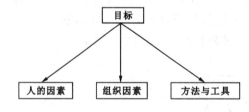

图 2.2　影响建设目标实现的主要因素

(1)组织因素,包括管理的组织和生产的组织;

(2)人的因素,包括管理人员和生产人员的数量和质量;

(3)方法与工具,包括管理的方法与工具以及生产的方法与工具。

在以上三大因素中,哪一个是影响目标实现的决定性因素呢? 按照组织论的基本理论,系统的目标决定了系统的组织,而组织是目标能否实现的决定性因素,这是组织论的一个重要结论。如果把一个建设工程项目视作为一个系统,其目标决定了项目管理的组织,而项目管理的组织是项目管理的目标能否实现的决定性因素。

一个工程项目在决策阶段、实施阶段和运营阶段的组织系统不仅包括建设单位本身的组织系统,还包括各参与单位(设计单位、工程管理咨询单位、施工单位、供货单位等)共同或分别建立的针对该工程项目的组织系统。

工程项目系统与一般的系统相比,有其明显的特征,其复杂程度也高些。在进行建设项目组织设计时,应充分考虑下述特征:建设项目都是一次性的,没有两个完全相同的项目;建设项目全寿命周期的延续时间长,一般由决策阶段、实施阶段和运营阶段组成,各阶段的工作任务和工作目标不同,其参与或涉及的单位也不相同;一个建设项目的任务往往由多个,甚至许多个单位共同完成,它们的合作多数不是固定的合作关系,并且一些参与单位的利益不相同,甚至相对立。

传统的建筑公司组织结构如图 2.3 所示,在总经理下设经营科、计划科、技术科、预算科、供应科、设备科、人事科、财务科等。后来公司发现这些职能部门不能够及时解决具体项目上发生的问题,不能够及时反馈委托方的要求,而且往往会出现因为责任分配不清而导致互相推诿的问题。比如说公司的一个项目出现了超支情况,那么超支的责任由哪一个部门来承担就很难界定,技术科、预算科、供应科、设备科、财务科等都有可能参与到了这个项目。针对这种情况,公司在纵向职能部门划分的基础上,增设了横向的项目部门,如图 2.4 所示。按项目不同划分为甲项目、乙项目、丙项目等,由横向项目部门负责该项目的全面实施,并对项目的质量、投资、进度等目标负责,纵向职能部门提供技术等方面的职能支撑。在新型组织结构下,公司有专门的组织面向用户的需求,有利于及时响应并落实用户需求;有专门的组织对项目的目标实现负责,有利于控制项目实施。这充分证明组织对于项目实施和企业经营具有非常重要的作用。

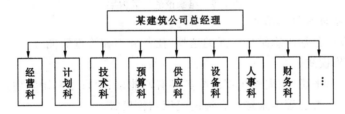

图 2.3　传统的建筑公司组织结构

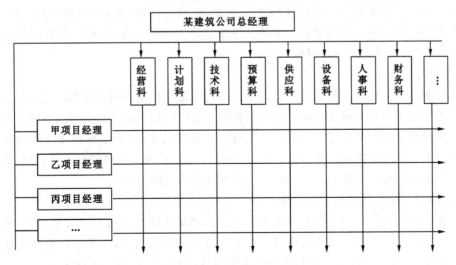

图 2.4　矩阵式的建筑公司组织结构

2　工程项目管理相关的组织理论及基本组织工具

为控制项目目标采取的主要措施包括组织措施、管理措施、经济措施和技术措施,其中组织措施是最重要的措施。如果要实施一个项目的项目管理,首先应进行该项目的组织设计;如果对一个建设工程项目的项目管理进行诊断,首先应分析其组织方面存在的问题。

2.1.3 组织论的主要内容

组织论的主要内容包含一个系统的组织结构与一个系统内部的工作流程组织。系统的组织结构设计是相对静态的组织设计,内容包括组织结构模式、任务分工、管理职能分工等;系统内部的工作流程设计是相对动态的组织设计,内容包括物质流程组织(包括人流、物流、资金流等)、信息流程组织等。要实施项目管理,面临的首要问题就是对项目进行组织设计。组织论的内容如图 2.5 所示。

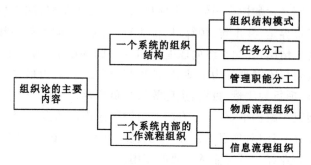

图 2.5   组织论的主要内容

2.1.3.1   系统的组织结构

组织结构设计包括组织结构模式的选择、任务分工和管理职能分工。

(1)组织结构模式

对于项目组织来说,主要的组织结构类型有职能型、项目型和矩阵型。应根据项目的特点和企业的组织类型等因素选择合适的组织结构模式。

(2)任务分工

根据项目目标体系,对项目结构逐层分解形成该项目的所有工作任务,组织分工反映了一个组织系统中各子系统或各元素的工作任务分工和管理职能分工,只有明确组织的任务分工,才有可能实现项目目标。

(3)管理职能分工

管理职能分工指确定指令关系。指令关系指的是组织中不同工作部门之间的上下级关系。指令关系中的上级工作部门或上级管理人员可以对下级工作部门或下级工作人员下达工作指令。指令关系可以通过组织结构模式体现出来,组织结构模式反映的是一个组织系统中各子系统之间或各元素之间或各元素(各工作部门或各管理人员)之间的指令关系。组织结构模式和组织分工都是一种相对静态的组织关系。

2.1.3.2   系统内部的工作流程

工作流程反映的是一个组织系统中各项工作之间开展的先后顺序关系,是一种相对动态的关系。图 2.5 中的物质流程组织对于建设工程项目而言,指的是项目实施任务的工作流程组织,如设计的工作流程可以是方案设计、初步设计、施工图设计等。

2.2 工程组织模式

2.2.1 工程组织模式的内涵及功能特性

工程组织是为了实现工程目标,根据建设环境而建立的对工程建设实施管理和控制的系统。现代工程趋于大型化和复杂化,工程组织的内涵也更加丰富,可视为由工程各参与主体在一定的规则和程序下,为了实施全过程各种管理功能而形成的系统网络。其中,工程组织的参与主体既包括投资主体、建设单位、勘察设计单位、施工单位、供货单位以及专业咨询单位(如工程咨询、工程监理、招标代理)等工程建设参与主体,也包括政府机构等公权力部门,还包括社会公众等其他利益相关者及外部关联组织。

模式是从实践经验中经过抽象和升华提炼出来的核心知识体系,是主体行为一般性、可重复性、稳定性、结构性和可操作性的方式,也是解决某一类问题的方法论。就组织模式而言,其概念有狭义和广义之分。狭义的组织模式即组织结构,是指为了实现组织目标,在组织理论的指导下,经过组织设计所形成的组织内部各个部门、各个层次之间固定的排列方式,即组织内部的构成方式。广义的组织模式还包括组织之间的相互关系类型,如经济联合体、专业化协作、企业集团等。在工程环境下,工程组织模式可界定为:在工程环境中,组织内主体关联结构、事权配置及各类管理资源整合转换方式等的规律和规则,包含了静态的组织构成、组织形态和组织要素,以及动态的项目交付和资源整合方式、治理机制和运作机制等方面。

现代工程除了安全、质量、投资、进度等目标外,还必须满足环境与可持续、社会稳定性与抗风险能力等新的目标要求。同时还要求组织必须具有较强的外部环境适应能力和变化的控制能力,系统特性趋于复杂。因此,其组织体现出不同于以往工程的多层次功能,包括:

①协同功能:宏观战略管理、顶层统筹和协同功能,如旧城改造工程除指挥工程建设外还要负责拆迁户的安置工作;

②协调功能:各参建单位组织、协调和协作功能,如关系复杂、情景多变的勘察设计单位、施工单位、供货单位和专业咨询单位的协调;

③协商功能:外部单位和利益相关者的沟通和协商功能,如大规模征地拆迁,受影响居民、企业和团体的安置,确保社会稳定等。

我国工程组织的多层次功能特征如图2.6所示。这种"协同—协调—协商"的总体框架形成了我国工程组织功能的基本框架。此外,随着工程不断推进,在前期决策、勘察设计、招投标、施工、竣工验收和移交等不同阶段,上述功能内涵和重点将不断演变。

依据系统科学和复杂性适应性理论,为了应对外部复杂性环境,组织需要具备面向变化的被动稳定能力和主动应变能力,即具备一种复合性能,以保证工程的成功。这种性能框架不是单一的,依据能力层级维度和外部环境的变化剧烈程度,应包括刚性、鲁棒性、柔性以及弹性性能等。工程组织复合性能框架内各性能的适用情境、组织参照以及具体应用如表2.1所示。

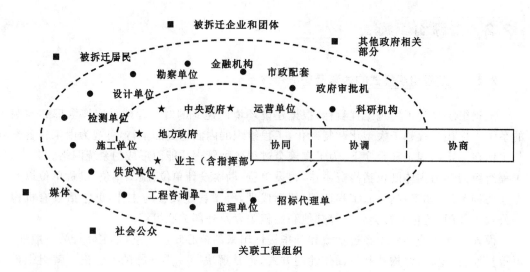

图 2.6　我国工程组织的多层次功能特征

表 2.1　工程组织特性

特性	特点	适应情境	组织参照	具体应用或案例
刚性	当组织所处的外部环境稳定,且有成熟的惯例和经验参照时,组织利用现有结构和资源良好应对稳定环境的适应能力	外部环境稳定,有成熟的惯例和经验参照	传统项目组织	项目管理、施工管理、合同管理(几乎所有案例)
鲁棒性	构建的组织结构能够处理一系列所期望的使命任务,在整个动态环境中无需改变其结构就能获取满足要求的组织性能	外部可能存在突发事件或未知因素,且事件所带来的影响和破坏性大,需要提高冗余度	灾害应急组织	专家小组+国际顾问+联合体+科研(如港珠澳大桥)
柔性	组织应对动态变化环境的一种有意识的适应能力	外部环境多变,缺乏惯例参照,组织依托系统构成要素多功能和冗余对环境变化做出适度反应,实现系统功能低成本快熟稳定变化,进而持续适应环境变化	网络组织	技术小组、顾问小组、临时小组(如上海世博会总体项目管理、虹桥交通枢纽进度总控)
弹性	组织在遭受扰动时能吸收干扰和重组,并仍能保持基本相同的功能结构、特性和反馈的能力	外部环境多变,突发事件多,未知性事件所带来的影响和破坏性大	复杂组织	领导小组、国际顾问、联合体等(如三峡工程)

2.2.2 典型的项目组织模式

长期以来,为了应对现在工程组织管理的现实挑战,我国工程实践者和理论研究者引进、消化和吸收了许多国外先进理念、方法和手段,同时结合中国国情进行了独特性创造,在适应我国生产力的情况下,逐步探索出一系列具有中国特色的组织实践模式。大体可以分为法人制和非法人制两大类,前者多见于社会资本投资项目,后者的典型应用就是政府投资项目中的工程指挥部模式。

(1)项目法人制

项目法人制,是指设立有限责任公司(包括国有独资公司)或股份有限公司,对项目的筹划、资金筹措、建设实施、生产经营、债务偿还和资产的保值增值等,实行全过程负责。1995年水利部发布《水利工程建设项目实行项目法人责任制的若干意见》要求新建生产经营性项目实行项目法人责任制;其他类型的项目应积极创造实行项目法人责任制的条件;并提出项目法人可以是独资公司、有限责任公司、股份有限公司或其他项目建设组织。实行项目法人责任制后,在项目管理上要形成以项目法人为主体,项目法人向国家和各投资方负责,咨询、设计、监理、施工、物资供应等单位通过招标投标和履行经济合同为项目法人提供建设服务的建设管理新模式。进一步的,1996年原国家计委颁布的《关于实行建设项目法人责任制的暂行规定》,明确项目法人(业主)是项目建设的中心和主体,是项目投资的受益者,同时也是项目投资风险的承担者。项目法人可按《公司法》的规定设立有限责任公司(包括国有独资公司)或股份有限公司,对项目的筹划、资金筹措、建设实施、生产经营、债务偿还和资产的保值增值等,实行全过程负责。法人在享有投资决策权的同时,必须承担相应的投资风险责任。

项目法人制具有两个典型特征:

①经济契约、契约链接为主导。项目法人制以契约链接为主导,作为自负盈亏的主体,通过公平竞争与市场其他主体签订经济契约。

②具有完善的公司治理结构。项目法人制以公司作为运作主体,具有完善的公司治理结构,建立起明确的责、权、利体系,对项目建设全过程负责。

(2)工程指挥部模式

工程指挥部是为组织协调某项建设工程而设置的临时性议事协调机构,通常由政府相关部门提出计划,从相关部门抽调人员组建工程指挥部,指挥部发挥跨部门议事协调作用。工程指挥部模式是非法人模式的典型代表,也是我国特有的政府投资项目时业主方的管理模式。从20世纪60年代初开始实行至今,期间虽然出现过各类组织模式,但指挥部仍然是目前最常见的一种组织方式,如南水北调工程、高速公路、桥梁的建设等等。

工程指挥部模式包含如下特征:

①与顶层行政组织类似,指挥部同样呈现出以行政权力为主导的政府治理。工程指挥部以行政权力为主导,自上而下的对工程项目进行主导和控制,主要通过政策、指令、命令等方式对项目实施管理,其本质是一种行政控制,具有十分巨大的治理能量。

②具有十分鲜明的职权链接关系。工程指挥部模式具有很强的等级性、强制性、排他性等特点。等级制意味着在重大工程项目组织顶层的领导者、中层管理者及执行层管理

者之间,是具有层级划分的;强制性意味着对于上一级管理者下达的命令下级需无条件服从;排他性意味着领导的唯一性,避免了多头领导,符合统一指挥统一作战的原则,低一级的管理者服从上一级管理者的指挥与命令。

③具有极强的统筹、组织、协调能力。基于前述两大特点使得工程指挥部在管理职能上具有极强的统筹、组织、协调能力。由于指挥部的负责人主要从政府有关部门抽调,权力集中,有利于采纳各方面的意见,集中力量打歼灭战,较快地完成项目,同时具有很强的指令性和协调能力,能有效地解决征地、移民、地区利益协调等社会问题。

④临时性和非专业性。工程指挥部多为一次性业主,即计划部门下达基本建设计划后,由政府有关部门牵头,从各相关部门中抽调人员,组建一个临时性的基建班子,统一指挥项目的实施,待基建任务完成后,基建班子解散,编制收回。

工程指挥部模式下的组织结构图如图 2.7 所示。

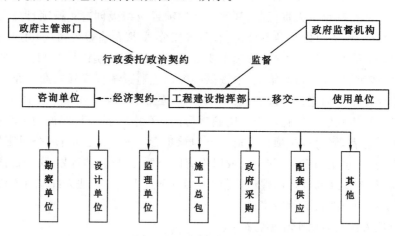

图 2.7 传统工程指挥部模式组织结构

【案例分析 2.1】 南京幸福城保障房项目组织模式创新

南京幸福城项目不仅在建设理念上进行了创新,更是在组织模式进行了创新,见图 2.8 所示。

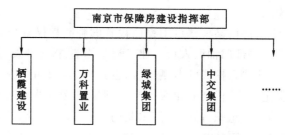

图 2.8 南京幸福城保障房项目组织模式

在南京市大规模的保障房项目建设管理中,结合代建制和工程项目总承包的特点,采用了新型的开发商委托代建模式,选择多家品牌开发商作为代建单位进行四大片区的开发建设。三方合同的签定,有效地加强了建设主管单位对于保障房建设和资金的控制,保证了工程建设和投资计划的执行,实现了政府投资体制改革的政策目的。

在大型保障房项目的建设管理中,涉及多个项目管理方,通过构建管理方责任矩阵,明确组织成员的职责以及对相互之间的活动进行明确定义和分类,确定报告审批制度,并形成明确的组织规则。幸福城项目涉及的主要管理方有南京市各有关政府部门、南京市保障房建设公司、南京市有关审计单位及代建方。项目主要管理方责任矩阵如表2.2所示。

表 2.2 项目主要管理方责任矩阵

工作任务 \ 工作部门	南京市各有关政府部门	南京市保障房建设公司	南京市有关审计单位	代建方
1 项目前期				
1.1 拆迁	△	☆		△
1.2 三通一平	√	√		☆
1.3 建立项目管理组织		△		☆
1.4 合同策划				
1.4.1 勘察、设计、监理合同策划		☆		△
1.4.2 施工、材料设备采购合同策划		△		☆
1.5 目标策划(投资、进度、质量)	√	△		
1.6 勘察、设计招标	√	☆		△
2 设计阶段				
2.1 确定项目总估算、概算、预算		△	√	☆
2.2 勘察、设计管理与协调	√	△		☆
2.3 编制甲供材料和设备采购计划		△		☆
2.4 监理单位的选择(招标)	√	☆	√	☆
2.5 施工单位的选择(招标)	√	△	√	☆
2.6 报批报建	√	△		☆
3 施工阶段				
3.1 工程款审批与控制		√	√	☆
3.2 工程变更管理		√	√	☆
3.3 甲供材料采购		√		☆
3.4 施工组织与协调		√		☆
3.5 合同管理		△		☆
4 验收交付阶段				
4.1 工程结算		△	△	☆
4.2 竣工验收	√	√		☆

工作任务＼工作部门	南京市各有关政府部门	南京市保障房建设公司	南京市有关审计单位	代建方
4.3　工程移交	△	☆		△
4.4　物业保修		√		☆

注:☆—主办;△—协办或参与;√—配合或支持。

在保障房项目的实施层中,构建由代建方保障房建设指挥部决策、幸福城项目部主持实施、各参与单位分工负责的集成化项目组织模式,如图2.9所示。

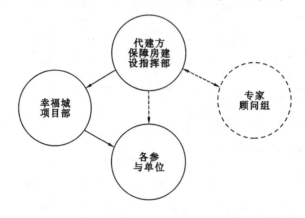

图 2.9　南京幸福城保障房项目实施层组织模式

在幸福城项目的实施过程中,公司按照重大工程项目建设管理的机制,成立了保障房建设指挥部。在项目中采用了大部制的模式,有效整合企业内部各个专业的管理资源,将公司十个管理部门的职能集成化,项目设置了前期和技术部、工程管理部和综合计划部三大综合性的部门有效地将公司各职能与现场工作直接对接,实现项目全过程的总控,在精简机构、程序的同时,提高了工作效率。大部制主要职能如表2.3所示。

表 2.3　南京幸福城保障房项目大部制模式

	部门	主要职能
幸福城项目部	前期和技术部	征地拆迁、前期策划、勘察设计招标、设计技术质量管理、设计优化及创新管理、设计变更管理等
	工程管理部	施工组织设计、材料设备采购、项目质量进度和造价控制、工程概算管理、现场参与单位的管理和协调、信息系统管理等
	综合计划部	项目总体规划编制、资金计划和管理、成本核算和账务管理、档案管理、行政后勤管理、法律事务管理等

此外,幸福城项目按片区设置了三个项目经理部,形成扁平化的矩阵式项目组织,如图2.10所示。这能在保证项目总经理对项目最有力控制的前提下,充分发挥公司各职能

部门的作用,保证信息和指令的传递途径最短、组织层次少、沟通速度快,实现了无缝对接。幸福城120万平方米的项目从定方案到领取全部四证开工建设,只用了3个月时间。

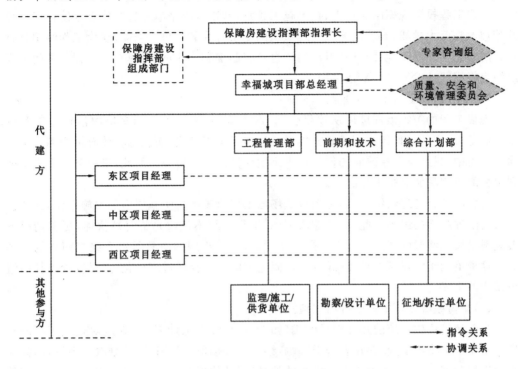

图 2.10   南京幸福城保障房项目矩阵式项目组织

2.2.3   工程组织模式的选择

有研究表明,工程的组织模式如果选择合适可以有效地降低建设成本,具体到重大基础设施工程,这一数字是5%。但是当前我国组织模式的决策很大程度依赖于经验直觉。科学决策组织模式,指标因素的确定是一个十分关键的问题。但是从不同的出发点确定出的组织模式决策因素也会有所不同。

早期研究的选择方式是从工程管理的特征出发,组织模式的选择应考虑项目因素、业主因素和市场因素三个方面。后来有学者在此基础上补充了第四方面——各方关系因素。随着研究的细化,涉及的因素主要包含:建设速度、成本确定性、灵活性、质量水平、复杂度、风险避免、价格竞争力和责任分配等。

到了21世纪,组织模式决策因素的研究着眼于项目要求及项目客观情况两大方面,并归纳为项目、组织和环境三个层面。项目层面上,决策因素与工程项目属性密切相关,包含工程规模、工程技术难度、设计深度、施工受干扰程度、工期要求、质量要求和投资控制要求等;组织层面上,决策因素包含业主方的管理能力与经验、业主人员构成、业主参与度以及跨文化管理能力等;环境层面则涉及地域性、建设条件、承包人竞争性、信息发展、法规完善程度和市场诚信度等因素。

2.2.4 工程组织模式发展趋势

现代工程投资规模越来越大、技术越来越复杂、影响越来越深远等特点致使现代工程的管理面临巨大挑战,有着逐渐成为跨组织的复杂行为的趋势。当前,现代工程组织具有一定的动态性和演化性,同时其组织问题也具有制度和文化情景依赖性。因此,现代工程组织组织模式的发展趋势复杂多样。

(1)更大组织场域下的工程组织模式

现代工程的组织治理呈现从项目公司、政府部门、参建单位的多层次治理体制和机制。但是,以往的工程组织模式研究集中关注项目组织模式,而没有将政府机构纳入工程项目组织中,只是仅仅将政府的作用作为制度环境来进行研究。因此,工程项目组织扩展到更大的组织场域显得十分必要。

就我国工程管理组织而言,更大组织场域不仅涵盖项目实施层面的实施单位,还应包括政府治理层面的组织。此外,还应认识到,工程组织不仅仅是临时性伙伴,更多情况下会呈现出长期联盟的特点。工程不是一个孤岛,项目组织网络只是更大组织网络的一部分。这种更大组织场域的形成(或重构)、固化和同行将会促进多样化、多维度为特征的组织模式的生成。

(2)交付模式变革下的工程组织模式

当前建筑业中传统的几种交付模式(如 DBB、CM、DB、EPC 等)在应对现代工程的管理时暴露了诸多不适应,存在着若干弊端:组织内部创新受到阻碍,计划缺乏系统性,设计与施工相分离,无法使各参与方形成有效的、牢固的伙伴关系,风险过于集中,而结合了传统交付模式优点及精益建设理论的集成项目交付(IPD)模式为解决现代工程建设的问题提供了新的生机,也成为我国现代工程组织模式适应性创新的新趋势之一。

2010 年,美国建筑师学会(AIA)对 IPD 的定义为:"IPD 是一种建立在统一所有参与方商业利益的合同协议基础之上的项目交付模式,该合同协议至少应该纳入业主、施工方和设计单位。IPD 通过将利益相关者的成功与项目的成果结合在一起。促进了整个设计和建造过程中的合作,并包括一些合同原则(要求的特征)和行为原则(期望的特征)。"

对于现代工程的组织问题而言,传统的组织工具很难准确表达现代工程系统的复杂组织结构,各参与方之间的协调合作成为决定现代工程项目能否顺利完工的关键,此时 IPD 模式就表现出了它的优势。在项目前期各参与方之间通过签订关系合同来保证项目各方利益的同时明确参与方之间的指令关系,使项目组织结构更加扁平化,强化了信息交流和工作效率。建立相应的组织体系并体现在合同文件中是 IPD 模式最关键的环节。由于 IPD 的合同与传统的项目合同不同,所以相对应的团队组建方式、项目的组织结构、决策方式也与传统的组织结构有较大的区别。IPD 模式下的组织结构由项目前期规划阶段的核心成员和项目在实施阶段各专业团队组成,核心成员和非核心成员之间信息共享,共同参与决策项目的重大事务。目前 IPD 模式主要有三种组织结构形式,分别对应多方独立型的 IPD 模式、多方合同型的 IPD 模式和 SPE 型的 IPD 模式。

(3)信息化技术变革下的工程组织模式

我国工程管理的外部环境在不断变化,变革性技术和管理创新不断涌现。2017 年住房城乡建设部公布《建筑业 10 项新技术（2017 版）》，其中信息化技术部分指出 BIM、大数据、云计算、互联网及物联网等 9 项信息化技术对当前建筑业影响深远。其中，BIM 技术的推行在近两三年内，更是出现了井喷之势。工程建设信息化的发展趋势是基于 BIM 的数字化建造，在此基础上建筑业的生产组织形式和管理方式必将发生与此趋势相匹配的巨大变革。因此，以 BIM 为例探析信息化技术对工程组织模式发展变革的影响。

（4）建造模式变革下的工程组织模式

过去 30 年，现浇施工技术帮助中国建筑行业取得了蓬勃发展的同时，其所带来的环境污染和质量安全问题也是层出不穷，资源消耗及浪费巨大，且利润不断下降，生产模式的变革成为我国建筑行业新的突破点。2016 年 9 月 14 日，国务院总理李克强主持召开国务院常务会议，部署加快推进"互联网＋政务服务"，以深化政府自身改革更大程度利企便民，决定大力发展装配式建筑，推动产业结构调整升级。

《国务院办公厅关于大力发展装配式建筑的指导意见》也指出，发展装配式建筑是建造方式的重大变革，是推进供给侧结构性改革和新型城镇化发展的重要举措，其中推行工程总承包是其重要任务。《意见》中强调，装配式建筑原则上应采用工程总承包模式，可按照技术复杂类工程项目招投标。鼓励建立装配式建筑产业技术创新联盟，加大研发投入，增强创新能力。支持大型设计、施工和部品部件生产企业通过调整组织架构、健全管理体系，向具有工程管理、设计、施工、生产、采购能力的工程总承包企业转型，相应的，工程组织模式也会随着此转型趋势的变化发生适应性演化。

2.3 工程项目治理

2.3.1 工程项目治理的内涵

随着项目管理理论的日趋成熟和完善，项目管理绩效在技术层面上也取得了众多的成果和进步，然而管理实践中仍有部分项目无法取得预期的管理效果。随着社会进步的需要和项目管理理论的发展，未解决项目管理过程中制度层面的问题，项目治理理论应运而生，并受到相关专家和学者的重视。

"治理"是影响和规范人们利益的一种行为，这种行为的实现往往通过权力的指导和控制或者法律法规的约定。治理强调的是工作组织或者有机体自身的结构或者构成的过程。治理机制是为了保证工作系统顺利运行，达到预期目的，实现创造价值最大化，运用权力来规范、指导和影响人们的行为，以发挥治理作用的激励、运行方式和途径。

项目治理的内涵暂时没有统一定义，例如有学者认为项目治理体现在三个层次上：第一治理层次为公司治理；第二治理层次为公司治理层次与单个项目之间的治理；第三治理层次为单个项目层次的治理，也有学者认为项目治理指能够构建一套包含一系列正式或非正式、内部或外部的制度或机制的制度体系，它科学合理地规定了项目主要利益相关者之间的权、责、利关系，从而在项目交易中建立起一种良好的秩序，并通过各种方法和手段来维持这种秩序，以求有效地协调利益相关者之间的关系并化解他们之间的利益冲突。总的来说，项目治理是一系列制度层面的制度安排，通过该种制度安排能够有效地协调项目各参与主体之间的利益关系,化解彼此的冲突,即从制度层面对众多的利益相关者在项目合作过程中产生的问题进行解决。

工程项目治理是以工程项目为对象,在一系列制度框架内,对项目各参建方权责利关系的规范和约束,其目的是为了使项目组织可以对各利益相关者进行有效的监督、激励以及风险分配等,通过对工程高效率的计划、组织、控制、协调等来实现项目目标。项目治理可以解决因委托代理双方因有限理性、信息不对称等而产生的逆向选择和道德风险等代理问题。值得注意的是项目治理不仅包括在项目这一契约组织形成时建立秩序的过程,更包括在项目建设管理全过程来维持这一秩序的过程。

2.3.2 典型工程项目治理——政府投资项目治理

当下我国经济的发展模式以投资拉动为主,政府投资在拉动经济增长和推动社会发展方面发挥了重要作用。在城市化的建设热潮中,政府投资项目的建设力度不断加大,政府投资项目往往关系到社会公平和国计民生,社会关注度较高而且项目会持续对当地经济、社会、环境等多维度产生影响。政府也在不断适应这一变化,为了更好地解释政府的角色与行为,治理理论逐渐得到广泛使用。故本节以政府投资项目为例剖析其项目治理的机制。

政府职能的实现路径之一是向社会提供公共产品和服务,而对政府投资项目这一类公共项目的投资与管理,是政府服务于社会的重要载体。对于一般工程来说,政府属于外部利益相关方,广义来看,包括了监管机构、法律机关、政府机构和部门,他们的共同目标是通过建设项目来实现社会目标,而且对项目有着基于道德的推动动机(图2.11)。与一般工程不同,政府投资项目由于其特殊性,其历史起源就是基于政府主导,政府是直接的参与方,对工程产生重大影响。

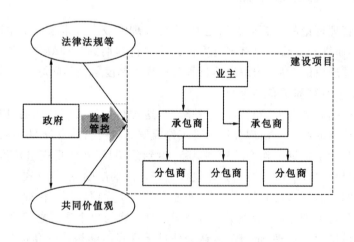

图2.11 政府对政府投资项目的管控

一般工程更倾向于追求经济利润,而政府投资项目建设的主要目标是确保项目对社会政治环境有益,或者至少是无害的。政府在政府投资项目中的角色可以通过权力、合法性和诉求紧迫性来理解。

政府在政府投资项目建设项目中的角色,通常可以归纳为两个类型:基于政策权力的指挥者和基于市场经济的执法者。作为指挥者,政府也可能出于种种原因取消以前做出的决定和承诺,从而导致项目的拖延并影响参建单位的利益。在我国,政府承担并演变成多个角色,往往是直接参与者,但又同时是指挥者和激励者。在指挥跨区域建设的政府投资项目时,一个高级别的协调部门是不可缺少的,否则会缺乏有效的执法基础,造成协调失败。

政府投资项目中的政府治理机制在不同制度层面均可以得到解释。由于制度要素是相互依赖的,如果在政府治理机制在某一层面有所缺失,那么其他两个层面的表现一定会相应的增强。例如,法律法规的合法性是由上自下的,但是在现实中总是需要通过适当的实践与共同的价值观来支持。文化认知制度可以被定义为一套信念,它具体化为人们的价值观念、伦理道德规范以及个人与国家关系的观念等方面。它不仅可以蕴涵其他非正式制度的内容,而且可以在形式上构成某种正式制度的理论基础或最高准则。人们对制度变迁过程的价值认同感越强,就越愿意暂时放弃某些个人利益,参与、支持这一过程;反之亦然。在治理过程中,高层管理者通过在组织网络中建立更大的共同价值观来寻求多方合作并减少机会主义的发生率。政府在正式的行政手段和合同手段之外,会通过各种途径来宣传政府投资项目的政治意义、社会效益、经济效益等积极信息,从而在更大的范围内构建一个共同的价值观。中国的政府投资项目的治理机制不仅包括了社会主义体系下已有的社会和政治结构,还包括了对民族荣誉和自豪感的共同认知。由于这些项目都是一些高度引人瞩目的项目,参建企业会利用机会来获取其自身在市场上的地位,参建的个体出于责任感和民族自豪感,在项目中会更加的投入。政府治理结构与过程的分析框架,如表2.4所示。

表 2.4 政府治理机制的制度框架

制度层面	法规政策制度	专业规范制度	文化认知制度
制度驱动力	法规及政策控制	行业规范及标准	文化和认知驱动
政府治理机制	治理结构	政府与其他方的关联	基于信任的价值观构建
跨制度层面因素	能力、知识、技术、信息等		

【案例分析2.2】 政府投资项目治理案例——上海世博会项目

2010年上海世博会项目整个园区规划控制范围6.68平方公里,总建筑面积约200平方米,总投资规模达220亿元人民币左右。整个建设过程有近300家公司、超过2万工人和管理人员参与。世博会项目是一个理想的进行政府治理机制深入考察的案例。

(1)上海世博会项目的政府治理组织

尽管我国经济发展迅速,但有政治意义的基础设施建设项目全部由政府投资并经营。此类项目的监管框架基于一系列的法律规则、行业标准和办法,比如在1996年颁布了国家重点建设项目的管理办法,这符合国家和地方政府在政府投资项目中的协调、指导、监督的角色。

从总体看来,由于世博会项目包括了 52 个投资方和超过 100 家承包商,其组织可以被定义为复杂项目组织。如何对这些参与者进行高效的管理是业主方也就是政府面临的重大难题,图 2.12 展示了世博会项目的顶层治理组织结构。

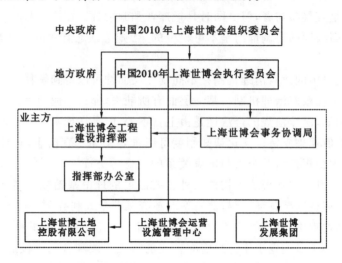

图 2.12　海世博会项目顶层治理组织结构

2003 年 10 月 30 日,上海世博会事务协调局(以下简称"上海世博局")成立,具体负责世博会的筹备、组织、运作和管理。由于世博会有严格的完工时间要求,为了保证工程能够完成,政府层面成立了两级委员会来进行管理。组织委员会为中央政府级别,由包括国务院副总理在内的 46 位政府官员组成;执行委员会为地方政府级别,包括上海市委书记、市长以及 46 家成员单位组成,执行委员会受组织委员会领导,负责执行组织委员会下达的工作。政府级别的指导委员会显示了国家对世博会项目的重视。

2007 年,工程建设越发紧迫,300 多个子项目的拆迁、审批、建设、协调等工作同时进行,世博局在同年 4 月成立了工程部,但工程部人员配置远不符合对如此多的项目进行统一协调管理,急需一个级别更高的专设机构。

因此,工程建设指挥部(以下简称"指挥部")于 2007 年 10 月 1 日正式成立,并将上海市发改委、建交委、相关的委办局都纳入到指挥部。指挥部负责协调整个上海市围绕世博会工程建设的各项工作,其成员的组成如表 2.5 所示。指挥部是世博会项目建设的"大业主",是整个项目系统实施的总策划者、总集成者和总组织者。上海世博会工程建设指挥部成立的宗旨就是对世博会所有相关项目的建设进行统一管理和统一协调,全面支持世博会项目建设的各方面协调工作。

表 2.5　上海世博会工程建设指挥部人员组成

序号	岗位	所在单位	所在单位职务
1	总指挥	上海市政府	副市长
2	常务副总指挥	上海市政府	副秘书长
3	副总指挥	市发改委	副主任

序号	岗位	所在单位	所在单位职务
4	副总指挥	市建交委	副主任
5	副总指挥	世博局	副局长
6	指挥部成员	市委宣传部	副部长
7	指挥部成员	市公安局	副局长
8	指挥部成员	市水务局	副局长
9	指挥部成员	市环保局	副局长
10	指挥部成员	市规划局	副局长
11	指挥部成员	市房地局	副局长
12	指挥部成员	市市政局	局长
13	指挥部成员	市绿化局	局长
14	指挥部成员	市市容环卫局	局长
15	指挥部成员	浦东新区区政府	副区长
16	指挥部成员	黄浦区区政府	副区长
17	指挥部成员	卢湾区区政府	副区长
18	指挥部成员	上海世博土控公司	董事长
19	指挥部成员	市城投公司	总经理
20	指挥部成员	世博集团	董事长
21	指挥部成员	申通地铁公司	副总裁

通过上表可以看出,指挥部的成员均为政府或国企领导兼职组成,主要职能是在本职工作之外对世博项目进行指挥与协调,因此,又下设指挥部办公室,作为开展具体工作的单位。

指挥部办公室各职能部门对指挥部办公室实施项目及园区内其他投资主体负责建设的项目进行控制、督促和协调。对于其他投资主体投资的项目,如外国自建馆、世博演艺中心等项目本身具备项目管理团队,指挥部不直接参与其项目管理工作,但指挥部的职能部门对其负有管理的职能。

对于与世博会项目配套的大市政项目,由于项目涉及世博会项目地块,与世博会项目具有交界面,因此也纳入指挥部办公室管理的范畴。由于其项目规模较大,其本身就设置了项目建设指挥部,因此,指挥部办公室职能部门对大市政项目只是进行协调工作。指挥部办公室与其他投资主体项目组织关系如图 2.13 所示。

总之,指挥部是一个临时的、高层管理的组织,代表政府进行重大项目的建设与协调工作。它由政府官员组成,通过行政干预管理重大项目。指挥部办公室是指挥部的实际工作部门,其驻扎现场工作,并以业主身份发挥主要作用。指挥部是针对特定的一个项目

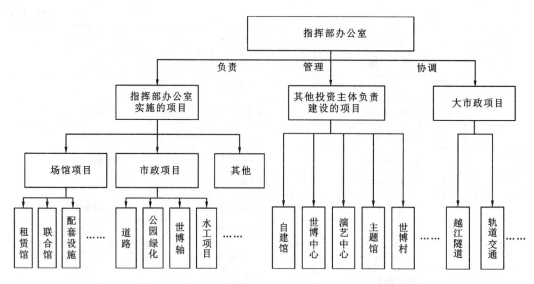

图 2.13 上海世博会工程建设指挥部办公室与其他投资主体项目关系

(群)而专门创建的,在项目完成时停止供暖。在本案例中,2010 年 10 月世博会展览结束后,指挥部也解散,其人员大部分回到原单位继续参与后世博建设。世博会事务协调局也于 2012 年 4 月 14 日正式撤销。

(2)上海世博会项目的政府治理策略

①集成政府各部门功能:2007 年成立指挥部时,世博会工程面临着需要在不到 1000 天的紧迫时间内完成所有建设任务,这为管理者带来了极大的压力。因此,指挥部专门为世博会开发了一个并行审批平台,要求多个机构和单位同时工作,加快完成审批任务。并会不定期举行联合会议,将有关的审批部门聚集在一起,集中讨论审批手头的问题,争取在最短时间内保证项目程序合法。指挥部的这种集中的工作方式能够保证项目在遇到紧急事项时尽快得到解决。当有需要时,指挥部会组织业主、投资方和其他利益相关方召开会协调会,这些会议并不是有计划的,而是针对当时的突发事件、重大事件而采取的临时性安排,而且,指挥部的政府性质使得其下达的指令有行政效力。

总之,政府通过行政手段协调政府机构与指挥部、各参建方的工作和关系,打破固定程序以提升审批效率,从而使得上海世博会的建设以比正常项目更快的速度进行。

②影响承包商选择和资源配置:为了举办一个高质量的世博会,政府制定了严格的合同条款,以限制能够不够突出的承包商的参与。例如,其中一个要求是,世博中心的建设标准要达到鲁班奖的和美国 LEED 认证要求,如果没有实现这一目标,承包商将会受到惩罚。考虑到这一要求,设计师和工程师需要在其工作中遵循非常高的标准。工程建设过程中,如果行政手段过度干预会容易出现腐败问题。在这一方面,政府作出了巨大的努力,确保选择供应商的过程是透明的。在选择承包商和供应商时,指挥部与来自 42 个国家的 648 家承包商和供应商签署了"廉政协议",并且内部的项目部在签订责任状的时候也要签署廉洁协议,并与参展的 139 家公司签署了"建设廉洁世博"协议。

（3）政府治理的启示

首先，面对工期有严格要求的重大工程时，政府会动用行政权力，将与项目有关的政府机构整合在一起，以加快审批速度。这种方式不仅仅发生在我国，例如2012年伦敦奥运会这样级别的重大工程，管理方建立了一个高度的集成系统，整合各个级别和各个子系统资源，以协调所有利益相关者的工作。伦敦奥运交付管理局是由伦敦政府任命的奥运会是一个公共部门客户组织，而2010年上海世博会建设指挥部是一个临时的政府机构。这一发现反映了在中国目前的制度环境下，行政权力会影响到经济建设过程。

第二，政府通过指挥部行使权力，来集成各参与方的优势资源。这也符合以往的研究成果，作为承包商的高层管理人员，其更愿意与与政府决策者建立和保持长期的合作关系。更重要的是，由于垄断优势和政府背景，国有企业在处理与政府有关的业务和谈判方面具有较高的地位，政府自然有选择国有企业的强烈倾向。

第三，政府通过提升项目领导者的个人责任感，来确保其对工程的充分承诺。受访者在访谈过程中都强调了领导在治理机制中的价值，这也反映了我国的传统文化，即团队领导者把自己视为团队的"父亲"，他们有责任成为榜样，以便团结所有成员来共同奋斗。在悉尼2000年奥运基础设施项目中，成立了一个项目联盟领导团队，以解决突发事件，并确保项目实现其目标。我国重大工程中的领导人与西方国家相比，还通常在政府中担任职务，这就允许他们能从更多的渠道来施加影响力。

最后，政府是还会积极地促进公众对项目的社会重要性的认可，以确保参与个体的投入并减少公众对项目的反对。这一结果可以理解为通过培育项目文化氛围来提升项目成功的可能性。

2.4 组织结构的基本类型、特点和适用范围

组织结构是组织运行的基础，合适的组织结构是组织高效运营的先决条件。组织结构设计的内容包括设置职能部门、明确工作岗位分工以及工作部门之间的指令关系。建立合理的组织结构，可以确保各个部门能够高效率地工作，促使各种资源得到较充分的利用，以便有效地实现管理系统的目标。

2.4.1 组织结构建立的基本原则

进行组织设计时需要遵循以下几个原则：
（1）目标至上、职能领先原则；
（2）管理幅度原则；
（3）统一指挥原则；
（4）权责对等原则；
（5）因事设职与因人设职相结合的原则；
（6）反馈原则；
（7）动态原则（弹性原则）；
（8）集权与分权相结合的原则（适当的授权原则）；

(9)执行与监督权分离的原则。

组织结构可以用组织结构图来描述,组织结构图是组织结构设计的成果,是一个重要的组织工具,反映一个组织系统中各组成部门(组成元素)之间的组织关系。图2.14所示为某证券大厦项目的组织结构图。

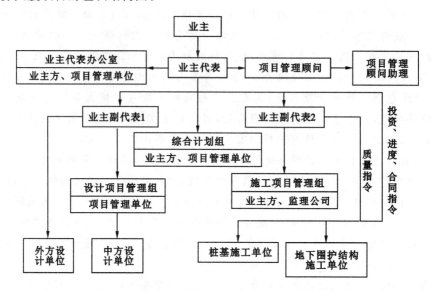

图 2.14   某证券大厦项目组织结构

在图中,矩形框表示各个工作部门,上级工作部门对其直接下属工作部门的指令关系用单向箭线表示,从图中可以看到:

(1)设计单位分为两家:外方设计单位和中方设计单位,设计外方只接受业主副代表1的唯一指令,而设计中方则只接受设计项目管理组的指令。

(2)综合计划组则直接接受业主代表的指示,按照其指令办事,对其他单位则没有指令关系。

(3)施工项目管理组接受业主副代表2的唯一指令,对其他单位则没有指令关系;而桩基施工单位和地下围护结构施工单位只接受业主副代表2的质量指令;投资、进度、合同方面则只接受业主代表的指令。

(4)项目管理顾问组只接受业主代表的指令,对其他单位则没有指令关系。

从以上组织结构图中可以看出,组织结构图应该清晰地反映出系统各单位相互之间的指令关系,而不是其他关系。从指令关系出发,一个系统最基本的组织结构模式有三种,即职能组织结构、项目组织结构和矩阵组织结构。这三种常用的组织结构模式既可以在企业管理中运用,也可在项目管理中运用。

2.4.2   线性型组织结构

线性组织结构来自于严谨的军事组织系统。在线性组织结构中,每一个工作部门只能对其直接的下属部门下达工作指令,不能越级指挥,每一个工作部门也只有一个直接的上级部门,因此线性组织结构的特点是每一个工作部门只有一个指令源,避免了由于矛盾的指令而影响组织系统的运行。

线性组织结构模式是建设工程项目管理组织系统的一种常用模式,因为一个建设工程项目的参与单位很多,在项目实施过程中矛盾的指令会给工程项目目标的实现造成很大的影响,而线性组织结构模式可确保工作指令的唯一性。但在一个较大的组织系统中,由于线性组织结构模式的指令路径过长,有可能会造成组织系统在一定程度上运行的困难。

线性组织结构图如图2.15所示。

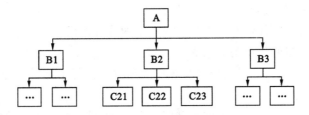

图2.15　线性组织结构

(1)A可以对其直接的下属部门B1、B2、B3下达指令;

(2)B2可以对其直接的下属部门C21、C22、C23下达指令;

(3)虽然B1和B3比C21、C22、C23高一个组织层次,但是,B1和B3并不是C21、C22、C23的直接上级部门,不允许它们对C21、C22、C23下达指令;

(4)在该组织结构中,每一个工作部门的指令源都是唯一的。

2.4.3　职能型组织结构

在人类历史发展过程中,当手工业作坊发展到一定的规模时,一个企业内需要设置对人、财、物和产、供、销管理的职能部门,这样就产生了初级的职能组织结构,这种职能组织结构是一种传统的组织结构模式。在职能型组织结构中,每一个职能部门可根据它的管理职能对其直接和非直接的下属工作部门下达工作指令。每一个工作部门可能得到其直接和非直接的上级工作部门下达的多个工作指令,它可能会有多个矛盾的指令源。因此职能型组织结构的特点是每一个工作部门有多个指令源,指令源之间可能彼此矛盾。一个工作部门的多个矛盾的指令源可能会影响企业管理机制的运行,职能型组织结构图如图2.16所示。

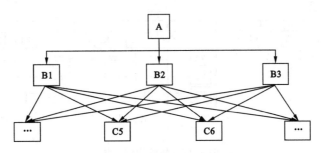

图2.16　职能型组织结构

在图2.16所示的职能型组织结构中,A、B1、B2、B3、C5和C6都是工作部门,A可以对 B1、B2、B3 下达指令;B1、B2、B3 都可以在其管理的职能范围内对 C5 和 C6 下达指令。因此 C5 和 C6 有多个指令源,其中有些指令可能是矛盾的。

2.4.3.1 职能型组织结构的优点

(1)专业化程度较高,给各成员提供职业和技能上交流进步的工作环境;

(2)技术专家可同时被不同的项目所使用;

(3)职能部门可作为保持项目技术连续性的基础;

(4)在人员的使用上具有较大的连续性;

(5)职能部门可为本部门专业人员提供正常的晋升途径。

2.4.3.2 职能型组织结构的缺点

(1)职能部门有其日常工作,项目及客户的利益往往得不到优先考虑,客户并不是活动和关心的焦点;

(2)职能部门工作方式常常面向本部门活动,而项目工作方式必须面向问题;

(3)经常会出现没有一个人承担项目全部责任的现象;

(4)对客户要求的响应比较迟缓和艰难,因为在项目和客户之间存在多个管理层次;

(5)项目常常得不到很好的对待;

(6)调配给项目的人员,其积极性往往不是很高;

(7)技术复杂的项目通常需要多个职能部门的共同合作,跨部门之间的交流沟通较困难。

2.4.4 矩阵组织结构

矩阵组织结构是一种现代企业较为常用的组织结构模式。在矩阵组织结构中,最高指挥者(部门)[图 2.17(a)中的 A]下设纵向[图 2.17(a)的 Xi]和横向[图 2.17(a)的 Yi]两种不同类型的工作部门。从图中可以看出,纵向 X1、X2、X3 和横向 Y1、Y2、Y3 是平级的。

在矩阵组织结构中,每一项纵向和横向交汇的工作,指令来自于纵向和横向两个工作部门,因此矩阵组织结构的特点是每一个工作部门有两个指令源,在实施之前要进行约定是以纵向为主还是以横向为主。当纵向和横向工作部门的指令发生矛盾时,由该组织系统的最高指挥者(部门),即图 2.17(a)的 A 进行协调或决策。

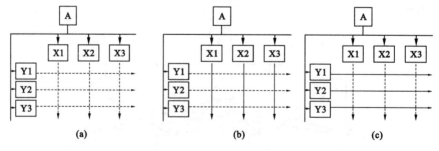

图 2.17 矩阵组织结构

(a)矩阵组织结构;(b)以纵向工作部门指令为主的矩阵组织结构;

(c)以横向工作部门指令为主的矩阵组织结构

在矩阵组织结构中为避免纵向和横向工作部门指令矛盾对工作的影响,可以采用以纵向工作部门指令为主[图2.17(b)]或以横向工作部门指令为主[图2.17(c)]的矩阵组织结构模式,前者可以称为弱矩阵组织结构,后者可以称为强矩阵组织结构,这样可减轻该组织系统的最高指挥者(部门),即图2.17(b)和图2.17(c)中A的协调工作量。

一般企业如采用矩阵组织结构模式,其纵向工作部门可以是计划管理、技术管理、合同管理、财务管理和人事管理等部门,横向工作部门可以是根据不同项目设立的项目部,如图2.18所示。

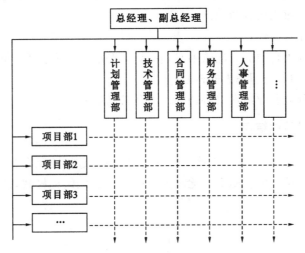

图2.18 某施工企业矩阵组织结构模式

一个大型建设项目如采用矩阵组织结构模式,其纵向工作部门可以是投资控制、进度控制、质量控制、合同管理、信息管理、人事管理、财务管理和物资管理等部门,横向工作部门可以是各子项目的项目管理部,如图2.19所示。矩阵组织结构适宜用于大的组织系统,在上海地铁和广州地铁一号线建设时都采用了矩阵组织结构模式。

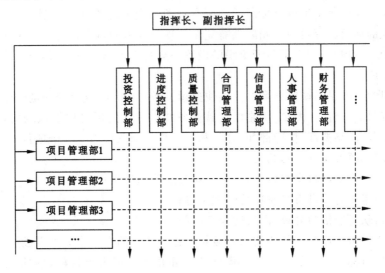

图2.19 某大型建设项目采用矩阵组织结构模式

2.4.4.1　矩阵组织结构的优点

(1)项目是工作的焦点；

(2)项目可以分享各部门的技术人才储备；

(3)项目组成员与项目具有很强的联系，但对职能部门也有一种"家"的感觉；

(4)对客户和公司组织内部的要求都能快速做出反应；

(5)部分成员来自行政部门，能在公司规章制度执行过程中保持与公司的一致性；

(6)可以平衡资源，以保证各个项目都能完成各自的进度、费用及质量要求。

2.4.4.2　矩阵组织结构的缺点

(1)命令源的非唯一性；

(2)资源在不同项目中的分配较困难，容易引起项目经理之间的争斗，项目目标而非公司整体目标成为项目经理考虑的核心；

(3)对项目经理与职能经理的协调提出了非常高的要求。

2.4.5　项目型组织结构

由于传统的职能型组织结构不能适应项目运作的特点，因此在某些项目实际操作过程中，在职能型组织结构的基础上演化出了另外一种组织结构模式，即项目型组织结构，如图 2.20 所示。

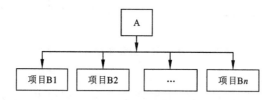

图 2.20　项目型组织结构

在项目型组织里，企业完全没有职能部门，只有项目部，每个项目就如同一个微型公司那样运作。完成每个项目目标所需的所有资源完全分配给这个项目，专门为这个项目服务。专职的项目经理对项目团队拥有完全的项目权力和行政权力。由于每个项目团队严格致力于一个项目，所以项目型组织的设置完全是为了迅速、有效地对项目目标和客户需要做出反应。

某公司的业务是向城市和乡村提供快速运输服务项目。这个公司的经营业务就是项目，它不生产标准产品。图 2.21 是根据其业务特点设立的项目型组织结构，每一个项目部下设置工程部、制造部、供应部和顾问，每一个项目团队致力于一个项目。

2.4.5.1　项目型组织结构的优点

(1)项目经理对项目全权负责，需向公司高层管理报告；

(2)项目组所有成员直接对项目经理负责；

(3)项目从职能部门分离，沟通途径变得简洁；

(4)易于保留一部分在某些技术领域具有很高才能的专家作为固定成员；

(5)项目目标单一，项目成员能够明确理解并集中精力于目标，使团队精神能充分发挥；

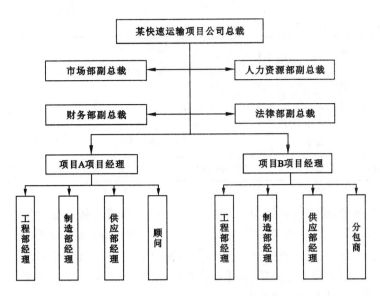

图 2.21 某公司项目型组织结构

(6)权力集中使决策速度加快,能对客户需求和高层管理意图做出快速响应;

(7)命令源的唯一性。

2.4.5.2 项目型组织结构的缺点

(1)当有多个项目时,会造成人员、设施、技术及设备等的重复配置;

(2)项目经理往往会将关键资源预先储备,造成浪费;

(3)易造成在公司规章制度上的不一致性;

(4)不利于项目与外界的沟通;

(5)对项目成员来说,缺乏一种事业的连续性和保障。

由于项目型组织结构是偏向横向项目的极端组织结构,更多项目在实际实施过程中普遍采用矩阵型组织结构,实际上矩阵型组织结构是介于职能型组织结构和项目型组织结构之间的一种组织结构,因此其实际应用范围较广。

从一个系统指令关系出发,最基本的组织结构就是上述的三种。在实际工作当中,每一个系统都有它特定的组织结构,这些组织结构是在三种组织结构的基础上演化而来。

2.4.6 不同项目组织结构的选择

不同的项目组织结构模式对项目实施的影响不相同,表2.6列出了主要的组织结构模式及其对项目实施的影响。

表 2.6 项目组织结构模式及其对项目的影响

组织类型 / 项目特点	职能型组织	矩阵型组织			项目型组织
		弱矩阵型	平衡矩阵型	强矩阵型	
项目经理的权威	很少或没有	有限	小到中等	中等到大	大到几乎全权
项目全时人员	几乎没有	0%～25%	15%～60%	50%～95%	85%～100%

组织类型 项目特点	职能型组织	矩阵型组织			项目型组织
		弱矩阵型	平衡矩阵型	强矩阵型	
项目经理	部分时间	部分时间	全时	全时	全时
项目经理的头衔	PM 协调员/ 项目主管	PM 协调员/ 项目主管	项目经理/ 项目主任	项目经理/ 计划经理	项目经理/ 计划经理
项目管理行政人员	部分时间	部分时间	部分时间	全时	全时

对于一般项目,确定组织结构的方法为:首先确定项目总体目标,然后将目标分解成实现该目标所需要完成的各项任务,再根据各项不同的任务,选定合适的组织结构形式。对于建设工程项目而言,应根据建设工程项目的规模和复杂程度等各种因素,在分析现有的组织结构模式的基础上,设置与具体项目相适应的组织层次。针对具体项目,项目组织结构模式的确定与以下三个因素有关:

(1)项目建设单位管理能力及管理方式

如果项目建设单位管理能力强,人员构成合理,可能以建设单位自身的项目管理为主,将少量的工作由专业项目管理公司完成,或完全由自身完成。此时,建设单位组织结构较为庞大。反之,由于建设单位自身管理能力较弱,将大量的工作由专业项目管理公司去完成,则建设单位组织结构较简单。

(2)项目规模和项目组织结构内容

如果项目规模较小,项目组织结构也不复杂,那么,项目实施采用较为简单的线性组织结构,即可达到目的。反之,如果规模较大,项目组织复杂,建设单位组织上也应采取相应的对策加以保证,如采用矩阵型组织结构。

(3)项目实施进度规划

现实工作中,由于建设工程项目的特点,既可以同时进行、全面展开,也可以根据投资规划而确定分期建设的进度规划,因此项目建设单位组织结构也应与之相适应。如果项目同时实施,则需要组织结构强有力的保证,因而组织结构扩大;如果分期开发,则相当于将大的建设项目划分为几个小的项目组团,逐个进行,因而组织结构可以减少。从以上的分析可以看出,根据项目的实际特点不同,组织结构会有一定的变化,所以不同的项目采用的组织结构模式也不尽相同。建设工程项目组织结构模式的确定要根据主客观条件来综合考虑,不能一概而论。

【案例分析 2.3】 某市轨道交通项目组织结构动态调整

某市在筹建轨道交通指挥部时,首要的问题是确定其组织结构图。在项目刚开始时其组织结构图如图 2.22 所示,主要明确了以下机构设置和关系:

(1)该市轨道交通工程领导小组、该市轨道交通有限公司和该市轨道交通工程建设指挥部的关系(该市轨道交通有限公司和该市轨道交通工程建设指挥部联合办公);

(2)设置技术审查咨询委员会和专家顾问组;

(3)设置总工程师,总工程师对七个工作部门不直接下达指令;

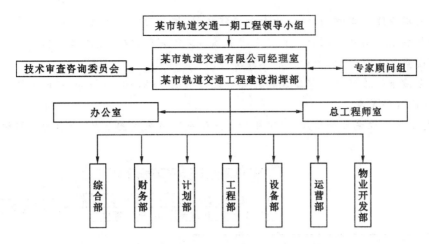

图 2.22　某市轨道交通工程组织结构图(第一阶段)

(4)设置七个工作部门,如综合部和财务部等。

当工程进行到一定的阶段(以下简称第二阶段),将采用图 2.23 所示的组织结构图。
第二阶段组织结构图的特点如下:

(1)经过按第一阶段组织结构图运行后,发现该市轨道交通有限公司和该市轨道交通
工程建设指挥部作为一个管理层次联合办公不妥。为强化工程指挥部的领导,该市轨道
交通工程领导小组、该市轨道交通工程建设指挥部和该市轨道交通有限公司作为三个管
理层次。

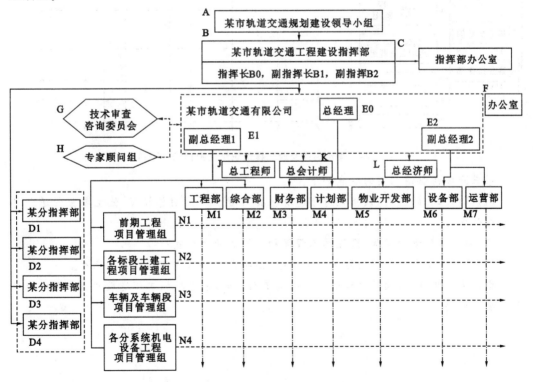

图 2.23　某市轨道交通工程组织结构图(第二阶段)

(2)采用矩阵组织结构,纵向为七个工作部门,横向为四个工作部门。

(3)总经理和副总经理分别直接管理下属的工作部门,以避免矛盾的指令。

(4)设置总工程师、总会计师和总经济师。

(5)在该市轨道交通工程建设指挥部下设四个地域性的分指挥部,以协调轨道交通工程与所在地区的关系。

当大面积工程施工开始后(以下简称第三阶段),将采用图2.24所示的组织结构图。

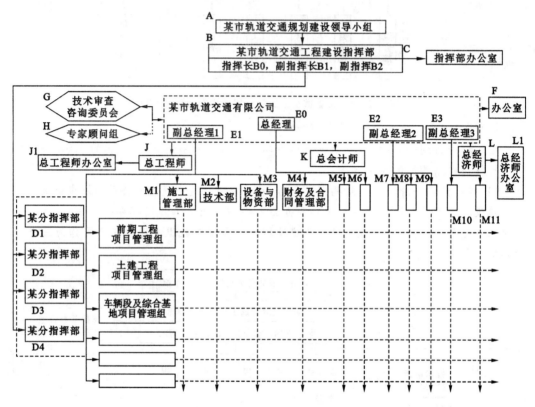

图2.24　某市轨道交通工程组织结构图(第三阶段)

第三阶段组织结构图的特点如下:

(1)根据工作的需要,该市轨道交通有限公司增设一位副总经理,他主要分管运营部和物业开发部;

(2)由于工作量的增加,设置总工程师和总经济师办公室;

(3)纵向由七个工作部门增加为十一个,横向由四个工作部门增加为六个。

由以上分析可知,项目管理的组织结构是动态的,应当根据工程进展的需要及时地进行必要的调整。

2.5 工程项目组成分解及其编码

2.5.1 工程项目结构分解

项目组成分解是有效进行项目管理的基础和前提。项目组成分解的好坏,将直接关系到项目管理组织结构的建立,关系到项目合同结构的建立,并进一步影响到项目的管理模式和承发包模式。

项目组成分解表明了项目由哪些子项目组成,子项目又由哪些内容组成。反映项目分解结构的工具是项目分解结构图,它是一个重要的组织工具,通过树状图的方式对项目的结构进行逐层分解,以反映组成该项目的所有工作任务,即表明该项目由哪些子项目组成。应该注意的是,项目分解结构图不同于项目管理组织结构图,前者用于项目分解,后者用于部门分工和指令关系;合同结构图不同于合同分解结构图,前者用于分析合同关系,后者用于合同分类;信息流程图不同于信息分解结构图,前者用于分析信息交流关系,后者用于信息分类;工作流程图不同于工作逻辑关系图,前者用于工作开展顺序,后者用于网络计划技术。

同一个建设项目可以有不同的项目分解结构方法,而不同的项目分解结构将直接影响项目投资、进度、质量目标的实现,因此项目结构的分解应和整个工程实施的部署相结合,并和将采用的合同结构相结合。

项目分解结构并没有统一的模式,应结合项目的特点并参考以下原则进行:

(1)考虑项目进展的总体部署;

(2)考虑项目的组成;

(3)有利于项目实施任务(设计、施工和物资采购)的发包和有利于项目实施任务的进行,并结合合同结构;

(4)有利于项目目标的控制;

(5)结合项目管理的组织结构等。

2.5.2 工程项目分解结构的编码

项目分解以后,就要对项目分解进行编码。项目分解结构与编码是项目管理的前提。在项目管理工作中为了有效实施项目目标控制,必须进行一系列的分解与编码。项目的组织结构建立以后,就要对组织结构进行编码;项目的工作任务分解以后,就要对工作项进行编码;投资控制、进度控制和质量控制的第一步是进行投资分解、进度(工作分解)和质量分解,分解体系建立以后,就要分别进行投资分解编码、进度(工作)分解编码和质量分解编码;合同管理的第一步是进行合同分解与编码;信息管理的第一步是进行报告、函件和档案的编码。因此,项目管理工作中将涉及一系列的分解与编码,如:

(1)项目管理组织结构编码;

(2)项目的政府主管部门和各参与单位编码(组织编码);

(3)项目实施的工作项编码(项目实施的工作过程的编码);

(4)项目的投资项编码(业主方)/成本项编码(施工方);

(5)项目的进度项(进度计划的工作项)编码;

(6)项目进展报告和各类报表编码;

(7)合同编码;

(8)函件编码;

(9)工程档案编码。

以上九项分解与编码工作的基础是项目分解结构与编码。项目结构分解与编码和用于投资控制、进度控制、质量控制、合同管理和信息管理的编码既有区别,也有联系。项目分解结构图及其编码是编制上述其他编码的基础。

【案例分析2.4】 上海世博会总体项目的分解结构与编码

合理的项目分解是指挥部办公室各项工作正常开展的基础和前提。由于世博会项目建设量较大,项目组成的特点也很复杂,给项目分解带来了一定的难度。对世博会建设项目的分解原则是:

(1)立足于工程建设指挥部的各项工作的开展以及工程建设的实施推进;

(2)分解思路清晰,方便各子项目的归类以及信息的查询;

(3)兼顾项目的类型(如永久场馆、临时场馆、配套设施、市政项目等);

(4)兼顾项目所属地块(如浦东 A、B、C 地块,浦西 D、E 地块等);

(5)考虑到规划、设计、合同、投资、施工等各方面工作的需要。

根据以上分解原则,确定世博会指挥部办公室项目统一分解结构,如图 2.25 所示。

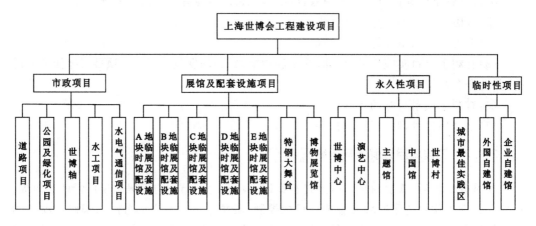

图 2.25 上海世博会工程项目分解结构图

上海世博会工程建设指挥部项目分解编码由三段组成,格式如下:

$$××—×××—××$$

(1)第一段由两位数字组成,表示项目分类。其中第一位数字表示第一层分类,目前有四类,如 10 表示市政项目;第二位数字表示第二层分类,如 11 表示道路项目。

(2)由于世博会项目比较复杂,所以涉及的项目较多,用一段数字无法清楚地表示,故还需后缀第二段数字加以说明。如第二段由三位数字组成,表示项目所在地块。如 A01

表示 A01 地块项目。这一段只有在项目分解到第三层时才出现。

（3）如果在地块项目内还有多个子项目需要说明，则还需要再后缀字段加以说明，直至完全分解。如第三字段由两位数字组成，表示项目顺序，如 01、02、03…这一段只有在项目分解到第四层时才出现。

项目的分解与编码是紧密结合起来进行的，只有项目分解合理，编码才能科学，否则就会出现编码体系紊乱，给后边的工作带来极大的不便。下面就以图 2.25 为例，进行说明，具体如表 2.7 所示。

表 2.7　上海世博会工程项目分解编码表

上海世博会工程项目分解编码表	
10	市政项目
11	道路项目
12	公园及绿化项目
13	世博轴
14	水工项目
15	水电气通信项目
20	展馆及配套设施项目
21	A 地块临时展馆及配套设施
22	B 地块临时展馆及配套设施
23	C 地块临时展馆及配套设施
24	D 地块临时展馆及配套设施
25	E 地块临时展馆及配套设施
26	特钢大舞台
27	博物展览馆
30	永久性项目
31	世博中心
32	演艺中心
33	主题馆
34	中国馆
35	世博村
36	城市最佳实践区
40	临时性项目
41	外国自建馆
42	企业自建馆

2.5.3　项目分解结构图与组织结构图的区别

在项目管理的组织工具里，项目分解结构图、组织结构图、合同结构图和信息流程图是组织论中四个重要的组织工具，四种组织工具的比较如表 2.8 所示。

表 2.8　项目分解结构图、组织结构图、合同结构图和信息流程图比较

	表达的含义	图中矩形框含义	矩形框连接的表达	示意图
项目分解结构图	对一个项目的结构进行逐层分解,以反映组成该项目的所有工作任务(该项目的组成部分)	一个项目的组成部分	直线	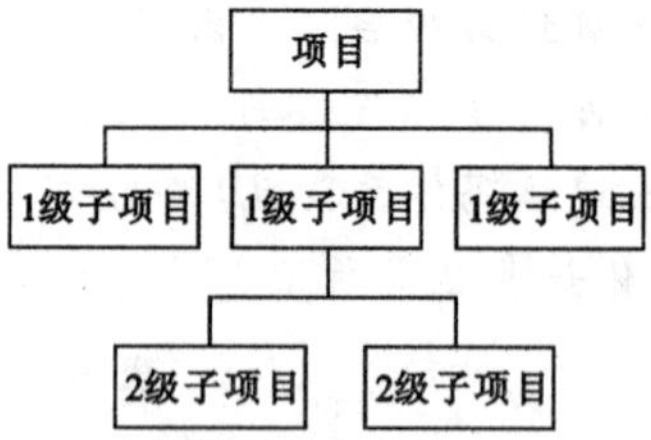
组织结构图	反映一个组织系统中各组成部分(组成元素)之间的组织关系(指令关系)	一个组织系统中的组成部分	单向箭线	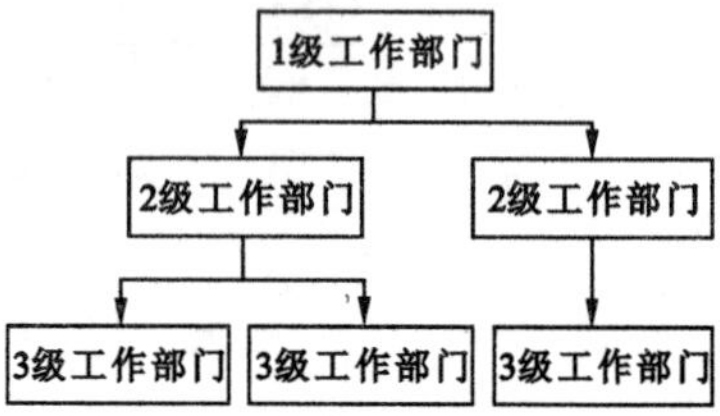
合同结构图	反映一个建设项目参与单位之间的合同关系	一个建设项目的参与单位	双向箭线	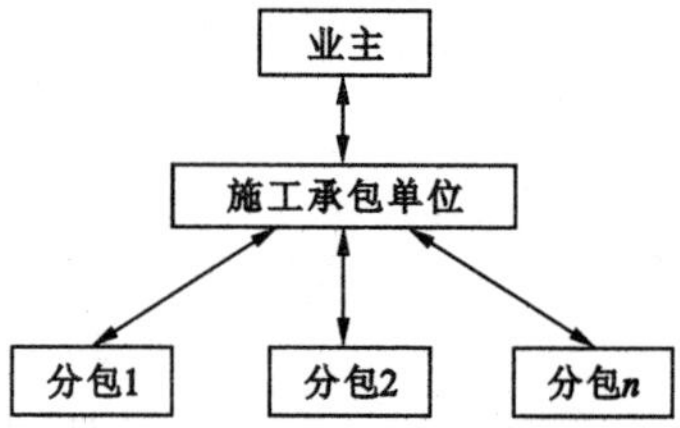
信息流程图	反映一个建设项目参与单位之间的信息流转关系	一个建设项目的参与单位	双向虚线箭线	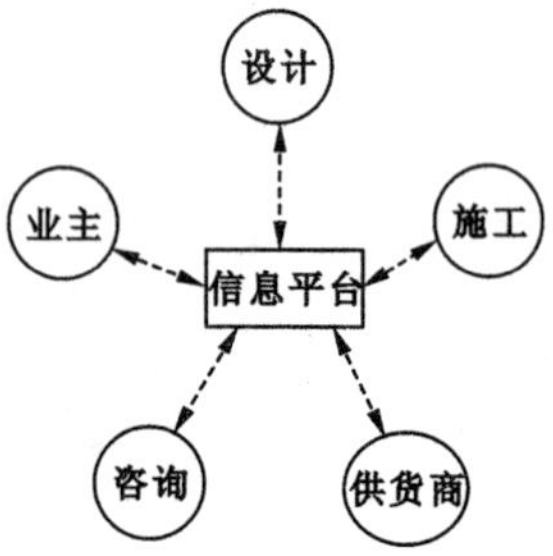

组织结构图在本章已有专门论述,合同结构图和信息流程图将分别在其他相关章节中介绍。

2.6　任务分工与管理职能分工设计

2.6.1　任务分工

在组织结构确定完成后,应对各单位部门或个体的主要职责进行分工。项目工作任务分工就是对项目组织结构的说明和补充,将组织结构中各单位部门或个体的职责进行细化扩展,它也是项目管理组织的重要内容。项目工作任务分工是建立在工作分解结构

（WBS）的基础上的，工作分解结构是以可交付成果为导向对项目要素进行的分组，它归纳和定义了项目的整个工作范围，每下降一层代表对项目工作的更详细定义。项目管理任务分工体现组织结构中各单位部门或个体的职责任务范围，从而为各单位部门或个体指出工作的方向，将多方向的参与力量整合到同一个有利于项目开展的合力方向。

每一个项目都应编制项目工作任务分工表，这是一个项目的组织设计文件的一部分。在编制项目工作任务分工表前，应结合项目的特点，对项目实施的各阶段的投资控制、进度控制、质量控制、合同管理、信息管理和组织与协调等工作任务进行详细分解。某项目制定的项目管理工作任务分解表目录如表 2.9 所示，表 2.10 为其中设计阶段项目管理的工作任务分解。

表 2.9　项目管理工作任务分解表目录

序号	各阶段项目管理的任务
1	决策阶段项目管理的任务
2	设计准备阶段项目管理的任务
3	设计阶段项目管理的任务
4	施工阶段项目管理的任务
5	动用前准备阶段项目管理的任务
6	保修阶段项目管理的任务

表 2.10　设计阶段项目管理工作任务分解表

3.1 设计阶段的投资控制		
	3101	在可行性研究的基础上，进一步进行项目总投资目标的分析、论证
	3102	根据方案设计，审核项目总投资估算，供委托方确定投资目标参考，并基于优化方案协助委托方对估算做出调整
	3103	进一步编制项目总投资切块、分解规划，并在设计过程中控制其执行；在设计过程中若有必要，及时提出调整总投资切块、分解规划的建议
	3104	审核项目总投资概算，在设计深化过程中严格控制在总概算所确定的投资计划值中，对设计概算做出评价报告和建议
	3105	根据工程概算和工程进度表，编制设计阶段资金使用计划，并控制其执行，必要时，对上述计划提出调整建议
	3106	从设计、施工、材料和设备等多方面作必要的市场调查分析和技术经济比较论证，并提出咨询报告，如发现设计可能突破投资目标，则协助设计人员提出解决办法，供委托方参考
	3107	审核施工图预算，调整总投资计划
	3108	采用价值工程方法，在充分满足项目功能的条件下考虑进一步挖掘节约投资的潜力
	3109	进行投资计划值和实际值的动态跟踪比较，并提交各种投资控制报表和报告
	3110	控制设计变更，注意检查变更设计的结构性、经济性、建筑造型和使用功能是否满足委托方的要求

续表 2.10

3.2 设计阶段的进度控制

3201	参与编制项目总进度计划,有关施工进度与施工监理单位协商讨论
3202	审核设计方提出的详细的设计进度计划和出图计划,并控制其执行,避免发生因设计单位推迟进度而造成施工单位要求索赔
3203	协助起草主要材料和设备的采购计划,审核进口材料设备清单
3204	协助委托方确定施工分包合同结构及招投标方式
3205	督促委托方对设计文件尽快做出决策和审定
3206	在项目实施过程中进行进度计划值和实际值的比较,并提交各种进度控制报表和报告(月报、季报、年报)
3207	协调室内外装修设计、专业设备设计与主设计的关系,使专业设计进度能满足施工进度的要求

3.3 设计阶段的质量控制

3301	协助委托方进一步确定项目质量的要求和标准,满足市设计质监部门质量评定标准要求,并作为质量控制目标值,参与分析和评估建筑物使用功能、面积分配、建筑设计标准等,根据委托方的要求,编制详细的设计要求文件,作为方案设计优化任务书的一部分
3302	研究图纸、技术说明和计算书等设计文件,发现问题,及时向设计单位提出;对设计变更进行技术经济合理性分析,并按照规定的程序办理设计变更手续,凡对投资及进度带来影响的变更,需会同委托方核签
3303	审核各设计阶段的图纸、技术说明和计算书等设计文件是否符合国家有关设计规范、有关设计质量要求和标准,并根据需要提出修改意见,争取设计质量获得市有关部门审查通过
3304	在设计进展过程中,协助审核设计是否符合委托方对设计质量的特殊要求,并根据需要提出修改意见
3305	若有必要,组织有关专家对结构方案进行分析、论证,以确定施工的可行性、结构的可靠性,进一步降低建造成本
3306	协助智能化设计和供货单位进行大楼智能化总体设计方案的技术经济分析
3307	对常规设备系统的技术经济进行分析,并提出改进意见
3308	审核有关水、电、气等系统设计与有关市政工程规范、地块市政条件是否相符合,争取获得市有关部门审查通过
3309	审核施工图设计是否有足够的深度,是否满足可施工性的要求,以确保施工进度计划的顺利进行
3310	对项目所采用的主要设备、材料充分了解其用途,并做出市场调查分析;对设备、材料的选用提出咨询报告,在满足功能要求的条件下,尽可能降低工程成本
3311	会同有关部门对设计文件进行审核,必要时组织会议或专家论证

3.4 设计阶段的合同管理

3401	协助委托方确定设计合同结构
3402	协助委托方选择标准合同文本,起草设计合同及特殊条款

	3403	从投资控制、进度控制和质量控制的角度分析设计合同条款,分析合同执行过程中可能出现的风险及如何进行风险转移
	3404	参与设计合同谈判
	3405	进行设计合同执行期间的跟踪管理,包括合同执行情况检查,以及合同的修改、签订补充协议等事宜
	3406	分析可能发生索赔的原因,制定防范性对策,减少委托方索赔事件的发生,协助委托方处理有关设计合同的索赔事宜,并处理合同纠纷事宜
	3407	向委托方递交有关合同管理的报表和报告

3.5 设计阶段的信息管理

	3501	对设计阶段的信息进行分解,建立设计阶段工程信息编码体系
	3502	建立设计阶段信息管理制度,并控制其执行
	3503	进行设计阶段各类工程信息的收集、分类存档和整理
	3504	运用计算机进行项目的信息管理,随时向委托方提供项目管理各种报表和报告
	3505	协助委托方建立有关会议制度,整理会议记录
	3506	督促设计单位整理工程技术经济资料、档案
	3507	协助委托方进行图纸和设计文件的分发、管理
	3508	填写项目管理工作记录,每月向委托方递交设计阶段项目管理工作月报
	3509	将所有设计文档(包括图纸、技术说明、来往函件、会议纪要、政府批件等)装订成册,在项目结束后递交委托方

3.6 设计阶段组织与协调的任务

	3601	协助委托方协调与设计单位之间的关系,及时处理有关问题,使设计工作顺利进行
	3602	协助委托方处理设计与各市政部门和主管部门的联系,摸清有关设计参数和要求
	3603	协助委托方做好方案及初步审批的准备工作,协助处理和解决方案和初步审批的有关问题
	3604	协助委托方协调设计与招投标之间的关系
	3605	协助委托方协调设计与施工之间的关系
	3606	协助设计方进行主体设计与专业细部设计、中外合作设计以及设计各专业工种之间的协调

以上仅仅是对一个工程项目不同阶段的任务进行分解,但没有说明每一项工作应由哪一个单位或部门来完成。因此,在项目工作任务分解的基础上,应定义上述各项工作由哪一个或哪几个具体的单位或工作部门来完成,从而编制工作任务分工表,如表 2.11 所示。在工作任务分工表中应明确各项工作任务由哪个单位或工作部门(或个人)负责,由哪些单位或工作部门(或个人)配合或参与。在项目的进展过程中,可视必要性对工作任务分工表进行调整。

表 2.11　工作任务分工表

工作部门　　工作任务	项目经理部	投资控制部	进度控制部	质量控制部	合同管理部	信息管理部

2.6.2　管理职能分工

管理职能分工与工作任务分工一样,也是组织结构的补充和说明,体现在对于一项工作任务,组织中各任务承担者管理职能上的分工。

正如前文所述,管理是由多个环节组成的有限的循环过程,对于一般的管理过程,其管理工作即管理职能都可分为计划(Planning)、决策(Decision)、执行(Implement)、检查(Check)四种基本职能。管理职能分工表就是记录对于一项工作任务,组织中各任务承担者由谁来承担这四种职能。它以工作任务为中心,规定任务相关部门对于此任务承担何种管理职能。

每一个建设项目都应编制管理职能分工表,这是一个项目的组织设计文件的一部分。任务分工表比较清楚地表明了有什么任务由谁来做,然后再对每一项工作要根据管理的五个循环过程再分工,这就是管理职能分工表。

管理职能分工表是用表的形式反映项目管理班子内部项目经理、各工作部门和各工作岗位对各项工作任务的项目管理职能分工,在表 2.11 中,用字母表示管理职能,其中 P 代表计划职能,D 代表决策职能,I 代表执行职能,C 代表检查职能。

【案例分析 2.5】　某卷烟厂项目管理任务分工及职能分工

在某卷烟厂建设项目中,项目管理部作为业主的主要参谋,利用专业的理论和丰富的经验为业主提供全方位的咨询,协助业主对项目进行全过程全方位的项目控制,并为项目的另一目标——为业主培养项目管理人员提供帮助。为实现这些宗旨,规定工作任务分工表如表 2.12 所示。

表 2.12　某卷烟厂项目工作任务分工表

编号	工作部门名称	主要任务	备注
A	业主代表	接受厂长的指令	
		对 A1,B,C,D,E,L,M,N,O 下达指令	
		主持和负责整个项目建设的实施,对项目建设的投资目标、进度目标、质量目标以及建设的安全负总的责任	
A	业主副代表	接受业主副代表的指令	
		在业主代表授权范围内对 A1,B,C,D,E,L,M,N,O 下达指令	

编号	工作部门名称	主　要　任　务	备注
		协助业主代表主持和负责整个项目建设的实施	
		在业主代表授权范围内主持和负责有关的工作	
		在业主代表确定的范围内负相应的责任	如建设安全
		主持项目建设实施的日常运行	
A1	业主代表办公室主任	接受业主代表和副代表的指令	
		对 A11,A12,A13 下达指令	
		协助业主代表和副代表处理日常行政事务	
		负责项目报建	
		协助业主代表和副代表执行与政府建设主管部门的联系任务	
A11	财务组	对财务组、行政组和信息组的工作任务承担总的责任	
		接受业主代表和业主副代表以及业主代表办公室主任的指令	
		负责项目资金筹措与资金运用	
		参与项目投资控制与资金控制	
		日常财务和会计工作	
A12	行政组	接受业主代表办公室主任的指令	
		负责处理有关的行政和文秘事务	
		负责办理项目建设的业主方各工作部门的后勤事务	
A13	信息组	接受业主代表办公室主任的指令	
		负责收集、保管和整理项目建设的工程文档	
		按业主代表和副代表的要求收集和整理项目建设的有关信息	
A2	决策委员会	接受厂长的指令	
		不对任何部门下达指令	
		对项目建设过程中的重大问题作决策咨询	
B	项目建设总控与专家咨询部主任	接受 A 的指令	
		作为工程管理服务班子的对外发言人	
		全面领导项目建设总控组开展工作	
		负责与业主代表和业主副代表的沟通和协调	
		协助业主策划和组织必要的专家咨询会议	
B1	项目建设总控组	接受 B 的指令	
		项目实施组织策划	

续表 2.12

编号	工作部门名称	主 要 任 务	备注
		设计组织策划与控制	
		工程发包、设备材料采购组织策划与控制	
		投资、进度和质量目标规划和控制	
		项目管理信息系统(PMIS)应用策划	
		合同管理策划与控制	

如表 2.13 所示,该卷烟厂项目管理职能分工在建设阶段上大致分为决策阶段、施工前准备阶段和施工阶段三个部分,在每个阶段都会有些重点任务,而这一任务在不同的部门中有不同的管理职能分配。如在施工前准备阶段中编号为 20 的一项任务——组织土建招标,就需要由建筑组策划,并作为主要实施者召集设计单位、工艺组和综合组配合实施,再上报给业主代表,由业主代表做出决策;而总控组作为专家受业主委托对该工作进行相应的检查。

表 2.13 某卷烟厂项目管理职能分工表

工作任务分类			任务承担者的管理职能分工						
主项	项次	子项名称	……	A 业主代表	D 工艺组	E 建筑组	I 综合组	B1 总控组	M 设计单位	…
决策阶段		项目立项书编制		D,C			P,I			
		编制项目组织策划		D,C			P			
		⋮						I		
		⋮								
施工前准备阶段	20	组织土建招标		D	I	P,I	I	C	I	
	21	组织土建工程 合同谈判		D,C		I	P,I	I		
	22	工程报批手续办理		D,C			I			
		⋮								
施工阶段		组织协调土建施工		D		P,I		C		
		组织工艺设备安装		D,C	P,I	I				
		⋮								

备注:P—计划;D—决策;I—执行;C—检查。

2.7 工作流程组织

2.7.1 工作流程组织的任务

项目管理涉及众多工作,其中必然产生数量庞大的工作流程。工作流程组织一般包括:

(1)管理工作流程组织,如投资控制、进度控制、合同管理、付款和设计变更等流程;

(2)信息处理工作流程组织,如与生成月度进度报告有关的数据处理工作流程;

(3)物质流程组织,如钢结构深化设计工作流程,弱电工程物资采购工作流程,外立面施工工作流程等。

以建设工程项目为例,其主要的工作流程组织包括以下内容:

(1)设计准备工作的流程;

(2)设计工作的流程;

(3)施工招标工作的流程;

(4)物资采购工作的流程;

(5)施工作业的流程;

(6)各项管理工作(投资控制、进度控制、质量控制、合同管理和信息管理等)的流程;

(7)与工程管理有关的信息处理的流程。

这也就是工作流程组织的任务,即定义各个工作的流程。工作流程应视需要逐层细化,如投资控制工作流程可细化为初步设计阶段投资控制工作流程、施工图阶段投资控制工作流程和施工阶段投资控制工作流程等。

不同的项目参与方工作流程组织的任务不同。业主方和项目各参与方,如工程管理咨询单位、设计单位、施工单位和供货单位等都有各自的工作流程组织的任务。

【案例分析 2.6】 上海世博会项目工作流程组织

为了确保中国 2010 年上海世博会项目建设目标的实现,对项目建设过程中的组织、管理、经济和技术等方面因素和问题进行系统的分析、计划和安排,设计了如下的多个工作流程组织。

(1)投资控制与合同管理工作流程

①招标文件编制流程;

②工程合同审核流程;

③工程合同付款审核流程;

④材料设备价格审核流程;

⑤工程费用签证审核流程;

⑥设计变更费用核定流程;

⑦变更设计费用核定流程;

⑧现场签证及索赔核定流程;

⑨竣工结算审价流程。

（2）材料设备管理工作流程

①甲供材料设备管理工作流程；

②甲定乙办材料设备管理工作流程；

③甲认乙供材料设备管理工作流程；

④租赁设施设备管理工作流程。

（3）工程管理工作流程

①项目现场检查流程；

②工程协调流程；

③项目管理综合检查流程。

（4）协调处工作流程

①指挥部办公室文明园区创建管理办法；

②中国2010年上海世博会劳动竞赛实施办法；

③指挥部办公室党总支工作考核办法；

④指挥部办公室党建联建工作制度；

⑤指挥部办公室来信、来访工作制度；

⑥指挥部办公室人事管理办法。

（5）技术管理工作流程

①上海世博会指挥部办公室技术处设计管理工作框架；

②上海世博会指挥部办公室技术处前期工作管理大纲；

③上海世博会指挥部办公室技术处文档综合管理办法。

（6）配套处工作流程

①临时水、电、气、通信等配套设施协调工作管理办法；

②市政基础配套设施建设协调工作管理办法；

③会展期间供水、供电、供气等方案协调管理办法；

④其他需要配合协调的工作的管理办法。

（7）安全质量工作流程

①安全生产及文明施工管理办法；

②质量管理办法；

③防台防汛应急处理；

④突发事件应急处理。

（8）综合管理工作流程

①会议制度；

②文秘制度；

③办公用品管理制度；

④印章管理制度；

⑤档案制度；

⑥实习生管理办法；

⑦值班制度；

⑧劳动用品发放管理制度;

⑨车辆使用与管理制度。

(9)工作信息系统工作流程

工程信息系统应用实施考核办法。

2.7.2 工作流程图

工作流程图是用图的形式反映一个组织系统中各项工作之间的先后开展顺序关系,它可以描述工作流程组织。下面以上海世博会项目的工作流程图为例,进一步解释工作流程图的含义和图的表达方式。

世博会工程建设材料设备管理的特点,主要体现为管理种类多、采购时间较紧、管理层次不同等特点。为了在先进适用、经济合理的基础上,确保材料设备的质量;确保采购和供货进度,进而确保工程建设总体进度目标;降低材料设备采购成本和工程造价,提高效益和效率,以保证世博会工程建设总体目标顺利实现,建立了一系列材料设备管理工作流程图。例如,甲供材料设备管理工作流程(图 2.26);甲定乙办材料设备管理工作流程(图 2.27);甲认乙供材料设备管理工作流程(图 2.28);租赁材料设备管理工作流程(图 2.29)等。

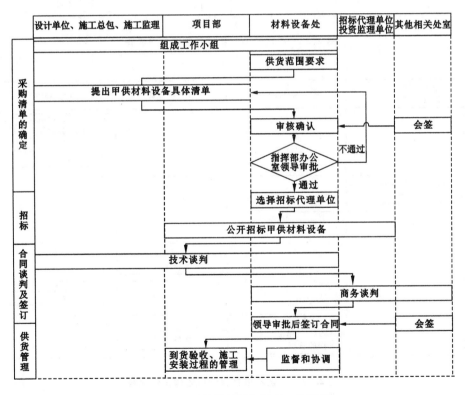

图 2.26 甲供材料设备管理工作流程

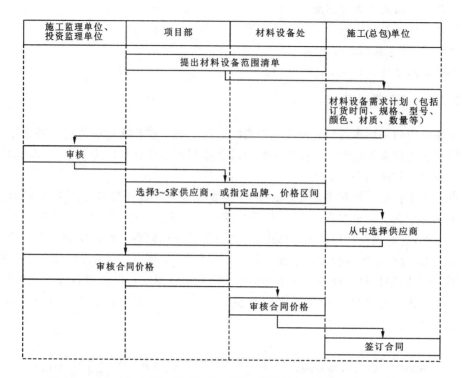

图 2.27 甲定乙办材料设备管理工作流程

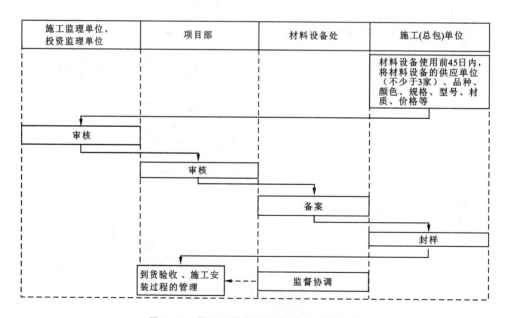

图 2.28 甲认乙供材料设备管理工作流程

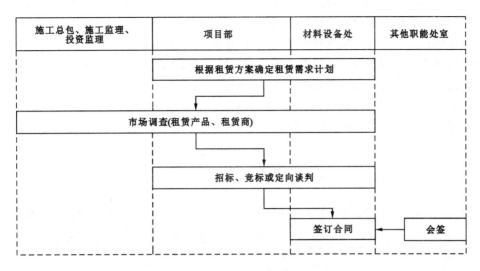

图 2.29　租赁设施设备管理工作流程

2.8　业主方工程项目管理的组织结构

为了顺利实施一个项目,业主方的首要任务是确定项目实施的组织结构。项目实施的组织结构应反映业主方与项目参与各个单位之间的指令关系,也要反映业主方为实现本项目所建立的内部组织结构,而业主方的内部组织结构与业主方选择的项目管理模式有关,应当根据项目的实际特征正确选择项目管理模式。

以建设工程项目管理而言,业主方项目管理的模式归纳起来主要有三种,如图 2.30 所示。

(1)业主方依靠自有的人力资源自行管理
(简称 A 模式);

(2)业主方委托一个或多个工程管理咨询
(顾问)公司进行全过程全方位的项目管理(简称
B 模式);

(3)业主方委托一个或多个工程管理咨询
(顾问)公司进行项目管理,但业主方的人员也参
与管理(简称 C 模式)。

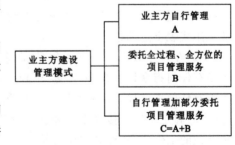

图 2.30　业主方建设管理模式

国际咨询工程师协会(FIDIC)的有关合同文本(FIDIC IGRA 80 PM)规定,如采用上述的 C 模式,则业主方的管理人员将在业主方委托的工程管理咨询公司的项目经理领导下工作。

在多数发达国家中,凡政府投资的项目(或有政府投资成分的项目)都由政府主管部门直接进行工程项目管理,其目的是保护纳税人的利益。如果政府主管部门管理工程项目的能力非常强,采用的基本上是 A 模式。有些发达国家,由于政府投资的项目的数量

太大,政府也委托半官方的事业单位(如日本的高速公路集团)或非营利性的组织进行政府投资项目的管理。非政府投资的项目则较多采用B模式或C模式。

一个建设工程项目的实施除了业主之外,还有许多单位参加,如设计单位、施工单位、供货单位和工程管理咨询单位以及有关的政府行政管理部门等,因此项目组织结构图应注意表达业主方以及项目的各参与单位之间的组织关系。

图2.31所示为某卷烟厂项目组织结构图的一个示例,业主方内部是线性组织结构,而对于项目实施方而言,则是职能型组织结构。该组织结构的运行规则如下:

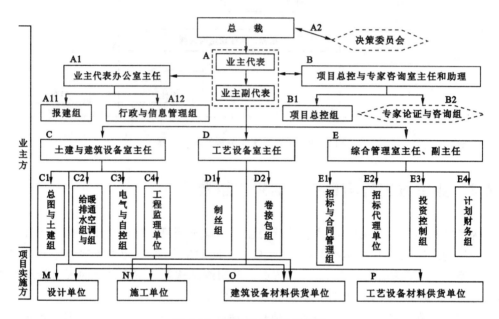

图2.31　项目组织结构图示例

(1)在业主代表和业主副代表下设三个直接下属管理部门,即土建和建筑设备工程管理(C)、工艺设备工程管理(D)和综合管理部门(E)。这三个管理部门只接受业主代表和业主副代表下达的指令。

(2)在C下设C1、C2、C3和C4四个工作部门,C1、C2、C3和C4只接受C的指令,对下没有任何指令权。在D下设D1和D2两个工作部门,D1和D2只接受D的指令,对下也没有任何指令权。E下的情况与C和D相同。

(3)施工单位将接受土建和建筑设备工程管理部门、工艺设备工程管理部门和工程监理单位的工作指令,设计单位将接受土建和建筑设备工程管理部门以及工艺设备工程管理部门的指令。

【案例分析2.7】　某深水港项目业主方组织结构

某深水港项目业主方组织结构如图2.32所示。

该深水港项目组织结构图有以下特点:

(1)其组织结构为强矩阵式,职能部门为一室五部,即办公室、工程部、计划财务部(简称计财部)、机电设备部(简称机电部)、物资部、生产准备部;并根据项目特点划分十个子项目部,职能部门提供技术和管理支撑。

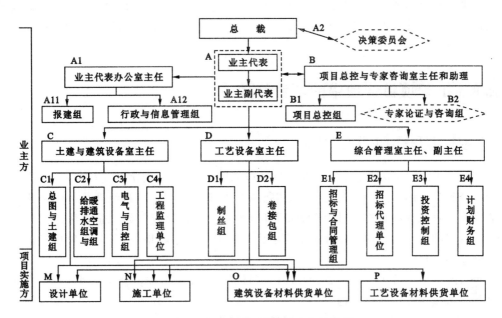

图 2.32　某深水港项目业主方组织结构

（2）对合同和招投标实行综合管理和归口管理相结合的工作原则。合同管理指定计财部为综合管理部门，负责合同项目的计划和资金筹措，参与合同谈判，进行合同的综合管理和全过程管理；其他部室作为合同管理的归口管理部门，负责相关合同的签订、实施、变更。而招投标管理指定计财部为主管部门，其他部室的职责按照合同归口管理的职责分工实施。

（3）分指挥部实行项目经理负责制，即项目经理对工程质量、投资、进度控制和合同履行、信息档案管理等全面负责，并进行全过程动态管理。

业主方项目管理最核心的问题是其组织结构，在进行项目管理组织结构图设计时，需要考虑多方面的因素，如图 2.33 所示。

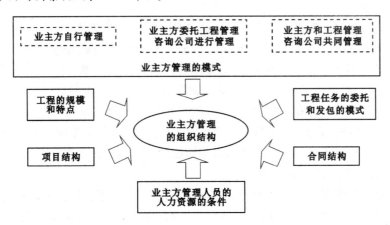

图 2.33　影响业主方项目管理组织结构图设计的因素

从上图中可以看出，工程的规模和特点、项目结构、工程任务的委托和发包模式、合同结构以及业主方管理人员的人力资源条件等都将对业主方项目管理组织结构图设计产生影响。

2.9 工程项目管理中的项目经理

2.9.1 项目经理的角色与地位

1995年原建设部《建筑施工企业项目经理资质管理办法》规定，工程项目施工应建立以项目经理为首的生产经营管理系统，实行项目经理负责制。项目经理是指受企业法定代表人委托对工程项目施工过程全面负责的项目管理者，是建筑施工企业法定代表人在工程项目上的代表人。项目经理在工程项目施工中处于中心地位，对工程项目施工负有全面管理的责任。

项目经理资质分为一、二、三、四级，由项目经理资质考核委员会对项目经理的资质进行考核。考核主要包括以下内容：

（1）申请人的专业技术职称证书、项目经理培训合格证；

（2）申请人从事建设工程项目管理工作简历和主要业绩；

（3）有关方面对建设工程项目管理水平、完成情况（包括工期、效益、工程质量、施工安全）的评价；

（4）其他有关情况。

2003年原建设部《关于建筑业企业项目经理资质管理制度向建造师职业资格制度过渡有关问题的通知》规定：建筑业企业项目经理资质管理制度向建造师职业资格制度过渡的时间定为五年，即从国发〔2003〕5号文印发之日起至2008年2月27日止。过渡期满后，大、中型工程项目施工的项目经理必须由取得建造师注册证书的人员担任。项目经理在承担工程建设时，必须具有国家授予的项目经理资质，其承担工程规模应符合相应的项目经理资质等级。

项目经理与部门经理在公司中所担任的角色、责任、义务等均有不同。部门经理一般是公司的一个专业部门负责人，限于对某一方面的专业技术或职能进行管理。因此项目经理在确定其项目团队的人员时往往要通过人员所在部门的部门经理及人力资源部经理，确定费用时可能要通过财务部门经理。项目经理在项目确定后对经费的具体使用、工作安排及项目计划控制等有一定的决定权，但在项目技术的选择及专业人员的安排使用上部门经理有一定的影响力。项目经理在项目工作结束后，其工作职责也就基本完成，而部门经理的职责往往不是与项目结束与否相衔接的。项目经理负责项目的工作和项目团队，而部门经理负责本部门的业务和人员。

项目经理必须取得公司总经理的支持与信任，否则在资源获得等方面容易出现困难。项目经理一般由公司高层领导任命，工作绩效由高层考核，因此其培养与发展往往是高层决定，项目经理的权限也往往由公司高层授予。

根据《建筑施工企业项目经理资质管理办法》的规定，项目经理在承担工程项目施工

管理过程中,履行下列职责:

(1)贯彻执行国家和工程所在地政府的有关法律、法规和政策,执行企业的各项管理制度;

(2)严格财经制度,加强财经管理,正确处理国家、企业与个人的利益关系;

(3)执行项目承包合同中由项目经理负责履行的各项条款;

(4)对工程项目施工进行有效控制,执行有关技术规范和标准,积极推广应用新技术,确保工程质量和工期,实现安全、文明生产,努力提高经济效益。

项目经理在承担工程项目施工的管理过程中,应当按照建筑施工企业与建设单位签订的工程承包合同,与本企业法定代表人签订项目承包合同,并在企业法定代表人授权范围内,行使以下管理权力:

(1)组织项目管理班子;

(2)以企业法定代表人的代表身份处理与所承担的工程项目有关的外部关系,受委托签署有关合同;

(3)指挥工程项目建设的生产经营活动,调配并管理进入工程项目的人力、资金、物资、机械设备等生产要素;

(4)选择施工作业队伍;

(5)进行合理的经济分配;

(6)企业法定代表人授予的其他管理权力。

同时,项目经理在承担工程项目施工的管理过程中,应当接受企业领导和上级有关部门的工作检查及职工民主管理机构的监督。

2.9.2 项目经理应具备的能力和素质

2.9.2.1 项目经理应具备的能力

(1)具备承担项目管理任务的专业技术、管理、经济、法律和法规知识

一定的专业技术能力是项目经理的基本要求。项目经理是项目目标完成的领导者,一个对项目技术一无所知的人是无法在日常工作中做出正确决策的,更无法在出现紧急突发事件时采取适宜的应变对策。项目经理要有一定的技术能力,但并不一定是技术权威。在项目团队内往往会有一些技术专家专门负责有关技术问题,因此项目经理往往不一定要求其技术能力特别强,但必须有一定的技术基础。

工程项目建设过程中,除了技术问题外,还涉及大量的经济、管理问题,因此项目经理还应具备相关的经济、管理方面的知识。同时项目经理还要懂法,掌握与工程建设相关的法律法规知识,如《合同法》《招标投标法》《建筑法》等,这样工作当中才能得心应手。

(2)管理能力

这里指的管理能力包括决策能力、领导能力和组织协调能力。

①项目经理的工作中决策是重要的一环,许多事情必须当机立断,即刻做出决策,没有足够的时间进行讨论、征求意见,也不应该再去请示上级决策者。因此,较好的决策能力是项目经理人所必需的。

②领导能力主要表现在组织、指挥、协调、监督、激励等方面,项目经理是整个团队的

负责人,需要独立地领导团队完成项目任务。项目的计划、组织、实施、检查和调整等都由项目经理领导完成,团队成员的积极性也需要项目经理的工作来调动。因此,项目经理必须具备良好的领导能力。

③项目经理的工作绝大部分是和人打交道的工作,需要指挥下属工作,也需要向上级汇报项目执行的情况,同时还要和业主、监理单位以及其他参与单位进行沟通、协调,因此,良好的组织协调能力是项目经理必须具备的能力。

（3）社交与谈判能力

项目的工作不可能是完全封闭在项目团队内部的,或多或少要与团队外部甚至是公司外部发生各种业务上的联系,包括接触、谈判、合作等。所以,一定的社交与谈判能力也是项目经理所应该具备的。但对于不同的项目,社交与谈判能力的要求会有所不同。对于开放程度大、社会合作性强的项目,对项目经理的社交与谈判能力的要求可能就高一些,反之可能就低一些,要视项目具体情况而定。

（4）应变能力

项目运作中的情况是不断发生变化的,虽然事先制订了比较细致、周密的计划,但可能由于外部环境、内部情况等因素发生变化,而要求对计划与方案随时进行调整。此外,有些突发事件的出现,也可能在没有备选方案的情况下要求项目经理立即做出应对。所有这些都要求项目经理必须具备较强的应变能力。

（5）学习能力

项目经理不可能对项目所涉及的所有知识都有比较好的知识储备,相当一部分知识需要在项目工作中学习掌握,因此项目经理必须善于学习,包括从书本中学习、从团队成员身上学习,以及从相关参与单位那里学习。

（6）项目管理经验

项目经理除了具备以上的各项能力外,还应具有相应的项目管理经验,因为有些能力是不能通过书本学习的,只有通过实践才能掌握。比如,如何应对突发事件,如何与各种人员沟通等。因此,在考核项目经理的资质等级时,相应的项目管理经验是其中重要的一项内容。

2.9.2.2 项目经理应具备的素质

（1）良好的社会道德

项目经理是社会的成员之一,良好的社会道德既是项目经理的基本要求,同时也是项目经理的职业要求。项目经理所完成的项目大都是以社会公众为最终消费对象的,没有良好的社会道德作为基础,很难在利益面前进行正确的选择。

2001 年,国际咨询工程师联合会出版了《工程咨询业的廉洁管理指南》,提出了廉洁管理的原则和工程咨询公司的廉洁管理框架,包括道德规范、政策宣示、检查表格等可操作的管理工具。如何设计并实践一套公开、公平、公正及高度透明的工程项目管理制度,以避免腐败问题的发生,也越来越受到工程项目管理者的重视。

（2）高尚的职业道德

项目经理是在一定时期和范围内掌握一定权力的职业,这种权力的行使将会对项目的成败产生关键性的影响。项目所涉及的资金少则几百万、几千万,多则几十亿、几百亿,甚至上千亿元,因此要求项目经理必须正直、诚实、勇于负责、心胸坦荡,有较强的敬业精神和高尚的职业道德。

(3)心理素质

由于工程项目建设过程中不确定性因素多,所以项目经理在工作中经常会碰到技术上的、组织协调上的意外事件和风险。当面对这些事件时,项目经理必须处乱不惊,能够迅速地找到解决的办法,能游刃有余地处理突发事件,而不能遇到事情后手足无措。因此要求项目经理必须具备良好的心理素质。

2.10　项目建设大纲

项目建设大纲是对组织工具的综合应用,是项目管理的一个重要组成部分,是项目实施策划的核心内容。国内外许多建设项目的成功经验和失败教训证明,好的项目建设大纲是项目建设成功的前提。通过项目建设大纲,能使业主方逐步建立一整套项目实施期的科学化、规范化的管理模式和方法,对业主方各职能部门以及项目参与各方在整个建设项目实施过程中的组织结构、任务分工和管理职能分工、工作流程、合同结构、相应的管理制度等进行严格定义,使项目各参与方能够在统一的管理平台、管理制度、管理工具上工作,为项目的实施服务,以顺利实现项目目标。项目建设大纲对项目建设实施具有以下重要意义:

(1)有利于合理设置各机构部门和明确责任

根据项目实施大纲,明确项目目标控制的责任者,使岗位设置反映项目管理任务的要求。实践证明,只有符合项目管理的目标要求所设置的"管理班子"才能真正地起到项目管理的职能。

(2)有利于规范管理工作程序,避免工作的随意性

组织管理工作需要一定的合理工作程序。通过项目实施大纲的编制,项目管理工作应明确参与方组织机构、各项工作的先后次序以及工作时间,以避免管理工作中的随意性。

(3)有利于提高管理的有效性,避免管理资源的不足或浪费

为提高管理的有效性,要求项目管理的组织有一定的层次,项目管理的部门和人员的管理幅度不能过宽。如果管理幅度过宽,管理者的工作量太大而难以深入,容易造成管理者无法有效管理的结果。同时,项目管理的组织中的部门和人员设置应能灵活适应项目实施各阶段的不同的工作任务对它的要求,否则容易造成管理资源的不足或浪费。

(4)评价项目管理组织优劣的基本判据

项目管理组织设计的目的,就是要使项目管理工作有效率和有效果,以实现项目管理的目标,这也是评价项目管理的组织优劣的基本判据。所谓有效率,是指使项目管理的资源成本最小化;所谓有效果,指通过项目管理最优地实现了项目目标。显然,项目管理的效率和效果是相互联系的,既要有利于实现项目目标,又要尽可能有效率。有效的项目管理,在很大程度上就是依赖于项目管理的组织设计。

【案例分析 2.8】 2010 年上海世博会总体建设项目建设大纲

上海世博会总体建设项目管理单位通过对世博项目实际特点的认真分析,并与业主方多次沟通交流,编制出 2010 年上海世博会项目实施大纲,实施大纲共分为十个部分,其目录如表 2.14 所示。

表 2.14　2010 年上海世博会项目建设大纲目录

序　号	标　题
1	总论
2	项目分解结构及编码方法
2.1	项目分解结构图
2.2	项目分解编码方法
2.3	场馆项目分布图
3	上海世博会工程建设的组织
3.1	指挥部办公室的组织结构
3.2	指挥部办公室工作任务、管理职责分工
3.3	职能部门与项目部的关系
4	总进度纲要与控制
4.1	指挥部办公室计划体系
4.2	世博会工程建设总进度纲要
4.3	总进度纲要编制说明
5	规划设计管理
5.1	设计管理工作框架
5.2	设计管理职责分工
6	投资控制与合同管理
6.1	投资控制与合同管理总框架
6.2	投资分解结构及控制目标
6.3	投资控制与合同管理模式和方法
6.4	投资控制与合同管理集成化、信息化管理
7	材料设备管理
7.1	材料设备管理目标、特点
7.2	材料设备管理制度
7.3	甲供材料设备管理
7.4	VIK 材料设备管理

序　号	标　题
8	安全、质量管理
8.1	安全管理
8.2	质量管理
9	信息与沟通管理
9.1	信息分类
9.2	文档编码规则
9.3	信息组织
9.4	世博会工程建设管理信息平台
10	建设过程中的文明建设
10.1	文化建设总体思路
10.2	文明园区创建
10.3	廉政建设
10.4	劳动竞赛
10.5	建设工程中的社区共建

复习思考题

1. 简述组织设计的主要内容。
2. 什么是职能型组织结构？职能型组织结构有哪些优缺点？
3. 什么是矩阵型组织结构？矩阵型组织结构有哪些优缺点？
4. 什么是项目型组织结构？项目型组织结构有哪些优缺点？
5. 简述项目分解结构图、组织结构图、合同结构图和信息流程图的区别。
6. 请分析工作任务分工和管理职能分工的意义。
7. 工作流程图的绘制有哪些规定？请绘制一张设计变更工作流程图。
8. 什么是项目建设大纲？其主要内容是什么？

3

工程项目策划

本 章 提 要

  本章内容主要分为项目决策策划和项目实施策划。项目决策策划主要包括环境调查与分析、项目定义与项目目标论证、项目经济策划和产业策划，以及设计任务书和所形成的各类相关文本和图纸资料；项目实施策划主要包括实施目标分析和再论证、实施组织策划、合同策划、信息管理策划和目标控制策划，以及各部分的相关策划报告内容。

3.1 工程项目策划概述

3.1.1 工程项目策划的定义

  项目策划是项目管理的一个重要组成部分。国内外许多工程项目的成功经验和失败教训证明，工程项目前期的策划是项目成功的前提。在项目前期进行系统策划，就是要提前为项目建设形成良好的工作基础、创造完善的条件，使项目建设在技术上趋于合理，在资金和经济方面周密安排，在组织管理方面灵活计划并有一定的弹性，从而保证工程项目具有充分的可行性，能适应现代化的项目建设过程的要求。

  目前对工程项目策划的定义尚没有权威的标准，比较有代表性的有以下几种不同的定义：

  定义之一 项目策划是项目管理的一个重要组成部分，它将各种项目实施设想转化为符合项目管理要求、具有充分可行性的实施方案和工作计划，为项目实施中的各种工作提供富有建设性的决策依据。

  定义之二 所谓项目策划，就是指在充分占有信息的基础上，在统筹考虑经济效益、社会效益、环境效益的前提下，从项目选址、投资策划、规划设计、施工到运营及管理，结合市场进行科学预测、综合分析、制订项目实施计划及措施，作为投资决策和运作依据，使项目建设达到预期目标。

定义之三　所谓项目策划,在工作内容上是对项目目标、项目组织、项目环境、项目功能等进行安排,是一种计划性的工作;在工作重心上,项目策划工作由于其计划性而集中在项目前期和中期进行。

本书综合上述项目策划定义,对工程项目策划给出以下定义:

工程项目策划是指在项目前期,通过收集资料和调查研究,在充分占有信息的基础上,对项目的决策和实施进行组织、管理、经济和技术等方面的科学分析和论证。这样既能保障项目主持方工作有正确的方向和明确的目的,也能促使项目设计工作有明确的方向并充分体现项目主持方的项目意图。

3.1.2　工程项目策划的内涵

项目前期策划的根本目的是为项目决策和实施增值。增值可以反映在项目使用功能和质量的提高、实施成本和经营成本的降低、社会效益和经济效益的增长、实施周期缩短、实施过程的组织和协调强化以及人们生活和工作的环境保护、环境美化等诸多方面。

项目策划的核心思想是根据系统论的原理,通过对项目多系统、多层次的分析和策划,逐步实现对项目的有目标、有计划、有步骤的全面过程控制。对项目目标进行多层分析、由粗到细,由宏观到具体;对项目的构成要素进行分析,分析其功能和相互联系以及整个项目的功能和运行机制;在考虑环境影响的前提下,分析项目过程中的种种渐变和突变以及发展和结果;分析项目环境的要素组成及其对项目的影响;预测项目在环境中的发展趋势等都是项目策划的重要思想依据,将作为项目策划的基本框架。

3.1.3　工程项目策划的分类

项目策划根据其所针对的对象不同,分为成片土地开发项目策划、单体建筑项目策划;根据策划的内容不同,也可以分为不同类型;但最重要的是以下两类:项目决策的策划和项目实施的策划。两者统称为项目策划。

项目决策的策划在项目决策阶段完成,为项目决策服务。项目决策的策划要回答建设什么、为什么建设的问题,又称为项目决策评估。

项目实施策划在项目实施阶段的前期完成,为工程项目管理服务,主要确定怎么建,又称为项目实施评估。

除此之外,有的项目还进行项目运营的策划。项目运营的策划在项目实施阶段完成,用于指导项目动用准备和项目运营,并在项目运营阶段进行调整和完善。

3.1.4　工程项目策划的任务

3.1.4.1　项目决策的策划任务
项目决策的策划最主要的任务是定义开发或者建设什么,其效益和意义如何,具体包括:明确项目的规模、内容、使用功能和质量标准,估算项目总投资和投资收益,以及确定的总进度规划。

项目决策策划一般包括以下六项任务:

(1)建设环境和条件的调查和分析;

(2)项目建设目标论证与项目定义；

(3)项目功能分析与面积分配；

(4)与项目决策有关的组织、管理、合同和经济方面的论证与策划；

(5)与项目决策有关的技术方面的论证与策划；

(6)项目决策的风险分析。

根据具体项目的不同情况，策划文件的形式可能有所不同，有的形成一份完整的策划文件，有的可能形成一系列策划文件。

3.1.4.2 项目实施的策划任务

项目实施的策划最主要的任务是定义如何组织开发和建设该项目。由于策划所处的时期不同，项目实施策划任务的重点和工作重心以及策划的深入程度与项目决策阶段的策划任务有所不同。项目实施策划要详细分析实施中的组织、管理和协调等问题，包括如何组织设计、如何招标、如何组织施工、如何组织供货等问题。项目实施策划的基本内容如下：

(1)项目实施环境和条件的调查与分析；

(2)项目目标的分析和再论证；

(3)项目实施的组织策划；

(4)项目实施的管理策划；

(5)项目实施的合同策划；

(6)项目实施的经济策划；

(7)项目实施的技术策划；

(8)项目实施的风险分析与策划等。项目决策和项目实施两阶段的策划任务可以归纳如表 3.1 所示。

表 3.1　项目决策阶段和项目实施阶段的策划任务

策划任务	项目决策阶段	项目实施阶段
环境调查和分析	项目所处的建设环境，包括能源供给、基础设施等；项目所要求的建筑环境，其风格和主色调是否与周围环境相协调；项目当地的自然环境，包括天气状况、气候和风向等；项目的市场环境、政策环境以及宏观经济环境等	需要调查分析自然环境、建设政策环境、建筑市场环境、建设环境（能源、基础设施等）和建筑环境（风格、主色调等）
项目定义和论证	项目的开发或建设目的、宗旨及其指导思想；项目的规模、组成、功能和标准；项目的总投资和建设开发周期等	需要进行投资目标分解和论证，编制项目投资总体规划；进行进度目标论证，编制项目建设总进度规划；进行项目功能分解、建筑面积分配，确定项目质量目标，编制空间和房间手册等
组织策划	项目的组织结构分析，决策期的组织结构、任务分工以及管理职能分工，决策期的工作流程和项目的编码体系分析等	确定业主筹建班子的组织结构、任务分工和管理职能分工，确定业主方工程项目管理班子的组织结构、任务分工和管理职能分工，确定工程项目管理工作流程，建立编码体系

策划任务	项目决策阶段	项目实施阶段
管理策划	制定建设期管理总体方案、运行期管理总体方案以及经营期管理总体方案等	确定项目实施各阶段的工程项目管理工作内容,确定项目风险管理与工程保险方案,包括投资控制、进度控制、质量控制、合同管理、信息管理和组织协调
合同策划	策划决策期的合同结构、决策期的合同内容和文本、建设期的合同结构总体方案等	确定方案设计竞赛的组织,确定工程项目管理委托的合同结构,确定设计合同结构方案、施工合同结构方案和物资采购合同结构方案,确定各种合同类型和文本的采用
经济策划	进行开发或建设成本分析,开发或建设效益分析,制定项目的融资方案和资金需求量计划等	编制资金需求量计划,进行融资方案的深化分析
技术策划	包括技术方案分析和论证、关键技术分析和论证、技术标准和规范的应用和制定等	对技术方案和关键技术进行深化分析和论证,明确技术标准和规范的应用和制定
风险分析	对政治风险、政策风险、经济风险、技术风险、组织风险和管理风险等进行分析	进行政治风险、政策风险、经济风险、技术风险、组织风险和管理风险分析

3.2 工程项目的决策策划

3.2.1 工程项目决策策划的目的和意义

我国项目建设一般遵循图 3.1 的基本建设程序。项目立项之前可称为项目决策阶段,立项之后为项目实施阶段。然而在工程项目实践中尚存在不少问题。首先,以项目建议书和可行性研究作为审批的依据存在不足。可行性研究虽然进行了经济分析和技术分析,但由于前期环境调查和分析不够,往往是为了立项和报批而做,因而可行性研究常常变成可批性研究,其真实性、可靠性和科学性值得怀疑,其分析的广度和深度也不够,以可行性研究作为决策的依据,决策所需的信息不足。

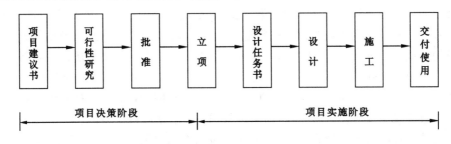

图 3.1 项目建设程序

其次,在项目实施阶段,设计任务书往往可有可无,缺乏组织、管理、经济和技术等方面对项目的准备和科学论证,未能对设计工作提出准确、详细的要求,设计工作依据不足,往往造成设计结果偏离目标的现象。

由上述分析可见,无论是在项目决策阶段进行策划,为项目决策提供依据;还是在项目实施阶段进行策划,为项目实施提供依据都是十分必要的。工程项目策划就是把建设意图转换成定义明确、要求清晰、目标明确且具有强烈可操作性的项目策划文件的活动过程,回答为什么要建、建什么以及怎么建项目的问题,从而为项目的决策和实施提供全面完整的、系统性的计划和依据。项目策划的意义在于其工作成果使项目的决策和实施有据可依。项目实施过程中任何一个阶段、任何一个方面的工作都经过各方面专业人员的分析和计划,既具体入微,又不失其系统性,不会有无谓的重复浪费,也不会有严重的疏漏缺失,使项目实施的目标、过程、组织、方法、手段等都更具系统性和可行性,避免了随意性和盲目性。

目前,我国的大部分项目并没有进行严格、全面的项目策划,国家对项目策划的内容和工作程序也没有明确的规定,项目策划的工作时间和内容与国家的基本建设程序不完全对应,大多是根据业主方的需要,分项、分阶段对项目的某个方面进行策划,策划工作缺乏系统性。因此对项目策划的理论研究和实践总结是非常迫切的。

3.2.2 工程项目决策策划的基本内容

项目决策策划主要通过对项目前期的环境调查与分析,进行项目建设基本目标的论证与分析,进行项目定义、功能分析和面积分配,并在此基础上对与项目决策有关的组织、管理、经济与技术方面进行论证与策划,为项目的决策提供依据。

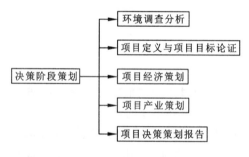

图 3.2 项目决策阶段策划的基本内容

工程项目决策策划内容包括四个主要方面、一个成果及一系列相关报告。四个主要方面是指环境调查与分析、项目定义与项目目标论证、项目经济策划和产业策划;一个成果是指决策策划报告完成之后需要编写的设计任务书;相关报告是指决策策划所形成的各类文本或图纸资料,如图 3.2所示。

3.2.2.1 环境调查分析

环境调查分析是项目策划工作的第一步,也是最基础的一环。因为策划是在充分占有信息和资料的前提下所进行的一种创造性劳动,因此充分占有信息是策划的先决条件,否则策划就成为无本之木、无源之水。在很多情况下,如果不进行充分的环境调查,所策划的结果可能与实际情况背道而驰,甚至得出错误的结论,并直接影响建设项目的实施。因此策划的第一步必须对影响项目策划工作的各方面环境情况进行调查和认真分析,找出影响项目建设与发展的主要因素,为后续策划工作奠定较好的基础。

以建设工程项目环境调查为例,其任务既包括对项目所处的建设环境、建筑环境、当地的自然环境、项目的市场环境、政策环境以及宏观经济环境等的客观调查;也包括对项目拟发展产业及其载体的概念、特征、现状与发展趋势、促进或制约其发展的优缺点的深入分析。

环境调查的工作范围包括项目本身所涉及的各个方面的环境因素和环境条件,以及项目实施过程中所可能涉及的各种环境因素和环境条件。环境调查的范围和内容很多,不同项目有不同的调查内容和重点方面,应在调查前列出调查提纲。一般情况下,环境调查工作应包括以下八方面的内容。

①项目周边的自然环境和条件;

②项目开发时期的市场环境;

③宏观经济环境;

④项目所在地的政策环境;

⑤建设条件环境(包括能源、基础设施等);

⑥历史、文化环境(包括风土人情等);

⑦建筑环境(包括风格、主色调等);

⑧其他相关问题。

3.2.2.2　项目定义与项目目标论证

一个项目是否上马,要进行投入产出分析,投资估算和收益估计的相对准确性就显得尤为重要。然而要得到相对准确的投资估算,前提条件是对准备建设什么要有一个明确的定义,并且对拟建项目的规模、组成和建设标准要有一定深度的详细描述,这就是项目定义与目标论证。

项目定义与项目目标论证是将项目建设意图和初步构思,转换成定义明确、系统清晰、目标具体、具有明确可操作性的项目描述方案。它是经济评价的基础,其重点是用户需求分析与功能定位策划。项目定义与项目目标论证的基本内容常常包括以下几个方面:

(1)项目定义

项目定义确定项目实施的总体构思,是项目建设的主题思想,是对拟建项目所要达到的最终目标的高度概括,是在决策策划的其他工作基础上做出的,同时也对这些工作确定了总原则、总纲领。项目定义主要要解决两个问题:第一个问题是明确项目的初步定位。项目定位是指项目的功能、建设的内容、规模、组成等,也就是项目建设的基本蓝图。第二个问题是明确项目的建设目标。项目的建设目标是一个系统,包括质量目标、投资目标、进度目标等三个方面;项目的质量目标,就是要明确项目建设的标准和建设档次等,投资目标在项目定义阶段应该初步明确项目建设的总投资;进度目标在项目定义阶段应该明确项目建设或开发的周期和分期实施的具体目标。

【案例分析 3.1】　某软件园建设工程项目的定义

在某软件园的策划中,根据内外部条件的调查结果对该软件园进行如下项目定义。

(1)该软件园的项目总体构思为:通过软件园的建设,以自身良好的资源、设施和环境,协同国内外软件产业界,从行业协调、引导着手,为业界提供技术/产品研发、评测认证、产品项目孵化、出口企业成长培育、良好的行业环境等支持和服务,使本项目成为所在省软件产业技术及产品研发的重要基地;创新技术、创新产品、创新人才集散枢纽;软件产品评测和质量认证服务中心;软件企业、资本、人才、技术、产品、项目、市场等资源交流及整合服务中心;国内外知名的软件出口基地。

(2)该软件园的宏观产业策划为:成为该省进行软件产业技术、产品、项目研发和孵化的基地,推动该省软件产业的规模化发展,为该省软件行业交流、软件出口企业成长提供优越的资源、设施、环境和运营条件;协调、引导该省软件行业,成为充分发挥业界资源总体效益的服务机构;为该省软件企业提高管理水平、培训高层次技术人才、提高软件产品质量、实现与国际接轨提供协助及相关服务。

(3)该软件园的发展战略确定为:依靠政府引导和政策支持,政府投入启动资金进行首期关键基础设施、资源和环境建设。以良好基础资源为启动发展基础,以合作联营及股份制经营方式引入国内外软件业界相关资源,进行规模运营和发展,以高品质的资源服务和业务服务实现经济效益目标,以公益和支持性服务实现社会效益目标。

(2)项目用户需求分析

项目用户需求分析是功能定位之源,是使策划工作科学化的源泉。通过对潜在的最终用户的活动类型进行分解,归纳出每一类最终用户的主导需求,用户的需求可能包括:工作需求、生活需求和其他方面需求等。再从用户角度出发,研究使用者对功能的切身需求。这样从一开始就保证了设计、创新是在正确的轨道之上,把"以最终用户需求导向"落实到实处。因此,这是下面几步工作的基础。

(3)项目功能定位

项目策划的总体原则应是功能领先、功能导向。任何建设项目的实施目的首先是要达到一定的使用功能,要具有"有用性"。一个项目究竟要实现和达到哪些功能?在多大程度上满足使用者要求?这就是项目功能定位。

项目功能定位又分为项目总体功能定位和项目具体功能分析。项目总体功能定位是指项目基于整个宏观经济、区域经济、地域总体规划和项目产业一般特征而做出的与项目定义相一致的宏观功能定位,也是对项目定义的进一步细化,是对项目组成各部分、各局部的具体功能具有指导意义的总体定位。项目总体功能定位应充分重视借鉴类同项目的经验和教训,方法上应建立在类同项目功能分析的基础上并结合项目自身特点确定。

项目具体功能分析,是指为了满足项目运营活动的需要,满足项目相关人群的需要,在总体功能定位的指导下对项目各组成部分拟具有的功能、设施和服务等分别进行详细的界定,主要包括明确项目的性质、项目的组成、项目的规模和质量标准等。项目具体功能分析是对项目总体功能定位的进一步分析。

项目的功能分析是明确项目要"建什么"的关键一环,由于是在设计之前,往往得不到重视,非常模糊,给后面的经济分析和项目评价的不准确带来隐患。因此,要充分认识到这项工作的重要性,在讨论时应邀请项目投资方和项目最终使用者参与,关键问题的讨论还可邀请有关专家、专业人士参与,使项目各部分子功能详细、明确,满足项目运营的需要并具有可操作性。项目功能分析的工具之一是项目结构图。

【案例分析3.2】 某软件园建设工程项目的功能区划分与面积分配

在某软件园的策划中,进行了如下的功能区划分与面积分配。

通过对软件园的具体功能进行归类,其空间构成可以分为三个部分:工作空间、生活空间以及公共空间。其中,工作空间包括生产空间、公共服务空间、园区管理空间以及教育培训空间;公共空间包括环境空间和其他空间。图3.3是软件园的基本空间构成分析。

软件园的空间构成基本为这三类,但不同软件园的具体空间构成有所不同。根据对软件园功能的分析,该软件园应具备的整体功能需求包括生产功能、生活功能、园区管理功能、公共服务功能、教育培训功能以及环境功能六个方面,其功能区也相应有软、硬件研发、生产功能区。公共服务功能区,园区管理功能区,生活功能区。具体功能分析,如图3.4所示。

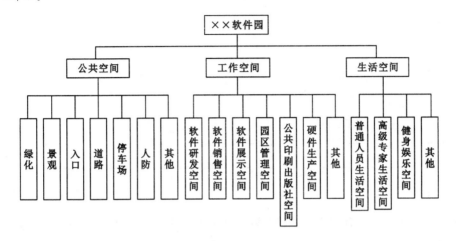

图3.3　软件园的基本空间构成分析

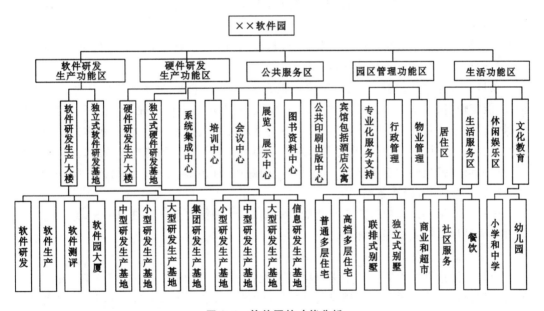

图3.4　软件园的功能分析

　　如果说功能区的划分仅仅是对项目功能的定性分析,那么各个功能区面积大小的分配就涉及定量分析的问题,需要运用一定的方法进行估计和计算,从而得出面积分配比例和具体的面积分配数字,在项目进行具体的规划设计和建筑设计时可以以此作为参考或依据。一般形成面积分配参考方案总表和面积分配详细参考方案表。例如,表3.2是某软件园面积分配参考方案总表。

表 3.2　某软件园面积分配参考方案总表

序号	项目名称	建筑面积(万 m²)	%	建筑面积(万 m²)	%
1	软件研发、生产	84	35	66	11
2	硬件研发、生产	48	20	40	6.7
3	公共服务	10	4	3	0.5
4	园区管理	2	1	1	0.2
5	生活娱乐	60	25	75	12.5
6	软件学院	35	14.6	70	11.7
7	公共空间	1	0.4	345	57.4
	合计	240	100	600	100

(4)项目面积分配

项目面积分配也是建设工程项目决策策划中很重要的一部分,它不仅是对项目功能定位的落实和实施,而且为项目的具体规划提供设计依据和参考,使设计人员在尽可能了解建设意图的基础上,最大限度地发挥创造性思维,使规划设计方案更具合理性和可操作性。

(5)项目定位

在最终用户需求分析、项目使用功能分析、项目面积分配等工作的基础上,接下来可以对拟建项目进行相对准确的项目定位。

项目开发建设的过程中,项目定位是很重要的一个环节,关系到项目开发建设的目标、功能定位,决定了项目的发展方向。一个项目只有项目定位准确,才有可能获得成功。项目定位的根本目的只有一个,即明确项目的性质、用途、建设规模、建设水准以及预计项目在社会经济发展中的地位、作用和影响力。项目定位是一种创造性的探索过程,其实质在于挖掘可能捕捉到的市场机会。项目定位的好坏,直接影响到整个项目策划的成败。

3.2.2.3　项目经济策划

项目经济策划是在项目定义与功能策划基础上,进行整个项目投资估算,并且进行融资方案的设计及有关的经济评价。

1.项目总投资估算

项目经济策划的首要工作是进行项目总投资估算。就建设工程项目而言,项目的总投资估算包括了项目的前期费用、项目的工程建设造价和其他投资等。其中,工程造价是项目总投资中最主要的组成部分。

项目总投资估算一般分以下五个步骤:

第一步是根据项目组成对工程总投资进行结构分解。即进行投资切块分析并进行编码,确定各项投资与费用的组成,其关键是不能有漏项。

第二步是根据项目规模分析各项投资分解项的工程数量。由于此时尚无设计图纸,因此要求估算师具有丰富的经验,并对工程内容做出许多假设。

第三步是根据项目标准估算各项投资分解项的单价。此时尚不能套用概预算定额,要求估算师拥有大量的经验数据及丰富的估算经验。

第四步是根据数量和单价计算投资合价。有了每一项投资分解项的投资合价以后，即可进行逐层汇总。每一个父项投资合价都是子项各投资合价汇总之和，最终得出项目投资总估算，并形成估算汇总表和明细表。

第五步是对估算所做的各项假设和计算方法进行说明，编制投资估算说明书。

从以上分析可以得出，项目总投资估算要求估算师具有丰富的实践经验，了解大量同类或类似项目的经验数据，掌握投资估算的计算方法，因此投资估算是一项专业性较强的工作。

项目总投资估算主要用来论证投资规划的可行性并为项目财务分析和财务评价提供基础，进而论证项目建设的可行性。一旦项目实施，项目总投资估算也是投资控制的重要依据。总投资估算在项目前期往往要进行多次的调整、优化，并进行论证，最终确定总投资规划文件。表3.3为某园区投资估算总表，该表是由更为详细的投资估算表汇总而来。表3.4为总部办公区的投资估算明细表(部分)。

表 3.3 某园区投资估算总表

序号	项目	前期工程费 (元)	公建配套费 (元)	建安工程费 (元)	不可预见费 (元)	土地费用 (元)	小计 (元)
A10000	总部办公区投资	60730600	89100000	572000000	28600000	270000000	750430600
A20000	公共服务区投资	5798830	8505000	54600000	2730000		71633830
A30000	生活服务区投资 (不含公寓)	7996900	10530000	78000000	3900000		100426900
A40000	酒店式公寓投资	4684750	5400000	45000000	2250000		57334750
A50000	园区管理投资	276134	405000	2600000	130000		3411134
A60000	室外空间投资			69125000			69125000
A70000	土地费用					270000000	270000000
	小计	79487214	113940000	821325000	37610000	270000000	1322362214

表 3.4 某园区总部办公区投资估算明细表(部分)

序号	项目名称	费用合计 (元)	估算费率	估算基数 (m² 或元)	合价 (元)	单方造价 (元/ m²)
A11000	开发直接成本	750430600		220000		3411
A11100	前期工程费小计					276
A11101	可研费		0. 001	572000000		572000
A11102	勘察费		3	220000	660000	
A11103	设计费(含施工图审查费)		0.03	572000000	17160000	

序号	项目名称	费用合计（元）	估算费率	估算基数（m² 或元）	合价（元）	单方造价（元/ m²）
A11104	项目管理费（含工程监理费、造价咨询费、招标代理费）		0.03	572000000	1716000	
A11105	招投标管理费				400000	
A11106	工程质量监督费		0.0015	572000000	858000	
A11107	申请、审查建设工程执照费		0.005	572000000	2860000	
A11108	审照费用		0.05	2860000	143000	
A11109	人防工程建设费		60	220000	13200000	
A11110	环境影响评价费		2	220000	440000	
A11111	工程保险费		0.01	572000000	5720000	
A11112	竣工档案编制费		0.0008	572000000	457600	
A11113	竣工图编制费		5	220000	1100000	
A11200	公建配套增容建设费	89100000				405

（2）融资方案

项目融资方案策划主要包括融资组织与融资方式的策划、项目开发融资模式的策划等。

①融资组织与融资方式策划：融资组织与融资方式策划主要包括确定项目融资的主体以及融资的具体方式。不同项目主体应有所不同，需要根据实际情况进行最佳组合和选择。如某园区整体融资方案有以下几种，如图 3.5 所示。

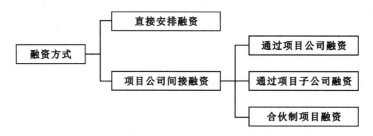

图 3.5　某园区整体融资方案

②项目开发融资模式策划：项目融资主体确定以后，需要对项目开发时具体的融资模式进行策划。如某总部园区单个项目的开发融资模式主要有以下几种，如图 3.6 所示。

3.2.2.4　产业策划

项目产业策划是立足产业行业环境与项目所在地的实际，通过对今后项目拟发展产业的市场需求和区域社会、经济发展趋势分析，分析各种资源和能力对备选产业发展的重要性以及本地区的拥有程度，从而选择确定项目主导产业的方向，并进一步构建产业发展规划和实施战略的过程。项目产业策划的步骤主要包括如下几个内容：

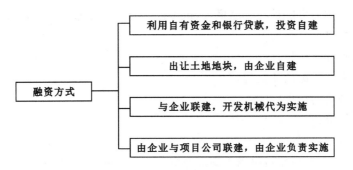

图 3.6　某园区单个项目的开发融资模式

(1)项目拟发展产业概念研究

归纳项目拟发展产业及其载体的概念、特征,影响该产业发展的促进或制约因素。以此作为项目产业策划的基础。

(2)项目产业市场环境发展现状研究

通过对项目拟发展产业的宏观市场环境分析和项目所在地产业发展现状的研究,判断拟发展产业目前在我国的总体发展情况及本地区产业在市场中所处的水平,并针对性地制定竞争措施。

(3)项目产业市场需求的分析

市场需求是产业发展的原动力,项目产业辐射区域有效市场容量的分析是制定项目产业发展目标的基础。其具体工作包括项目产业辐射区域市场容量测算、项目产业发展需求分析等。

(4)城市社会、经济发展趋势的研究

与产业相关的城市社会、经济发展趋势是产业长远发展的重要推动或制约力量。产业策划作为战略层面的方向性研究,必须对影响拟发展产业的城市社会、经济发展趋势进行分析,就城市社会、经济发展趋势对产业发展可能带来的优势或劣势进行判断,并进一步就城市社会、经济发展趋势可能导致的产业发展优势或劣势研究相应的促进措施或预防风险转移措施。

(5)项目所在地拟发展产业优、劣势分析

在前期项目所在地环境调查的基础上,研究项目所在地对拟发展产业可能带来的优势与劣势。重点归纳制约项目所在地拟发展产业的不利因素,并制定针对性的完善措施,为产业发展规划提供基础。

(6)项目产业发展规划

在上述产业概念、市场需求及定位以及项目所在地环境分析的基础上,项目产业策划最终可以确定项目产业的发展规划,并进一步构建具体的实施战略和辅助措施。项目产业发展规划是指项目产业发展的目标体系,它是基于对城市社会、经济发展趋势和国内外产业市场发展态势的综合分析制定的。产业实施战略和辅助措施则是具体落实产业发展规划的方法和途径。

3.2.2.5　设计任务书项目决策策划报告

项目决策策划报告是对决策阶段工作的总结,是决策策划成果的表现形式。项目决

策策划报告从形式上可以是一本总报告,也可以是几本专题报告。从内容上,项目决策策划报告一般包括以下几个部分:

①环境调查分析报告;

②项目定义与目标论证报告;

③项目经济策划报告;

④产业策划报告;

⑤设计任务书。

其中,设计任务书是项目决策策划最终成果中的一项重要内容。设计任务书是对项目设计的具体要求,这种要求是在确定了项目总体目标、分析研究了项目开发条件和问题、进行了详细的项目定义和功能分析的基础上提出的,因此更加有依据,也更加具体,便于设计者了解业主的功能要求及对建筑风格的喜好,使设计更有依据,也使得项目获得一个真正优秀的设计创意,作品更加具有可能性,在一定程度上减少设计的返工。因此,设计任务书是项目设计的重要依据之一,也是项目决策策划的重要成果之一。

3.2.3 项目组织与管理总体方案

项目定义、项目功能分析与面积分配基本上回答了建什么的问题,而经济策划回答了要不要建的问题,接下来还应该对如何保证策划目标的实现做出分析。因此,在项目决策的策划内容中还包括组织策划、管理策划、合同策划的内容,这三项内容可以归集为项目组织与管理总体方案。通常情况下,项目组织与管理总体方案包括项目分解结构、工程项目管理组织方案、项目合同结构方案以及项目总进度纲要等几个方面的内容。

(1)项目分解结构及编码方案

项目分解结构是在功能分析基础上得出的,表明了项目由哪些子项目组成,子项目又由哪些内容组成。项目分解结构分解及编码是工程项目管理工作的第一步,是有效进行工程项目管理的基础和前提。项目分解结构分解的好坏,将直接关系到工程项目管理组织结构的建立,关系到项目合同结构的建立,并进一步影响到项目的管理模式和承发包模式。

项目分解结构及编码和项目总投资规划、项目总进度规划也密切相关,将指导项目总投资分解与编码、总进度的分解与编码。通过对项目进行合理分解,将有利于时项目投资、进度、质量三大目标的控制,有利于项目全过程的工程实施。项目分解结构的建立工作不是一次性的,而是一个动态的过程,随着项目实施的进展,要对其不断进行调整、补充和完善。

(2)工程项目管理组织方案

工程项目管理组织方案主要涉及项目建设管理模式,具体包括工程项目管理的组织结构和项目建设的工作流程组织。工程项目管理组织结构反映了项目建设单位与项目参与各方之间的关系,以及项目建设单位的部门设置、指令系统、人员岗位安排等。有了工程项目管理的组织结构以后,就可以进行工作任务分工、管理职能分工等。

(3)项目合同结构方案

合同管理是工程项目管理中另一项非常重要的工作,合同管理的好坏将直接影响项目的投资、进度、质量目标能否实现。管理的内容包括合同结构的确定、合同文本的选择、招标模式、合同跟踪管理、索赔与反索赔等。其中,合同结构的确定是关键环节之一。

许多大型建设工程项目的项目管理实践证明,一个项目建设能否成功,能否进行有效的投资控制、进度控制、质量控制及组织协调,很大程度上取决于合同结构模式的选择,因此应该慎重考虑。

(4)项目总进度纲要

项目总进度纲要范围应涉及项目建设全过程。项目总进度纲要是项目全过程进度控制的纲领性文件,在项目实施过程中,各阶段性进度计划、各子项目详细的进度计划都必须遵守项目总进度纲要。另一方面,总进度纲要也将随着项目的进展进行必要的调整。不能因为总进度纲要会调整、会改变就不编制总进度纲要。

总进度纲要编制完成后,在项目实施过程中,还要进行多次的调整、优化,并进行论证,最终确定总进度纲要文件。

3.2.4 工程项目决策策划的基本方法

项目策划是一个知识管理的过程,更是一个创新求增值的过程,同时也是重视论证和调整的动态过程。项目前期策划的任务是针对项目决策和实施,进行组织、管理、经济和技术等多方面的分析和论证,因此需要对多方面的人才、知识进行组织和集成。一方面,项目策划坚持开放型的工作原则;另一方面,也要重视对类同项目的经验和教训的分析。

在项目策划过程中,有很多的策划方法可以采用。归纳起来,项目前期策划的方法有以下几个方面的特点。

(1)重视项目自身环境和条件的调查

任何项目、组织都是在一定环境中从事活动,环境的特点及变化必然会影响项目发展的方向、内容。可以说,项目所面临的环境是项目生存发展的土壤,它既为项目活动提供必要的条件,同时也对项目活动起着制约的作用。因此必须对项目环境和条件进行全面的、深入地调查和分析。只有在充分的环境调查与分析基础上进行分析,才有可能获得一个实事求是、优秀的策划方案,避免泛泛的、形式主义的空谈。这是项目策划最主要的方法。

(2)重视类同项目的经验和教训的分析

项目策划是对拟实施项目的一种早期预测,因此类同项目的经验和教训就显得尤为重要。对国内、国外类同项目的经验和教训的全面、深入的分析,是环境调查和分析的重要方面,也是整个项目策划工作的重要部分,应贯穿项目策划的全过程。

(3)策划是一个知识管理的过程

策划不仅是专家知识的组织和集成过程,而且是信息组织和集成的过程。策划的实质就是对知识的集成,这实质上就是一种知识管理的过程,即通过知识的获取、知识的编写、组合和整理,通过深入细致的分析和思考形成新的知识。

(4)策划是一个创新求增值的过程

策划是"无中生有"的过程,是一种创造过程。项目策划是根据现实情况和以往经验,对事物变化趋势做出判断,对所采取的方法、途径和程序等进行周密而系统的构思和设计,是一种超前性的高智力活动。创新的目的是为了增值,通过创新带来经济效益。

(5)策划是一个动态过程

策划工作往往是在项目前期,但是策划成果不是一成不变的,策划工作也不是一次性的。一方面,项目策划所做的分析往往还是粗略的估计,随着项目的开展,项目策划的内容根据项目需要和实际可能将不断丰富和深入;另一方面,项目早期策划工作的假设条件往往随着项目进展不断变化,必须对原来的假设不断验证。所以策划结果需要根据环境和条件不断发生的变化,不断进行论证和调整,逐步提高准确性。

【案例分析3.3】 上海虹桥综合交通枢纽设施功能与功能定位策划

大型交通枢纽作为交通基础设施,周边聚集了宾馆、商务办公、会议中心等开发设施,带动了周边地区的发展,所以首先需要进行设施功能与功能定位策划。

虹桥综合交通枢纽地区位于城市发展轴的东端,对接长三角,与市CBD及已规划的四个副中心、浦东机场航空城的关系为错位、补充、提升。如图3.7所示。

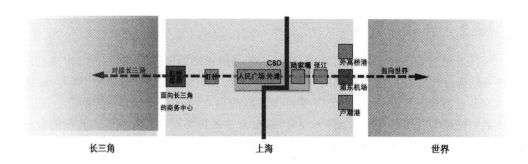

图3.7 虹桥综合交通枢纽规划

基于优越的地理位置,虹桥综合交通枢纽地区发展功能定位主要有以下三个:

● 以交通枢纽为特征,成为长三角重要的城市网络节点;
● 以国内交流为特色,分担上海"四个中心"服务长三角的职能;
● 以现代服务业为重点,成为上海重要的现代服务业集聚区之一。

以功能定位为依托,为了利用良好的区位条件,首先要在虹桥综合交通枢纽的西部建设京沪高速铁路、城际铁路的铁路枢纽;其次要建设虹桥机场西航站楼和建设磁浮交通虹桥站;再次要求集散铁路、机场、磁浮等的客流,在铁路站以西、磁浮站和航站楼之间规划建设城市交通换乘枢纽。所以上海虹桥综合交通枢纽预计实现以下功能目标:

● 改善上海内外交通衔接,形成综合交通枢纽;
● 提高城市辐射能力,服务长三角、服务全国;
● 形成扩大内需型商务中心,带动地区经济发展;
● 实现虹桥、浦东两个机场的快速联结;
● 为世博会提供最好的交通服务。

虹桥综合交通枢纽中交通方式的定位即是航空、铁路、磁浮三大对外交通为主体地铁、公交、出租车、社会车辆为配套的集疏运体系。

在虹桥综合交通枢纽的指挥系统中,AOC是机场的运行指挥中心,下面有TOC、OMC;但它在整个枢纽中服从HOC的指挥。

3.3　工程项目的实施策划

项目实施策划是在工程项目立项之后，为了把项目决策付诸实施而形成的具有可行性、可操作性和指导性的实施方案。项目实施策划又可称为项目实施方案或项目实施规划（计划）。

3.3.1　工程项目实施策划的内涵和定义

项目实施策划是项目管理的一个重要组成部分。项目策划和项目控制共同组成项目管理的工作内容。项目实施策划主要是对项目目标、组织、环境和实施过程的安排，是一种计划性的工作，对项目控制工作具有指导作用；项目控制是一种执行性的工作，在项目策划的指导下进行，同时根据项目实施情况对项目策划进行调整。

工程项目实施策划涉及整个实施阶段的工作，它属于业主方项目管理的工作范畴。如果采用工程项目总承包的模式，工程项目总承包方也应编制项目实施规划，但它不能代替业主方的项目实施策划工作。工程项目的其他参与单位，如设计单位、施工单位和供货单位等，为进行其自身项目管理都需要编制项目管理规划，但它只涉及项目实施的一个方面，并体现一个方面的利益，如设计方项目管理规划、施工方项目管理规划和供货方项目管理规划等。

3.3.2　工程项目实施策划的基本内容

项目实施策划最主要的任务是定义如何组织开发和建设该项目。由于策划所处的时期不同，项目实施策划任务的重点和工作重心以及策划的深入程度与项目决策阶段的策划任务也都有所不同。项目实施策划要详细分析实施中的组织、管理和协调等问题，包括如何组织设计、如何招标、如何组织施工、如何组织供货等问题。

工程项目实施策划内容涉及的范围和深度，在理论上和工程实践中并没有统一的规定，应视项目的特点而定，一般包括如图3.8所示的内容。

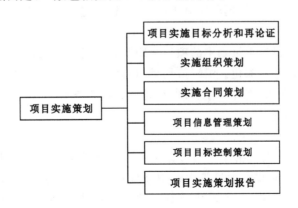

图3.8　项目实施阶段策划的基本内容

以上内容中有不少与组织有关,这些与组织有关的内容是工程项目组织设计的核心内容。一般宜先讨论和确定工程项目组织,待组织方面基本确定后,再着手编制工程项目管理规划。项目实施的组织策划是项目实施策划的核心。

3.3.2.1 项目实施的目标分析和再论证

在项目实施策划的开始,应根据项目实施的内外部客观条件重新对项目决策策划中提出的项目性质和项目目标进行分析和调整,进一步明确项目实施的目标规划,以满足项目自身的经济效益定位和社会效益定位。

项目目标的分析和再论证是项目实施策划的第一步。以建设工程项目为例,设计方、施工方或供货方的项目管理目标是项目周期中某个阶段的目标或是某个单体项目的目标,只有项目主持方项目管理的目标是针对整个项目、针对项目实施全过程的。所以在项目实施目标控制策划中,只有从项目主持方的角度,才能统筹全局,把握整个项目管理的目标和方向。

项目目标的分析和再论证包括编制三大目标规划:

(1)投资目标规划,在项目决策策划中的总投资估算基础上编制;

(2)进度目标规划,在项目决策策划中的总进度纲要基础上编制;

(3)质量目标规划,在项目决策策划中的项目定义、功能分析与面积分配等基础上编制。

3.3.2.2 项目组织策划

项目的目标决定了项目的组织,组织是目标能否实现的决定性因素。国际上和国内许多大型工程项目的经验和教训表明,只有在理顺项目参与各方之间、业主方和代表业主利益的工程管理咨询方之间、业主方自身工程管理班子各职能部门之间的组织结构、任务分工和管理职能分工的基础上,整个工程管理系统才能高效运转,项目目标才有可能被最优化实现。

项目实施的组织策划是指为确保项目目标的实现,在项目开始实施之前以及项目实施前期,针对项目的实施阶段逐步建立一整套项目实施期的科学化、规范化的管理模式和方法,即对项目参与各方、业主方和代表业主利益的项目管理方在整个工程项目实施过程中的组织结构、任务分工和管理职能分工、工作流程等进行严格定义,为项目的实施服务,使之顺利实现项目目标。

组织策划是在项目决策策划中的项目组织与管理总体方案的基础上编制的,是组织与管理总体方案的进一步深化。组织策划是项目实施策划的核心内容,项目实施的组织策划是项目实施的"立法"文件,是项目参与各方开展工作必须遵守的指导性文件。组织策划主要包括以下内容:

(1)组织结构策划

如前所述,项目管理的组织结构可分为三种基本模式,即线型组织模式、职能型组织模式和矩阵型组织模式。项目管理组织结构策划就是以这三种基本模式为基础,根据项目实际环境情况分析,应用其中一种基本组织形式或多种基本组织形式组合设计而成。

对于一般项目,确定组织结构的方法为:首先确定项目总体目标,然后将目标分解成为实现该目标所需要完成的各项任务,再根据各项不同的任务,选定合适的组织结构形式。对于项目建设组织来说,应根据项目建设的规模和复杂程度等各种因素,在分析现有的组织结构形式的基础上,设置与具体项目相适应的组织层次。

(2)任务分工策划

在组织结构策划完成后,应对各单位部门或个体的主要职责进行分工。项目管理任务分工就是对项目组织结构的说明和补充,将组织结构中各单位部门或个体的职责进行细化扩展,它也是项目管理组织策划的重要内容。项目管理任务分工体现组织结构中各单位部门或个体的职责任务范围,从而为各单位部门或个体指出工作的方向,将多方向的参与力量整合到同一个有利于项目开展的合力方向。

【案例分析 3.4】 某烟厂建设工程项目管理组织任务分工

在某烟厂工程项目中,对应于组织结构图,项目总控组作为业主的主要参谋,利用专业的理论和丰富的经验为业主提供全方位的咨询,深入业主班子中协助业主对项目进行全过程、全方位的项目控制,并为项目的另一目标——为业主培养工程项目管理人员提供帮助。为实现这些宗旨,规定具体任务如表 3.5 所示。通过以上任务分工表内具体的内容规定,对组织结构图中,项目总控组的地位和作用作了补充说明,体现了项目总控组作为业主的专业咨询顾问,为业主进行全过程全方位的项目控制提供服务。

表 3.5 某烟厂建设工程项目管理组织任务分工表

编号	工作部门名称	主要任务
……	……	……
B1	项目总控组	(1)接受总裁、业主代表(副代表)和技改办的指令。 (2)负责与总裁、业主代表(副代表)和技改办的沟通和协调: 1)项目实施组织策划和协助业主实施; 2)负责参与论证设计方案,保证设计方案的科学性,从而降低工程造价; 3)负责工程咨询,确保工程质量优良; 4)提出项目信息管理实施方案,并协助业主方信息和文件管理; 5)设计管理模式、合同结构的策划和控制; 6)投资、进度和质量目标规划和控制; 7)……

(3)管理职能分工策划

管理职能分工与任务分工一样,也是组织结构的补充和说明,体现对于一项工作任务,组织中各任务承担者管理职能上的分工,与任务分工一起统称为组织分工,是组织结构策划的又一项重要内容。

对于一般的管理过程,其管理工作即管理职能都可分为策划(Planning)、决策(Decision)、执行(Implement)、检查(Check)这四种基本职能。管理职能分工表就是记录对于一项工作任务,组织中各任务承担者之间这四种职能分配的形象工具。它以工作任务为中心,规定任务相关部门对于此任务承担何种管理职能。

【案例分析 3.5】 某烟厂建设工程项目管理组织管理职能分工

同样以上述烟厂项目为例,如表 3.6 所示,在建设阶段上大致分为决策阶段、施工前准备阶段和施工阶段三个部分,在每个阶段都会有任务分工,而每一项任务在不同的部门中有不同的管理职能分配。如在施工前准备阶段中编号为 20 的一项任务——组织土建招标,就需要由建筑组策划,并作为主要实施者召集设计单位、工艺组和综合组配合实施,再上报给业主代表,由业主代表做出决策;而总控组作为专家受业主委托对该工作进行相应检查。

表 3.6　某烟厂建设工程项目管理组织管理职能分工

工作任务分类				任务承担者的管理职能分工					
主项	项次	子项名称	…	A 业主代表	D 工艺组	E 建筑组	I 综合组	BI 总控组	M 设计单位	…
决策阶段		项目立项书编制		D,C			P,I			
		编制项目组织策划		D,C			P			
		…								
		…								
施工前准备阶段	20	组织土建招标		D	I	P,I	I	C	I	
	21	组织土建工程合同谈判		D,C		I	P,I	I		
	22	工程报批手续办理		D,C		I				
		…								
施工阶段		组织协调土建施工		D		P,I		C		
		组织工艺设备安装		D,C	P,I	I				
		…								

组织结构图、任务分工表、管理职能分工表是组织结构策划的三个基本组织工具。其中,组织结构图从总体上规定了组织结构框架,体现了部门划分以及指令关系;任务分工表、管理职能分工表作为组织结构图的说明补充,详细描绘了各部门成员的组织分工。这三个基本工具从三个不同角度明确了组织结构的策划内容。

(4)工作流程策划

工作流程是各项任务分工在时间上和空间上的开展顺序,是工作任务分解与组织分工、进度计划安排三者之间建立联系之后得出的,用工作流程图的形式表达。

工程项目管理涉及众多工作,其中必然产生数量庞大的工作流程,依据工程项目管理的任务,工程项目管理工作流程可分为投资控制、进度控制、质量控制、合同与招投标管理工作流程等,每一流程组又可随工程实际情况细化成众多子流程。

投资控制流程包括:

①投资控制整体流程;

②投资计划、分析、控制流程;

③工程合同进度款付款流程;

④变更投资控制流程;

⑤建筑安装工程结算流程等。

进度控制工作流程包括:

①里程碑节点、总进度规划编制与审批流程;

②项目实施计划编制与审批流程;

③月度计划编制与审批流程;

④周计划编制与审批流程;

⑤项目计划的实施、检查与分析控制流程;

⑥月度计划的实施、检查与分析控制流程;

⑦周计划的实施、检查与分析控制流程等。

质量控制工作流程包括:

①施工质量控制流程;

②变更处理流程;

③施工工艺流程;

④竣工验收流程等。

全同与招投标管理工作流程包括:

①标段划分和审定流程;

②招标公告的拟订、审批和发布流程;

③资格审查、考察及入围确定流程;

④招标书编制审定流程;

⑤招标答疑流程;

⑥评标流程;

⑦特殊条款谈判流程;

⑧合同签订流程等。

某建设工程项目的成本控制流程,如图3.9所示。该流程组依次由工程估价、投资计划、变更控制、支付管理和工程结算五个主要流程构成,其中支付管理流程又包括承包商提出申请、工程监理审核、业主审核和支付这四个主要环节。

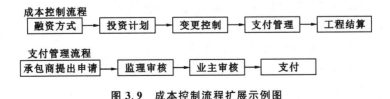

图3.9 成本控制流程扩展示例图

每一个节点又有一个独立的子流程,照此划分,活动可以一直细分下去。那么,到什么程度才停止? 一般来说,如果流程模型中的活动没有让三个不同岗位感到很麻烦,就没有必要把它作为一个子流程,只需要把它作为一项活动就可以。比如,支付管理子过其活动包括承包商提出申请、工程监理审核、业主审核并支付。从工程实践来看,流程的划分和绘制往往由实际情况而定,流程的目的是方便工程项目管理人员落实任务,明白自己的位置和工作范围。建设工程项目的具体情况不同,其流程策划的细度也不同。

工作流程策划是实现工程项目管理工作规范化、制度化、标准化的重要手段,只有工作流程规范化,才可能实现管理工作的标准化,避免管理工作的无序、杂乱和粗犷,应该引起工程项目管理者的高度重视。工程项目管理工作流程策划就是对项目管理的众多工作流程进行计划和规定,以此指导工程项目管理人员的行为。流程图是流程策划的主要工具。流程图通过箭头、方框等形象的表示,表现工作在部门人员间的流转,从而有利于工作的贯彻执行。

3.3.2.3 项目实施合同策划

实施合同策划是策划环境中非常重要的一项内容,因为项目有许多工作需要委托专业人士、专业单位承担,而委托与被委托关系需要通过合同关系来体现,如果不能管理好这些合同关系,项目实施的进展就会受到干扰,并会对项目实施的目标产生不利影响。

合同策划主要包括以下几个部分的内容:合同类型策划,承发包模式策划,合同结构模式策划,合同文本策划以及合同管理策划等。

3.3.2.4 项目信息管理策划

在项目实施过程中,会不断产生大量的信息,而且信息内容及其来源也十分复杂。项目管理的许多工作也就是项目信息的收集、整理、加工、储存、传递和应用。因此,能否有效地做好信息交流与沟通方面的工作将直接影响项目管理工作的成败。

信息管理是指对信息的收集、加工、整理、存储、传递与应用等一系列工作的总称,信息管理的目的是通过有组织的信息流通,使决策者能及时、准确地获得相应的信息。对于建设工程项目而言,信息管理主要是指在工程项目决策和实施的全过程中,对工程建设信息的获取、存储、存档、处理和交流进行合理的组织和控制,其目的在于通过有组织的信息流通,使项目管理人员能够及时掌握完整、准确的信息,了解项目实际进展情况并对项目进行有效的控制,同时为进行科学决策提供可靠的依据。

项目信息管理策划主要包括以下几个方面的内容:项目信息分类策划,项目信息编码体系策划,项目信息流程策划,项目信息管理制度策划,项目管理信息系统策划等。

3.3.2.5 项目目标控制策划(项目管理制度)

项目实施目标控制策划是项目实施策划的重要内容。它是依据项目目标规划,制定项目实施中的质量、投资、进度目标控制的方案与实施细则。

(1)项目目标控制策划的依据主要有:

①项目定义中项目分解结构、项目总体目标;

②建设外部环境分析;

③建设组织策划;

④项目合同的有关数据和资料等。

（2）项目目标控制策划应遵循的原则应主要从以下四个方面把握：

①从系统的角度出发，全面把握控制目标。对于投资目标、进度目标、质量目标这三者而言，无法说哪一个最为重要。这三个目标是对立统一的关系，有矛盾的一面，也有统一的一面。尽管如此，三个目标仍处于一个系统之中，寓于一体。

鉴于三大目标的系统性，项目实施阶段的目标控制策划也应坚持系统的观点，在矛盾中求得统一。既要注意到多方目标策划的均衡，又要充分保证各阶段目标策划的质量。

②明确项目目标控制体系的重心。项目目标体系的均衡并不排除其各个组成部分具有一定的优先次序，出现个别的或一定数量的"重点"目标，形成项目目标体系的重心。这往往是项目决策领导层的明确要求。厘清这种优先次序，尽可能地符合项目领导层的要求。但要注意，虽然项目目标体系重心的存在与项目目标体系整体的均衡之间并没有根本的冲突，但是过分强调会形成不合理的重心，破坏项目目标体系的均衡。

③采用灵活的控制手法、手段及措施。由于不同的目标控制策划在项目建设不同时期的内容，应该有不同的控制方法、灵活的控制手段、多样化的控制措施与之相适应。不同的方法、手段和措施有着不同的作用和效果。

④主动控制与被动控制相结合。目标控制分为主动控制与被动控制。在项目目标控制策划中应考虑将主动控制和被动控制充分结合，即项目实施阶段的目标组合控制策划。

（3）项目实施目标控制策划应采取的措施主要有以下四个方面：

①技术措施

技术措施是指在项目控制中，从技术方面对有关的工作环节进行分析、论证，或者进行调整、变更，以确保控制目标的完成。

采用技术措施需要投入的资源主要是专门的技术、专业技术人员以及相应的管理组织力量和费用支出。例如，聘请各方面的专家，组织进行技术方案的分析、评审；或者针对项目实施中出现的问题，向专业技术人员征求咨询意见，进行技术上的调整。

技术措施的作用大多直接表现为对质量、投资、进度等方面目标的影响，其效果可以用控制目标的各种指标变化直接表示出来。

②经济措施

经济措施是指从项目资金安排和使用的角度对项目实施过程进行调节、控制，保证控制目标的完成。

经济措施的主要方法是在一定范围进行资金的调度、安排和管理。因而，在项目目标控制策划中，多考虑将经济措施和技术措施结合起来使用，利用两种措施对项目实施过程和项目实施组织的双重作用，进行组合控制。

③合同措施

合同措施是指利用合同策划和合同管理所提供的各种控制条件对项目实施组织进行控制，从而实现对项目实施过程的控制，保证项目目标的完成。

合同措施主要是利用合同条款进行有关的控制工作，所需要的资源也主要是合同管理及法律方面的专业技术力量。例如，通过制订合同中费用支付条款来控制项目实施时，就需要熟悉相关合同条件和法律知识的专业技术人员来完成这一工作。

合同措施直接对有关的项目实施组织产生作用，对项目实施过程或项目控制目标的作用则比较间接。它在最后会表现出强制性,可以作为项目控制的一个可靠保障。但在一般情况下,不宜将合同措施作为项目控制的唯一手段。进行过多强制性的控制,会对项目实施形成不利的干扰,影响项目实施过程的正常稳定性。

④组织措施

组织措施通过对项目系统内有关组织的结构进行安排和调整,对不同组织的工作进行协调,改变项目实施组织的状态,从而实现对项目实施过程的调整和控制。

组织措施所需要的主要资源是与项目组织相关的技术力量和管理力量。例如,通过设置职能部门来加强某方面的目标控制,就需要调用相关的技术人员和管理人员。

组织措施对项目系统中的相关组织直接产生作用,但与合同措施相比,组织措施的影响范围比较大,消极作用与积极作用总是不可避免地同时出现,产生的连锁反应也比较明显。其影响效果在控制目标上表现出来要迟缓一些,具有一定程度的时滞性。

3.3.2.5　项目实施策划报告

项目实施策划报告是实施策划阶段的工作成果和总结,是对项目实施阶段工作的指导和纲领性文件。从形式上看,项目实施策划报告可以是一本总报告,也可以是一系列分报告;或者既有总报告,又有分报告。总报告的形式也有多种,如项目建设管理规划、项目建设大纲等等;分报告的形式也很多,如管理的工作手册、制度汇编等等,或者分别形成下列报告:

①项目实施目标分析和再论证报告;

②项目实施组织策划报告;

③项目实施合同策划报告;

④项目信息管理策划报告;

⑤项目目标控制策划报告;

其中目标分析和再论证报告又有多种形式,或者分别形成总进度纲要、总投资规划、总体质量目标报告等等。项目建设大纲是目前许多项目所采用的实施策划总报告形式。建设大纲是项目实施的"立法文件",它是项目实施过程中各相关部门开展工作必须遵守的指导性文件,是从宏观上、整体上对项目各项工作开展做出的规定。编制项目建设大纲的根本目的是确保项目建设按既定计划实现,其核心内容应涵盖项目管理的全部工作内容:明确项目建设目标;明确组织分工与协作;明确项目进度控制、投资控制、质量控制和合同管理、信息管理等要求。

【案例分析3.6】　上海世博会工程项目管理标准化、制度化体系

上海世博项目建立的项目管理标准化、制度化体系的系统层次如图3.10所示。各层次的内容形成了一个有机的协同整体,并且各层次内容清晰,不交叉,不存在重复、盲区等。

(1)建设大纲

整个项目的实施、各项目部的运作规章、各职能部门的操作守则都应以项目建设大纲为指导,因此建设大纲必须具有宏观的指导性,系统地指导各职能部门管理手册的编制、各项目部实施规划的制订等。建设大纲必须掌握整体的宏观性及实施工作的科学指导性,提纲挈领地指导具体工作的实施、运作。

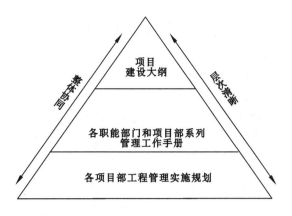

图 3.10　上海世博会项目规范化制度体系

建设大纲是为了确保项目建设目标的实现,对项目建设过程中的组织、管理、经济和技术等方面因素和问题进行系统地分析、计划和安排,使项目管理组织的工作有正确的方向和明确的目的,同时形成项目管理组织各职能部门和项目管理部的职责和明确的分工,根据工程建设要求,确保项目建设按既定计划实现。

编制建设大纲将使项目管理组织逐步建立一整套项目实施期的科学化、规范化的管理组织体系,明确各职能部门以及项目部在整个建设项目实施过程中的岗位设置和管理职能分工,确定各项管理工作的基本模式及重点,促进对建设目标的实现。

(2)各职能部门管理手册

在建设大纲的宏观指导下,制订各职能处室的管理手册。管理手册是对建设大纲的细化补充,将建设大纲中宏观的指导思想、项目建设的目标落实到各职能部门的具体操作细则上,从而保证各职能部门的工作有章可循,并最有效地减少了建设项目实施的交易费用。

职能部门的管理手册是对各职能部门主要工作内容、工作范围等界定,同时明晰处室主要的管理手段、方法,制订处室的运行规章制度。虽然建设项目组织具有临时性和高度的动态性,更需要具体的管理制度规范组织的运行规则,保障组织内部信息、指令关系的流通。

(3)各项目部的实施细则

项目部的实施细则是在建设大纲和职能部门管理手册指导下进行的,比如说其目标进度计划应当是在建设大纲总体进度计划的规定下进一步的细化,以里程碑事件为关键控制点,明确各项目实施的关键节点。

项目部的实施细则对上必须贯彻建设大纲的所有目标、指导思想,同时必须能与各处室的管理手册有效衔接,对下能够直接指导项目的具体实施,指导各项目部组织的运作以及项目的有效管理。各项目部的实施手册以本项目的实施为主要目标,但同时必须综合考虑与同级项目之间界面的处理,包括技术系统界面、组织界面、合同界面等,保证项目进度的有机衔接、项目成本的合理控制等。

复习思考题

1. 项目策划的含义是什么?
2. 项目策划有哪些特点?
3. 项目策划可分为哪几种类型?
4. 环境调查有哪些工作内容?
5. 环境调查有哪些工作方法?
6. 项目决策策划和实施策划的含义是什么?

4

工程项目目标控制基本原理

本 章 提 要

本章主要内容包括项目目标控制基本方法,动态控制原理在项目目标控制中的应用,目标控制中的纠偏措施以及风险管理在项目目标控制中的应用等。

4.1 项目目标控制基本方法

项目管理的核心是投资目标、进度目标和质量目标的三大目标控制,目标控制的核心是计划、控制和协调,即计划值与实际值比较,而计划值与实际值比较的方法是动态控制原理。项目目标的动态控制是项目管理最基本的方法,是控制论的理论和方法在项目管理中的应用,因此,目标控制最基本的原理就是动态控制原理。

4.1.1 动态控制原理

所谓动态控制,是指根据事物及周边的变化情况,实时实地进行控制。比如司机驾驶汽车,司机可以保持方向盘在一个稳定位置,确保汽车在笔直道路上行驶,当遇到路口需要拐弯时,由于周边环境发生变化,司机就需要调整汽车方向盘确保实现拐弯目标,拐弯完成之后,汽车又需要在笔直道路上行驶,司机需要再一次调整方向盘,对汽车行驶方向加以控制,以实现行驶目标。

项目在实施过程中有时并不能够按照预定计划顺利地执行,因此必须实施控制,这一点与导弹纠偏原理相一致,如图4.1所示。导弹在发射之前,控制人员根据欲击中的目标就已制订好了导弹计划飞行轨道,导弹发射之后,刚开始一段时间会按照计划轨道飞行,之后就会出现偏离轨道的倾向,比如向更高处或更低处飞行。此时导弹控制人员发现导弹飞行有所偏差,就会发出数字信号对导弹飞行进行纠偏,使得它继续按照计划轨道飞行。导弹在整个飞行过程中会不断产生轨道偏差,控制人员就会不断对其纠偏,直至飞行过程结束,击中目标物为止。

项目管理领域有一条重要的哲学思想:变化是绝对的,不变是相对的;平衡是暂时的,

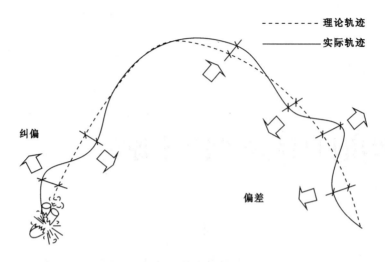

图 4.1 导弹纠偏原理

不平衡是永恒的；有干扰是必然的，没有干扰是偶然的。因此在项目实施过程中必须随着情况的变化进行项目目标的动态控制。由于工程项目具有一次性的特点，项目产品的完成是渐进的，一旦失去控制就很难挽回，或者造成重大损失，所以对项目的动态控制尤其重要。

项目目标动态控制是一个动态循环过程，其工作程序如图 4.2 所示。项目进展初期，随着人力、物力、财力的投入，项目按照计划有序开展。在这个过程中，有专门人员陆续收集各个阶段的动态实际数据，实际数据经过搜集、整理、加工、分析之后，与计划值进行比较。如果实际值与计划值没有偏差，则按照预先制订计划继续执行；如果产生偏差，就要分析偏差原因，采取必要的控制措施，以确保项目按照计划正常进行。下一阶段工作开展过程中，按照此工作程序动态循环跟踪。

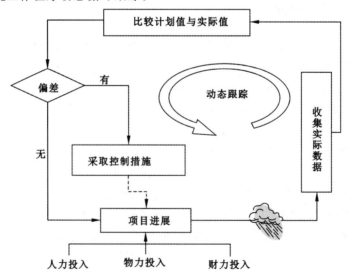

图 4.2 动态控制原理图

如图 4.2 所示,建设项目目标动态控制的工作步骤划分如下:

(1)在项目实施的各阶段正确确定计划值;

(2)准确、完整、及时地收集实际数据;

(3)进行计划值与实际值的动态跟踪比较;

(4)当发生偏离时,分析产生偏离的原因,采取纠偏措施。

如有必要(即原定的项目目标不合理,或原定的项目目标无法实现),进行项目目标的调整,目标调整后控制过程再回复到上述的第一步。

项目目标动态控制中的三大要素是目标计划值、目标实际值和纠偏措施。目标计划值是目标控制的依据和目的,目标实际值是进行目标控制的基础,纠偏措施是实现目标的途径。

项目目标的计划值是项目实施之前,以项目目标为导向制订的计划,其特点是项目的计划值不是一次性的,随着项目的进展计划值也需要逐步细化。因此在项目实施各阶段都要编制计划。在项目实施的全过程中,不同阶段所制订的目标计划值也需要比较,因此需要对项目目标进行统一的目标分解结构,以有利于目标计划值之间的对比分析。

目标控制过程中关键一环,是通过目标计划值和实际值的比较分析,以发现偏差,即项目实施过程中项目目标的偏离趋势和大小。这种比较是动态的、多层次的。同时,目标的计划值与实际值是相对的。如投资控制贯穿于项目实施全过程,初步设计概算相对于可行性研究报告中的投资匡算是"实际值",而相对于施工图预算是"计划值"。

项目进展的实际情况,即真正的实际投资、实际进度和实际质量数据的获取必须准确。如实际投资不能漏项,要完整反映真实投资情况。另外,实际值的获取必须及时,即增强项目实施的透明度,数据采集避免滞后。

要做到计划值与实际值的比较,前提条件是各阶段计划数据与实际值要有统一的分解结构和编码体系,相互之间的比较应该是分层次、分项目的比较,而不单纯是总值之间的比较,只有各分项对应比较,才能找出偏差,分析偏差的原因并及时采取纠偏措施。

4.1.2 PDCA 循环原理

美国数理统计学家戴明博士最早提出的 PDCA 循环原理(又称为"戴明环"),也是被广泛采用的目标控制基本方法之一。PDCA 循环是能使任何一项活动有效进行的一种合乎逻辑的工作程序,特别是在质量管理中得到了广泛的应用。

PDCA 循环包括计划、执行、检查和处置四个基本环节。

(1)P(Plan,计划)

计划可以理解为明确目标并制订实现目标的行动方案。

(2)D(Do,执行)

执行就是具体运作,实现计划中的内容。执行包含两个环节,即计划行动方案的交底和按计划规定的方法与要求展开活动。

(3)C(Check,检查)

检查指对计划实施过程进行各类检查。各类检查包含两个方面:一是检查是否严格执行了计划的行动方案,实际条件是否发生了变化,没按计划执行的原因;二是检查计划执行的结果。

(4)A(Action,处置)

处置是指对检查中所发现的问题,及时地进行原因分析,采取必要的措施予以纠正,保持目标处于受控状态。处置分为纠偏处置和预防处置两个步骤,前者是采取应急措施,解决已发生的或当前的问题或缺陷;后者是信息反馈管理部门,反思问题症结或计划时的不周,为今后类似问题的预防提供借鉴。对于处置环节中没有解决的问题,应交给下一个PDCA循环去解决。

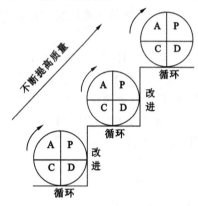

图4.3 PDCA循环示意图

策划-实施-检查-处置是使用资源将输入转化为输出的活动或一组活动的一个过程,必须形成闭环管理,四个环节缺一不可。应当指出,PDCA循环中的A(处置)是关键环节。如果没有此环节,已取得的成果无法巩固(防止问题再发生),也提不出上一个PDCA循环的遗留问题或新的问题。PDCA循环过程是循环前进、阶梯上升的,如图4.3所示。

在质量管理体系中,PDCA循环是一个动态的循环,它可以在组织的每一个过程中展开,也可以在整个过程的系统中展开。它与产品实现过程及质量管理体系其他过程的策划、实施、控制和持续改进有密切的关系。

4.1.3 主动控制与被动控制

项目目标控制有两种类型,即主动控制和被动控制。

(1)主动控制

主动控制就是预先分析目标偏离的可能性,并拟定和采取各项预防性措施,以使计划目标得以实现。主动控制是一种面向未来的控制,它可以解决传统控制过程中存在的时滞影响,尽最大可能改变偏差已经成为事实的被动局面,从而使控制更为有效。

主动控制是一种前馈控制。当控制者根据已掌握的可靠信息预测出系统的输出将要偏离计划目标时,就制定纠正措施并向系统输入,以便使系统的运行不发生偏离。主动控制又是一种事前控制,它在偏差发生之前就采取控制措施。

(2)被动控制

被动控制是指当系统按计划运行时,管理人员对计划值的实施进行跟踪,将系统输出的信息进行加工和整理,再传递给控制部门,使控制人员从中发现问题,找出偏差,寻求并确定解决问题和纠正偏差的方案,然后再回送给计划实施系统付诸实施,使得计划目标一旦出现偏离就能得以纠正。被动控制是一种反馈控制。

主动控制与被动控制两者之间的区别如图4.4所示。

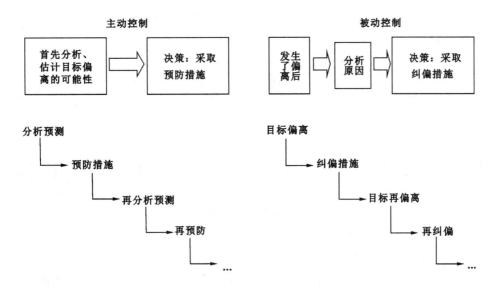

图 4.4　主动控制与被动控制

4.2　动态控制原理在项目目标控制中的应用

本节将对动态控制原理在项目投资控制、进度控制和质量控制中的应用分别进行阐述。

4.2.1　动态控制原理在项目投资控制中的应用

投资控制是项目管理的一项重要任务,是项目管理的核心工作之一。工程项目投资控制的目标是使项目的实际总投资不超过项目的计划总投资。工程项目投资控制贯穿于工程项目管理的全过程,即从项目立项决策直至工程竣工验收,在项目进展的全过程中,以动态控制原理为指导,进行计划值和实际值的比较,发现偏离并及时采取纠偏措施。

投资控制方法的核心是投资计划值与投资实际值的比较,投资分解结构和编码是项目投资控制的基础和前提。为进行计划值与实际值的比较、有效地控制项目投资,在从事投资控制工作之前,首先要求对项目的总投资进行分解,将总投资逐层由粗而细地划分成若干块,并进行编码,这样就能够掌握每一项投资费用发生在总投资的哪一部分,以及哪一部分的实际投资超过了计划投资,从而分析超额原因,采取纠偏措施。

4.2.1.1　投资分解方法

投资分解可采取多种方法进行,如按基本建设投资费用组成分解,按项目结构组成分解,按年、季、月等时间进程分解,按项目划分阶段分解等,也可将几种方法综合起来分解。具体分解方法如下:

(1)按项目不同阶段投资分解结构

如图 4.5 所示,工程项目存在多次计价过程。在项目决策阶段完成项目前期策划和可行性研究过程中,应编制投资估算;在设计阶段,项目投资目标进一步具体化,应编制初步设计概算、初步设计修正概算(视需要)和施工图预算;在招投标和施工阶段,应编制和生成施工合同价、工程结算价和竣工决算。

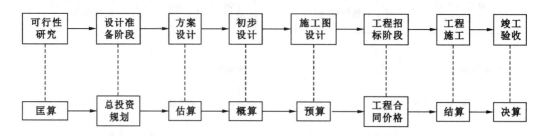

图 4.5　建设工程项目的多次计价

(2)按基本建设投资费用组成分解

对于工程项目而言,建设投资是指进行一个工程项目的建造所需要的全部费用,即从工程项目确定建设意向直至建成竣工验收为止的整个建设期间所支出的总费用,这是保证工程项目建设活动正常进行的必要资金,是工程项目投资中的最主要的部分。工程项目的项目投资主要由工程费用和工程其他费用所组成,如图 4.6 所示。此外,表 4.1 列出了工程项目投资费用。

(3)按项目/费用组成分解

由于不同阶段的投资分解结构的标准不同,所套用定额不同,费用分解结构没有完全按照项目分解结构划分。因此,为了使项目投资控制的计划值与实际值能够在统一的结构上比较,需要将项目分解结构与费用分解结构通盘综合考虑,并在项目分解结构中综合考虑合同分解结构,在细部划分统一的基础上得出投资分解结构。

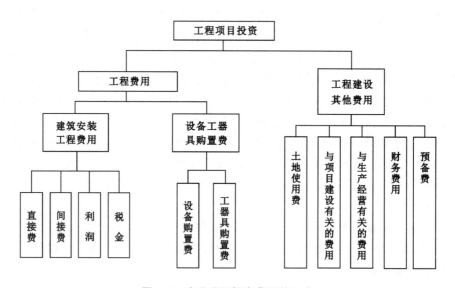

图 4.6　建设项目投资费用的组成

表 4.1　工程项目投资费用表

费用编码	费用名称	费用编码	费用名称
10000	工程费用	12200	工器具购置费
11000	建筑安装工程费用	20000	工程建设其他费用
11100	直接费	21000	土地使用费
11200	间接费	22000	与项目建设有关的费用
11300	利润	23000	与生产经营有关的费用
11400	税金	24000	财务费用
12000	设备工器具购置费	25000	预备费
12100	设备购置费		

图 4.7 为工程项目的项目投资分解结构。总投资根据项目分解结构分成主体工程投资、室外工程投资、辅助工程投资,其中主体工程投资根据费用分解结构分成建安工程投资、设备工器具投资、其他投资,建安工程投资包括基础、土方、地下工程、地上工程等,设备工器具投资包括强电、给排水、空调、电梯等,其他投资包括征地拆迁费、甲方管理费、设计费、监理费、项目管理费等。

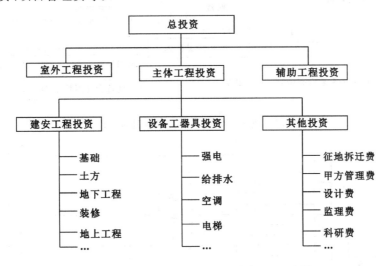

图 4.7　某工程项目的投资分解结构

投资分解应当掌握以下几个原则:
①灵活性原则;
②与标准编码相联系或对应;
③有利于投资计划值与投资实际值的采集;
④有利于投资或费用数据的分解和综合;
⑤与项目管理组织具有一致性;
⑥有利于项目全过程的投资数据比较分析;
⑦简明、清晰,易于掌握。

4.2.1.2 投资计划值与投资实际值的比较

投资控制工作必须贯穿在项目建设全过程和面向整个项目。各阶段的投资控制以及各子项目的投资控制作为项目投资控制子系统,相互连接和嵌套,共同组成项目投资控制系统。图 4.8、图 4.9 表示项目实施各阶段投资目标计划值和实际值比较的主要关系,从中也可以看出各阶段投资控制子系统的相互关系。

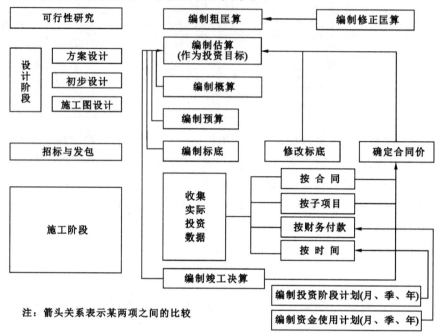

注:箭头关系表示某两项之间的比较

图 4.8 投资计划值与投资实际值的比较(1)

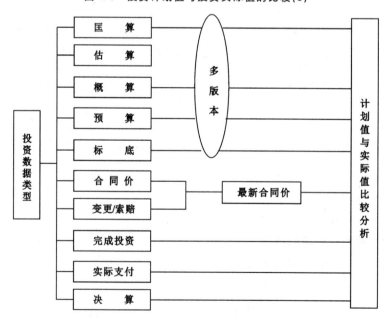

图 4.9 投资计划值与投资实际值的比较(2)

在设计阶段,投资目标计划值和实际值的比较主要包括:

①初步设计概算和投资估算的比较;

②初步设计修正概算和设计概算的比较;

③施工图预算和初步设计概算的比较。

在施工阶段,投资目标计划值和实际值的比较主要包括:

①施工合同价和初步设计概算的比较;

②招标标底和初步设计概算的比较;

③施工合同价和招标标底的比较;

④工程结算价和施工合同价的比较;

⑤工程结算价和资金使用计划(月/季/年或资金切块)的比较;

⑥资金使用计划(月/季/年或资金切块)和初步设计概算的比较;

⑦工程竣工决算价和初步设计概算的比较。

从上面的比较关系可以看出,投资目标的计划值与实际值是相对的,如施工合同价相对于初步设计概算是实际值,而相对于工程结算价是计划值。

投资计划值和实际值的比较,应是定量的数据比较,并应注意两者内容的一致性,比较的成果是投资跟踪和控制报告。投资计划值的切块、实际投资数据的收集以及投资计划值和实际值的比较,数据处理工作量往往很大,应运用专业投资控制软件进行辅助处理。

经过投资计划值和实际值的比较,如发现偏差,则应积极采取措施,纠正偏差或者调整目标计划值。需要指出的是,投资控制绝对不是单纯的经济工作,也不仅仅是财务部门的事,它涉及组织、管理、经济、技术和合同各方面。

为实现工程投资动态控制,项目管理人员的工作主要包括以下内容:

①确定工程项目投资分解体系,进行投资切块;

②确定投资切块的计划值(目标值);

③采集、汇总和分析对应投资切块的实际值;

④进行投资目标计划值和实际值的比较;

⑤如发现偏差,采取纠偏措施或调整目标计划值;

⑥编制相关投资控制报告。

4.2.2 动态控制原理在项目进度控制中的应用

在项目实施全过程中,应逐步地由宏观到微观、由粗到细编制深度不同的进度计划,包括项目总进度纲要(在特大型工程项目中可能采用)、项目总进度规划、项目总进度计划以及各子系统和各子项目进度计划等,如图 4.10、图 4.11 所示。

编制项目进度计划运用的方法和技术包括横道图法、网络计划技术、流水作业图、垂直图表法等。

编制项目总进度纲要和项目总进度规划时,要分析和论证项目进度目标实现的可能性,并对项目进度目标进行分解,确定里程碑事件的进度目标。里程碑事件的进度目标可作为进度控制的重要依据。

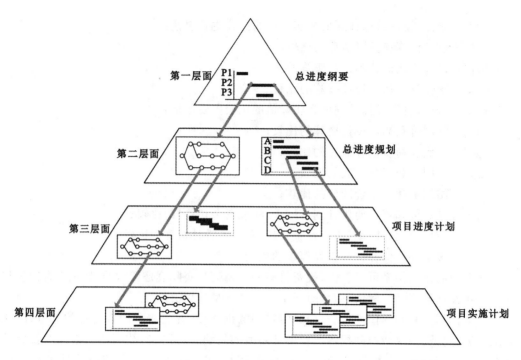

图 4.10　工程项目进度计划系统

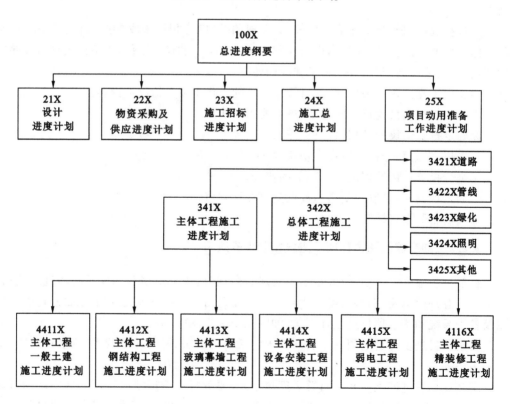

图 4.11　工程项目进度计划系统示例

在工程实践中，往往以里程碑事件（或基于里程碑事件的细化进度）的进度目标值作为进度的计划值。进度实际值是对应于里程碑事件（或基于里程碑事件的细化进度）的实际进度。进度的计划值和实际值的比较应是定量的数据比较，并应注意两者内容的一致性。

工程进度计划值和实际值的比较，一般要求定期进行，其周期应视项目的规模和特点而定。工程进度计划值和实际值比较的成果是进度跟踪和控制报告，如编制进度控制的旬、月、季、半年和年度报告等。

经过进度计划和实际进度的比较，如发现偏差，则应采取措施纠正偏差或者调整进度目标。在业主方项目管理过程中，进度控制的主要任务是根据进度跟踪和控制报告，积极协调不同参与单位、不同阶段、不同专业之间的进度关系。

为实现工程进度动态控制，项目管理人员的工作包括以下几个主要方面：

(1)收集编制进度计划的原始数据；

(2)进行项目结构分解（对项目的构成或组成进行分析，明确工作对象之间的关系）；

(3)进行进度计划系统的结构分析；

(4)编制各层（各级）进度计划；

(5)协调各层（各级）进度计划执行过程中的问题；

(6)采集、汇总和分析实际进度数据；

(7)定期进行进度计划值和实际值的比较；

(8)发现偏差后，采取进度调整措施或调整进度计划；

(9)编制相关进度控制报告。

4.2.3　动态控制原理在项目质量控制中的应用

质量控制是质量管理的一部分，致力于满足质量要求的一系列相关活动。项目质量控制是在明确的质量目标和具体的条件下，通过行动方案和资源配置的计划、实施、检查和监督，进行质量目标的事前预控、事中控制和事后纠偏控制，实现预期质量目标的系统过程。项目质量控制的内容包括质量目标、质量计划、项目实施阶段质量控制任务、全面质量管理和质量管理体系。

项目质量目标可以分解为设计质量、施工质量、材料质量和设备质量。各质量子目标还可以进一步分解，如施工质量可以按单项工程、单位（子单位）工程、分部（子分部）工程、分项工程和检验批进行划分。工程项目的项目质量目标包括建设要求、有关技术规范和标准等方面，体现在设计、设备、材料、土建施工和设备安装、其他等多个环节。项目质量目标本身构成系统，如图4.12所示。

质量控制工作贯穿项目建设全过程和面向整个项目。图4.13表示项目各阶段质量目标计划值和实际值比较的主要关系，从中也可以看出各阶段质量控制子系统的相互关系，各个子系统还可以进一步分解。

在设计阶段，质量目标计划值和实际值的比较主要包括：

(1)初步设计和可行性研究报告、设计规范的比较；

(2)技术设计和初步设计的比较；

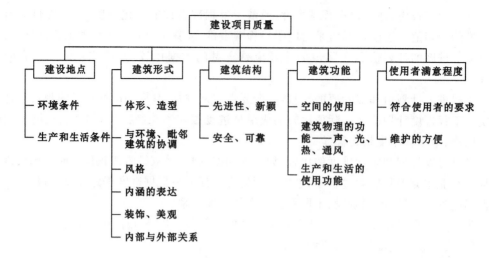

图 4.12　项目质量目标

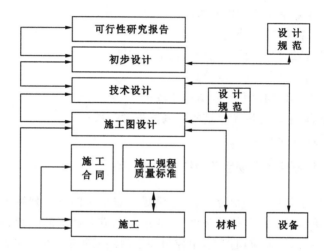

图 4.13　项目各阶段质量目标计划值与实际值的比较

(3)施工图设计和技术设计、设计规范的比较。

在施工阶段,质量目标计划值和实际值的比较主要包括:

(1)施工质量和施工图设计、施工合同中的质量要求、工程施工质量验收统一标准、专业工程施工质量验收规范、相关技术标准等的比较;

(2)材料质量和施工图设计中相关要求、相关技术标准等的比较;

(3)设备质量和初步设计或技术设计中相关要求、相关质量标准等的比较。

从上面的比较关系可以看出,质量目标的计划值与实际值也是相对的,如施工图设计的质量(要求)相对于技术设计是实际值,而相对于工程施工是计划值。

质量目标计划值和实际值的比较,需要对质量目标进行分解,形成可比较的子项。质量目标计划值和实际值的比较是定性比较和定量比较的结合,如专家审核、专家验收、现场检测、试验和外观评定等。

质量控制的对象可能是工程项目设计过程、单位工程、分部分项工程或检验批。以一

个分部分项工程为例,动态控制过程的工作主要包括以下几个方面:

①确定控制对象应达到的质量要求;

②确定所采取的检验方法和检验手段;

③进行质量检验;

④分析实测数据和标准之间产生偏差的原因;

⑤采取纠偏措施;

⑥编制相关质量控制报告等。

4.3 目标控制中的纠偏措施

项目目标动态控制的纠偏措施主要包括组织措施、管理措施(包括合同措施)、经济措施和技术措施等。

(1)组织措施

组织措施用于分析由于组织的原因而影响项目目标实现的问题,如调整项目组织结构、任务分工、管理职能分工、工作流程组织和项目管理班子人员等,并采取相应的措施。

(2)管理措施(包括合同措施)

管理措施用于分析由于管理的原因而影响项目目标实现的问题,如调整进度管理的方法和手段,改变施工管理和强化合同管理等,并采取相应的措施。

(3)经济措施

经济措施用于分析由于经济的原因而影响项目目标实现的问题,如落实加快工程施工进度所需的资金等,并采取相应的措施。

(4)技术措施

技术措施用于分析由于技术(包括设计和施工的技术)的原因而影响项目目标实现的问题,如调整设计、改进施工方法和改变施工机具等,并采取相应的措施。

当项目目标失控时,人们往往首先思考的是采取什么技术措施,而忽略可能或应当采取的组织措施和管理措施。组织论的一个重要结论是:组织措施是目标能否实现的决定性因素。应充分重视组织措施对项目目标控制的作用。

项目目标动态控制的核心是:在项目实施的过程中定期地进行项目目标的计划值和实际值的比较,当发现项目目标偏离时采取纠偏措施。为避免项目目标偏离的发生,还应重视事前的主动控制,即事前分析可能导致项目目标偏离的各种影响因素,并针对这些影响因素采取有效的预防措施,如图 4.14 所示。是否采取主动控制要进行成本与效益分析,对于一些目标偏离可能性很小的情况,采取主动控制并不一定是经济的选择。在项目管理过程中,应根据管理目标的性质、特点和重要性,运用风险管理技术等进行分析评估,将主动控制和动态控制结合起来。

4.3.1 进度目标控制中的纠偏措施

进度控制的目的就是通过控制实现工程的进度目标,即项目实际建设周期不超过计划建设周期。进度控制所涉及的时间覆盖范围从项目立项至项目正式动用,所涉及的项

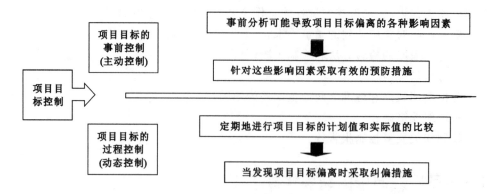

图 4.14　项目目标控制

目覆盖范围包括与项目动用有关的一切子项目(包括主体工程、附属工程、道路及管线工程等),所涉及的单位覆盖范围包括设计、科研、材料供应、购配件供应、设备供应、施工安装单位及审批单位等。因此影响进度的因素相当多,进度控制中的协调量也相当大。在项目实施过程中经常出现进度偏差,即实际进度偏离计划进度,需要采取相关措施进行纠偏。进度纠偏措施主要包括组织措施、管理措施(包括合同措施)、经济措施和技术措施。

4.3.1.1　组织措施

组织措施是目标能否实现的决定性因素,因此进度纠偏措施应重视相应的组织措施。进度纠偏的组织措施主要包括以下内容:

(1)健全项目管理的组织体系,如需要可根据具体情况调整组织体系,避免项目组织中的矛盾,注意多沟通;

(2)在项目组织结构中应有专门的工作部门和符合进度控制岗位资格的专人负责进度控制工作,根据需要还可以加强进度控制部门的力量;

(3)对于相关技术人员和管理人员,应尽可能加强教育和培训,工作中采用激励机制,如奖金、小组精神发扬、个人负责制和目标明确等;

(4)进度控制的主要工作环节包括进度目标的分析和论证、编制进度计划、定期跟踪进度计划的执行情况、采取纠偏措施以及调整进度计划,检查这些工作任务和相应的管理职能是否在项目管理组织设计的任务分工表和管理职能分工表中标示并落实;

(5)编制项目进度控制的工作流程,如确定项目进度计划系统的组成,各类进度计划的编制程序、审批程序和计划调整程序等,并检查这些工作流程是否得到严格落实,是否根据需要进行了调整;

(6)进度控制工作包含了大量的组织和协调工作,而会议是组织和协调的重要手段,因此可进行有关进度控制会议的组织设计,明确会议的类型,各类会议的主持人、参加单位和人员,各类会议的召开时间,各类会议文件的整理、分发和确认等。

4.3.1.2　管理措施

工程项目进度控制纠偏的管理措施涉及管理的思想、管理的方法、管理的手段、承发包模式、合同管理和风险管理等。在理顺组织的前提下,科学和严谨的管理显得十分重要。在工程项目进度控制中,项目参与单位在管理观念方面可能会存在以下可能会导致进度拖延的问题：

(1)缺乏进度计划系统的观念,分别编制各种独立而互不联系的计划,形成不了计划系统;

(2)缺乏动态控制的观念,只重视计划的编制,而不重视及时地进行计划的动态调整;

(3)缺乏进度计划多方案比较和选优的观念,缺乏合理的进度计划应体现资源的合理使用、工作面的合理安排、有利于提高建设质量、有利于文明施工和有利于合理地缩短建设周期。

进度纠偏的管理措施主要包括以下几个方面：

(1)采用工程网络计划方法进行进度计划的编制和实施控制。进度出现偏差可改变网络计划中活动的逻辑关系,如将前后顺序工作改为平行工作,或采用流水施工的方法,将一些工作包合并,特别是关键线路上按先后顺序实施的工作包合并,与实施者一起研究,通过局部地调整实施过程和人力、物力的分配,达到缩短工期的目的。

(2)承发包模式的选择直接关系到工程实施的组织和协调,因此应选择合理的合同结构,以避免过多的合同交界面而影响工程的进展。工程物资的采购模式对进度也有直接的影响,对此应作比较分析。

(3)分析影响工程进度的风险,并在分析的基础上采取风险管理措施,以减少进度失控的风险量。常见的影响工程进度的风险,如组织风险、管理风险、合同风险、资源(人力、物力和财力)风险和技术风险等。

(4)利用信息技术(包括相应的软件、局域网、互联网以及数据处理设备)辅助进度控制。虽然信息技术对进度控制而言只是一种管理手段,但它的应用有利于提高进度信息处理的效率、有利于提高进度信息的透明度、有利于促进进度信息的交流和项目各参与方的协同工作。尤其是对一些大型工程项目,或者空间位置比较分散的项目,采用专业进度控制软件有助于进度控制的实施。

4.3.1.3 经济措施

工程项目进度控制的经济措施主要涉及资金需求计划、资金供应的条件和经济激励措施等。经济措施主要包括以下几项内容：

(1)编制与进度计划相适应的资源需求计划(资源进度计划),包括资金需求计划和其他资源(人力和物力资源)需求计划,以反映工程实施的各时段所需要的资源。通过资源需求的分析,可发现所编制的进度计划实现的可能性,若资源条件不具备,则应调整进度计划。

(2)资金供应条件包括可能的资金总供应量、资金来源(自有资金和外来资金)以及资金供应的时间。

(3)在工程预算中还要考虑加快工程进度所需要的资金,其中包括为实现进度目标将要采取的经济激励措施等所需的费用。

4.3.1.4 技术措施

工程项目进度控制的技术措施涉及对实现进度目标有利的设计技术和施工技术的选用。

不同的设计理念、设计技术路线、设计方案会对工程进度产生不同的影响,在设计工作的前期,特别是在设计方案评审和选用时,应对设计技术与工程进度的关系作分析比较。在工程进度受阻时,应分析是否存在设计技术的影响因素,为实现进度目标有无设计变更的可能性。

施工方案对工程进度有直接的影响,在选用时,不仅应分析技术的先进性和经济合理性,还应考虑其对进度的影响。在工程进度受阻时,应分析是否存在施工技术的影响因素,为实现进度目标有无改变施工技术、施工方法和施工机械的可能性,如增加资源投入或重新分配资源、改善工器具以提高劳动效率和修改施工方案(如将现浇混凝土改为场外预制、现场安装)等。

4.3.2 投资目标控制中的纠偏措施

项目投资控制并不是越省越好,而是通过控制实现项目既定的投资目标,项目投资目标控制是使该项目的实际总投资不大于该项目的计划投资(业主所确定的投资目标值),即要在计划投资的范围内,通过控制的手段,以实现项目的功能、建筑的造型和设备材料质量的优化等。

投资控制的基本方法是在项目实施全过程,以控制循环理论为指导,进行计划值与实际值的比较(分目标比较),发现偏离,及时采取纠偏措施。投资控制并非属于纯经济工作范畴,应从多方面采取措施,同时应尽可能借助计算机进行辅助投资控制。

当投资计划值与实际值比较出现偏差时,需要对偏差出现的原因进行分析,这是项目投资控制工作的核心,然后根据偏差分析的结果,采取适当的纠偏措施,这是项目投资控制工作最具实质性的一步。纠偏的措施包括组织措施、管理(合同)措施、经济措施、技术措施。在项目的不同阶段,纠偏措施也不尽相同,如表4.2所示。以下将主要从业主方角度出发,对项目实施各阶段投资控制的主要纠偏措施进行概要分析。

表 4.2 项目实施各阶段投资控制的纠偏措施

项目阶段 \ 纠偏措施	组织措施 (A)	管理(合同) 措施(B)	经济措施 (C)	技术措施 (D)
设计准备阶段Ⅰ	A—Ⅰ	B—Ⅰ	C—Ⅰ	D—Ⅰ
设计阶段Ⅱ	A—Ⅱ	B—Ⅱ	C—Ⅱ	D—Ⅱ
工程发包与设备材料采购阶段Ⅲ	A—Ⅲ	B—Ⅲ	C—Ⅲ	D—Ⅲ
施工阶段Ⅳ	A—Ⅳ	B—Ⅳ	C—Ⅳ	D—Ⅳ

4.3.2.1 设计准备阶段投资控制的纠偏措施

(1)组织措施(A—Ⅰ)

①选用合适的项目管理组织结构;

②明确并落实项目管理班子中"投资控制者(部门)"的人员、任务及管理职能分工,检查落实情况;

③检查设计方案竞赛、设计招标的组织准备情况。

(2)管理(合同)措施(B—Ⅰ)

①分析比较各种承发包可能模式与投资控制的关系,采取合适的承发包模式;

②从投资控制角度考虑项目的合同结构,选择合适的合同结构;

③采用限额设计。

(3)经济措施(C—Ⅰ)

①对影响投资目标实现的风险进行分析,并采取风险管理措施;

②收集与控制投资有关的数据(包括类似项目的数据、市场信息等);

③编制设计准备阶段详细的费用支出计划,并控制其执行。

(4)技术措施(D—Ⅰ)

①对可能的主要技术方案进行初步技术经济比较论证;

②对设计任务书中的技术问题和技术数据进行技术经济分析或审核。

4.3.2.2 设计阶段投资控制的纠偏措施

(1)组织措施(A—Ⅱ)

①从投资控制角度落实进行设计跟踪的人员、具体任务及管理职能分工,包括设计挖潜、设计审核,概、预算审核,付款复核(设计费复核),计划值与实际值比较及投资控制报表数据处理等;

②聘请专家做技术经济比较、设计挖潜。

(2)管理(合同)措施(B—Ⅱ)

①参与设计合同谈判;

②向设计单位说明在给定的投资范围内进行设计的要求;

③以合同措施鼓励设计单位在广泛调研和科学论证的基础上优化设计。

(3)经济措施(C—Ⅱ)

①对设计的进展进行投资跟踪(动态控制);

②编制设计阶段详细的费用支出计划,并控制其执行;

③定期提供投资控制报表,以反映投资计划值和投资实际值的比较结果、投资计划值和已发生的资金支出值(实际值)的比较结果。

(4)技术措施(D—Ⅱ)

①进行技术经济比较,通过比较寻求设计挖潜(节约投资)的可能;

②必要时组织专家论证,进行科学试验。

4.3.2.3 工程发包与设备材料采购阶段投资控制的纠偏措施

(1)组织措施(A—Ⅲ)

落实从投资控制角度参加招标工作、评标工作、合同谈判工作的人员,具体任务及管理职能分工。

(2)管理(合同)措施(B—Ⅲ)

①在合同谈判时,把握住合同价计算、合同价调整、付款方式等;

②分析合同条款的内容,着重分析和投资相关的合同条款。

(3)经济措施(C—Ⅲ)

审核招标文件中与投资有关的内容,包括工程量清单等。

(4)技术措施(D—Ⅲ)

对各投标文件中的主要施工技术方案作必要的技术经济比较论证。

4.3.2.4　施工阶段投资控制的纠偏措施

(1)组织措施(A—Ⅳ)

在项目管理班子中落实从投资控制角度进行施工跟踪的人员、具体任务(包括工程计量、付款复核、设计挖潜、索赔管理、计划值与实际值比较及投资控制报表数据处理、资金使用计划的编制及执行管理等)及管理职能分工。

(2)管理(合同)措施(B—Ⅳ)

①进行索赔管理;

②视需要,及时进行合同修改和补充工作,着重考虑它对投资控制的影响。

(3)经济措施(C—Ⅳ)

①进行工程计量(已完成的实物工程量)复核;

②复核工程付款账单;

③编制施工阶段详细的费用支出计划,并控制其执行。

(4)技术措施(D—Ⅳ)

①对设计变更进行技术经济比较;

②继续寻求通过设计挖潜节约投资的可能。

4.3.3　质量目标控制中的纠偏措施

4.3.3.1　影响质量目标的因素

工程项目质量比一般产品的质量更难控制,出现质量问题进行纠偏也更加复杂。综合起来看,影响工程项目质量目标的因素主要包括以下几个方面。

(1)人的因素

人的因素对工程项目质量的影响包括两个方面的含义:一是指直接承担工程项目质量职能的决策者、管理者和作业者个人的质量意识及质量活动能力;二是指承担工程项目策划、决策或实施的建设单位、勘察设计单位、咨询服务机构、工程承包企业等实体组织。从某种意义上讲,人的因素是一种根本性的影响因素。

(2)管理因素

影响工程项目质量的管理因素,主要是指决策因素和组织因素。其中,决策因素首先是业主方的工程项目决策;其次是工程项目实施过程中,实施主体的各项技术决策和管理决策。组织因素包括工程项目实施的管理组织和任务组织。管理组织是指工程项目管理的组织架构、管理制度及其运行机制,三者的有机联系构成了一定的组织管理模式,其各项管理职能的运行情况,直接影响着工程项目目标的实现。任务组织是指对工程项目实施的任务及其目标进行分解、发包、委托,以及对实施任务所进行的计划、指挥、协调、检查和监督等一系列工作过程。

(3)技术因素

影响工程项目质量的技术因素范围十分广泛,包括直接的工程技术和辅助的生产技术,前者如工程勘察技术、设计技术、施工技术、材料技术等,后者如工程检测检验技术、试验技术等。对于一个具体的工程项目,要通过技术工作的组织与管理,优化技术方案,发挥技术因素对工程项目质量的保证作用。

(4)社会因素

影响工程项目质量的社会因素表现在:建设法律、法规的健全程度及其执法力度;工程项目法人或业主的理性化,以及工程项目经营者的经营理念;建筑市场包括工程项目交易市场和建筑生产要素市场的发育程度及交易行为的规范程度;政府的工程质量监督及行业管理成熟度;建设咨询服务业的发展及其服务水准的提高;廉政建设及行风建设的状况等。

(5)环境因素

一个工程项目的决策、立项和实施,受到经济、政治、社会、技术等多方面因素的影响,这些因素是工程项目可行性研究、风险识别与管理所必须考虑的环境因素。作为直接影响工程项目质量的环境因素,一般是指工程项目所在地点的水文、地质和气象等自然环境;施工现场的通风、照明、安全、卫生、防护设施等劳动作业环境;以及由多单位、多专业交叉协同施工的管理关系、组织协调方式、质量控制系统等构成的管理环境。对这些环境条件的认识与把握,是保证工程项目质量的重要工作环节。

4.3.3.2 质量控制中的纠偏措施

由于影响质量目标的因素有多种,也很复杂,因此质量纠偏措施也有多种,从总体上可分为组织措施、管理措施(包括合同措施)、经济措施和技术措施等。

(1)组织措施

组织是进行质量问题纠偏首要考虑的因素,主要采取以下措施:

①建立合理的组织结构模式,设置质量管理和质量控制部门,构建完善的质量保证组织体系,形成质量控制的网络系统架构。

②明确与质量控制相关部门和人员的任务分工和管理职能分工,如质量的实施、检查和监督由哪些部门负责,并责任到人;研究并确定控制系统内部质量职能交叉衔接的界面划分和管理方式。

③选择符合质量控制工作岗位的管理人员和技术人员,根据需要加强质量管理和质量控制部门的力量。

④制定质量控制工作流程和工作制度,审查工作流程和工作制度是否有效并得到严格执行,包括确定控制系统组织的领导关系、报告审批及信息流转程序;制定质量控制工作制度,包括质量控制例会制度、协调制度、验收制度和质量责任制度等。

(2)管理措施(包括合同措施)

在理顺组织的前提下,质量控制中的纠偏措施还应着重采取相应的管理措施,主要包括进行质量贯标、多单位控制、采用相关管理技术方法、采取必要合同措施、加强项目文化建设,以及利用信息技术辅助质量控制和纠偏等。

①进行贯标,建立质量保证体系。质量体系认证是质量控制的有效方法,也是进行质量问题纠偏的系统性方法,因此必须严格按照 GB/T 19000 或 ISO 9000(2000 版)系列标准建立质量体系,进行质量管理和质量控制。

②多单位控制,包括操作者自控、项目经理部控制、企业控制、监理单位控制、质量监督单位控制和政府控制,以及业主和设计单位控制,尤其要强调操作者自控。

③采用相关管理技术方法进行质量问题分析,包括分层法、因果分析图法、排列图法和直方图法等。

④采取必要的合同措施。选择有利于质量控制的合同结构模式,减少分包数量,认真分析施工质量保证体系,并检查执行情况。

⑤加强项目文化建设。没有约束机制的控制系统是无法使工程质量处于受控状态的,约束机制取决于自我约束能力和外部监控效力,前者指质量责任主体和质量活动主体,即组织及个人的经营理念、质量意识、职业道德及技术能力的发挥;后者指来自于实施主体外部的推动和检查监督。因此,加强项目管理文化建设对于增强工程项目质量控制系统的运行机制是不可忽视的。

⑥利用信息技术辅助质量控制和纠偏,包括质量数据库的建立,探测技术的应用,远程监控系统的应用,质量数据的采集、分析和管理等。

(3)经济措施

工程项目质量控制系统的活力在于它的运行机制,而运行机制的核心是动力机制,动力机制又来源于利益机制。因此在进行质量控制和质量纠偏时,除了采取一定的合同措施外,还应该采取一定的经济措施,例如,对出现质量问题的单位和个人进行经济处罚,对达到质量计划目标的单位或个人采取一定的经济激励措施等;进行质量保险,通过保险进行质量风险转移等。

(4)技术措施

质量问题纠偏的技术措施有很多,在实施过程中,可以结合工程实际情况,采用下列两种措施处理质量问题。

①整修与返工

整修主要是针对局部性的、轻微的且不会给整体工程质量带来严重影响的质量缺陷,如对钢筋混凝土结构的局部蜂窝、麻面、道路结构层实度不足等问题的处理。这类质量问题一般通过整修即可得到处理,不会影响工程总体的关键性技术指标。

返工的决定应建立在认真调查研究的基础上。是否返工,应视缺陷经过补救后能否达到规范标准而定。补救,并不意味着规范标准的降低,对于补救后不能满足标准的工程必须返工。例如,某承包人为赶工期曾在雨中铺筑沥青混凝土,监理工程师只得责令承包人将已经铺完的沥青面层全部拆除重铺;一些无法补救的低质涵洞也要被炸掉重建;温度过低或过高的沥青混合料在现场被监理工程师责令报废等。

②综合处理方法

综合处理方法主要是针对较大的质量事故而言。这种处理办法不像返工和整修那样简单和具体。它是一种综合的缺陷(事故)补救措施,能够使得工程缺陷(事故)以最小的经济代价和工期损失,重新满足规范要求。处理的办法因工程缺陷(事故)的性质而异,性质的确定则以大量的调查及丰富的施工经验和技术理论为基础。具体做法可采取组织联合调查组、召开专家论证会等方式。实践证明这是一条解决这类问题的有效途径。

尽管有很多纠偏措施,但有很多质量问题是难以纠偏的,可能造成永久性的质量问题,因此质量控制应强调事前预控,通过事前预控消除质量隐患,实现预期的项目质量目标。

4.4 风险管理在项目目标控制中的应用

风险管理作为一门独立的学科,产生于 20 世纪 50 年代,其在工程项目管理中的应用则开始于 20 世纪 80 年代。美国项目管理协会(Project Management Institute,简称 PMI)编写的项目管理知识体系指南(A Guide to the Project Management Body of Knowledge,简称 PMBOK)中指出,风险管理是项目管理九大知识体系之一。

4.4.1 工程项目风险管理概述

(1)风险及风险管理的定义

简单来说风险就是损失发生的概率,即损失的不确定性。目前关于风险的定义有很多,大体上可以分为狭义和广义两种。前者可以认为风险是不希望发生事件的可能性及可能导致的后果。后者则进一步扩展到了"机会"的概念,认为风险之中也蕴含着可能产生积极影响的事件。《项目管理知识体系指南》中将风险定义为一种不确定的事件或条件,一旦发生,会对至少一个项目目标造成影响,即认为风险中蕴含着机遇。

风险应具备以下四个要素,即事件(不希望发生的变化)、事件发生的概率、事件的影响(后果)和风险的原因。风险可能有一种或多种起因,一旦发生可能有一项或多项影响。风险的起因包括可 能引起消极或积极结果的需求、假设条件、制约因素或某种状况。例如项目需要申请开 工许可证,或者分配给项目的设计管理人员有限,这都是可能的风险起因。与之相对应的风险事件是颁证机构可能延误许可证的颁发,或者表现为机会的风险事件是,虽然所分配的项目设计管理人员不足,但仍可能按时完成任务,即利用更少的资源来完成工作。这两个不确定性条件中,无论发生哪一个,都可能对项目的成本、进度或绩效产生影响。风险条件则是可能引发项目风险的各种项目或组织环境因素,如不成熟的项目管理实践,缺乏综合管理系统、多项目并行实施,或依赖不可控的外部参与者。

项目风险管理是指对风险进行识别、分析和评价框架的支持下,对项目风险应对策略做出科学的决策。同时在实施过程中进行有效监督和控制的系统过程。项目风险管理的目标是增加项目积极事件的发生概率和影响程度,降低项目消极事件的发生概率和影响程度,在一定风险成本内使项目风险产生的总体影响达到使项目利益相关者满意的水平。

(2)工程项目风险类别

工程项目风险来自于与项目有关的各个方面。根据工程项目的特点及风险来源的不同,工程项目风险可分为以下类别,如表 4.3 所示。

表 4.3　工程项目风险类别

组织风险	(1)工程设计人员和监理工程师的能力; (2)承包商管理人员和一般技工的能力; (3)施工机械操作人员的能力和经验; (4)损失控制和安全管理人员的资质和能力。

经济与管理风险	(1)工程资金供应条件； (2)合同风险； (3)现场与共用防火设施的可用性及其数量； (4)事故防范措施和计划； (5)人身安全控制计划； (6)信息安全控制计划等。
工程环境风险	(1)自然灾害； (2)岩石土质条件和水文地质条件； (3)气象条件； (4)引起火灾和爆炸的因素。
技术风险	(1)工程设计文件； (2)工程施工方案； (3)工程物资； (4)工程机械等。

（3）风险事件及其后果

风险事件是指任何可能发生的、影响项目目标实现的事件。例如，不明地质条件，汇率变动等都是典型的风险事件。如图 4.15 所示，一种或几种风险因素相互作用导致风险事件的发生，进而影响项目目标的实现。

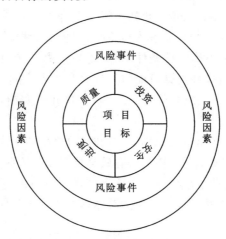

图 4.15 项目风险影响图

同时，工程项目风险构成图（图 4.16）展现了风险的动态过程，指出了工程项目风险的各种因素及典型风险事件，以及它们对项目目标的影响。图中显示，几乎每一类风险都会在不同时期以不同的方式（风险事件）影响到项目目标的实现。

（4）风险量和风险坐标

风险量是衡量风险大小的一个变量，可以看作风险发生频率和损失量的函数，被定义为：

$$R = f(p,q)$$

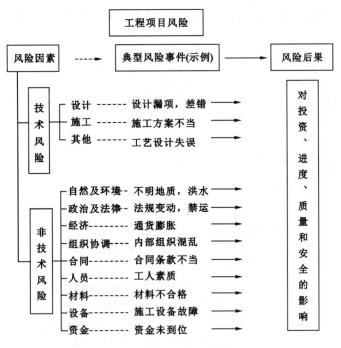

图 4.16 工程项目风险构成图

其中　R——风险量；

　　　p——风险事件可能发生的频率；

　　　q——风险事件发生对项目目标的影响程度（损失量）。

风险量的量化具有很大主观性，与人的评价标准以及对于风险事件发生的预测能力和对其后果的控制能力有很大关系。风险量的确定能为选择对项目风险的处理方式提供所需信息。

风险坐标是一种描述风险量大小的形象方法，它分别以风险的两个特征值——风险发生的频率和风险发生导致对项目目标的影响程度（损失量大小）为纵、横坐标。直观地反映不确定的损失程度和损失发生的概率，如图 4.17 所示。

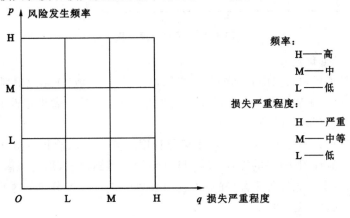

图 4.17　风险坐标

若某个可能发生的事件可能的损失程度和发生概率都很大,则其风险量就很大。

4.4.2 风险管理流程

风险管理是为了达到一个组织的既定目标,而对组织所承担的各种风险进行管理的系统过程,其采用的方法应符合公众利益、人身安全、环境保护以及有关的法规的要求。

风险管理是一个系统完整的过程,其流程如图 4.18 所示。

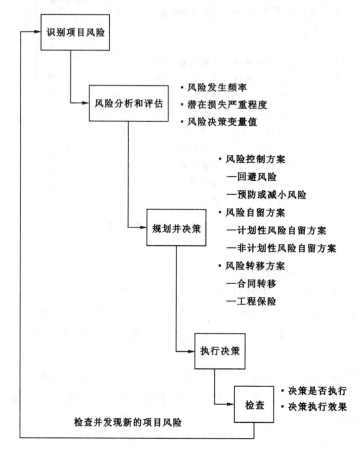

图 4.18　风险管理流程

4.4.2.1　风险识别

风险识别是工程项目风险管理的首要步骤,是人们系统地、连续地识别工程项目风险存在的过程,即确定主要工程项目风险事件的发生,并对其后果做出定性的估计,最终形成一份合理的工程项目风险清单。

风险识别过程如图 4.19 所示。它在某种程度上是几种风险识别方法(如风险问询法、财务报表法、流程图法等)的综合,从项目风险管理目标出发,通过风险调查及信息分析、专家咨询以及实验论证等手段,在对工程项目风险进行多维分解的过程中,认识项目风险,建立工程项目风险清单。

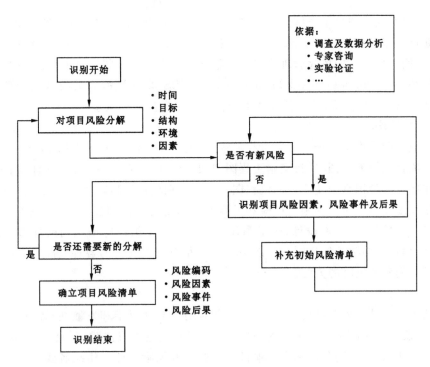

图 4.19 风险识别过程

工程项目风险清单至少应包括下列四项：

①项目风险编号；

②风险因素；

③风险事件；

④风险后果。

在工程项目风险识别过程中，核心工作是"工程项目风险分解"和"识别工程项目风险、风险事件及后果"，从而建立"工程项目风险清单"。

项目风险识别的方法有很多，既有结构化的方法也有非结构化的方法，既有经验性的方法也有系统性的方法。下面介绍几种常见的项目风险识别方法。

（1）检查表法

检查表是描述项目在传统领域的不确定性的问题清单，是管理中用来记录和整理数据的常用工具。用检查表进行风险识别时，将项目可能发生的许多潜在风险列于一个表上，供识别人员进行检查核对，用来判别某项目是否存在表中所列或类似的风险。好的检查表要适合项目的类型。例如，美国软件工程协会就在它的《持续风险管理手册》中提供了专门用于评估软件项目的详细问题清单。

（2）系统分解法

确定具体风险的一个有效工具是 WBS。WBS 利用系统分解的原理将一个复杂的项目分解成一系列简单和容易认识的子系统或系统元素，从而分析和识别项目各子系统。例如投资建造一个化肥厂项目就需要根据该项目自身的特性将项目风险分解成市场风险、投资风险、经营风险、技术风险、资源及原材料供应风险、环境污染风险等子系统的风险,然后可以对这些项目子系统风险做进一步的分解,从而全面识别这一投资项目的各种风险。通过使用 WBS 可以防止风险事件被忽略。大型项目中,不同的领域有不同的风险团队,他们都将自己的风险管理报告提交给项目经理。在一些项目中,项目实施者运用技术分解系统(technology breakdown structure,TBS)来保证所有的技术问题都经过检验。TBS 以 WBS 为框架,并为任务和可交付成果确定技术风险事件。

(3)流程图法

项目流程图给出了一个项目的工程流程,给出了项目各工作流程之间的相互关系,流程图包括项目系统流程图、项目实施流程图和项目作业流程图等各种不同详细程度的流程图。在项目风险识别中使用这些流程图分析和识别项目风险就叫流程图法。这种方法的结构化程度高并且对识别项目风险和风险要素非常有效。例如,一个建设项目会有一个由项目可行性分析、技术设计、施工图设计、计划、施工组织等一系列的环节构成的流程,这些流程构成的项目流程图就可以用来分析和识别该项目的各种风险。系统要素和整个项目中的各种风险的方法。

(4)头脑风暴法

头脑风暴法是一种非结构化的方法,它是运用创造性思维和发散性思维以及专家经验,通过会议等形式识别项目风险的一种方法。在使用这种方法时,要允许与会的专家和分析人员畅所欲言,共同分析和发现项目存在的各种风险。此时组织者要善于提问和引导,并能及时地整理项目风险识别的结果,促使与会者能够不断地发现和识别出项目的各种风险和项目风险影响因素。在使用这种方法时需要专家们回答的问题有,如果实施这个项目会遇到哪些项目风险,这些项目风险的后果严重程度如何,这些项目风险的主要成因是什么,项目风险事件的征兆有哪些,项目风险有哪些基本的特性等。

(5)情景分析法

情景分析法是通过对项目未来的某个状态或某种情景的详细描绘与分析,识别项目风险与项目风险因素的方法,在对具有较高独特性和创新性的项目风险识别中需要使用这种方法。项目情景(项目未来某种状态或情况)的描述可以使用图表、文字或数学公式等形式,对涉及影响因素多、分析计算比较复杂的项目风险识别作业可借助于计算机情景模拟系统进行情景分析。使用情景分析法识别项目风险需要先给出项目情景描述,然后找到项目变动的影响因素,最后分析项目情景变化造成的风险与风险后果。

(6)德尔菲法

德尔菲法是一种反馈匿名函询法,它采取的是一种背靠背式的信息收集形式,也就是被访者不知道其他人的意见,这样有利于克服在头脑风暴法中存在的从众思想。其做法是在对所要预测的问题征得专家意见之后,进行整理、归纳、统计,再匿名反馈给各专家,再次征求意见,再集中,再反馈……直至得到稳定的意见为止。德尔菲法有很多优点能充分发挥各位专家的作用,集思广益,准确性高;能把给为专家意见的分歧表达出来,取各家之长,避各家之短;有利于避免出现有些专家碍于情面,不愿意发表与其他人不同的意见的情况;防止出现专家出于自尊心而不愿意修改自己原来不全面意见的情况。德尔菲法的主要缺点是过程比较复杂,花费时间较长。尽管如此,本方法因简便可靠,仍不失为一种项目风险识别的常用方法。表 4.4 为某项目地基基础工程的部分风险清单。

表 4.4 某项目地基基础工程的部分风险清单

序号	风险名称
1	基坑塌方
2	基坑泡水
3	基土扰动
4	地下水位降低深度不足
5	基坑外地面沉陷过多
6	积水井,明沟排水不畅
7	钢筋混凝土支撑立柱下沉、支护结构破损
8	拆除支撑时、邻近建筑物、地面开裂、临近管线破坏
9	高压旋喷桩施工质量差(加固体强度不均、缩颈,钻孔沉管困难、偏斜、冒浆,固结体顶部下凹)
10	深层搅拌水泥桩施工质量差(搅拌体不均匀,喷浆不正常,抱钻、浆,桩顶强度低)
11	钢管桩桩顶变形
12	……

4.4.2.2 风险的分析与评价

在确定风险管理对策之前,需要通过分析定量地确定风险的概率大小或分布,以及风险对项目目标影响的潜在严重程度(潜在损失值)。工程项目风险分析与评价流程如图 4.20 所示。

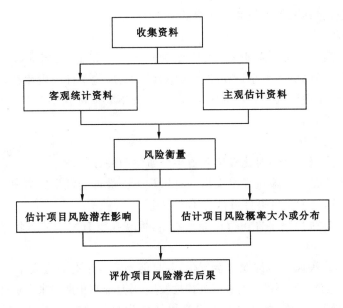

图 4.20 项目风险分析与评价流程

（1）风险衡量

风险衡量需要同时确定项目风险的概率和损失量,目的是为了评价项目风险量的大小,即项目风险的相对重要性。

如前文所述,项目风险的风险量大小 R 为其出现概率 p 和潜在的损失量 q 的函数,即 $R = f(p, q)$,因此,在风险坐标中可得到等风险量曲线的大致形状,如图 4.21 所示。

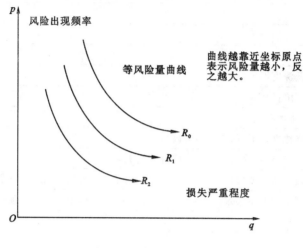

图 4.21 等风险量曲线图

1)损失的衡量

项目风险导致的损失包括以下四个方面:

①投资出超;

②进度延期;

③质量事故(包括未遂事故和已遂事故);

④安全事故。

分属不同性质的损失在本质上可以归纳为经济损失和责任,但同时还须对项目风险进行量化,即确定损失值的大小。在项目实施过程中,风险事件的发生往往会同时导致一系列损失。因此,在估计风险导致的损失大小时,既不要遗漏任何间接损失或连带损失,也不要重复计算损失。

2)风险概率的衡量

衡量项目风险概率有相对比较法和概率分布法两种方法。

①相对比较法是将风险概率定义为一种风险事件最可能发生的概率,表示如下:

●"几乎是 0",这种风险事件可认为不会发生;

●"很小的",这种风险事件虽有可能会发生,但现在没有发生并且将来发生的可能性也不大;

●"中等的",这种风险事件偶尔会发生,并且能预期将来有时会发生;

●"一定的",这种风险事件一直有规律地发生,并且能够预期未来也是有规律地发生。

②与相对比较法相比,概率分布法更有可能较为全面地衡量项目风险。但在建立概率分布时,通常缺乏所需的有关项目风险的数据,这使得概率分布法只适用于一般由厂方数据或经验积累的项目风险的衡量。

●历史资料(数据)。在同类工程项目的建设中,通过观察各种潜在损失在长时间内已经发生的次数,估计出每一可能风险事件的概率,这种估计是每一事件过去已经发生的概率。

●理论分布。理论概率分布也是风险衡量中所大量采用的一种估计方法。这种估计方法是根据项目风险的性质分析或大量数据统计的结果进行判断,如果看出这些损失值符合一定的理论概率分布或与其近似吻合,便可由特定的几个参数来确定损失值的概率分布。

(2)风险评价

在风险衡量过程中,项目风险被量化为关于风险频率和损失严重性的函数,但在选择对策之前,还需要对项目风险量做出相对比较,以确定项目风险的相对严重性。

根据等风险量曲线(图 4.21),离原点位置越近,风险量越小。据此,可以将风险坐标划分为如表 4.5 所示的九个区域,以描述风险量的等级。这样,风险量的大小就分成五个等级:①VL(很小);②L(小);③M(中等);④H(大);⑤VH(很大)。

表 4.5　风险量等级表

p(风险概率)	q(损失严重性)	R(风险量)	等级
L(很小的)	L(轻度损失)	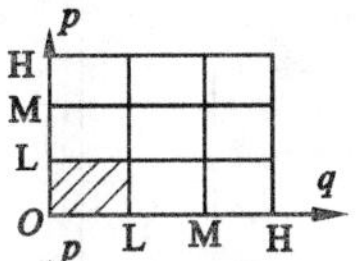	VL
M(中等的)	L(轻度损失)	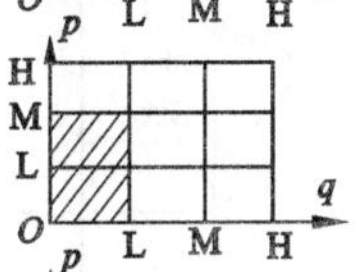	L
H(一定的)	L(轻度损失)	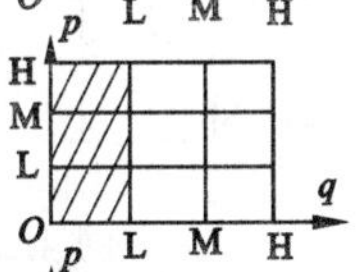	M
L(很小的)	M(中等损失)	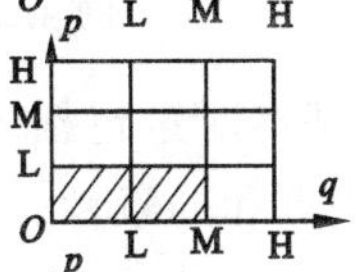	L
M(中等的)	M(中等损失)	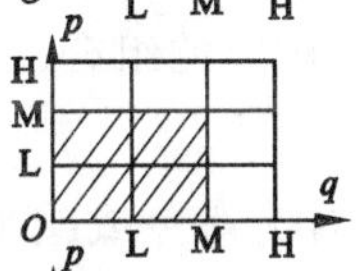	M
H(一定的)	M(中等损失)	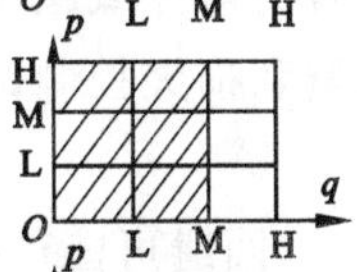	H
L(很小的)	H(重大损失)	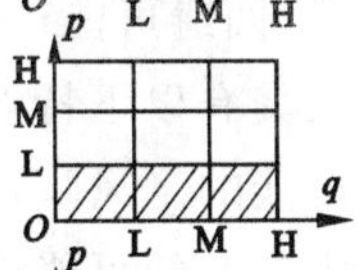	M
M(中等的)	H(重大损失)	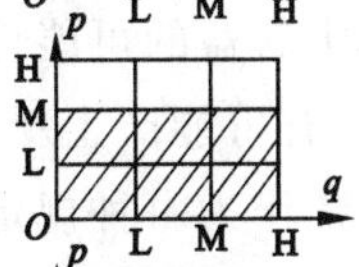	H
H(一定的)	H(重大损失)	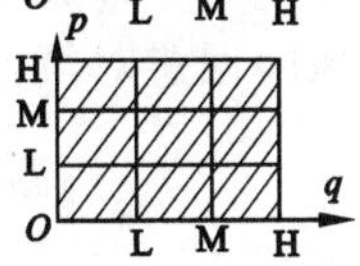	VH

4.4.2.3　风险管理对策

对项目风险进行识别、分析与评价之后,风险管理人员必须根据项目风险的性质及其潜在影响,进一步了解各种风险管理对策的成本和效益,并以项目总体目标为依据,与有关人员(包括监理工程师、设计人员等)共同规划并选择合理的风险管理对策,以尽可能地减少项目风险的潜在损失和提高对项目风险的控制能力。

图4.22所示的风险管理策略目标图表述了风险管理对策的两个目的:①减少项目风险潜在损失;②提高对项目风险的控制。图中,右上角表示项目风险潜在损失很大,而且难以控制,称之为"不利端",左下角是一个"有利端",表示项目风险潜在损失较小且易于控制。风险管理对策的目标如箭头所示,应尽量将项目风险控制到有利端的区域。

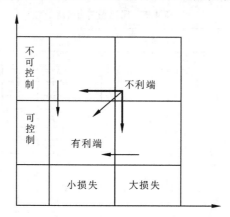

图 4.22　风险管理策略目标图

项目风险管理的基本对策包括风险控制、风险保留和风险转移三种形式。这三种对策各有不同的性质、优点和局限性。因此当风险管理人员规划和决策时,选择的常常不只是一种对策,而是几种对策的组合。

(1)风险控制

风险控制包括所有为避免或减少项目风险发生的可能性以及其潜在损失所采用的各种措施。包括风险回避和损失控制两种。

1)风险回避

通过回避风险因素,回避可能产生的潜在损失或不确定性。这是风险处理的一种常用方法。风险回避对策具有以下特点:

①回避也许是不可能的。风险定义越广,回避就越不可能。

②回避失去了从中获益的可能性。

③回避一种风险,有可能产生新的风险。

风险回避对策经常作为一种规定出现,如禁止使用对人体有害的建筑材料等。因此,风险管理者为了实施风险回避对策,在确定产生风险的所有活动后,有可能制定一些禁止性的规章制度。

2)损失控制

损失控制方法是减少损失发生的机会,或通过降低所发生损失的严重性来处理风险。

同样,损失控制是以处理风险本身为对象而不是设立某种基金来对付。根据不同的目的,损失控制可分为:

①损失预防手段,如安全计划等;

②损失减少手段,包括损失最小化方案(如灾难计划等)、损失挽救方案(如应急计划等)。

损失预防手段是减少或消除损失发生的可能,损失减少手段是试图降低损失的潜在严重性。损失控制方案可以将损失预防手段和损失减少手段组合起来应用。

损失的发生是由多种风险因素在一定条件下相互作用而导致的。在众多风险因素中,技术风险、人员风险、设备风险、材料风险和环境风险是引起损失发生的五个基本因素。预防损失的发生和降低损失的严重性,就是对这五个因素进行全面控制,而且以人为因素最为重要。

因此,损失控制的第一步,是对项目的有关内容进行审查,包括总体规划、设计和施工计划、相关的工程技术规格和工程现场内外的布置,以及项目的特点等,以识别潜在的损失发生点,并提出预防或减少损失的措施,从而制订一系列指导性计划,来指导人们如何避免损失的发生、损失后如何控制损失程度并及时恢复施工或继续运营。

损失控制的内容包括:

①制订一个完善的安全计划;

②评估及监控有关系统及安全装置;

③重复检查工程建设计划;

④制订灾难计划;

⑤制订应急计划等。

安全计划、灾难计划、应急计划是风险控制计划中的关键组成部分。安全计划的目的在于有针对性地预防损失的发生;灾难计划则为人们提供处理各种紧急事故的程序;而应急计划的目的是在事故发生后,以最小的代价使施工或运营恢复正常。

(2)风险自留

风险自留是一种重要的财务性管理技术,业主将承担项目风险所致的损失。与风险控制技术不同,风险自留对策并未改变项目风险的性质,即其发生的频率和损失的严重性不变。风险自留对策分为非计划性风险自留与计划性风险自留。

①非计划性风险自留。当风险管理人员没有意识到项目风险的存在,或者没有处理项目风险的准备,风险自留就是非计划和被动的。事实上,对于一个大型复杂的工程项目,风险管理人员不可能识别所有的项目风险。从这个意义上来说,非计划风险自留是一种常用的风险处理措施。但风险管理人员应尽量减少风险识别和风险分析过程中的失误,并及时实施决策,从而避免被迫承担重大项目风险。

②计划性风险自留,是指风险管理人员经过合理的分析和评价,并有意识地不断转移有关的潜在损失。

风险自留对策应与风险控制对策结合使用,实行风险自留对策时,应尽可能地保证重大项目风险已经进行工程保险或实施风险控制计划。因此,风险自留对策的选择主要考虑它与工程保险对策的比较,比较内容包括费用、期望损失和风险以及服务质量等。

（3）风险转移

风险转移是工程项目风险管理中一类重要而且广泛采用的一项对策,主要分为合同转移和工程保险两种形式。这两种风险转移措施都会减少业主承担的项目风险量,但前者以合同价的增加为代价,后者以保费的支出为代价。由于工程保险相对简单,这里重点介绍合同转移。

合同转移措施是指业主通过与设计方、承包商等分别签订合同,明确规定双方的风险责任,从而实现以下目的:①将活动本身转移给对方;②减少业主对对方损失的责任;③减少业主对第三方损失的责任。

合同转移应是一种控制性措施,而非简单地让其他方代业主承担项目风险。因此,合同转移实际上是业主与合同方共同承担项目风险的一种方式,业主也由此必须考虑他所必须承担的合同风险。

项目实施阶段的项目合同绝大多数为经济合同。在一般的法律意义的基础上,合同的签订主要考虑责任、支付方式和风险。

1)责任

业主可以通过责任的明确划分,合理地转移责任,从而确定谁应对项目风险的发生而造成的损失负责,应主要考虑以下因素:

①哪些责任转移给其他方,哪些责任自留;

②如何定义工作范围,以免出现交叉责任,未定义、未指定或模糊的工作;

③如何制定评价其他方履行责任的指标。

合同必须明确工作范围及责任,以及工程技术要求或项目的特殊要求等。实践证明,许多合同纠纷都是由于工作范围及项目相关责任的定义不准确而致,以致引起过多的索赔和紧张的合作关系,最终导致项目实施的延误和成本的增加。

2)风险

在合同签订过程中,项目风险是业主和承包商都非常关注的因素。对于项目风险管理人员来说,合同是转移风险的一种有效手段;但同时承包商也毫无疑问地会利用合同条款加强对自身的保护。

在项目实施过程中,根据合同协议,项目风险可能由业主、承包商中的一方承担,或者双方共同承担。一般业主不可能转移而必须自身承担的风险有:

①政治法律风险;

②自然环境风险;

③其他原因导致的风险,比如由于核废物、放射性毒气爆炸或其他危险性事故引起的风险。

4.4.2.4　风险管理规划

风险管理规划就是对项目风险管理进行规划和设计,包括定义项目组织及成员风险管理的行动方案及方式,选择合适的风险管理方法,为风险管理活动提供充足的资源和时间,并确立风险评估的基础等。

风险管理规划过程应在项目规划过程的早期完成,它对于能否成功进行风险管理、完成项目目标至关重要。实现缜密地对风险管理进行规划,可以提高四个风险过程的成功概率,它可以确保风险管理的程度、类型和可见度与风险以及项目对组织的重要性相匹配。规划风险管理的重要性还在于为风险管理活动安排足够的资源和时间,并为评估风险奠定一个共同认可的基础。风险管理规划决定如何规划和实施项目风险管理活动,主要内容应包括:

(1)方法。确定风险管理使用的方法、工具和数据资源,这些内容可随项目阶段及风险评估情况作适当的调整。

(2)角色与职责。明确风险管理中领导者、支持者及参与者的角色定位、任务分工即各自的责任。

(3)预算。分配资源,并估算风险管理需要费用,将之纳入项目费用基准。

(4)时间周期。界定项目生命周期中风险管理过程的各运行阶段、过程评价、控制和变更的周期或频率。

(5)类型级别及说明。定义并说明风险评估和风险量化的类型界别。

(6)基准,明确定义由谁以何种方式采取风险应对行动。合理的定义可作为基准衡量项目团队实施风险应对计划的有效性并避免项目业主方与项目承担方对该内容的理解产生分歧。

(7)修改的利益相关者承受度。可在风险管理规则过程中对利益相关者的承受度进行修订.以适用于具体项目。

(8)汇报形式。规定风险管理过程中应汇报或沟通的内容、范围、渠道及方式。汇报与沟通应包括项目团队内部之间的、项目外部与投资方之间的以及其他项目利益相关者之间的汇报与沟通。

(9)跟踪。规定如何以文档的方式记录项目过程中的风险及风险管理的过程,风险管理文档可有效对于当前项目的管理、项目的检查、经验教训的总结及日后项目的指导。

风险管理规划一般通过规划会议的形式制定,与会者可包括项目经理、项目团队成员和利益相关者、实施组织中负责管理风险规划和实施的人员,以及其他应参与的人员。在会议期间,将制定风险管理活动的基本计划;确定风险费用因素和需要安排的活动,并分别将其纳入项目预算和进度计划中;同时对风险职责进行分配、并建立具体项目对组织中通用的风险类别和词汇定义等模板文件。

4.4.2.5 风险监控

项目风险监控就是通过对风险识别、分析、应对全过程的监视和控制,从而保证风险管理能达到预期的目标,它是项目实施过程中的一项重要工作。监控风险实际上是监视项目的进展和项目环境,即项目情况的变化,其目的是核对风险管理策略和措施的实际效果是否与预见的相同寻找机会改善和细化风险规避计划,获取反馈信息,以便将来的决策更符合实际。

在风险监控过程中,及时发现那些新出现的以及预先制定的策略或措施不见效或随着时间的推延而发生变化的风险,然后及时反馈,并根据对项目的影响程度,重新进行风险识别、分析和应对,同时还应对每一风险事件制定成败标准和判据。

项目风险监控的过程及主要内容如下:

(1)项目风险监控的主要过程

①实施风险管理计划即应对计划；

②对实施效果进行评估；

③如必要，对风险计划进行改进；

④跟踪易识别风险，确定风向影响保持在项目容许范围之内；

⑤识别是否有新的风险产生；

⑥对新识别的风险和残余风险进行评估并制定相应的应对策略；

⑦对风险监控情况进行报告并记录。

(2)项目风险监控的主要内容

①纠正措施。纠正措施就是实施已计划了的风险应对措施（包括实施应急计划和附加应对计划）；

②效果评价。它是指评价项目风险实际结果和风险应对策略的实际效果、并记录在项目风险登记册中。这些记录可为组织的风险规划和未来项目的风险规划提供依据；

③随机应变措施。随机应变措施就是消除风险事件时所采取的未事先计划到的应对措施。这些措施应有效地进行记录，并融入项目的风险应对计划中；

④修改风险应对计划及项目管理计划。当预期的风险发生或未发生时，当风险控制的实施消减或未消减风险的影响或概率时，必须重新对风险进行评估，对风险事件的概率和价值以及风险管理计划的其他方面做出修改，以保证重要风险得到恰当控制。实施应急计划也需对项目管理计划进行相应的更新。

(2)项目风险监控的方法

进行项目风险监控时常用的方法如下所述：

①审核检查法，是一种传统的控制方法，该方法可用于项目的全过程，从项目建议书、项目产品或服务的技术规格要求、项目的招标文件、设计文件、实施计划、必要的试验等都需要审核。审核时要查出错误、疏漏、不准确、前后矛盾、不致之处。审核还会发现以前其他人未注意的或未考虑到的问题。审核应在项目进展到一定阶段时，以会议形式进行。

检查是在项目实施过程中进行，而不是在项目告一段落后时进行。检查是为了把各方面的反馈意见及时通知有关人员，一般以完成的工作成果为研究对象，包括项目的设计文件、实施计划、实验计划、正在施工的工程、运到现场的材料、设备等。检查不像审核那样正规，一般在项目的设计和实施阶段进行。

②监视单法。监视单是项目实施过程中需要管理工作者给予特别关注的关键区域的清单。这是一种简单明了又很容易编制的文件，内容可浅可深，浅则可只列出已辨识出的风险，深可列出诸如下述内容风险顺序、风险在监视单中已停留的时间、风险处理活动、各项风险处理活动的计划完成日期和实际完成日期、对任何差别的解释等。

③项目风险报告法。项目风险报告是用来向决策者和项目组织成员传达风险信息、通报风险状况和风险处理活动的效果的。风险报告的形式有多种，时间仓促可作非正式口头报告，里程碑检查则需提出正式摘要报告，报告内容的详细程度按接受报告人的需要确定。

④偏差趋势分析法。很多控制过程都会借助偏差分析来比较计划结果与实际结果。为了监控风险时间,将实际上已完成项目工作的绩效信息和项目执行的趋势与计划的项目进行比较,确定项目在费用支出和时间进度方面是否符合原定计划的要求。可借助于净值分析以及项目偏差与趋势分析的其他方法,对项目总体绩效进行监控。这些分析的结果可以揭示项目在完成时可能偏离成本和进度目标的程度。与基准计划的偏差,可能表明威胁或机会的潜在影响。

4.4.2.6　工程保险

一些项目管理者认为自身不能承受的风险,应采取风险转移的方式进行处理。工程保险是建设工程领域风险转移的最重要方式之一。

工程保险是指以各种工程项目为主要承保对象的一种财产保险。建筑工程保险是以承保土木建筑为主体的工程在整个建设期间,由于保险责任范围内的风险造成保险工程项目的物质损失和列明费用损失的保险。

工程保险作为一个相对独立的险种起源于21世纪初,工程保险的历史相对于财产保险中的火灾保险来讲要短得多,可以说是财产保险家族中的新成员。但是由于工程保险针对的是具有规模宏大、技术复杂、造价昂贵和风险期限较长特点的现代工程,其风险从根本上有别于普通财产保险标的的风险。所以,工程保险是在传统财产保险的基础上有针对性地设计风险保障方案,并逐步发展形成自己独立的体系。

工程保险的主要种类如下:

(1)建筑工程一切险

建筑工程一切险是对工程项目提供全面保险的险种。它既对施工期间的工程本身,施工机械,建筑设备所遭受的损失予以保险,也对因施工给第三者造成的人身、财产伤害需承担赔偿责任(第三者责任险是建筑工程一切险的附加险)。

建筑工程保险的被保险人大致包括以下几个方面:

①工程所有人,即建筑工程的最后所有者;

②工程承包人,即负责建筑工程项目施工的单位,包括总包和分包;

③技术顾问,即由工程所有人聘请的建筑师、设计师、工程师和其他专业技术人员等。

当存在多个被保险人时,一般由一方出面投保,并负资支付保险费,申报保险期间的风险变化情况、提出原始索赔等。当被保险人不止一家时,各家接受赔偿的权利以不超过对保险标的可谋利益为限

建筑工程一切险的保险标的范围广泛,在保险单明细表中列出的保险项目通常包括如下几个部分:物质损失部分、第三者责任、特种风险赔偿。

建筑工程一切险的保险责任可以分为物质部分的保险责任和第三者责任两大部分。其中,物质部分的保险责任主要有保险单上列明的各种自然灾害和意外事故,如洪水、风暴、水灾、暴雨、地陷、冰雹、雷电、火灾、爆炸等多项,同时还承保盗窃、工人或技术人员过失等人为风险,并可以在基本保险责任项下附加特别保险条款,以利被保险人全面转嫁自己的风险。不过,对于错误设计引起的损失、费用或责任,换置、修理或矫正标的本身原材料缺陷或工艺不善所支付的费用,引起的机械或电器装置的损坏或建筑用机器、设备损坏,以及停工引起的损失等,保险人不负责任。被保险人所有或使用的车辆、船舶、飞机、

摩托车等交通运输工具,亦需要另行投保相关运输工具保险。

与一般财产保险不同的是,建筑工程一切险采用的是工期保险单,即保险责任的起止通常以建筑工程的开工到竣工为期。保险人承担的赔偿责任则根据受损项目分项处理,并适用于各项目的保险金额或赔偿限额。如保险损失为第三者引起,适用于权益转让原则,保险人可依法行使代位追偿权。建筑工程一切险的保险费率视工程风险程度而定,一般为工程造价的 0.2%～0.45%。

(2)安装工程一切险

安装工程一切险,是指以各种大型机器、设备的安装工程项目为保险标的工程保险,保险人承保安装期间因自然灾害或意外事故造成的物质损失及有关法律赔偿责任。安装工程一切险的适用范围包括安装工程项目地所有人、承包人、分承包人、供货人、制造商等,即上述各方均可成为安装工程保险的投保人,但实际情形往往是一方投保,其他各方可以通过交叉责任条款获得相应的保险保障。

安装工程保险有如下特点。

①以安装项目为主要承保对象,也可包括附属建筑项目;

②安装工程的风险分布具有明显的阶段性

③承保风险主要是人为风险,并显具技术色彩。

安装工程保险的可保标的通常也包括物质损失、特种危险赔偿和第三者责任三个部分。其中,物质损失部分即分为安装项目、土木建筑工程项目、场地清理费、承包人的机器设备、所有人或承包人在安装工地上的其他财产等五项,各项标的均需明确保险金额;特种危险赔偿和第三者责任保险项目与建筑工程保险相似。安装工程一切险的费率也要根据工程性质、地区条件、风险大小等因素而确定,般为合同总价的 0.3%～0.5%。

(3)雇主责任险和人身意外伤害险

雇主责任险,是雇主为其雇员办理的保险,以保障雇员在受雇期间因工作而遭受意外,导致伤亡或患有职业病后,将获得医疗费用、伤亡赔偿、工伤假期工资、康复费用以及必要的诉讼费用等。

人身意外伤害险与雇主责任险的保险标的相同,但两者之间又有区别雇主责任险由雇主为雇员投保,保费由雇主承担人身意外伤害险的投保人可以是雇主,也可以是雇员本人。雇主责任险和人身意外伤害险构成的伤害保险,通常为强制性保险。

(4)职(执)业责任险

在国外,建筑师、结构工程师、咨询工程师等专业人士均要购买职(执)业责任险(亦称专业责任保险、职业赔偿保险或业务过失责任保险),对因他们的失误或疏忽而给业主或承包商造成的损失,将由保险公司负责赔偿,如美国,凡需要承担职(执)业责任的有关人员,如不参加保险,就不允许开业。在国内,以工程咨询服务为主要业务范围的企业,如工程项目管理企业,也已经开始进行职(执)业责任险的尝试,特别是在一些外资项目中,外商投资方一般要求国内的项目管理企业购买职(执)业责任险。

复习思考题

1. 什么是主动控制？什么是被动控制？二者各有什么特点？

2. 简述工程项目目标动态控制的工作步骤。

3. 简述 PDCA 循环原理的主要内容。

4. 在进行投资控制时，需要进行投资计划值和实际值的比较，请分别说明在设计阶段和施工阶段各进行哪些计划值和实际值的比较。

5. 简述项目目标动态控制的纠偏措施。

6. 简述风险的概念、内涵和特性。

7. 风险管理的程序是什么？

8. 工程项目包括哪些主要风险要素？风险控制有哪些方法？

5

工程项目费用控制

本 章 提 要

工程项目费用构成与控制的含义和目的、投资控制的性质以及项目前期和设计阶段投资控制的意义；投资计划、投资规划和投资目标的分析和论证；工程项目投资计划与实际值的比较；项目实施阶段投资控制的任务与措施；计算机辅助投资控制。

5.1 工程项目费用概述

工程项目费用从不同的角度来说有不同的含义。

从业主的角度来讲，即工程项目建设投资，是以货币形式表现的基本建设工程量，是反映建设项目投资规模的综合性指标，是工程项目价值的体现，一般是指进行某项工程建设花费的全部费用，即该工程项目有计划地固定资产再生产和形成相应的无形资产和铺底流动资金的一次性费用总和。

从承包商的角度来讲，即施工项目成本，是建筑施工企业为完成施工项目的建筑安装工程任务所消耗的各项生产费用的总和，包括施工过程中所消耗的生产资料转移价值和以工资补偿费形式分配给劳动者个人消费的那部分劳动消耗所创造的价值。

5.1.1 工程项目费用及其构成

5.1.1.1 工程项目建设投资的构成

工程项目费用，从工程项目投资的角度讲由固定资产投资（一般也称工程造价）和流动资金两部分构成。其中固定资产投资组成详见图 5.1，包括建筑安装工程费、设备及工器具购置费用、工程建设费用其他费用、预备费、建设期贷款利息和固定资产投资方向调节税。流动资金是指生产经营性项目投产后，用于购买原材料、燃料、支付工资及其他经营费用等所需的周转资金。

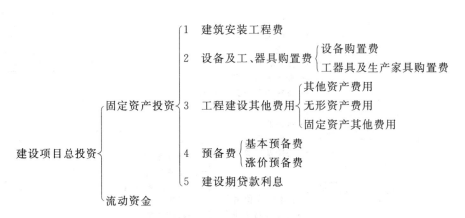

图 5.1　建设项目总投资组成

5.1.1.2　建筑安装工程费的组成

(1)按照费用构成要素分

根据建标〔2013〕44 号:住房和城乡建设部、财政部关于印发《建筑安装工程费用项目组成》的通知的规定,建筑安装工程费按照费用构成要素划分,由人工费、材料费(包含工程设备,下同)、施工机具使用费、企业管理费、利润、规费和税金组成。其中人工费、材料费、施工机具使用费、企业管理费和利润包含在分部分项工程费、措施项目费、其他项目费中(如图 5.2 所示)。

其中,建筑安装工程费各构成要素的含义及包括的内容如下。

①人工费:指按工资总额构成规定,支付给从事建筑安装工程施工的生产工人和附属生产单位工人的各项费用。具体内容见表 5.1。

表 5.1　人工费组成内容

人工费组成	内　　容
计时工资或计件工资	指按计时工资标准和工作时间或对已做工作按计件单价支付给个人的劳动报酬
奖金	指对超额劳动和增收节支支付给个人的劳动报酬,如节约奖、劳动竞赛奖等
津贴补贴	指为了补偿职工特殊或额外的劳动消耗和因其他特殊原因支付给个人的津贴,以及为了保证职工工资水平不受物价影响支付给个人的物价补贴,如流动施工津贴、特殊地区施工津贴、高温(寒)作业临时津贴、高空津贴等
加班加点工资	指按规定支付的在法定节假日工作的加班工资和在法定日工作时间外延时工作的加点工资
特殊情况下支付的工资	特殊情况下支付的工资是指根据国家法律、法规和政策规定,因病、工伤、产假、计划生育假、婚丧假、事假、探亲假、定期休假、停工学习、执行国家或社会义务等原因按计时工资标准或计时工资标准的一定比例支付的工资

②材料费:是指施工过程中耗费的原材料、辅助材料、构配件、零件、半成品或成品、工程设备的费用,具体内容见表 5.2。

③施工机具使用费:指施工作业所发生的施工机械、仪器仪表使用费或其租赁费,具体内容见表 5.3。

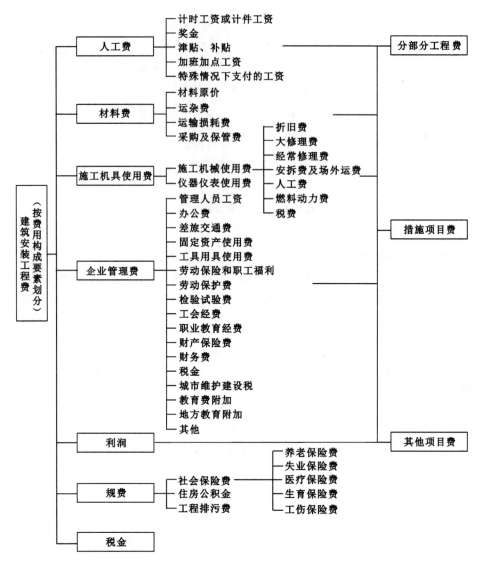

图 5.2 按费用构成要素划分的建筑安装工程费

表 5.2 材料费的组成内容

材料费组成	内　　　容
材料原价	指材料、工程设备的出厂价格或商家供应价格
运杂费	指材料、工程设备自来源地运至工地仓库或指定堆放地点所发生的全部费用
运输损耗费	指材料在运输装卸过程中不可避免的损耗
采购及保管费	指为组织采购、供应和保管材料、工程设备的过程中所需要的各项费用,包括采购费、仓储费、工地保管费、仓储损耗

表 5.3　施工机具使用费的组成内容

项 目		内 容
施工机械使用费	折旧费	指施工机械在规定的使用年限内,陆续收回其原值的费
	大修理费	指施工机械按规定的大修理间隔台班进行必要的大修理,以恢复其正常功能所需的费用
	经常修理费	指施工机械除大修理以外的各级保养和临时故障排除所需的费用。包括为保障机械正常运转所需替换设备与随机配备工具附具的摊销和维护费用,机械运转中日常保养所需润滑与擦拭的材料费用及机械停滞期间的维护和保养费用等
	安拆费及场外运费	指施工机械(大型机械除外)在现场进行安装与拆卸所需的人工、材料、机械和试运转费用以及机械辅助设施的折旧、搭设、拆除等费用;场外运费指施工机械整体或分体自停放地点运至施工现场或由一施工地点运至另一施工地点的运输、装卸、辅助材料及架线等费用
	人工费	指机上司机(司炉)和其他操作人员的人工
	燃料动力费	指施工机械在运转作业中所消耗的各种燃料及水、电等
	税费	指施工机械按照国家规定应缴纳的车船使用税、保险费及年检费等
仪器仪表使用费		指工程施工所需使用的仪器仪表的摊销及维修费用

④企业管理费:指建筑安装企业组织施工生产和经营管理所需的费用。具体内容见表 5.4。

表 5.4　企业管理费的组成内容

项 目	内 容
管理人员工资	指按规定支付给管理人员的计时工资、奖金、津贴补贴、加班加点工资及特殊情况下支付的工资等
办公费	指企业管理办公用的文具、纸张、账表、印刷、邮电、书报办公软件、现场监控、会议、水电、烧水和集体取暖降温(包括现场临时宿舍取暖降温)等费用
差旅交通费	指职工因公出差、调动工作的差旅费、住勤补助费,市内交通费和误餐补助费,职工探亲路费,劳动力招募费,职工退休、退职一次性路费,工伤人员就医路费,工地转移费以及管理部门使用的交通工具的油料、燃料等费用
固定资产使用费	指管理和试验部门及附属生产单位使用的属于固定资产的房屋、设备、仪器等的折旧、大修、维修或租赁费
工具用具使用费	指企业施工生产和管理使用的不属于固定资产的工具、器具、家具、交通工具和检验、试验、测绘、消防用具等的购置、维修和摊销费
劳动保险和职工福利	指由企业支付的职工退职金、按规定支付给离休干部的经费、集体福利费、夏季防暑降温、冬季取暖补贴、上下班交通补贴等
劳动保护费	指企业按规定发放的劳动保护用品的支出。如工作服、手套、防暑降温饮料以及在有碍身体健康的环境中施工的保健费用等

项　目	内　容
检验试验费	指施工企业按照有关标准规定,对建筑以及材料、构件和建筑安装物进行一般鉴定、检查所发生的费用,包括自设试验室进行试验所耗用的材料等费用。不包括新结构、新材料的试验费,对构件做破坏性试验及其他特殊要求检验试验的费用和建设单位委托检测机构进行检测的费用,对此类检测发生的费用,由建设单位在工程建设其他费用中列支。但对施工企业提供的具有合格证明的材料进行检测其结果不合格的,该检测费用由施工企业支付
工会经费	指企业按《工会法》规定的全部职工工资总额比例计提的工会经费
职工教育经费	指按职工工资总额的规定比例计提,企业为职工进行专业技术和职业技能培训,专业技术人员继续教育、职工职业技能鉴定、职业资格认定以及根据需要对职工进行各类文化教育所发生的费用
财产保险费	指施工管理用财产、车辆等的保险费用
财务费	指企业为施工生产筹集资金或提供预付款担保、履约担保、职工工资支付担保等所发生的各种费用
税金	指企业按规定缴纳的房产税、车船使用税、土地使用税、印花税等
城市维护建设税	是指为了加强城市的维护建设,扩大和稳定城市维护建设资金的来源,规定凡缴纳消费税、增值税、营业税的单位和个人,都应当依照规定缴纳城市维护建设税。城市维护建设税税率如下:(1)纳税人所在地在市区的,税率为7%;(2)纳税人所在地在县城、镇的,税率为5%;(3)纳税人所在地不在市区、县城或镇的,税率为1%
教育费附加	是对缴纳增值税、消费税、营业税的单位和个人征收的一种附加费。其作用是为了发展地方性教育事业,扩大地方教育经费的资金来源。以纳税人实际缴纳的增值税、消费税、营业税的税额为计费依据,教育费附加的征收率为3%
地方教育费附加	按照《关于统一地方教育附加政策有关问题的通知》(财综[2010]98号)要求,各地统一征收地方教育附加,地方教育附加征收标准为单位和个人实际缴纳的增值税、营业税和消费税税额的2%
其他	包括技术转让费、技术开发费、投标费、业务招待费、绿化费、广告费、公证费、法律顾问费、审计费、咨询费、保险费等

⑤利润:指施工企业完成所承包工程获得的盈利。

⑥规费:指按国家法律、法规规定,由省级政府和省级有关权力部门规定必须缴纳或计取的费用。

⑦税金:建筑安装工程费用的税金是指国家税法规定应计入建筑安装工程造价内的增值税销项税额。增值税是以商品(含应税劳务)在流转过程中产生的增值额作为计税依据而征收的一种流转税。从计税原理上说,增值税是对商品生产、流通、劳务服务中多个环节的新增价值或商品的附加值征收的一种流转税。根据财政部、国家税务总局《关于全面推开营业税改征增值税试点的通知》(财税[2016]36号)要求,建筑业自2016年5月1日起纳入营业税改征增值税试点范围(简称营改增)。建筑业营改增后,工程造价按"价税分离"计价规则计算,具体要素价格适用增值税税率执行财税部门的相关规定。税前工程造价为人工费、材料费、施工机具使用费、企业管理费、利润和规费之和。

(2)按照工程造价形式分

根据建标[2013]44 号:住房和城乡建设部、财政部关于印发《建筑安装工程费用项目组成》的通知的规定,建筑安装工程费按照工程造价形成由分部分项工程费、措施项目费、其他项目费、规费、税金组成,分部分项工程费、措施项目费、其他项目费包含人工费、材料费、施工机具使用费、企业管理费和利润(如图 5.3 所示)。

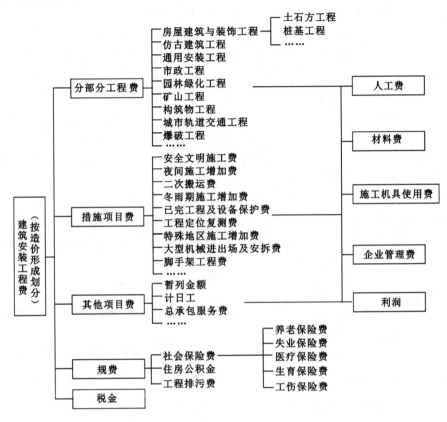

图 5.3　按造价形式划分的建筑安装工程费

①分部分项工程费:指各专业工程的分部分项工程应予列支的各项费用。

专业工程:是指按现行国家计量规范划分的房屋建筑与装饰工程、仿古建筑工程、通用安装工程、市政工程、园林绿化工程、矿山工程、构筑物工程、城市轨道交通工程、爆破工程等各类工程。

分部分项工程:是指按现行国家计量规范对各专业工程划分的项目,如房屋建筑与装饰工程划分的土石方工程、地基处理与桩基工程、砌筑工程、钢筋及钢筋混凝土工程等。

各类专业工程的分部分项工程划分见现行国家或行业计量规范。

②措施项目费:是指为完成建设工程施工,发生于该工程施工前和施工过程中的技术、生活、安全、环境保护等方面的费用。具体内容见表5.5。

表 5.5 措施项目费的组成内容

项目		内容
安全文明施工费	环境保护费	指施工现场为达到环保部门要求所需要的各项费用
	文明施工费	指施工现场文明施工所需要的各项费用
	安全施工费	指施工现场安全施工所需要的各项费用
	临时设施费	指施工企业为进行建设工程施工所必须搭设的生活和生产用的临时建筑物、构筑物和其他临时设施费用。包括临时设施的搭设、维修、拆除、清理费或摊销费等
夜间施工增加费		指因夜间施工所发生的夜班补助费、夜间施工降效、夜间施工照明设备摊销及照明用电等费用
二次搬运费		指因施工场地条件限制而发生的材料、构配件、半成品等一次运输不能到达堆放地点，必须进行二次或多次搬运所发生的费用
冬雨期施工增加费		指在冬期或雨期施工需增加的临时设施、防滑、排除雨雪，人工及施工机械效率降低等费用
已完工程及设备保护费		指竣工验收前，对已完工程及设备采取的必要保护措施所发生的费用
工程定位复测费		指工程施工过程中进行全部施工测量放线和复测工作的费用
特殊地区施工增加费		指工程在沙漠或其边缘地区、高海拔、高寒、原始森林等特殊地区施工增加的费用
大型机械设备进出场及安拆费		指机械整体或分体自停放场地运金施工现场或由一个施工地点运至另一个施工地点，所发生的机械进出场运输及转移费用及机械在施工现场进行安装、拆卸所需的人工费、材料费、机械费、试运转费和安装所需的辅助设施的费用
脚手架工程费		指施工需要的各种脚手架搭、拆、运输费用以及脚手架购置费的摊销（或租赁）费用

措施项目及其包含的内容详见各类专业工程的现行国家或行业计量规范。

③其他项目费

暂列金额：指建设单位在工程量清单中暂定并包括在工程合同价款中的一笔款项。用于施工合同签订时尚未确定或者不可预见的所需材料、工程设备、服务的采购，施工中可能发生的工程变更、合同约定调整因素出现时的工程价款调整以及发生的索赔、现场签证确认等的费用。

计日工：指在施工过程中，施工企业完成建设单位提出的施工图纸以外的零星项目或工作所需的费用。

总承包服务费：指总承包人为配合、协调建设单位进行的专业工程发包，对建设单位自行采购的材料、工程设备等进行保管以及施工现场管理、竣工资料汇总整理等服务所需的费用。

5.1.2 工程项目费用管理

5.1.2.1 建设单位的工程项目费用管理——工程项目投资管理

从建设单位或业主的角度看，工程项目费用管理贯穿于工程建设全过程，即在项目投资决策阶段、设计阶段、招标发包阶段、施工阶段及竣工验收阶段,通过综合运用技术、经济、合同、法律等方法和手段,对工程项目费用进行合理地确定和有效地控制,使得人力、物力、财力能够得到有效的使用,并取得良好的经济效益和社会效益。针对各个阶段特定的费用管理任务,需要分阶段编制费用估算,以适应项目各阶段费用管理的要求。本书章后几节将主要从投资管理的角度展开。

5.1.2.2 施工单位的工程项目费用管理——施工项目成本管理

从施工单位角度看,土木工程项目费用管理即建设工程项目施工成本管理,从工程投标报价开始,直至项目竣工结算完成为止,贯穿于项目实施的全过程。工程项目成本管理是指施工企业以实现项目目标为目的,以项目经理部为中心,在项目施工过程中,对所发生的成本支出,有组织、有系统的进行预测、计划、控制、核算、考核、分析等一系列工作的总称。工程项目成本管理是以正确反映工程项目施工生产的经济效果,不断降低工程项目成本为宗旨的一项综合性管理工作。

根据成本运行规律,成本管理责任体系包括组织管理层(反应组织对施工成本目标即责任成本目标的要求)和项目经理部(对施工成本目标具体化的管理)。组织管理层的成本管理除生产成本以外,还包括经营管理费用,贯穿于项目投标、实施和结算过程,体现效益中心的管理职能。项目管理层对生产成本进行管理,主要着眼于执行组织确定的施工成本管理目标,发挥现场生产成本控制中心的管理职能。

5.2 投资控制概述

投资控制是项目管理的一项重要任务,是项目管理的核心工作之一。建设工程项目投资控制的目标是使项目的实际总投资不超过项目的计划总投资。建设工程项目投资控制贯穿于建设工程项目管理的全过程,即从项目立项决策直至工程竣工验收。在项目进展的全过程中,都要以动态控制原理为指导,进行计划值和实际值的比较,发现偏离,及时采取纠偏措施。

5.2.1 投资控制的含义和目的

建设项目投资控制是指以建设项目为对象,在投资计划范围内为实现项目投资目标而对工程建设活动中的投资所进行的规划、控制和管理。投资控制的目的,就是在建设项目实施的各个阶段,通过投资计划与动态控制,将实际发生的投资额控制在投资的计划值以内,以使建设项目的投资目标尽可能地实现。

投资控制并不是说要使建设项目的投资越小越好,而是指在满足建设项目的功能要求和使用要求的前提下,通过控制的措施,在计划投资范围内,使建设项目投资得到控制。投资控制的目标是充分利用有限的资源,使工程项目的建设获得最佳效益和增值。

建设项目投资控制主要由两个并行、各有侧重又相互联系和相互重叠的工作过程所构成,即建设项目投资的计划过程与建设项目投资的控制过程。在建设项目的建设前期,以投资计划为主;在建设项目实施的中后期,投资控制占主导地位。

（1）投资计划

投资计划，主要就是指确定或计算建设项目的投资费用，以及制订建设项目实施期间投资控制工作方案的工程管理活动，主要包括进行投资目标论证分析、投资目标分解、制定投资控制工作流程、投资目标风险分析、制定投资控制工作制度及有关报表数据的采集、审核与处理等一系列控制工作和措施。

依据建设程序，建设项目投资费用的确定与工程建设阶段性的工作深度相适应（图5.4）。在建设项目管理的不同阶段，投资计划工作及主要内容也不相同。

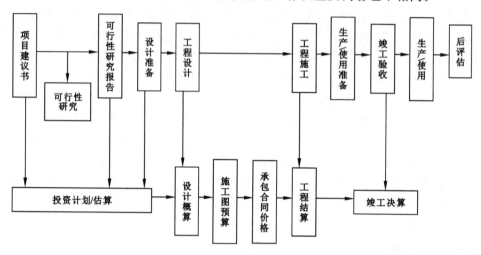

图 5.4　建设程序和各阶段投资费用的确定

①在设计准备阶段，通过对投资目标的风险分析、项目功能与使用要求的分析和确定，编制建设项目的投资计划，用以指导设计阶段的设计工作以及相应的投资控制工作。

②在工程设计阶段，以投资计划控制方案设计阶段和初步设计阶段的设计工作，编制设计概算；以投资规划和设计概算控制施工图设计阶段的设计工作，编制施工图预算，确定工程承包合同价格等。

③在工程施工阶段，以投资规划、施工图预算和工程承包合同价格等控制工程施工阶段的工作，编制资金使用计划，以作为施工过程中进行工程结算和工程价款支付的计划目标。

（2）投资控制

对投资的控制，就是指在建设项目的设计准备阶段、设计阶段、施工阶段、动用前准备阶段和保修阶段，以规划的计划投资为目标，通过相应的控制措施将建设项目投资的实际发生值控制在计划值范围以内的工程管理活动。

对建设项目投资进行控制，是运用动态控制原理，在工程项目建设过程中的不同阶段，经常地、定期或不定期地将实际发生的投资数与相应的计划投资目标值进行比较，若发现建设项目实际投资值偏离目标值，则需采取纠偏措施，包括组织措施、经济措施、技术措施、合同措施和信息措施等，纠正投资偏差，保证建设项目投资总目标尽可能地实现。

①在设计准备阶段，根据拟建工程项目的功能要求和使用要求，做出项目定义，包括项目投资定义。并按建设项目规划的要求和内容，以及项目分析和研究的不断深入，逐步地将投资规划值和投资估算的误差率控制在允许的范围之内。

②在工程设计阶段,运用设计标准和标准设计、价值工程和限额设计方法等,以投资规划和批准的投资估算为计划投资的目标值控制初步设计。如果初步设计阶段的设计概算超出投资估算(包括允许的误差范围),则应对初步设计的设计结果进行修改和调整。通过对工程设计过程中形成的项目投资费用的层层控制,以实现建设项目设计阶段的投资控制目标。

进入施工图设计阶段,应以投资规划和批准的设计概算为控制目标,应用价值工程和限额设计等方法,控制施工图设计工作的进行。如果施工图设计阶段的施工图预算超过设计概算,则说明施工图设计的内容突破了初步设计所确定的设计原则,因而应对施工图设计的设计结果进行修改和调整。

在工程施工招标阶段,以工程设计文件(包括设计概算或施工图预算文件)为依据,结合工程施工的具体条件,如现场条件、市场价格和招标方的特殊要求等,编制招标文件,选择合适的合同计价方式,确定工程承包合同价格。

③在工程施工阶段,以施工图预算和工程承包合同价格等为控制目标,通过工程计量、工程变更控制和工程索赔管理等方法,按照承包方实际完成的工程量,严格确定施工阶段实际发生的工程费用。以工程承包合同价格为基础,考虑设计中难以预计的且在施工阶段实际发生的工程的费用,合理确定工程结算,控制实际工程费用的支出。

④在工程竣工验收阶段,全面汇集在工程项目建设过程中实际花费的全部费用,编制竣工决算,如实体现建设项目的实际投资、总结分析工程建设管理经验、积累技术经济数据和资料,以提高建设项目投资控制的水平。

⑤在工程保修阶段,根据工程承包合同,协助处理项目使用期间出现的各种质量问题,选择相关的处理方案和方式,合理确定工程保修费用。

5.2.2 投资控制的性质

投资控制是项目目标控制的重要组成部分。在项目生命周期全过程中,通过组织措施、技术措施、管理措施、经济措施等多种手段,实现项目投资目标的控制,其总原则是一次投资的节约和项目生命周期的经济性。对投资控制的工作性质要理解以下两点:

(1)投资控制绝不单纯是财务方面的工作,如表5.6所示。投资控制在工作性质、工作人员、工作时间范畴、工作方法等多方面都与财务核算有着本质区别。

表 5.6 投资控制与财务核算的区别

名　　称	投 资 控 制	财 务 核 算
工作性质	项目管理的一部分工作	财务领域
从事工作人员	投资控制工程师	财务人员
工作时间范畴	从项目决策阶段开始至与项目有关的全部合同终止	在项目实施过程中积累数据,在项目完成后作项目核算
工作方法论	动态控制原理	会计原理
需要的知识	技术、经济、合同	财务
工作目标	为总目标服务,实际总投资小于投资目标值	计算实际总投资,并作实际投资分析

由表 5.6 可以看出,投资控制从工作性质上讲,属于项目管理的工作范畴,其从事的工作人员是投资控制工程师;投资控制工作从项目决策阶段开始,一直到与项目有关的全部合同终止,采用的工作方法是动态控制原理,需要技术、经济、合同等多方面的知识;投资控制的目标是为总目标服务,使得实际总投资小于投资目标值。

（2）投资控制绝不单纯是经济方面的工作,而是一项综合性极强的工作,涉及技术、经济、管理、法律等方面的工作,因而对投资控制人员的知识结构有较高的要求,需要复合型的人才。投资控制人员的知识结构应包括以下四个方面:

①技术知识

对于建设工程而言,技术知识主要是指建筑、结构、暖通、强电弱电、给排水等工程技术知识,能看懂并审核有关的设计图纸,能正确分析技术方案的可行性和存在的问题。

②经济知识

主要包括项目财务和技术经济两方面的知识,能懂得对不同的技术方案进行技术经济分析和评价,能进行项目生命周期费用分析等。如果一个投资控制人员不能掌握所有这些经济知识,就需要由多个人员来共同完成这方面的任务。

③管理知识

能够明确投资控制的组织机构和人员,明确各级投资管理人员的任务和职能分工、权利和责任。能够合理地确定投资目标并对其进行分解,编制投资控制的工作计划,确定合理详尽的工作流程。

④法律知识

主要是经济合同法规和建设工程承发包合同方面的知识,合同是投资控制的重要依据之一,如果合同条款不严密,将会给投资控制工作带来很大的困难,有时造成的损失是无法挽回的。因此,投资控制人员要能够正确地拟订合同中有关投资控制的条款,或对有关条款进行审核,并能处理合同执行中的问题,如索赔与反索赔等。

5.2.3 项目前期和设计阶段投资控制的意义

5.2.3.1 项目前期和设计阶段对投资具有重大影响

项目前期和设计阶段对建设项目投资具有决定作用,其影响程度也符合经济学中的"二八定律"。"二八定律"也叫帕累托定律,是由意大利经济学家帕累托(1848－1923 年)提出来的。该定律认为,在任何一组事物中,最重要的只占其中一小部分,约为 20％;其余 80％尽管是多数,却是次要的。在人们的日常生活中尤其是经济领域中,到处呈现出"二八定律"现象。"二八定律"的重点不在于百分比是否精确,其重心在于"不平衡"上,正因为这些不平衡的客观存在,它才能产生强有力的和出乎人们想象的结果。

项目前期和设计阶段投资控制的重要作用,反映在建设项目前期工作和设计对投资费用的巨大影响上,这种影响也可以由两个"二八定理"来说明:建设项目规划和设计阶段已经决定了建设项目生命周期内 80％的费用;而设计阶段尤其是初步设计阶段已经决定了建设项目 80％的投资。

（1）建设项目规划和设计对投资的影响

建设项目 80％的全寿命周期费用在项目规划和设计阶段就已经被确定,而其他阶段只能影响项目总费用的 20%,产生这种情况的主要原因是每一个项目都是根据项目业主自身的特殊考虑进行建设的。在建设项目规划阶段,项目业主就会大致做出拟建项目的项目定义,决定建设项目投资需要的很多内容,比如会依据各种因素确定拟建项目的功能、规模、标准和生产能力等。对宾馆项目来说就是拟设多少客房,多少面积,建筑和设施标准的高低,娱乐、会议、商务、商店和餐饮等服务空间的设置、面积大小和标准等;对工业项目来说就是多少生产能力、技术水平的高低、何种工艺技术路线、多少规模、多少面积、建筑标准和辅助设施设置等;对机场项目来说就是需要多少跑道,多少候机楼及其面积,每年能够处理多少架飞机、多少旅客和多少货物等,这些都需要通过项目规划阶段的工作来确定。而这些对拟建项目的项目定义,就大致框定了建设项目的投资额度,给出了建设项目的投资定义。一旦项目规划通过论证之后准备实施,工程项目的建设内容和运营内容均得到确定,工程建设实施就必然按照认定的规划内容及其投资值来执行,这将直接影响建设项目的设计、施工和运营使用。

由于方案设计或初步设计阶段较为具体地明确了建设项目的建设内容、设计标准和设计的基本原则,以初步设计为基础的详细设计,即施工图设计只是根据初步设计确定的设计原则进行细部设计,是初步设计的深化和细化。而建设项目的采购和施工,通常只是严格按照施工图纸和设计说明来进行,图纸上如何画,施工就如何做;图纸上如何说,施工也就如何实施。因此,拟建项目的初步设计完成之后,建设项目投资费用的 80% 左右也就被确定下来了。

从表面上看,建设项目的投资费用主要是集中在施工阶段发生的,而事实也确实如此;但是,施工阶段发生的费用是被动的,施工阶段所需要投入费用的大小通常都是由设计决定的。在建设项目开始实施之初,实际需要支出的费用很少,主要是一些前期的准备费用、支付给设计单位的设计费用和项目前期可能发生的工程咨询费用等。当建设项目进入施工阶段后,则需要真正的物质投入,大量的人力、物力和财力的消耗会导致工程实际费用支出的迅速增长,如建筑安装工程费用、设备和材料的采购费用等工程费用主要是在施工阶段发生的。也正因为如此,在工程实践中往往容易造成或导致误解,认为投资控制主要就是进行施工阶段的控制,在设计阶段不花钱就不存在投资控制问题,只要控制住施工阶段的工程费用,整个建设项目的投资也就控制住了。而实际上,工程施工阶段发生的投资费用主要就是由设计所决定的。

(2)项目前期和设计阶段的外在因素对投资的影响

外界因素在建设项目全寿命周期内对投资影响程度的变化特点也决定了设计阶段管理和控制的重要性。建设项目的建设特别是重大基础设施建设周边地区的社会、经济、资源和自然环境等多种因素,对建设项目投资的影响力有着明显的阶段性变化,即如果能够经过对拟建项目科学的论证、规划和设计,外界因素的不确定性会随着时间的推移而逐渐减小,而在建设项目的前期,这类因素对建设项目投资的影响程度最集中,可以占到 80% 左右。

(3)前期工作和设计对使用和运营费用的影响

工程设计不仅影响工程项目建设的一次性投资,而且还影响拟建项目使用或运营阶段的经常性费用,如能源费用、清洁费用、保养费用和维修费用等。在工程项目建设完成投入使用或运营期间,项目的使用和运营费用将是持续平稳地发生。虽然使用和运营费用的变化趋势并不十分明显,但由于项目使用和运营期一般都延续很长时间,这就使得相应的总费用支出量会很大。在通常的情况和条件下,在这个变化过程中,前后各阶段的费用存在一定的关系,或许前期或设计阶段确定的项目投资费用的少量增加反而会使得项目运营和使用费用的大量减少;反之,设计阶段确定的项目投资费用略有减少,则有可能会导致项目运营和使用费用的大量增加。建设项目一次性投资与经常性费用有一定的反比关系,但通过项目前期和设计阶段的工作可以寻求两者尽可能好的结合点,使建设项目全寿命周期费用达到最低。

综上所述,建设项目及其投资费用在其全寿命周期内有其独特的发展规律,这些规律决定了项目前期和设计阶段在项目全寿命周期中的重要地位。从前面的分析以及从工程实践来看,在一般情况下,设计准备阶段节约投资的可能性最大,即其对建设项目经济性的影响程度能够达到 95%~100%;初步设计阶段为 75%~95%;技术设计阶段为35%~75%;施工图设计阶段为 25%~35%;而至于工程的施工阶段,影响力可能只有10%左右。在施工过程中,由于各种原因经常会发生设计变更,设计变更对项目的经济性也将产生一定的影响。

5.2.3.2　项目前期和设计阶段是投资控制的重点

从前面的分析可见,项目前期和设计阶段对建设项目投资有着重要的影响,其决定了建设项目投资费用的支出。因此,建设项目投资控制就存在控制的重点,这就是建设项目的前期和工程的设计阶段。投资控制的重点放在设计阶段,特别是方案设计和初步设计阶段,并不是说其他阶段不重要,而是相对而言,设计阶段对建设项目投资的影响程度远远大于如采购阶段和工程施工阶段等其他建设阶段。

在设计阶段,节约投资的可能性最大(图 5.5)。其中,在方案设计阶段,节约和调节投资的余地最大,这是因为方案设计是确定建设项目的初始内容、形式、规模、功能和标准等的阶段,此时对其某一部分或某一方面的调整或完善将直接引起投资数额的变化。正因为如此,就必须加强方案设计阶段的投资控制工作,通过设计方案竞赛、设计方案的优选和调整、价值工程和其他技术经济方法,选择确定既能满足建设项目的功能要求和使用要求,又可节约投资,经济合理的设计方案。

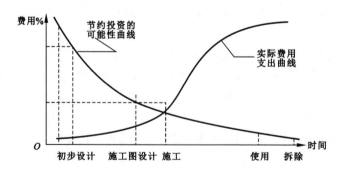

图 5.5　节约投资的可能性

在初步设计阶段,相对方案设计来说节约和调节投资的余地会略小些,这是由于初步设计必须在方案设计确定的方案框架范围内进行设计,对投资的调节也在这一框架范围内,因此,节约投资的可能性就会略低于方案设计。但是,初步设计阶段的工作对建设项目投资还是具有重大的影响,这就需要做好各专业工程设计和技术方案的分析和比选,比如房屋建筑的建筑和结构方案选择、建筑材料的选用、建筑方案中的平面布置、进深与开间的确定、立面形式的选择、层高与层数的确定、基础类型选用和结构形式的选择等,需要精心编制并审核设计概算,控制与初步设计结果相对应的建设项目投资。

进入施工图设计阶段以后,工程设计的工作是依据初步设计确定的设计原则对建设项目开展详细设计。在此阶段,节约和调节建设项目投资的余地相对就更小。在此阶段的投资控制,重点是检查施工图设计的工作是否严格按照初步设计来进行,否则,必须对施工图设计的结果进行调整和修改,以使施工图预算控制在设计概算的范围以内。

设计完成,工程进入施工阶段开始施工以后,从严格按图施工的角度,节约投资的可能性就非常小了。因此,进行建设项目的投资控制就必须抓住设计阶段这个重点,尤其是方案设计和初步设计,而且越往前期,节约投资的可能性就越大。

5.3　工程项目投资计划

5.3.1　投资计划的概念

工程项目的建设过程是一个周期长、投资大的复杂过程,投资计划并不是一成不变的,在不同的建设阶段随着工程项目建设的不断深入,投资计划也逐步具体和深化。因此,投资计划需按建设阶段分阶段设置,每一阶段的投资计划值也是相对而言的,如图5.6所示。

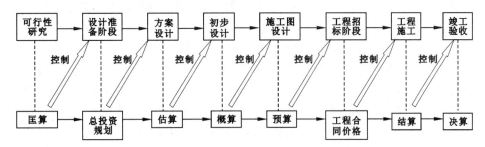

图5.6　建设项目分阶段设置的投资计划

从图中可以看出,对应于各个阶段的不同工作,其确定的投资计划是不相同的。在建设工程项目可行性研究阶段,通常只是对拟建的工程项目有一概括性的描述和了解,因而只能据此编制一个大致的比较粗略的投资计划,这就是投资匡算;在设计准备阶段,根据设计要求文件可以编制出总投资规划;进入设计阶段,随着方案设计、初步设计、施工图设计的完成,也依次确定出投资估算、设计概算、施工图预算等投资计划;在工程招标阶段选定承包单位,明确工程合同价格;工程施工结束,编制工程结算;建设工程项目竣工验收后,组织编制工程决算。

其中,设计概算是设计文件的重要组成部分,是在投资估算的控制下由设计单位根据初步设计(或扩大初步设计)图纸、概算定额(或概算指标)、费用定额、建设地区设备及材料预算价格等资料编制的建设项目从筹建到竣工交付使用所需全部费用的文件。设计概算一般可分为单位工程概算、单项工程综合概算和建设项目总概算三级。

施工图预算是由设计单位在施工图设计完成后，根据施工图设计图纸、现行预算定额、费用定额以及地区设备、材料、人工、施工机械台班等预算价格编制和确定的建筑安装工程造价的文件。施工图预算一般可分为单位工程预算、单项工程预算和建设项目总预算三级。

因此，建设项目投资计划的编制应是随着工程项目建设实践的不断深入而分阶段编制的。在各建设阶段形成的投资计划相互联系、相互补充又相互制约，前者控制后者，即前一阶段的投资计划控制的结果，就成为后一阶段的投资计划值，每一阶段投资计划控制的结果就成为更加准确的投资的规划文件，其共同构成建设项目投资计划系统。从投资匡算、投资估算、设计概算、施工图预算到工程承包合同价格，计划形成过程中各环节之间相互衔接，前者控制后者，后者补充前者。投资计划系统的形成过程是一个由粗到细、由浅到深和准确度由低到高的不断完善的过程。

5.3.2　投资规划

项目投资规划是在建设项目实施前期对项目投资费用的用途做出的计划和安排，依据建设项目的性质、特点和要求等，对可行性研究阶段所提出的投资目标进行论证和必要的调整，将建设项目投资总费用根据拟定的项目组织和项目组成内容或项目实施过程进行合理的分配，进行投资目标的分解。项目投资规划在工程项目的建设和投资控制中有重要作用。

一般情况下，进行投资规划先要根据工程项目建设意图、项目性质、建设标准、基本功能和要求等进行项目构思和描述分析，进行项目定义，确定项目的基本规划框架，从而确定建设项目每一组成部分投资的控制目标；或是在建设项目的主要内容基本确定的基础上，确定建设项目的投资费用和项目各个组成部分的投资费用控制目标。

项目投资规划随着建设项目的进展可以根据需要进行调整。建设项目实施过程中，随着建设的不断深入，对建设项目的了解会越来越深入，对项目应有的构成及内容、相应的功能和使用要求等也会越来越清晰。此外，项目建设的外界条件等或许也会有变化，从而导致项目投资的情况也要相应发生变化，投资规划应与这些可能的变化相适应。

(1)投资目标的分析和论证

在建设项目实施前期，通过投资规划对项目投资目标作进一步的分析和论证，可以确认投资目标的可行性。投资规划可以成为可行性研究报告的有效补充和项目建设方案的决策依据。在投资规划的基础上，通过进一步完善和优化建设方案，依据有关规定和指标合理确定投资目标，保证投资估算的质量。正确确定建设项目实施阶段的投资总量，对初步设计阶段的投资控制具有重要意义。

(2)投资目标的合理分解

通过投资规划，将投资目标进行合理的分解，给出和确定建设项目各个组成内容和各个专业工程的投资目标。投资目标准确与合理的分解，才能真正起到有效控制投资的作用。

(3)控制方案的制订实施

投资规划的目的之一是制订投资控制的实施方案、确定相关的控制工作流程、进行风险分析、制定控制的工作制度等,用以指导建设项目的实施。投资规划文件可以用于控制实施阶段的工作,尤其是控制和指导方案设计、初步设计和施工图设计等的设计工作。工程设计及其形成的投资费用文件是投资规划的进一步深化和细化,有了投资规划这一基本框架,能够使初步设计的设计概算和施工图设计的施工图预算不至偏离论证后的投资目标。

5.3.3 投资目标的分析和论证

投资目标的分析和论证主要包括如下几个方面:

(1)项目的总体构思和描述

要做好投资目标的分析和论证,首先要编制好项目的总体构思和描述报告。如同编制设计概算先要有初步设计的设计文件、编制施工图预算先要有施工图设计文件一样,项目的总体构思和描述是投资计划的基础。项目的总体构思和描述报告,主要依据项目设计任务书或可行性研究报告的相关内容和要求,结合对建设项目提出的具体功能、使用要求、相应的建设标准等进行编制。项目总体构思和描述是对可行性研究报告相关内容的细化、深化和具体化,是一项技术性较强的工作,涉及各个专业领域的协同配合。项目构思必须合理、科学和恰当,描述必须清楚,要把项目的基本构架和脉络较为清晰地呈现出来。项目的总体构思和描述报告,应当成为可行性研究报告的有机补充,并作为工程设计工作的指导性文件。

(2)项目投资目标的分解

投资计划的一个重要目的就是要将项目投资目标进行分解,确定项目各个组成部分的投资费用。在项目建设前期工作阶段,由于条件限制、不可预见因素多和技术条件不具体等原因,投资计划的技术条件伸缩性大,规划编制工作难度较高,需要认真收集、整理和积累各类建设项目的投资数据和资料,尤其是需要掌握大量过去已经建成的同类项目的相关历史数据和资料。由于可以采用的编制方法较多,应依据项目的性质、拥有的技术资料和数据的具体情况,根据投资规划的要求、精度和用途等的不同,有针对性地选用适宜的方法编制项目各个组成部分投资费用的规划文件,可以采用综合指标估算方法、比例投资估算方法、单位工程指标估算方法、模拟概算方法或其他编制方法。模拟概算方法借用概算编制的基本思路,与其他方法相比具有较高的准确性,但这一方法的前提是项目方案要达到一定的深度,项目总体构思和功能描述较为完整。

(3)计算和分配投资费用

应用模拟概算方法进行建筑工程投资费用的计算,主要采用分项工程量指标估算的方法,其是根据项目总体构思和描述报告,在列出项目分部工程的基础上,再划分出各个分项工程,再根据项目的建筑面积,套用类似工程量指标,计算出各个分项工程的工程量,以便能够借鉴套用概算指标或概算定额。

采用分项工程量指标的方法进行投资费用计算,由于是将整个建设项目分解到分项工程量的深度,故可适用于不同时间和不同地区的概算指标或定额,是较为准确的投资费用估算方法。采用这一方法时,如何套用分项工程的工程量估算指标,是需要解决的一个关键问题。在没有完整的和系统性较强的分项工程量估算指标的情况下,需要依靠平时基础资料的积累,利用地区性的工程量技术经济指标作为参考。

(4)投资费用的分析和论证

根据所得到的项目各组成部分的投资费用,计算并做出建设项目总体投资费用的汇总,对项目各组成部分的投资费用、汇总的总体投资费用进行分析,进而结合建设项目的功能要求、使用要求和确定的建设标准等,对拟定的投资费用进行分析和论证。

(5)投资方案的调整

根据投资费用分析和论证的结果,对项目总体构思方案和项目功能要求等作合理的修正或对项目投资目标作适当的调整。

5.4 工程项目投资计划与实际值比较

如上所述,在项目实施的各阶段,要不断地进行投资比较,包括可行性研究阶段的匡算、方案设计的估算、初步设计的概算、施工图设计的预算、招标阶段的合同价、施工阶段的实际投资(包括工程结算和工程决算)。投资比较是指投资计划值与实际值的比较,投资的计划值与实际值是两个相对的概念,投资计划亦是相对的,某一投资计划值相对前一阶段而言是实际值;相对后一阶段来说又是计划值。从与投资有关的各种投资计划形成的时间来看,在前者为计划值,在后者为实际值。例如,概算相对于估算是实际值,概算相对于预算则是计划值,概算和预算相对于标底则都是计划值,如图 5.7、图 5.8 所示。

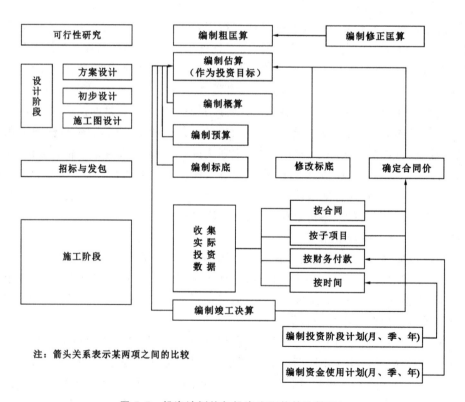

图 5.7 投资计划值与投资实际值的比较(1)

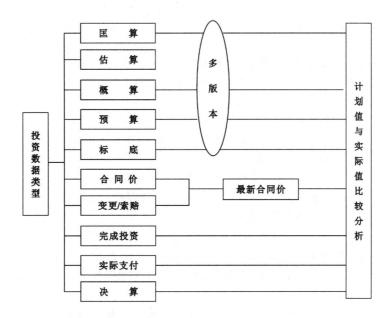

图 5.8 投资计划值与投资实际值的比较(2)

从图中可以发现,在设计阶段,投资计划值和实际值的比较主要包括:

①初步设计概算和投资估算的比较;

②施工图预算和初步设计概算的比较。

在施工阶段,投资计划值和实际值的比较主要包括:

①施工合同价和初步设计概算的比较;

②招标标底和初步设计概算的比较;

③施工合同价和招标标底的比较;

④工程结算价和施工合同价的比较;

⑤工程结算价和资金使用计划(月/季/年或资金切块)的比较;

⑥资金使用计划(月/季/年或资金切块)和初步设计概算的比较;

⑦工程竣工决算价和初步设计概算的比较。

5.5 项目实施阶段投资控制的任务与措施

5.5.1 设计阶段投资控制的主要任务与措施

5.5.1.1 设计阶段投资控制的主要任务

设计阶段投资控制的主要任务按照设计阶段划分,如表 5.7 所示。

设计阶段的投资控制是建设全过程投资控制的重点。一般来说,设计阶段投资控制主要有以下四种方法:

表 5.7 设计过程各阶段投资控制任务

设计阶段	设计阶段投资控制任务
设计方案优化阶段	(1)编制设计方案优化要求文件中有关投资控制的内容; (2)对设计单位方案优化提出投资评价建议; (3)根据优化设计方案编制项目总投资修正估算; (4)编制设计方案优化阶段资金使用计划并控制其执行; (5)比较修正投资估算与投资估算,编制各种投资控制报表和报告
初步设计阶段	(1)编制、审核初步设计要求文件中有关投资控制的内容; (2)审核项目设计总概算,并控制在总投资计划范围内; (3)采用价值工程方法,挖掘节约投资的可能性; (4)编制本阶段资金使用计划并控制其执行; (5)比较设计概算与修正投资估算,编制各种投资控制报表和报告
施工图设计阶段	(1)根据批准的总投资概算,修正总投资规划,提出施工图设计的投资控制目标; (2)编制施工图设计阶段资金使用计划并控制其执行,必要时对上述计划提出调整建议; (3)跟踪审核施工图设计成果,对设计从施工、材料、设备等多方面作必要的市场调查和技术经济论证,并提出咨询报告,如发现设计可能会突破投资目标,则协助设计人员提出解决办法; (4)审核施工图预算,如有必要调整总投资计划,采用价值工程的方法,在充分考虑满足项目功能的条件下进一步挖掘节约投资的可能性; (5)比较施工图预算与投资概算,提交各种投资控制报表和报告; (6)比较各种特殊专业设计的概算和预算,提交投资控制报表和报告; (7)控制设计变更,注意审核设计变更的结构安全性、经济性等; (8)编制施工图设计阶段投资控制总结报告; (9)审核、分析各投标单位的投标报价; (10)审核和处理设计过程中出现的索赔和与资金有关的事宜; (11)审核招标文件和合同文件中有关投资控制的条款

(1)工程设计招标和方案优选

设计招标有利于设计方案的选择和竞争。设计单位为使项目中标,努力完善设计方案,使设计方案在符合项目使用者功能要求、规模和标准的前提下,节约项目生命周期的投资费用。另外,也可以把中选方案作为设计方案的基础,并把其他方案的优点加以吸收和综合,使设计更趋于完善。

(2)限额设计

在工程项目建设过程中采用投资限额设计,是我国工程建设领域控制投资支出、有效使用建设资金、保证投资一直处于监控中的有力措施。设计单位内部各专业在保证达到使用功能的前提下,按分配的投资限额控制设计,严格控制阶段设计的不合理变更,保证总投资限额不被突破。

限额设计的根本理念是在项目设计全过程中,采用主动控制、事前控制的思想和方法来控制项目投资目标。限额设计从可行性研究报告开始，涉及方案设计、初步设计、施工图设计等阶段，通过投资目标的分解与设计工作的结合，使设计人员在各个设计过程中确立经济的概念，加强造价管理，对相关的投资额度做到心中有数，以保证设计投资控制在总概算以内，不致突破投资限额。

限额设计的内涵不仅贯穿于工程设计的全过程，在建设项目的实施过程中，设计单位在加强现场服务的同时，也应严格控制设计变更，对影响较大的设计变更应经建设方、设计方共同核定，并主动协助建设方用好预备费，控制好投资。

（3）标准设计

优秀的设计标准和规范会带来经济效益是众所周知的，一个好的设计必须符合国情，符合设计和施工规范。规范是经验的总结，是设计必须遵循的原则。正确地使用规范有利于降低投资、缩短工期、避免事故发生，对缩短建设周期、发挥投资效益起巨大作用。有的设计规范虽不直接降低项目投资，但能降低建筑物生命周期费用；或虽可能使项目投资增加，但保障了生命财产安全，增加了社会效益。从宏观上讲，所有的规范和规则的制定无一不与投资有关，这些设计规范都直接或间接对降低造价起着应有的作用。

推广标准设计有利于大幅度降低工程造价。标准设计是按共通性条件编制的，是按规定程序批准的，可供大量重复使用，既经济又优质。标准设计是成熟的设计产品，已被设计界广泛采用。其优点是：节约设计成本，大大加快提供图纸的速度，缩短设计周期；构件预制厂生产的标准件，有利于构配件的批量生产，促使成本大幅降低；可以使施工准备和定制预制构件等工作提前，使施工速度大大加快，既有利于保证工程质量，又能降低建筑安装工程费用，为建设工程早日竣工、创造良好的经济效益提供保证。

（4）价值工程

价值工程以提高价值为目标，以建设单位要求为重点，以功能分析为核心，以集体智慧为依托，以创造精神为支柱，以系统观点为指针，以实现技术分析与经济分析的结合。在工程设计中其主要作用体现在以下几方面：

①既提高工程的功能又降低工程的造价；

②在保证工程功能不变的情况下降低工程的造价；

③在造价不变的情况下提高工程功能；

④在工程功能略有下降的情况下使工程造价大幅度降低；

⑤在工程造价略有上升的情况下使工程功能大幅度提高。

价值工程也可运用于设计方案的选择，即通过技术分析和经济分析相结合，建立起一种工程的必要功能和工程造价的良性协调控制机制；通过有组织的设计活动，着重对设计产品进行功能、造价和运营成本的分析，使之以较低的总造价和总运营成本，可靠地实现设计产品的必要功能，从而提高设计产品的价值；通过严密的分析，从功能和投资两个角度综合考虑，根据不同工程的实际情况和类似工程的参考资料，确定功能及造价的单项及综合评价系数，并根据评价系数的高低，对方案和设计进行改进和优化，以获得价值系数最大的设计。

尽管在产品形成的各个阶段都可以应用价值工程提高产品的价值，但在不同的阶段进行价值工程活动，其经济效果的提高幅度却是大不相同的。一旦设计图纸已经完成，产品的价值就基本决定了,因此应用价值工程的重点是在产品的研究和设计阶段。在设计阶段应用价值工程,对建设项目的设计方案进行功能与费用分析和评价,可以起到节约投资、提高建设项目投资收益的效果。工程变更的主要工作包括工程变更的审查和确定工程变更价款计算原则。

5.5.1.2 设计阶段投资控制的主要措施

(1)组织措施

①从投资控制角度落实进行设计跟踪的人员、具体任务及管理职能分工,具体包括:设计挖潜、设计审核,概、预算审核,付款复核(设计费复核),计划值与实际值比较及投资控制报表数据处理等。

②聘请专家作技术经济比较、设计挖潜。

(2)管理(合同)措施

①向设计单位说明在给定的投资范围内进行设计的要求,参与设计合同谈判。

②以合同措施鼓励设计单位在广泛调研和科学论证的基础上优化设计。

(3)经济措施

①对设计的进展进行投资跟踪(动态控制)。

②编制设计阶段详细的费用支出计划,并控制其执行。

③定期提供投资控制报表,以反映投资计划值和投资实际值的比较结果、投资计划值和已发生的资金支出值(实际值)的比较结果。

(4)技术措施

①进行技术经济比较,通过比较寻求设计挖潜(节约投资)的可能。

②必要时组织专家论证,进行科学试验。

5.5.2 施工阶段投资控制的主要任务与措施

5.5.2.1 施工阶段投资控制的主要任务

施工阶段投资控制的主要任务如表5.8所示。

表 5.8 施工阶段投资控制的主要任务

序号	任 务 名 称
1	在施工阶段,需要编制资金使用计划,合理确定实际投资费用的支出
2	严格控制工程变更,合理确定工程变更价款
3	以施工图预算或工程合同价格为目标,通过工程计量,合理确定工程结算价款,控制工程进度款的支付
4	利用投资控制软件每月进行投资计划值与实际值的比较,并提供各种报表
5	工程付款审核
6	审核其他付款申请单
7	对施工方案进行技术经济比较论证
8	审核及处理各项施工索赔中与资金有关的事宜

其中,控制工程变更是施工阶段投资控制的主要方法之一。在施工过程中,要受到多方面因素的影响,如工程量变化,施工进度的调整,设计条件变化等导致工程变更。工程变更包括设计条件、施工条件的变化引起的工程量、项目、性质、质量标准、结构位置和尺寸、施工顺序和进度等的变更。这些都可能使项目的投资超出原预算,因此必须严格控制。工程变更的主要工作包括工程变更审查和确定工程变更价款的计算原则。

(1)工程变更的审查

对工程变更的审查,主要审查其变更的内容是否可行,工程量和工程价款的计算是否合理。一般情况下,工程师对工程变更的审查应遵循"技术上可行,工程费用合理,施工工艺简单,不影响工期,不降低工程使用标准"的原则,并根据变更项目的性质或按照变更项目的费用多少划分级别,由相应机构的不同部门进行审批。

对于重大工程变更或属于方案性的变更,应由项目业主组织有工程师参加的专门小组进行评价,并由项目业主进行审批。工程师在审批工程变更时,还应注意与项目业主和承包商进行适当的协调,特别是对有些变更项目可能由于增加费用较多,或者变更后可能对其他方面带来影响,更需要与项目业主进行充分协商,事先征得项目业主的同意后才能予以批准;当变更价款部分在预备费调剂有困难或超过一定比例时,还必须报经投资估算或设计总概算审批部门或单位批准。

(2)工程变更价款计算原则

工程变更价款的确定应在双方协商的时间内,由承包商提出变更价格,报工程师批准后方可调整合同价或顺延工期。造价工程师对承包商所提出的变更价款,应按有关规定进行审核、处理,主要原则有以下三条:

①合同中已有适用变更工程的价格,按合同已有的价格计算变更合同价款。

②合同中只有类似于变更情况的价格,可以此作为基础,确定变更合同价款。

③合同中没有类似和适用的价格,由施工承包商提出适当的变更价格,经监理工程师审核批准后执行。施工承包商对监理工程师批准的价格如有异议,可提请政府工程造价管理部门裁定。

5.5.2.2　施工阶段投资控制的主要措施

(1)组织措施

在项目管理班子中落实从投资控制角度进行施工跟踪的人员、具体任务(包括工程计量、付款复核、设计挖潜、索赔管理、计划值与实际值比较及投资控制报表数据处理、资金使用计划的编制及执行管理等)及管理职能分工。

(2)管理(合同)措施

①进行索赔管理。

②视需要,及时进行合同修改和补充工作,着重考虑它对投资控制的影响。

(3)经济措施

①进行工程计量(已完成的实物工程量)复核。

②复核工程付款账单。

③编制施工阶段详细的费用支出计划,并控制其执行。

（4）技术措施

①对设计变更进行技术经济比较。

②继续寻求通过设计挖潜节约投资的可能。

5.5.3　竣工验收阶段投资控制的主要任务与措施

竣工验收及保修阶段投资控制的主要任务如表 5.9 所示。

表 5.9　竣工验收及保修阶段投资控制的主要任务

序号	任务名称
1	编制本阶段资金使用计划,并控制其执行,必要时调整计划
2	进行投资计划值与实际值的比较,提交各种投资控制报告
3	审核本阶段各类付款
4	审核及处理施工综合索赔事宜
5	参与讨论工程决算中的一些问题
6	编制投资控制总结报告
7	办理验收手续之前,对财产和物资进行清理,编好竣工决算
8	项目投产或投入使用后,要对项目投资效果进行考核与后评价

5.6　计算机辅助投资控制

计算机辅助投资控制是当今国际工程项目管理的通用手段。随着我国工程项目管理水平的逐步发展和提高,计算机辅助投资控制在项目管理工作中日益受到重视。

工程项目管理的关键工作是收集、存储与处理和项目有关的大量数据,投资控制工作亦是如此。由于投资控制工作贯穿项目实施阶段的全过程,在项目实施过程中将有大量的数据(如有关投资历史数据、动态数据、市场信息等)需要收集和集中存储,并且,投资控制工作涉及建设、设计、施工、材料设备供应等多个单位,在建设单位内部,投资控制又涉及业主班子内的有关部门(如计划部、工程部、材料设备部、财务部等)和人员,要定期、及时地对他们各自提供的大量数据进行加工处理,以获取必需的工程投资信息。对于一些大型项目,投资控制工作则对项目管理人员提出了更高的标准和要求:在工程实施的过程中,要求当天完成信息的收集、储存、处理工作,及时提供每天的工程状况报表,便于工作的调整和安排,保证总体工程的顺利进展。

由此可见,投资控制的数据处理具有工作量大、精确度高、时间性强的特点,如果单靠人工整理和计算,不但工作繁重、效率低下,而且会延误决策时机,对项目的顺利实施造成不利影响。根据国外项目管理经验及当今项目管理的发展要求,获取所需准确、可靠、及时和完整的投资信息的根本方法,是建立计算机辅助投资控制系统。

1. 什么是投资控制?
2. 投资控制和财务核算有什么区别?
3. 简要说明投资目标的分析与论证。
4. 投资计划与实际值比较的具体内容有哪些?
5. 设计阶段和施工阶段投资控制的主要任务和措施都有哪些?
6. 计算机辅助投资控制有什么优越性?

6

工程项目进度控制

本 章 提 要

进度控制的含义和目的;工程项目总进度目标的论证,工程项目进度计划的分类,工程项目进度计划的编制方法和网络计划技术;工程项目进度控制的方法(横道图比较法、S形曲线比较法、香蕉形曲线比较法、前锋线比较法、列表比较法);进度控制的措施;计算机辅助进度控制。

建设项目管理有多种类型,代表不同利益方的项目管理(业主方和项目参与各方)都有进度控制的任务,但是不同利益方控制的目标和时间范畴是不相同的。

建设项目是在动态条件下实施的,因此进度控制也就必须是一个动态的管理过程,它包括进度目标的分析和论证,在收集资料和调查研究的基础上编制进度计划,进度计划的跟踪检查与调整。如果只重视进度计划的编制,而不重视进度计划必要的调整,则进度无法得到控制。为了实现进度目标,进度控制的过程也就是随着项目的进展,进度计划不断调整的过程。

(1)进度目标分析和论证的目的是论证进度目标是否合理,进度目标是否可能实现。如果经过科学的论证,目标不可能实现,则必须调整目标。

(2)进度计划的跟踪检查与调整包括定期跟踪检查所编制的进度计划执行情况,以及若其执行有偏差则采取纠偏措施,并视必要性调整进度计划。

(3)进度控制的目的是通过控制以实现工程的进度目标。

6.1 工程项目进度管理的目标

6.1.1 进度目标的内涵

进度即是建设工程项目开展的速度或者或完成度,进度目标即是采取多种措施保证项目实际进度满足计划进度的要求。项目进度目标作为项目的三大子目标之一,它指引着项目的进行和开展。总进度目标是在项目决策阶段提出,进行经济和技术多方面论证后正式确定下来的,然后确定出总进度计划。施工方根据总进度目标和总进度计划分解确定出子进度目标和不同深度和进度计划,例如施工前准备工作进度、施工进度、设备安装进度等等。

进度目标的表现载体多是进度计划,进度计划即是针对进度目标将工程建设工作的开展在时间维度上进行的统筹安排。进度目标的实现依赖于进度计划的执行和纠偏,即经常要检查实际进度是否按计划要求进行,若出现偏差,便要及时找出原因,采取必要的补救措施或调整、修改原计划,直至实现项目进度目标。

6.1.2 进度目标的论证

进度目标在提出后需要进行充分的分析和论证,确保进度目标可行、工序搭接合理。如果进度目标缺乏足够的论证,很有可能导致设计工期太短,管理执行人员在执行进度计划时不得不缩短项目前期的策划、设计等时间,造成项目策划设计、准备工作不充分,导致施工阶段出现执行混乱、效率低下的现象,最后实际工期反而变长了。

进度目标论证的核心工作即是编制总进度纲要,首先要充分预估项目的规模、投资等参数,参考类似项目的计划工期与实际工期得出一个参考值。其次考虑自身管理水平和施工方可能的施工水平,制定出符合实际情况的进度目标值。在搜集大量资料的基础上进行项目结构分解,尝试编制总进度计划和各层级的进度计划,进行调整直至满足进度目标,否则调整进度目标重复以上步骤。

6.2 工程项目进度计划

建设项目进度控制工作,始于进度计划的编制,而且进度控制的全部过程自始至终是围绕进度计划这个中心来展开的,因此,进度计划的编制是进度控制工作的首要环节。

6.2.1 工程项目总进度目标的论证

进行项目总进度目标论证时,应分析和论证上述各项工作的进度,以及上述各项工作交叉进行的关系。在进行项目总进度目标论证时,往往还不能掌握比较详细的设计资料,也缺乏比较全面的有关工程发包的组织、施工组织和施工技术方面的资料,以及其他有关项目实施条件的资料。因此,总进度目标论证并不是单纯的总进度规划的编制工作,它涉及许多工程实施的条件分析和工程实施策划方面的问题。

大型项目总进度目标论证的核心工作是:通过编制总进度纲要论证总进度目标实现的可能性。总进度纲要的主要内容包括:

①项目实施的总体部署;
②总进度规划;
③各子系统进度规划;
④确定里程碑事件的计划进度目标;
⑤总进度目标实现的条件和应采取的措施等。

项目总进度目标论证的工作步骤如下:

①调查研究和收集资料；

②进行项目结构分析；

③进行进度计划系统的结构分析；

④确定项目的工作编码；

⑤编制各层(各级)进度计划；

⑥协调各层进度计划的关系和编制总进度计划；

⑦若所编制的总进度计划不符合项目的进度目标,则设法调整；

⑧若经过多次调整,进度目标无法实现,则报告项目决策者。

6.2.2 工程项目进度计划的分类

对于工程项目而言,为了控制工程项目进度,合理安排各项工作,建设单位(业主)、设计单位、施工单位、材料和设备供应单位、项目管理咨询单位等均要编制进度计划。按照不同的标准,对进度计划进行归类,如图 6.1 所示。

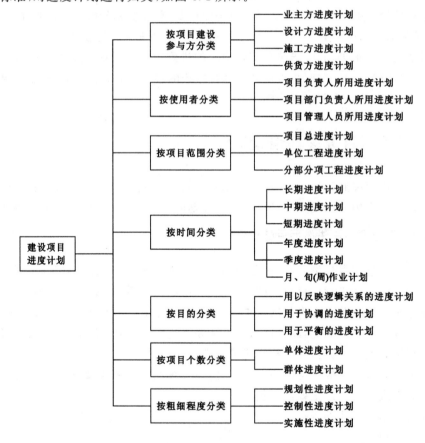

图 6.1 建设项目进度计划的分类

(1)控制性进度计划

一般来说,项目的总进度计划即是控制性进度计划,它是项目进度控制的纲领性文件,是编制指导性进度计划和实施性进度计划的依据。其目的在于对于合同中所约定的进度目标进行再论证,对进度目标进行分解,确定施工的总体部署,确定里程碑事件的节点。

(2)指导性进度计划

指导性进度计划与控制性进度计划的界限并不清晰,后者更宏观些。一般在大型和复杂性项目建设中才会出现指导性进度计划作为控制性进度计划和实时性进度计划的过渡,中小型项目只编制控制性进度计划和实施性进度计划即可。

(3)实施性进度计划

实施性进度计划是指能直接用于指导施工作业的进度计划,例如月进度计划和周工作计划。实施性进度计划往往反映了一月、一旬、一周的施工作业名称、人、材、机等各项资源安排计划,资金使用计划等各项指标。实施性进度计划是对与控制性进度计划和指导性进度计划的落实和贯彻,以两者确定的节点目标为依据编制,制定具体的物资采购计划、资金使用计划等文件。

6.2.3 工程项目进度计划的编制方法

工程项目进度控制的编制方法主要有横道图、流水施工和网络图。

6.2.3.1 横道图

横道图,又称甘特图,主要用于项目计划和项目进度安排,在工程项目管理中广泛应用,并受到普遍欢迎。横道图的基本形式如图 6.2 所示,它以一段横道线表示一项活动,通过横道线在带有时间坐标的图表中的位置来表示各项活动的开始时间、结束时间和各项工作的先后顺序,所以横道线的长短表示活动的持续时间,整个进度计划就由一系列的横道组成。

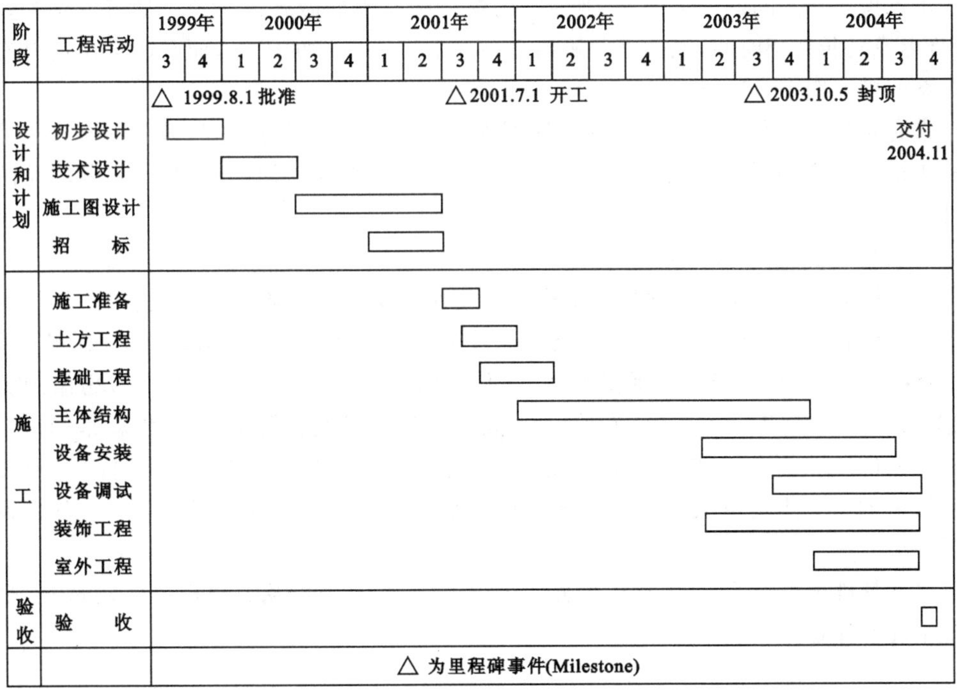

图 6.2 某工程项目横道图进度计划

（1）横道图的优缺点

横道图直观、简单而且容易编制，它能够清楚地表达活动的开始时间、结束时间和持续时间，一目了然，易于理解，并能够为各层次的人员（上至战略决策者，下至基层）的操作人员所掌握和运用；它不仅能够安排工期计划，而且可以与劳动力计划、材料计划、资金计划相结合，在资源优化过程中，一般都借助于横道图。

但是横道图也存在很多弱点。如横道图很难表达工程项目各项活动之间的逻辑关系，不能反映出各个活动是否为关键活动和时差。更重要的是，横道图无法利用计算机来分析计算，从而使得计划实施过程中的调整变得较为困难。

（2）横道图的适用范围

由于横道图的特点，传统的横道图一般只适用于一些比较简单的小型项目。在项目初期由于尚没有作详细的项目结构分解，工程项目各项活动之间复杂的逻辑关系尚未分析出来，一般可以用横道图作总体计划。

目前在项目管理实践中，经常采用同时将网络图和横道图结合的方法，使得横道图得到了不断的改进和完善，例如，出现了带有时差的横道图和带有逻辑关系的横道图。

（3）带有时差的横道图

网络计划中，某些工作的开始和完成时间并不是唯一的，往往有一定的机动时间，即时差。这种时差并未在传统的横道图中表现出来，而在改进后的横道图中可以表达出来。

（4）具有逻辑关系的横道图

横道图把项目计划和项目进度安排两种职能结合在一起，所以在绘制横道图时，必须能表示各项工作之间的逻辑关系，但传统的横道图并不能做到这一点。如有一项活动提前、推迟或延长持续时间，就很难分析出它会影响哪些后续的工作，而在改进后的具有逻辑关系的横道图中，可以将工作之间的关系表示出来。

带有时差和具有逻辑关系的横道图，实际上是将网络计划原理与横道图两种表达形式有机结合的产物，同时具备了横道图的直观性，又兼备了网络图各项工作之间的关联性。

6.2.3.2　流水作业方法

流水作业方法是在工程项目施工中广泛使用的组织科学施工的计划方法，用流水作业方法组织施工，可以产生良好的经济技术效果。用流水作业方法组织施工，其实质就是组织连续作业，均衡生产。从逻辑关系方面来讲，在流水施工组织中既要考虑组织关系（软关系）又要考虑工艺关系（硬关系）。在同一条流水线上有衔接关系，也就是同一个工种在不同的工作面上工作要保证连续、还要衔接；在不同的流水线上不同的工种又是平行搭接的。这本身就很明确地确定了用流水作业组织施工的项目中各项工作的逻辑关系。

以某基础工程为例，该工程可划分四个施工段，其工作量及定额资料见表 6.1。试写出施工进度计划。

表 6.1　某基础工程工作量及定额资料表

序号	工作名称	工程量(m³)				产量定额 (m³/工日)	专业队(组)人数 (机械台班)
		(1)	(2)	(3)	(4)		
1	人工挖土	150	112.5	112.5	150	2.5	15
2	混凝土垫层	45	45	30	30	1.5	10
3	砌砖基础	90	90	67	45	1.6	14
4	回填土	60	30	60	60	3	10

①确定施工过程,$m=4$。

②确定施工段落,$n=4$。

③组织专业队伍(组),已知为四个(挖土、垫层、砌砖、回填各一个施工队(组));

④计算流水节拍,流水节拍是指每个专业工作队在各个施工阶段上完成相应的施工任务所需要的工作持续时间。这里采用定额计算法,工作持续时间的计算公式为

$$D=Q/(R\times S)$$

式中　D——工作持续时间;

　　　Q——工作的工程量,以实物度量单位表示;

　　　R——人工或机械设备的数额,以人或台数表示;

　　　S——产量定额,以单位时间完成的工作量表示。

例如,人工挖土在第一阶段上的流水节拍,$D_{11}=Q_{11}/(R_{11}\times S_1)=150/(15\times 2.5)=4$ 天。

用同样的方法求出各施工段落上的流水节拍,得到流水节拍表 6.2。

表 6.2　某基础工程流水节拍表

m ＼ n	(1)	(2)	(3)	(4)
挖土	4	3	3	4
垫层	3	3	2	2
砌砖	4	4	3	2
回填	2	1	2	2

⑤计算流水步距 K。流水步距是相邻两个专业工作队在保证施工顺序并满足连续施工、最大限度地搭接和保证工程质量要求的前提下,相继投入施工的最小工作时间间隔,即相邻工序开工到开工的时间间隔。

流水步距的计算法则是:累加数列错位相减取最大值。首先累加各施工段上的流水节拍,形成累加数列;其次将相邻两施工段的累加数列错位相减,取差数之大者为两个施工段的流水步距。假设有 m 个施工过程,则有 $m-1$ 个流水步距。

例如,挖土的累加数列与垫层的累加数列错位相减:

4	7	10	14	
	3	6	8	10
4	4	4	6	−10

$K_1 = 6$ 即挖土和垫层这两个相邻工序开工的时间间隔为 6。用同样的方法求出 $K_2 = 3$（垫层与砌砖）、$K_3 = 8$（砌砖与回填）各相邻工序的流水步距。

⑥计算工期 T

$$T = \sum_{i=1}^{m-1} K_i + \sum_{j=1}^{n} D_{i,j} = (K_1 + K_2 + K_3) + (D_{41} + D_{42} + D_{43} + D_{44})$$
$$= (6 + 3 + 8) + (2 + 1 + 2 + 2) = 24$$

⑦绘制进度图

在一般流水作业方式中,每个施工过程在每段上的流水节拍一般是不相等的,不同的施工过程在同一施工段落上的作业时间也是不相同的。当在组织流水作业时,使每个施工过程在每段上的流水节拍都相等;同时不同施工过程在同一段落上也相等,这样的流水作业就是等节奏流水施工(等节拍等步距流水作业)。如果每个施工过程在各段上的流水节拍都相等,而不同的施工过程在同一段落上的流水节拍成倍数,这样的流水作业就称异节奏流水组织方法(成倍节拍流水)(图 6.3)。

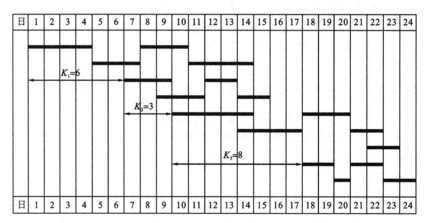

图 6.3　一般流水作业进度计划

6.2.3.3　网络计划方法

(1)网络计划的分类

国际上,网络计划有许多名称,如 CPM、PERT、CPA、MPM 等。网络计划的类型有如下几种不同的划分方法。

①网络计划按工作持续时间的特点划分为:

a. 肯定型问题的网络计划;

b. 非肯定型问题的网络计划。

②网络计划按工作和事件在网络图中的表示方法划分为:

a. 事件网络——以节点表示事件的网络计划。

b. 工作网络——以箭线表示工作的网络计划(我国 JGJ/T 121-99 称为双代号网络计划);以节点表示工作的网络计划(我国 JGJ/T 121-99 称为单代号网络计划)。美国较多使用双代号网络计划,欧洲则较多使用单代号搭接网络计划。

③ 网络计划按计划平面的个数划分为:

a. 单平面网络计划;

b. 多平面网络计划(多阶网络计划、分级网络计划)。

我国《工程网络计划技术规程》(JGJ/T 121-99)推荐的常用工程网络计划类型包括:

1) 双代号网络计划

双代号网络计划是以箭线及其两端节点的编号表示工作的网络图,并在箭线上标注工作持续时间,以形成双代号网络计划,如图 6.4 所示。

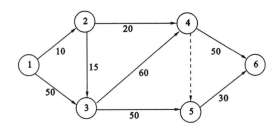

图 6.4 双代号网络计划示例

2)单代号网络计划

单代号网络计划是以节点及其编号表示工作,以箭线表示工作之间逻辑关系的网络图,并在节点中加注工作代号、名称和持续时间,以形成单代号网络计划,如图 6.5 所示。

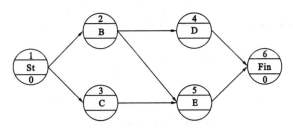

图 6.5 单代号网络计划示例

3)双代号时标网络计划

双代号时标网络计划是以水平时间坐标为尺度编制的双代号网络计划,其主要特点包括:

①时标网络计划兼有网络计划与横道计划的优点,它能够清楚地表明计划的时间进程,使用方便;

②时标网络计划能在图上直接显示出各项工作的开始与完成时间,工作的自由时差及关键线路;

③在时标网络计划中可以统计每一个单位时间对资源的需要量,以便进行资源优化和调整。

双代号时标网络计划一般规定包括以下几个方面：

①双代号时标网络计划必须以水平时间坐标为尺度表示工作时间，时标的时间单位应根据需要在编制网络计划之前确定，可为时、天、周、月或季；

②时标网络计划应以实箭线表示工作，以虚箭线表示虚工作，以波形线表示工作的自由时差；

③时标网络计划中所有符号在时间坐标上的水平投影位置，都必须与其时间参数相对应，节点中心必须对准相应的时标位置；

④时标网络计划中虚工作必须以垂直方向的虚箭线表示，由自由时差时加波形线表示。

双代号时标网络计划编制方法包括间接法和直接法。双代号时标网络计划宜按各项工作的最早开始时间编制。在编制双代号时标网络计划前，应先按已确定的时间单位绘制出时标计划表，如图 6.6 所示。

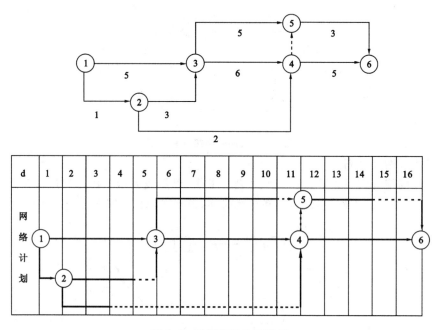

图 6.6　时标网络计划示例

4）单代号搭接网络计划

单代号搭接网络计划是以节点表示工作，箭线及其上面的时距符号表示相邻工作间的逻辑关系的网络图。单代号搭接网络计划中的时间参数基本内容和形式应按图 6.7 所示方式标注。工作名称和工作持续时间标注在节点圆圈内，工作的时间参数（ES,EF,LS,LF,TF,FF）标注在圆圈的上下。而工作之间的时间参数（STS,ETF,STF,FTS 和时间间隔 $LAG_{i,j}$）标注在联系箭线的上下方。

单代号搭接网络计划中工作的搭接顺序关系是用前项工作的开始或完成时间与其紧后工作的开始或完成时间之间的间距来表示，具体包括如下四种形式（图 6.8）。

$FTS_{i,j}$——工作 i 完成时间与其紧后工作 j 开始时间的时间间距；

$FTF_{i,j}$——工作 i 完成时间与其紧后工作 j 完成时间的时间间距；

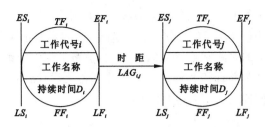

图 6.7 单代号搭接网络计划时间参数标注形式

$STS_{i,j}$——工作 i 开始时间与其紧后工作 j 开始时间的时间间距；

$STF_{i,j}$——工作 i 开始时间与其紧后工作 j 完成时间的时间间距。

图 6.8 单代号搭接网络图箭线的表示方法

单代号搭接网络计划中搭接关系在工程实践中的具体应用简述如下：

①完成到开始时距（$FTS_{i,j}$）的连接方法。图 6.9 表示紧前工作 i 的完成时间与紧后工作 j 的开始时间之间的时距和连接方法。

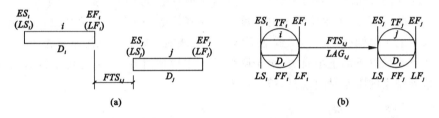

图 6.9 时距 FTS 的表示方法

(a)从横道图看 FTS 时距；(b)用单代号搭接网络计划方法表示

例如，修一条堤坝的护坡时，一定要等土堤自然沉降后才能修护坡，这种等待的时间就是 FTS 时距。当 $FTS=0$ 时，紧前工作 i 的完成时间等于紧后工作 j 的开始时间，这时紧前工作与紧后工作紧密衔接，当计划所有相邻工作的 $FTS=0$ 时，整个搭接网络计划就成为一般的单代号网络计划。因此，一般的依次顺序关系只是搭接关系的一种特殊表现形式。

②完成到完成时距（$FTF_{i,j}$）的连接方法。图 6.10 表示紧前工作 i 完成时间与紧后工作 j 完成时间之间的时距和连接方法。例如，相邻两工作，当紧前工作的施工速度小于紧后工作时，则必须考虑为紧后工作留有充分的工作面，否则紧后工作就将因无工作面而

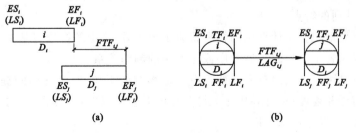

图 6.10 时距 FTF 的表示方法

(a)从横道图看 FTF 时距；(b)用单代号搭接网络计划方法表示

无法进行。这种结束工作时间之间的间隔就是 FTF 时距。

③开始到开始时距（$STS_{i,j}$）的连接方法。图 6.11 表示紧前工作 i 的开始时间与紧后工作 j 的开始时间之间的时距和连接方法。例如，道路工程中的铺设路基和浇筑路面，待路基开始工作一定时间为路面工程创造一定工作条件之后，路面工程即可开始进行，这种开始工作时间之间的间隔就是 STS 时距。

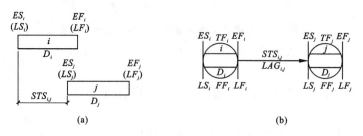

(a)   (b)

图 6.11　时距 STS 的表示方法

(a)从横道图看 STS 间距；(b)用单代号搭接网络计划方法表示

④开始到完成时距（$STF_{i,j}$）的连接方法。图 6.12 表示紧前工作 i 的开始时间与紧后工作 j 的结束时间之间的时距和连接方法，这种时距以 $STF_{i,j}$ 表示。例如，要挖掘带有部分地下水的土壤，地下水位以上的土壤可以在降低地下水位工作完成之前开始，而在地下水位以下的土壤则必须要等降低地下水位之后才能开始。降低地下水位工作的完成与何时挖地下水位以下的土壤有关，至于降低地下水位何时开始，则与挖土没有直接联系。这种开始到结束的限制时间就是 STF 时距。

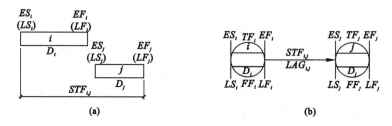

(a)   (b)

图 6.12　时距 STF 的表示方法

(a)从横道图看 STF 间距；(b)用单代号搭接网络计划方法表示

上述四种基本的网络计划技术中，双代号网络计划和单代号网络计划将用专门的篇幅叙述，其内容包括基本概念、绘图原则以及时间参数的计算等。

(2)网络计划的特点

①能够形象地把整个计划用网络形式表示出来，网络中的符号与基本工作一一对应，可以容易地看出各个工作的先后顺序或工作间的制约关系。

②经过计算可以确定出对完成期限有关键影响的工作；每个工作的提前或推迟对总工期影响的有无和程度；通过利用非关键工作的时差可以更好地调动人力物力，将其尽可能投入关键工作，以缩短总工期。

③网络计划容易比较优劣，便于从多种可能方案中选择最优方案付诸实施，容易沟通管理层上下的想法。

④可以提高预见性,作为进度风险分析的基础,可以帮助管理和控制项目中的不确定程度,提高项目的应变能力。

⑤在执行过程中,可根据各工作的实际完成情况加以调整,保证自始至终对计划进行有效的控制与监督,使总计划如期或提前完成。

⑥可与成本、资源一并加以统筹安排,并可实现电算化。

6.2.4 网络计划技术

6.2.4.1 网络图

双代号网络图和单代号网络图中的一些基本逻辑关系的表示方法,由表6.3可以看

表6.3 网络图基本逻辑关系表示方法

序号	逻辑关系	双代号表示方法	单代号表示方法
1	A完成后进行B,B完成后进行C		
2	A完成后同时进行B和C		
3	A和B都完成后进行C		
4	A和B都完成后同时进行C和D		
5	A完成后进行C,A和B都完成后进行D		
6	A和B都完成后进行D,A、B、C都完成后进行E,D、E都完成后进行F		
7	A、B都完成后进行C,B、D都完成后进行E		
8	A完成后进行C,A、B都完成后进行D,B完成后进行E		

到,在逻辑关系的表示方面,单代号网络图较之双代号网络图要简单明了得多,但有时会出现箭线交叉的现象。

下面通过一个例子说明双代号网络图的绘制。根据表 6.4 即可作图,整理规范可得双代号网络图,具体如图 6.13 所示。

表 6.4 某项工程活动及逻辑关系

活 动	A	B	C	D	E	F	G	H	I	J	K
持续活动时间	5	4	10	2	4	6	8	4	3	3	2
紧前活动	—	A	A	A	B	B、C	C、D	D	E、F	G、H、F	I、J

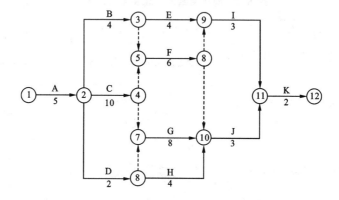

图 6.13 某工程项目活动计划双代号网络图

6.2.4.2 时间参数的计算

(1)双代号时标网络

时间参数具体包括如下几种:

①工作最早开始时间,是指各紧前工作全部完成后,本工作有可能开始的最早时刻,用 ES_{i-j} 表示。可见,工作的最早开始时间与表示该工作的箭尾节点的最早时间是相等的,即 $ET_i = ES_{i-j}$。

②工作最早完成时间,是指各紧前工作全部完成后,完成本工作的最早可能时刻。用 EF_{i-j} 表示。显然,$EF_{i-j} = ES_{i-j} + D_{i-j}$。

③工作最迟开始时间,是指在不影响整个项目按期完成的条件下,本工作最迟必须开始的时刻,用 LS_{i-j} 表示。

④工作最迟完成时间,是指在不影响整个项目按期完成的条件下,本工作最迟必须完成的时刻,用 LS_{i-j} 表示,$LS_{i-j} = FS_{i-j} + D_{i-j}$。

⑤工作总时差,是指在不影响工期的前提下,工作可以机动使用的时间,用 TF_{i-j} 表示。

对于每项工作,在不影响工期的前提下,最迟应在 LS_{i-j} 开始,从最早开始时间到最迟开始时间是可以机动使用的时间。因此,$TF_{i-j} = LS_{i-j} - ES_{i-j}$,$TF_{i-j} = LF_{i-j} - EF_{i-j}$。

⑥工作自由时差,是指在不影响其紧后工作最早开始时间的前提下,本工作可以利用的机动时间,用 FF_{i-j} 表示。若本工作的最早开始时间为 EF_{i-j},其紧后工作的最早开始

时间为 EF_{j-k},则可得:$FF_{i-j}=EF_{j-k}-D_{i-j}-EF_{i-j}=EF_{j-k}-EF_{i-j}$。

网络计划时间参数计算步骤一般为:

①以网络计划起始节点为开始节点的工作,其最早开始时间为 0,再顺着箭线方向计算各项工作的最早开始时间 ES_{i-j} 和最早完成时间 EF_{i-j}。

②确定网络计划的计划工期 T_p。

③从网络计划的终止节点开始,逆着箭头方向,依次计算各项工作的最迟完成时间 LF_{i-j} 和最迟开始时间 LS_{i-j}。

④计算各项工作的总时差。

⑤计算各项工作的自由时差。

⑥确定网络计划中的关键线路。

双代号网络图的时间参数标注方法如图 6.14 所示。

⑦按节点计算法计算时间参数,其过程是首先计算节点参数,在此基础上,计算其他参数。按节点计算法的计算步骤与按工作计算法基本一致,只是将工作最早开始时间和工作最迟完成时间更换成节点最早开始时间和节点最迟开始时间。

图 6.14 双代号网络图的
时间参数标注方法

网络图计划时间参数计算示例如下:

某项工程活动的网络图如图 6.13 所示,按照节点计算法或工作量计算法所得的时间参数计算结果如图 6.15 所示。由于篇幅原因,这里省略了计算过程,只在图上列示了计算结果。

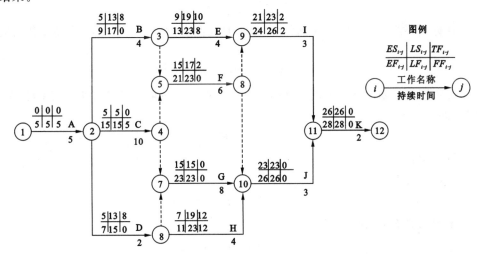

图 6.15 某项工程活动双代号网络图时间参数计算结果

由于没有规定工期要求,计划工期等于计算工期,故总时差为 0 的工作即为关键工作,因此,关键工作是:A、C、G、J、K;关键线路是:1—2—4—7—10—11—12。

(2)单代号网络计划时间参数的计算

图 6.16 和图 6.17 是节点单代号网络时间参数的两种标注方法。单代号网络图时间参数的计算步骤与双代号网络计划时间参数的计算步骤实际上是一样的,只是表述方法

上略有不同。

计算工作的最早开始时间和最早完成时间。工作的最早开始时间从网络计划的起始节点开始，顺着箭头方向依次逐项计算。

ESi
TFi
EFi
工作代号i
工作名称
Di
FFi
LSi
LFi
LAGij
ESj
TFj
EFj
工作代号j
工作名称
Dj
FFj
LSj
LFj

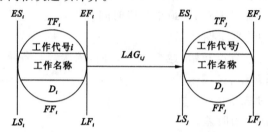

图 6.16　圆形节点单代号网络时间参数的标注方法

工作代号i
ESi
EFi
工作名称
TFi
FFi
Di
LSi
LFi
LAGij
工作代号j
ESj
EFj
工作名称
TFj
FFj
Dj
LSj
LFj

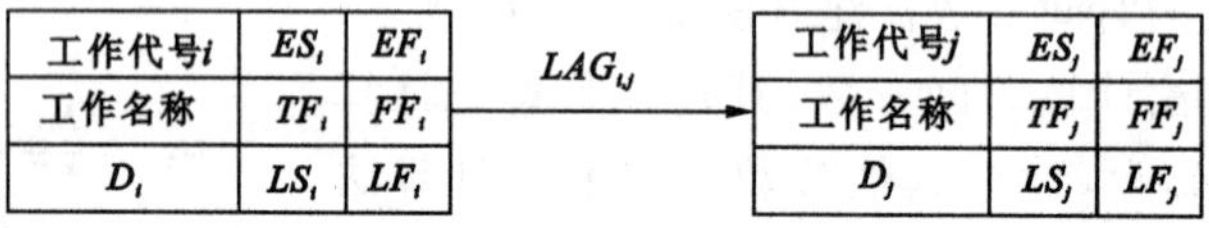

图 6.17　方形节点单代号网络时间参数的标注方法

一项工作的最早开始时间等于该工作的各紧前工作最早完成时间值中的最大值，即

$$ES_i = \max\{EF_h\}$$

式中　EF_h——工作 i 的紧前工作 h 的最早完成时间。

对于网络计划的起始节点，若无特别规定，则令其为零。

一项工作的最早完成时间就等于该工作的最早开始时间与该工作的持续时间之和，即

$$EF_i = ES_i + D_i$$

①计算相邻两工作之间的时间间隔，依据时间间隔的定义可知，i，j 两项工作之间的时间间隔为

$$LAG_{i,j} = ES_j - EF_i$$

②确定网络计划的计划工期。网络计划中节点 n 的最早完成时间即是网络计划的计算工期，即

$$T_c = EF_n$$

计算工期：

当规定了要求工期时

$$T_p \leqslant T_r$$

当未规定要求工期时

$$T_p = T_c$$

③计算工作最迟开始时间和最迟完成时间。计算应从网络计划的终止节点开始，逆着箭头方向，依次逐项计算。

工作的最迟开始时间等于该工作的最迟完成时间减去该工作的持续时间，即

$$LS_i = LF_i - D_i$$

对于网络计划的终止节点所代表的工作 n，其最迟完成时间即计划工期，即

$$LF_n = T_p (\text{或 } T_c)$$

其他工作最迟完成时间等于该工作各个紧后工作的最迟开始时间中的最小值，即

$$LF_i = \min\{LS_j\}$$

式中　LS_j——工作 i 的紧后工作的最迟开始时间。

④计算工作总时差

$$TF_i = LS_i - ES_i$$
$$TF_i = LF_i - EF_i$$

⑤确定工作自由时差。一项工作的自由时差等于该工作与其紧后各工作的各个时间间隔中最小值，即

$$FF_i = \min\{LAG_{i,j}\}$$

⑥确定关键工作和关键路径。单代号网络关键工作的确定与双代号网络计划相同，即总时差最小的是关键工作。从事实节点到终止节点均为关键工作，且所有工作的时间间隔均为 0 的路线是关键路线。

与双代号网络计划一样，单代号网络计算时间参数的计算可采用图上计算法、计算机方法等。

6.3　工程项目进度控制的方法

建设项目进度控制的目的是通过将实际与计划进度进行比较，得出实际进度较计划要求超前或滞后的结论，并进一步判定计划完成程度，以及通过预测后期建设项目进度从而对计划能否如期完成做出事先估计等。进度计划控制的方法主要包括如下几种。

6.3.1　横道图比较法

横道图比较法是指将项目实施过程中检查实际进度收集到的信息，经整理后直接用横道线并列于原计划的横道线处，以供进行直观比较的方法。例如，将某基础工程的施工实际进度与计划进度进行比较，如图 6.18 所示。图中细实线表示计划进度，粗实线表示工程施工的实际进度。由此可从图中看出：在第 7 周末进行施工进度检查时，挖土 1 及混

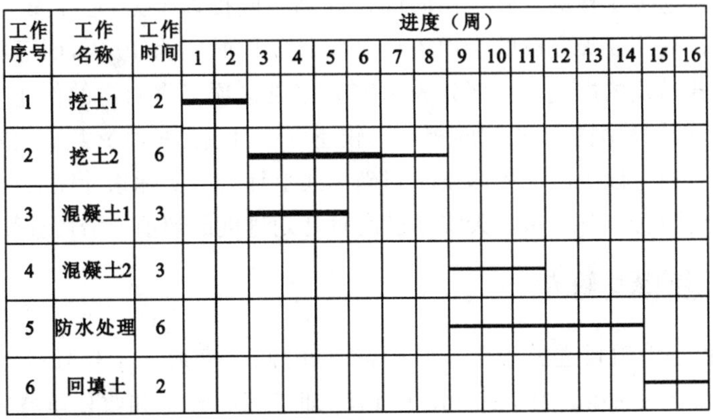

工作序号	工作名称	工作时间	进度（周）																
			1	2	3	4	5	6	7	8	9	10	11	12	13	14	15	16
1	挖土1	2																
2	挖土2	6																
3	混凝土1	3																
4	混凝土2	3																
5	防水处理	6																
6	回填土	2																

图 6.18　某基础工程实际进度与计划进度比较的横道图

凝土 1 已完成,而挖土 2 只完成了按计划安排到第 6 周末所应该完成的进度,说明到检查日按持续时间比来进行衡量,计划要求此项工作完成 83%,而实际只完成了 67%,因而这项工作的实际进度已经比计划进度落后了 16%。

除上例中的常用比较形式外,横道图比较法还包括双比例单侧横道图比较法和双比例双侧横道图比较法两种形式(分别如图 6.19 和图 6.20 所示)。两方法的相同之处是在工作计划横道线上下两侧作两条时间坐标线,并在两坐标线内侧逐日(或每隔一个单位时间)分别书写与记载相应工作的计划与实际累计完成比例,即形成所谓的"双比例"。其不同之处是前一方法用单侧附着于计划横道线的涂黑粗线表示相应工作的实际起止时间与持续天数;后一方法则是以计划横道线的涂黑粗线表示相应工作的实际起止时间与持续天数,即以计划横道线总长表示计划工作量的 100%,再将每日(或每单位时间)实际完成的工作量占计划工作总量的百分比逐一用相应比例长度的涂黑粗线交替画在计划横道线的上下两侧,从而借以直观反映计划执行过程中每日(或每一单位时间内)实际完成工作量的数量比例。

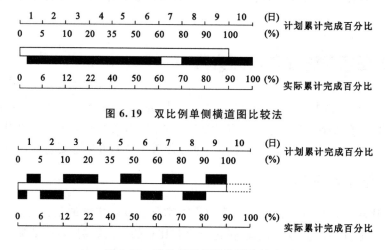

图 6.19　双比例单侧横道图比较法

图 6.20　双比例双侧横道图比较法

由图 6.19 可知,原计划用 9 天完成的一项工作其实际完成时间为 10 天,因而实际与计划相比拖延一天,这项工作的实际开始时间比计划时间推迟半天,且在第 7 天停工一日;而图 6.20 则表示计划用 9 天完成的一项工作其实际完成时间为 10 天,因而实际与计划相比拖延一天(计划横道线的虚线延长部分表示实际完成这项工作尚需的作业天数),同时通过该图计划横道线两侧涂黑粗线长度的相互比较还可一目了然地观察每天实际完成工作量数量的多少。最后,通过以上两例中两条时间坐标线上计划与实际累计完成百分比数的比较,可直观反映计划执行过程中,每一天实际进度较计划进度的超前或滞后幅度。

6.3.2　S 形曲线比较法

从整个工程建设项目进展的全过程看,单位时间内完成的工作任务量一般都随着时间的递进而呈现出两头少、中间多的分布规律,即工程的开工和收尾阶段完成的工作任务量少而中间阶段完成的工作任务量多(图 6.19 和图 6.20 中两条时间坐标线上的计划与累计完成工作量的百分比数实际上已揭示出此种分布规律)。这样以横坐标表示进度时间、以纵坐标表示累计完成工作任务量而绘制出来的曲线将是一条S形曲线。S形曲线比较法就是将进度计划确定的计划累计完成工作任务量和实际累计完成工作任务量分别绘制成S形曲线,并通过两者的比较以判断实际进度与计划进度相比是超前还是滞后,以及得出其他各种有关进度信息的进度计划执行情况的检查方法。

如图6.21所示,应用S形曲线比较法比较实际和计划两条S形曲线可以得出以下几种分析与判断结果。

(1)工程建设项目实际进度与计划进度比较情况

对应于任意检查日期,与相应的实际S形曲线上的一点,若位于计划S形曲线左侧表示此时实际进度比计划进度超前,位于右侧则表示实际进度比计划进度滞后。

(2)工程建设项目实际进度比计划进度超前或滞后的时间

如图6.21所示,ΔT_a表示T_a时刻实际进度超前的时间,ΔT_b表示T_b时刻实际进度滞后的时间。

(3)工程建设项目实际比计划超出或拖欠的工作任务量

如图6.21所示,ΔQ_a表示T_a时刻超额完成的工作任务量,ΔQ_b表示在T_b时刻拖欠的工作任务量。

(4)预测工作进度

如图6.21所示,若工程按原计划速度进行,则此项工作的总计拖延时间的预测值为ΔT_c。

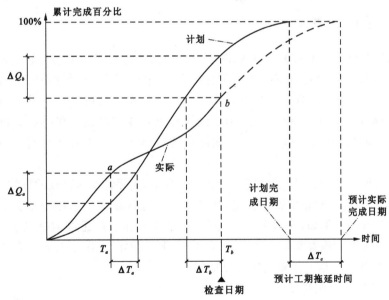

图6.21 S形曲线比较法

6.3.3 香蕉形曲线比较法

根据工程网络计划的原理,网络计划中的任何一项工作均可具有最早可以开始和最迟必须开始这两种不同的开始时间,而通过S形曲线比较法可知,一项计划工作任务随着

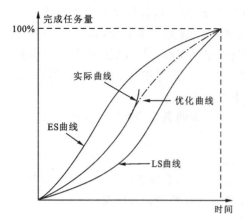

图 6.22 香蕉形曲线比较法

时间的推移其逐日累计完成的工作任务量可以用 S 形曲线表示。于是,内含于工程网络计划中的任何一项工作,其逐日累计完成的工作任务量就必然都可以借助于两条 S 形曲线概括表示:其一是按工作的最早可以开始时间安排计划进度而绘制的 S 形曲线,称为 ES 曲线;其二是按工作的最迟必须开始时间安排计划进度而绘制的 S 形曲线,称为 LS 曲线。由于两条曲线除在开始点和结束点相互重合以外,ES 曲线上的其余各点均落在 LS 曲线的左侧,从而使得两条曲线围合成一个形如香蕉的闭合曲线圈,故将其称为香蕉形曲线,如图 6.22 所示。

通常在项目实施的过程中,进度管理的理想状况是在任一时刻按实际进度描出的点均落在香蕉形曲线区域内,因为这说明实际工程进度被控制于工作的最早可以开始时间和最迟必须开始时间的要求范围之内,因而呈现正常状态;而一旦按实际进度描出的点落在 ES 曲线的上方(左侧)或 LS 曲线的下方(右侧),则说明与计划要求相比实际进度超前或滞后,此时已产生进度偏差。除了对工程的实际与计划进度进行比较,香蕉形曲线的作用还在于对工程实际进度进行合理的调整与安排,或确定在计划执行情况检查状态下后期工程的 ES 曲线和 LS 曲线的变化趋势。

6.3.4 前锋线比较法

前锋线比较法是一种适用于时标网络计划的实际与计划进度的比较方法。前锋线是指从计划执行情况检查时刻的时标位置出发,经依次连接时标网络图上每一工作箭线的实际进度点,在最终结束于检查时刻的时标位置而形成的对应于检查时刻各项工作实际进度前锋点位置的折线(一般用点画线标出),故前锋线又可称为实际进度前锋线。简言之,前锋线比较法就是借助于实际进度前锋线比较工程实际与计划进度偏差的方法。

需加以说明的是,在应用前锋线比较法的过程中,实际进度前锋点的标注方法通常有两种:其一是按已完工程量实物量标定;其二是按工作尚需的作业天数来进行标定,通常后一方法更为常用。例如,在图 6.23 中,位于右边的一条实际进度前锋线表示在计划进行到第 4 天末第 2 次检查实际进度时,工作 C、E、B、D 的尚需作业天数各为 2 天、1 天、3 天、1 天。前锋线比较法的主要用法可概括如下:

(1)比较实际与计划进度

对应于任意检查日期,工作实际进度点位置与检查日时间坐标相同,则被检查工作实际与计划进度一致;而当其位于检查日时间坐标右侧或左侧,则表明被检查工作实际进度超前或滞后,其超前或滞后天数为实际进度点所在位置与检查日两者之间的时间间隔。如结合图 6.23 所示实例,经观察可知在第 2 次检查实际进度时工作 E 超前于计划进度 1 天,工作 D 正常,工作 C、B 则分别滞后于计划进度 2 天、1 天。

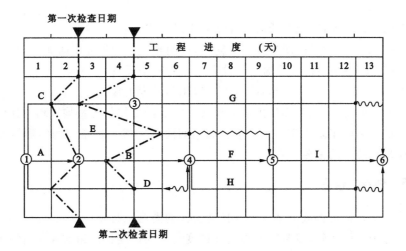

图 6.23　某工程网络计划前锋线比较图

（2）分析工作的实际进度能力

工作进度能力是指按当前实际进度状况完成计划工作的能力，工作的实际进度能力可用工作进度能力系数表示，其定义公式为

$$\beta_{ij} = \frac{\Delta t}{\Delta T} \tag{6.1}$$

式中　β_{ij}——工作 i、j 的进度能力系数；

Δt——相邻两实际进度前锋点的时间间隔；

ΔT——相邻两次检查日期的时间间隔。

结合图 6.23 所示实例可分别求得 C、E、B、D 当前的工作能力系数分别为

$$\beta_C = (2-1)/(4-2) = 0.5$$
$$\beta_E = (5-2)/(4-2) = 1.5$$
$$\beta_B = (3-2)/(4-2) = 0.5$$
$$\beta_D = (4-1)/(4-2) = 1.5$$

工作进度能力系数取值大于、小于或等于 1 分别表示按当前实际进度能充分满足、不能满足或恰好满足相应的工作按计划进度如期完成的需要。因此，工作的实际进度能力分析对项目进度管理具有重要意义。

（3）预测工作进度

假定维持到检查日期，测算得出的当前实际进度能力，则进度计划所安排的各项工作其最终的完成时间可依据下述公式进行预测：

$$R_{ij} = T + \frac{d_{ij}}{\beta_{ij}} \tag{6.2}$$

式中　R_{ij}——工作 i、j 的预测日期；

T——当前检查日期；

d_{ij}——工作 i、j 的尚需作业天数；

β_{ij}——工作 i、j 的进度能力系数。

结合图 6.23 所示实例可预测 C、E、B、D 各项工作的最终完成时间为：

$R_C = 4 + 2/0.5 = 8$ 日(说明滞后于计划完工时间 4 天);

$R_E = 4 + 1/1.5 = 4.6$ 日(即当月 5 日完成,说明超前于计划完工时间 1 天);

$R_B = 4 + 3/0.5 = 10$ 日(说明滞后于计划完工时间 4 天);

$R_D = 4 + 1/1.5 = 4.6$ 日(即当月 5 日完成,说明进度正常)。

当然,用上述方法预测工作进度需假设每日完成的工作任务量均以均匀速度进展,这就可能因与前期和收尾阶段完成工作量少而中间阶段完成工作量多的实际情况不符,导致预测结果出现较大的偏差。

6.3.5 列表比较法

列表比较法是通过将截至某一检查日期工作的尚有总时差与其原有总时差的计算结果列于表格之中进行比较,以判断工程实际进度与计划进度相比超前或滞后情况的方法。由网络计划原理可知,工作总时差是在不影响整个工程任务按原计划工期完成的前提下该项工作在开工时间上所具有的最大选择余地,因而到某一检查日期各项工作尚有总时差的取值,实际上标志着工作进度偏差及能否如期完成整个工程进度计划的不同情况。

工作尚有总时差可定义为检查日到此项工作的最迟必须完成时间的尚余天数与自检查日算起该工作尚需的作业天数两者之差。将工作尚有总时差与原有总时差进行比较而形成的进度计划执行情况检查的具体结论可归纳如下:

(1)若工作尚有总时差大于原有总时差,则说明该工作的实际进度比计划进度超前,且超前天数为两者之差;

(2)若工作尚有总时差等于原有总时差,则说明该工作的实际进度与计划进度一致;

(3)若工作尚有总时差小于原有总时差但仍为正值,则说明该工作的实际进度比计划进度滞后但计划工期不受影响,此时工作实际进度的滞后天数为两者之差;

(4)若工作尚有总时差小于原有总时差且已为负值,则说明该工作的实际进度比计划进度滞后且计划工期已受影响,此时工作实际进度的滞后天数为两者之差,而计划工期的延迟天数则与工序尚有总时差天数相等。

列表比较法可同时适用于网络计划执行情况的检查,例如结合图 6.23 所示实例,可对第二次检查工程进度时网络计划的实际执行情况列表进行比较、判断,如表 6.5 所示。

表 6.5 工程进度检查比较表

工作名称或代号	检查日	自检查日起工作尚需作业天数	工作的最迟完成时间	检查日到最迟完成时间尚余天数	工作原有总时差	工作尚有时差	判断结论		
							工作进度(天)		工期
							超前	滞后	
(1)	(2)	(3)	(4)	(5)=(4)-(1)	(6)	(7)=(5)-(3)	(8)=(7)-(6)	(9)=(7)-(6)	(10)
C	4	2	5	1	1	−1		2	延迟1天
E	4	1	9	5	3	4	1		
B	4	3	6	2	0	−1		1	延迟1天
D	4	1	6	2	1	1	0	0	

6.4 进度控制的措施

进度控制的目的就是通过控制以实现工程的进度目标,也即使项目实际建设周期不超过计划建设周期。进度控制所涉及的时间覆盖范围从项目立项至项目正式动用,所涉及的项目覆盖范围包括与项目动用有关的一切子项目(包括主体工程、附属工程、道路及管线工程等),所涉及的单位覆盖范围包括设计、科研、材料供应、购配件供应、设备供应、施工安装单位及审批单位等,因此影响进度的因素相当多,进度控制中的协调量也相当大。在项目实施过程中经常出现进度偏差,即实际进度偏离计划进度,需要采取相关措施进行控制。

进度控制措施主要包括组织措施、管理措施(包括合同措施)、经济措施和技术措施。

6.4.1 组织措施

组织是目标能否实现的决定性因素,因此进度纠偏措施应重视相应的组织措施。进度纠偏的组织措施主要包括以下内容:

(1)健全项目管理的组织体系,如需要,可根据具体情况调整组织体系,避免项目组织中的矛盾,多沟通。

(2)在项目组织结构中应有专门的工作部门和符合进度控制岗位资格的专人负责进度控制工作,根据需要还可以加强进度控制部门的力量。

(3)对于相关技术人员和管理人员,应尽可能加强教育和培训;工作中采用激励机制,例如,奖金、小组精神发扬、个人负责制和目标明确等。

(4)进度控制的主要工作环节包括进度目标的分析和论证、编制进度计划、定期跟踪进度计划的执行情况、采取纠偏措施,以及调整进度计划,检查这些工作任务和相应的管理职能是否在项目管理组织设计的任务分工表和管理职能分工表中标示并落实。

(5)编制项目进度控制的工作流程,如确定项目进度计划系统的组成;各类进度计划的编制程序、审批程序和计划调整程序等,并检查这些工作流程是否受到严格落实,是否根据需要进行调整。

(6)进度控制工作包含了大量的组织和协调工作,而会议是组织和协调的重要手段,因此可进行有关进度控制会议的组织设计,明确会议的类型,各类会议的主持人、参加单位和人员,各类会议的召开时间,各类会议文件的整理、分发和确认等。

6.4.2 管理措施

建设工程项目进度控制纠偏的管理措施涉及管理的思想、管理的方法、管理的手段、承发包模式、合同管理和风险管理等。在理顺组织的前提下,科学和严谨的管理显得十分重要。在建设项目进度控制中,项目参与单位在管理观念方面可能会存在以下可能导致进度拖延的问题:

(1)缺乏进度计划系统的观念,分别编制各种独立而互不联系的计划,形成不了计划系统;

(2)缺乏动态控制的观念,只重视计划的编制,而不重视及时地进行计划的动态调整;

(3)缺乏进度计划多方案比较和选优的观念,合理的进度计划应体现资源的合理使用、工作面的合理安排,有利于提高建设质量,有利于文明施工和有利于合理地缩短建设周期等方面。

进度控制的管理措施主要包括以下几个方面:

(1)采用工程网络计划方法进行进度计划的编制和实施控制。如进度出现偏差时可改变网络计划中活动的逻辑关系:如将前后顺序工作改为平行工作,或采用流水施工的方法;将一些工作包合并,特别是关键线路上按先后顺序实施的工作包合并,与实施者一起研究,通过局部地调整实施过程和人力、物力的分配,达到缩短工期的目的。

(2)承发包模式的选择直接关系到工程实施的组织和协调,因此应选择合理的合同结构,以避免过多的合同交界面而影响工程的进展。工程物资的采购模式对进度也有直接的影响,对此应做比较分析。

(3)分析影响工程进度的风险,并在分析的基础上采取风险管理措施,以减少进度失控的风险量。常见的影响工程进度的风险包括组织风险、管理风险、合同风险、资源(人力、物力和财力)风险和技术风险等。

(4)利用信息技术(包括相应的软件、局域网、互联网以及数据处理设备)辅助进度控制。虽然信息技术对进度控制而言只是一种管理手段,但它的应用有利于提高进度信息处理的效率、提高进度信息的透明度、促进进度信息的交流和项目各参与方的协同工作。尤其是对一些大型建设项目,或者空间位置比较分散的项目,采用专业进度控制软件有助于进度控制的实施。

6.4.3 经济措施

建设工程项目进度控制的经济措施主要涉及资金需求计划、资金供应的条件和经济激励措施等。经济措施主要包括以下几项主要内容:

(1)编制与进度计划相适应的资源需求计划(资源进度计划),包括资金需求计划和其他资源(人力和物力资源)需求计划,以反映工程实施的各时段所需要的资源。通过资源需求的分析,可发现所编制的进度计划实现的可能性,若资源条件不具备,则应调整进度计划。资金供应条件包括可能的资金总供应量、资金来源(自有资金和外来资金)以及资金供应的时间。

(2)在工程预算中考虑加快工程进度所需要的资金,其中包括为实现进度目标将要采取的经济激励措施等所需要的费用。

6.4.4 技术措施

建设工程项目进度控制的技术措施涉及对实现进度目标有利的设计技术和施工技术的选用。

(1)不同的设计理念、设计技术路线、设计方案会对工程进度产生不同的影响,在设计工作的前期,特别是在设计方案评审和选用时,应对设计技术与工程进度的关系作分析比较。在工程进度受阻时,应分析是否存在设计技术的影响因素,以及为实现进度目标有无设计变更的可能性。

（2）施工方案对工程进度有直接的影响,在选用时,不仅要分析技术的先进性和经济合理性,还应考虑其对进度的影响。在工程进度受阻时,应分析是否存在施工技术的影响因素,为实现进度目标有无改变施工技术、施工方法和施工机械的可能性,如增加资源投入或重新分配资源、改善工器具以提高劳动效率和修改施工方案(如将现浇混凝土改为场外预制、现场安装)等。

【案例分析 6.1】 上海虹桥综合交通枢纽工程进度控制

上海虹桥综合交通枢纽是世界上规模最大、功能最为复杂的空陆一体化交通大枢纽之一,各子系统见图 6.24。项目计划在 2006 年底开工,2009 年底基本完工,2010 年 5 月投入使用。面对如此艰巨的任务,项目部迎难而上,采取多种科学有效的措施狠抓进度控制,最终取得了良好效果,上海虹桥国际机场扩建工程、东交通中心工程、地铁二号线西西延伸、快速集散系统、地面市政道路、公交、出租车以及外围"一纵三横"等交通设施及各专项配套项目同步投入使用,实现了几乎是不可能完成的工程目标,创造了奇迹。

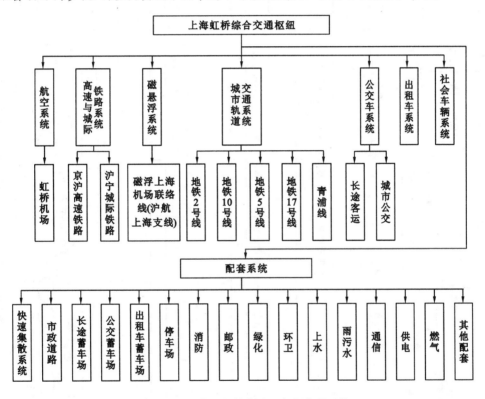

图 6.24 上海虹桥综合交通枢纽各子系统

（1）进度控制三方面集成机制

工程的顺序集成:前期报批—规划设计—工程招标和设备采购—施工—验收移交—运管准备和接收。

工程的区域集成:机场扩建工程(飞行区工程、航站区工程、货运区工程和配套工程)—交通中心工程(东交通中心和地铁东站、磁浮站、地铁西站和高铁站房、西交广场)—市政道路及配套工程专项配套—枢纽外围配套。

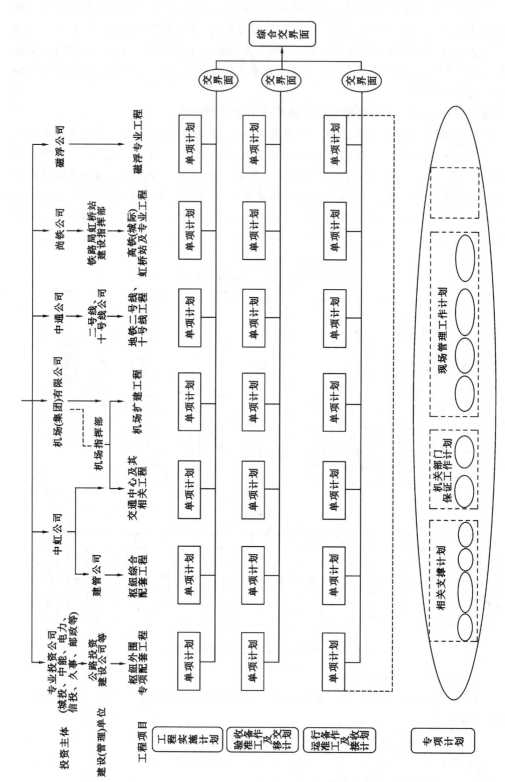

图6.25 上海虹桥综合交通枢纽综合计划体系模型

管理组织层面集成：枢纽指挥部—各投资主体(或建设管理单位)—工程建设参与单位(设计、施工、供货、政府报批单位、工程接收和运管单位)。

(2)进度计划控制体系

进度计划分为 4 个层级,从下至上依次是单体进度计划(单体实时控制性进度计划)—分区进度计划(分区实施控制性进度计划)—总进度计划(项目实施指导性进度计划)—总进度纲要(进度目标论证),最终形成了综合性质的进度计划体系,见图 6.25。

(3)进度信息的采集与分析

基于如下的组织结构,每月会采集如下进度报告:机场指挥部两份书面工程月度报告(机场扩建工程和交通中心为申虹代建工程)、申虹公司一份书面工程月度报告、市枢纽指挥部一份书面工程月度报告、申虹公司一份书面运管准备月度报告、虹桥机场公司一份书面运管准备月度报告,见图 6.26～图 6.27。

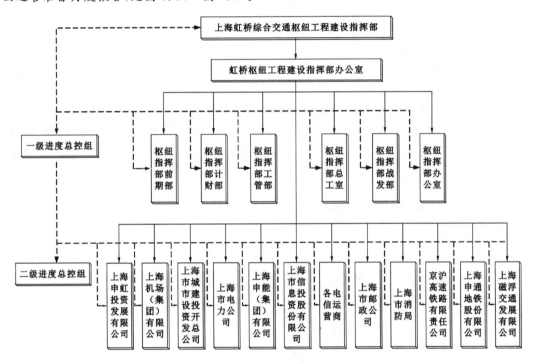

图 6.26　上海虹桥综合交通枢纽进度信息的采集及报告——组织结构

月报主要包括以下要点:总进度纲要控制节点(81 个节点)执行情况、进度计划控制分析、重要进度措施、下月工程进度计划、下月工程重点(进度重点及建议)、投资完成情况概述、各项目建安工程计划与完成情况(表)、建安工程投资完成情况(图)、投资情况分析、投资控制重点、项目前期进展。

(4)进度风险管理

风险管理的目的在于对工程建设、工程验收、工程移交和运营准备决战阶段的进度风险进行识别与排查,以便风险归属单位或部门采取应对措施,降低或规避风险对实现工程进度目标的消极影响。

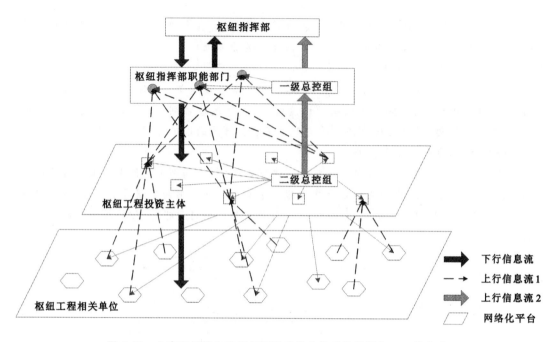

图 6.27 上海虹桥综合交通枢纽进度信息的采集及报告——信息流

其中某月汇总得到的各类风险情况见图6.28。透过当月的进度风险评估,指挥部认为,虹桥机场扩建工程及枢纽代建工程目前总体进度受控。但是,无论在工程建设、验收、

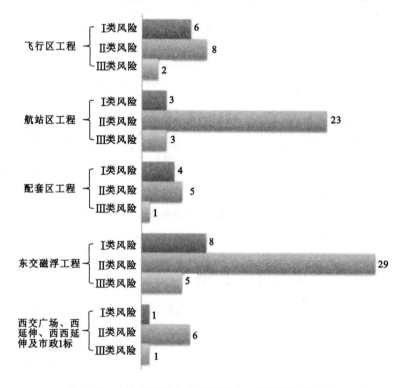

图 6.28 上海虹桥综合交通枢纽各工程区风险管理情况

移交和运营准备等环节上，都仍存在较大的进度风险，需得到相关各方的充分重视。进度风险需要相关各方共同承担，共同化解进度风险。本次进度风险评估是在各项进度计划、已完成工程的基础上所进行的，随着工程的不断推进，在过程中可能还会出现新的风险，这就需要相关各方在落实与控制附表中各项风险的基础上，全面树立风险意识，进行风险跟踪管理。

6.5 进度计划编制流程

（1）确定进度目标

编排施工进度计划的第一步任务就是研究得到合适的目标工期。目标工期可以是以双方在合同文本中所达成一致的工期或者政府所要求必须达到的工期为基础考虑自身实际情况来确定的工期。现代项目的目标工期的确定是个复杂的过程，需要综合投资回收、费用成本、资源限制等多种因素进行考量，抓主要限制条件做出决策。施工单位参与工程建设的目的是为了获取预期利润，所以在确定目标工期时往往以预期利润动态回收周期作为主要参考因素，在合同工期或指令工期内选出最佳工期。

（2）调研收集资料

资料收集的重点包括本工程经审批的各种图纸、现场水文地质条件、招标文件等等，关键是立足于合同文本和施工条件的可行性分析，确定影响工程的主要条件和次要条件。除此之外最好还要有之前项目进度方面的相关资料，便于借鉴。

（3）WBS 工作分解

工程项目是由不同层级、一环套一环的子项目组成，通过 WBS 分解的方式将工程项目的不同层级逐一切分出来，有利于理清项目结构、明确施工任务。根据进度计划的规模和性质来决定 WBS 分解的详细程度，常见的是三个结构层次，例如顶层是一个总体的单位工程，下一层是其包含的分部工程，末层是一个个具体的分项工程。

（4）确定各工序逻辑关系及时间参数

各个施工过程逻辑关系的确定需要考虑不同施工过程间的物理约束、逻辑约束和工艺约束，例如考虑搭接关系是否满足流水施工的要求，让劳动力和资源投入均衡，避免时高时低、波动较大；考虑不同施工工序在空间和时间上是否发生冲突，导致场地拥挤使得材料堆放、运输等产生困难。各个时间参数的确定需要先根据工程量和实际人力、资源情况综合决定出持续时间，其他时间参数则结合现场实际与前者综合确定。

（5）编排不同层次进度计划

以上步骤完成后即可着手施工进度计划的具体编排，对前文所述根据施工组织设计的层级对应由三种层次的进度计划依次进行编排。分层级编排进度计划降低了施工过程间的耦合度，提高了各施工过程的内聚度，大大提高了进度管理的效率。进度计划的具体编排方式主要是甘特图和网络图，相较而言甘特图简单直观但难以表达工序逻辑关系而网络图略显复杂但逻辑关系清晰。考虑到目前的劳动人员的平均文化程度，目前进度计划编排的主流还是甘特图。

(6)进度计划调整和优化

施工进度计划编排完毕后还需要与合同文本、施工条件、图纸资料等进行核对,确保进度计划是紧紧围绕目标工期开展的,如果出现明显的不符合情况就需要做出调整优化,常见的方法如改变后续工作的搭接关系或者缩短后续工作的持续时间。对于人力、资源消耗量大的局部高峰期可以采用调整其他子工程的时间参数或者优化资源投入方式来保持资源和人力投入的均衡。

6.6 计算机辅助进度控制

国外有很多用于进度计划编制的商品软件,自 20 世纪 70 年代末期和 80 年代初期开始,我国也开始研制进度计划编制的软件,这些软件都是在工程网络计划原理的基础上编制的。应用这些软件可以实现计算机辅助建设工程项目进度计划的编制和调整,以确定工程网络计划的时间参数。

计算机辅助工程网络计划编制的意义如下:

(1)解决当工程网络计划计算量大、手工计算难以承担的困难;

(2)确保工程网络计划计算的准确性;

(3)有利于工程网络计划及时调整;

(4)有利于编制资源需求计划等。

6.6.1 进度控制

进度控制是一个动态编制和调整计划的过程,初始的进度计划和在项目实施过程中不断调整的计划,以及与进度控制有关的信息应尽可能对项目各参与方透明,以便各方为实现项目的进度目标协同工作。为使业主方各工作部门和项目各参与方能够便捷地获取进度信息,可利用项目专用网站作为基于网络的信息处理平台辅助进度控制。图 6.29 表示了从项目专用网站可获取的各种进度信息。

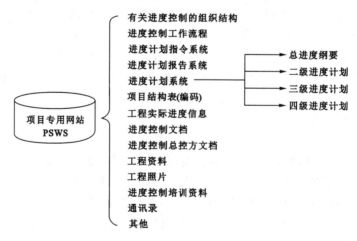

图 6.29 项目专用网站提供的进度信息

6.6.2 基于 BIM 的进度控制

目前 BIM 技术在建筑领域逐渐成为应用热点，BIM-4D 技术已应用到项目管理的许多方面，特别是项目进度控制，具体包括建筑施工模拟、可视化进度管理、建筑施工动态管理等方面。根据欧特克公司的统计，BIM 技术可改善项目产出和团队合作 79%，BIM 技术下的三维可视化更便于沟通，可以提高企业竞争力 66%，减少的信息请求 50%~70%，缩短施工周期 5%~10%，减少各专业协调时间 20%~25%。

BIM-4D 通过 4D 技术将建筑物及现场施工场地环境的 3D 模型与施工进度计划相关联，并且融入 BIM 技术与成本、质量、安全、资源等信息相互集成，形成完整的 BIM-4D 信息模型，将三维模型与详细的进度计划信息相链接，对整个建造过程进行动态模拟。这不仅随时获取不同时段的施工状态，而且具备对进度过程实时控制、优化分析，保证了各参与主体之间的信息传递。BIM-4D 施工进度管理应用可以实现建筑施工模拟、可视化进度以及建筑施工动态管理。一般的进度计划编排流程见图 6.30。

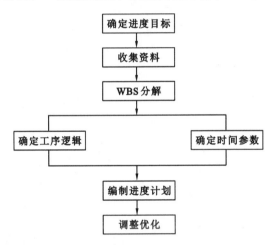

图 6.30　进度计划编排流程图

在进度计划编制阶段，在基于 BIM 的进度管理系统下，综合应用 WBS、横道图、网络计划、BIM 等多种技术，完成进度安排，分配资源并预算费用。在进度控制阶段，可以使用基于 BIM 的进度管理系统提供的进度曲线、甘特图、4D 模拟等功能进行项目进度的跟踪与控制。

BIM-4D 技术通对工程实际进度的可视化模拟，形象地表达了工程实际施工动态和施工作业，可以仿真模拟工程实际进度，将施工进度计划与工程实际进度有机的集合在一起，为后续的施工进度计划分析和调优提供了依据。管理者通过收集 BIM-4D 模型实际进度与计划进度数据掌握工程开展第一手信息，通过 BIM-4D 模型提供的各种直观化的图形、报表对施工进展与延误的对比分析来确定偏差原因，从而采取有效措施对原有进度计划进行调优和修正。此外 BIM-4D 技术可以预测工期延误的影响，对不同进度计划的修正方案进行模拟分析。

复习思考题

1. 进度控制的含义和目的是什么？
2. 项目总进度目标论证的工作步骤有哪些？
3. 横道图有哪些优缺点？
4. 网络计划有哪些特点？
5. 工程进度控制有哪几种方法？
6. 进度控制的措施包括哪些内容？

7

工程项目质量控制

本 章 提 要

工程项目质量的特征,工程项目质量控制的目标;质量管理体系的相关内容,如质量管理体系文件的构成、质量管理体系的建立与运行、质量管理体系的认证与监督;工程项目设计阶段、施工阶段以及竣工验收阶段的质量控制;工程项目质量统计的方法。

7.1 工程项目质量控制概述

工程项目质量控制是指为达到工程项目质量要求所采取的作业技术和活动。在工程项目实施过程中,项目建设参与各方包括建设单位、设计单位、施工单位和材料设备供应单位均必须进行工程项目质量控制。

7.1.1 工程项目质量的特征

项目从本质上说是一种拟建或在建的产品,它和一般产品具有同样的质量内涵,即一组固有特性满足需要的程度。这些特性是指产品的适用性、可靠性、安全性、经济性以及环境的适宜性等。同时,由于建设工程项目本身的一次性、单件性、预约性的特点,建设工程项目质量的基本特性又包括以下几个方面:

(1)能够反映建筑环境

建筑环境质量不仅包括项目用地范围内的规划布局、道路交通组织、绿化景观,更追求其与周边环境的协调性或适宜性。

(2)能够反映使用功能

建设工程项目的功能性质量,主要是反映对建设工程使用功能需求的一系列特性指标,如房屋建筑的平面空间布局、通风采光性能,工业建设工程项目的生产能力和工艺流程,道路交通工程的路面等级、通行能力等。

(3)能够反映艺术文化

建筑产品具有深刻的社会文化背景,其个性的艺术效果,包括建筑造型、立面外观、文化内涵、时代特征以及装修装饰、色彩视觉等,都是使用者以及社会关注的焦点。建设工程项目艺术文化特性的质量来自设计者的设计理念、创意和创新,以及施工者对设计意图的领会与精益生产。

(4)能够反映安全可靠

建筑产品不仅要满足使用功能和用途的要求,而且在正常的使用条件下应能达到安全可靠的要求。可靠性质量必须在满足功能性质量需求的基础上,结合技术标准、规范,特别是强制性条文的要求进行确定与实施。

7.1.2 工程项目质量控制的目标

工程项目质量控制是指采取有效措施,确保实现合同(设计承包合同、施工承包合同与订货合同等)商定的质量要求和质量标准,避免常见的质量问题,达到预期目标。一般来说,工程项目质量控制的目标要求有如下几条:

(1)工程设计必须符合设计承包合同规定的规范标准的质量要求,投资额、建设规模应控制在批准的设计任务书范围内。

(2)设计文件、图纸要清晰完整,各相关图纸之间无矛盾。

(3)工程项目的设备选型、系统布置要经济合理、安全可靠、管线紧凑、节约能源。

(4)环境保护措施、"三废"处理、能源利用等要符合国家和地方政府规定的指标。

(5)施工过程与技术要求相一致,与计划规范相一致,与设计质量要求相一致,符合合同要求和验收标准。

工程项目的质量控制在项目管理中占有特别重要的地位。确保工程项目的质量,是工程技术人员和项目管理人员的重要使命。近年来,国家已明确规定把建筑工程优良品率作为考核建筑施工企业的一项重要指标,要求施工企业在施工过程中推行全面质量管理、价值工程等现代管理方法,使工程质量明显提高。

但是,目前我国建筑的质量管理仍不尽人意,还存在不少施工质量问题。这些问题的出现,大大影响了用户的使用效果,严重的甚至还造成人身伤亡事故,给建设事业造成了极大的损失。为了确保项目的质量,应下大力气抓好质量控制。

7.2 质量管理体系

7.2.1 质量管理原则

《质量管理体系基础和术语》GB/T 19000—2016 提出了质量管理的七项原则,内容如下:

(1)以顾客为关注焦点

质量管理的首要关注点是满足顾客要求并且努力超越顾客期望。

(2)领导作用

各级领导建立统一的宗旨和方向,并创造全员积极参与实现组织的质量目标的条件。

（3）全员积极参与

整个组织内各级胜任、经授权并积极参与的人员，是提高组织创造和提供价值能力的必要条件。

（4）过程方法

将活动作为相互关联、功能连贯的过程组成的体系来理解和管理时，可以更加有效和高效地得到一致的、可预知的结果。

（5）改进

成功地组织，持续关注改进。

（6）循证决策

基于数据和信息的分析和评价的决策，更有可能产生期望的结果。

（7）关系管理

为了持续成功，组织需要管理与有关相关方（如供方）的关系。

7.2.2　质量管理文件的构成

质量管理体系标准明确要求，企业应有完整的和科学的质量体系文件，这是企业开展质量管理的基础，也是企业为达到所要求的产品质量，实施质量体系审核、认证，进行质量改进的重要依据。质量管理体系的文件主要由质量手册、程序文件、质量计划和质量记录等构成。

（1）质量手册

质量手册是质量管理体系的规范，是阐明一个企业的质量政策、质量体系和质量实践的文件，是实施和保持质量体系过程中长期遵循的纲领性文件。质量手册的主要内容包括：企业的质量方针、质量目标，组织机构和质量职责，各项质量活动的基本控制程序或体系要素，质量评审、修改和控制管理办法。

（2）程序文件

程序文件是质量手册的支持性文件，是企业落实质量管理工作而建立的各项管理标准、规章制度，是企业各职能部门为贯彻落实质量手册要求而规定的实施细则。程序文件一般至少应包括文件控制程序、质量记录管理程序、不合格品控制程序、内部审核程序、预防措施控制程序、纠正措施控制程序等。

（3）质量计划

质量计划是为了确保过程的有效运行和控制，在程序文件的指导下，针对特定的产品、过程、合同或项目，而制定出的专门质量措施和活动顺序的文件。质量计划的内容包括：应达到的质量目标，该项目各阶段的责任和权限，应采用的特定程序、方法、作业指导书；有关阶段的实验、检验和审核大纲，随项目的进展而修改和完善质量计划的方法；为达到质量目标必须采取的其他措施。

（4）质量记录

质量记录是产品质量水平和质量体系中各项质量活动进行及结果的客观反映，是证明各阶段产品质量达到要求和质量体系运行有效的证据。

7.2.3 质量管理体系的建立与运行

(1)质量管理体系是企业按照七项质量管理原则,在确定市场及顾客需求的前提下,制定企业的质量方针、质量目标、质量手册、程序文件及质量记录等体系文件,确定企业在生产(或服务)全过程的作业内容、程序要求和工作标准,并将质量目标分解落实到相关层次、相关岗位的职能和职责中,形成企业质量管理体系执行系统的一系列工作。质量管理体系的建立还包含着组织不同层次的员工培训,使体系工作和执行要求为员工所了解,为形成全员参与的企业质量管理体系的运行创造条件。

(2)质量管理体系的建立需识别并提供实现质量目标和持续改进所需的资源,具体包括人员、基础设施、环境、信息等。

(3)质量管理体系的运行是在生产及服务的全过程中,按质量管理文件体系制定的程序、标准、工作要求及目标分解的岗位职责进行操作运行。

(4)在质量管理体系运行的过程中,按各类体系文件的要求,监视、测量和分析过程的有效性和效率,做好文件规定的质量记录,持续收集、记录并分析过程的数据和信息,全面体现产品的质量和过程符合要求及可追溯的效果。

(5)按文件规定的办法进行管理评审和考核:过程运行的评审考核工作,应针对发现的主要问题,采取必要的改进措施,使这些过程达到所策划的结果和实现对过程的持续改进。

(6)落实质量体系的内部审核程序,有组织有计划地开展内部质量审核活动,其主要目的是:

①评价质量管理程序的执行情况及适用性;

②揭露质量管理体系运行过程中存在的问题,为质量改进提供依据;

③建立质量体系运行的信息;

④向外部审核单位提供体系有效的证据。

为确保系统内部审核的效果,企业领导应进行决策领导,制定审核政策、计划,组织内审人员队伍,落实内部审核,并对审核发现的问题采取纠正措施和提供人、财、物等方面的支持。

7.2.4 质量管理体系的认证与监督

(1)质量管理体系认证的意义

质量认证制度是由公正的第三方认证机构对企业的产品及质量体系作出正确可靠的评价,从而使社会对企业的产品建立信心。第三方质量认证制度自 20 世纪 80 年代以来已得到世界各国普遍重视,它对供方、需方、社会和国家的利益都具有重要意义:

①提高供方企业的质量信誉;

②促进企业完善质量体系;

③增强国际市场竞争能力;

④减少社会重复检验和检查费用;

⑤有利于保护消费者利益;

⑥有利于法规的实施。

（2）质量管理体系的申报及批准程序

①申请和受理：具有法人资格，并已按 GB/T 19000—ISO 9000 系统标准或其他国际公认的质量体系规范建立了文件化的质量管理体系，并在生产经营全过程贯彻执行的企业可提出申请。申请单位需按要求填写申请书，认证机构经审查符合要求后接受申请，如不符合则不接受申请，无论接受与否均予发出书面通知书。

②审核：认证机构派出审核组对申请方质量体系进行检查和评定，内容包括文件审查、现场审核，并提出审核报告。

③审批与注册发证：认证机构对审核组提出的审核报告进行全面审查，符合标准者批准并予以注册，发给认证证书（内容包括证书号、注册企业名称地址、认证和质量体系覆盖产品的范围、评价依据及质量保证模式标准及说明、发证机构、签发人和签发日期）。

（3）获准认证后的维持与监督管理

企业获准认证的有效期为三年。企业获准认证后，应通过经常性的内部审核，维持质量管理体系的有效性，并接受认证机构对企业质量体系实施监督管理。获准认证后的质量管理体系，其维持与监督管理内容包括：

①企业通报：认证合格的企业质量体系在运行中出现较大变化时，需向认证机构通报，认证机构接到通报后，视情况采取必要的监督检查措施。

②监督检查：指认证机构对认证合格单位质量维持情况进行监督性现场检查，包括定期和不定期的监督检查。定期检查通常是每年一次，不定期检查可视需要临时安排。

③认证注销：注销是企业的自愿行为。在企业体系发生变化或证书有效期届满时未提出重新申请等情况下，认证持证者提出注销的，认证机构予以注销，并收回体系认证证书。

④认证暂停：认证机构对获证企业质量体系发生不符合认证要求的情况时采取的警告措施。认证暂停期间企业不得用体系认证证书做宣传。企业在规定期间采取纠正措施，满足规定条件后，认证机构撤销认证暂停；否则将撤销认证注册，收回合格证书。

⑤认证撤销：当获证企业发生质量体系存在严重不符合规定或在认证暂停的规定期限未予整改的，或发生其他构成撤销体系认证资格情况时，认证机构做出撤销认证的决定。企业不服可提出申诉。撤销认证的企业一年后可重新提出认证申请。

⑥复评：认证合格有效期满前，如企业愿继续延长，可向认证机构提出复评申请。

⑦重新换证：在认证证书有效期内，出现体系认证标准变更、体系认证范围变更、体系认证证书持有者变更，可按规定重新换证。

7.3　工程项目实施阶段的质量控制

7.3.1　工程项目设计阶段的质量控制

工程项目设计是工程建设的第一阶段，是工程建设质量控制的起点。这个阶段质量控制好了，就为保证整个工程建设质量奠定了基础；否则，带着"先天不足"进入后续工作，即便是各工序控制得很好，工程建成后也不能保证质量。因此，工程项目设计阶段的质量控制是工程建设全面质量控制很重要的一个环节。

工程项目的设计一般都要经过三个阶段，即方案设计、初步设计和施工图。针对每一设计阶段都规定相应工作内容、深度、质量标准及重点管理部位，并有具体责任者和审查人按各自技术职责和质量标准完成要求，使每一设计阶段的质量都得到严密控制，从而切实保证工程的实际质量。

（1）方案设计

随着建设市场的进一步规范，国家颁布了《中华人民共和国招标投标法》，规定一个设计项目至少有三家设计单位参加投标。项目是设计单位生存的源泉，参加投标是设计单位获取项目来源、扩大社会影响的主要手段。因此必须十分重视对投标方案的设计。

为确保投标的方案设计体现设计方意图及设计单位的水平，项目初始，总工程师应亲自挂帅，一抓到底，在内部采取竞争的办法，设计人员积极参加，集思广益，借鉴国内外成功的经验，对每个项目都做出两个以上方案。在方案设计正式发出前，总师室进行内部审评，检查设计产品的功能性、安全性、经济性、可信性、可实施性、适应性、时间性，确定既满足委托方切实合理的需要、用途和目的要求，又符合适用的标准和规范、符合社会要求的最佳方案。

（2）初步设计

项目中标后，总工程师有针对性地选好项目负责人，明确项目负责人的职责，保证项目负责人具备相应水准；再由设计项目负责人组织好班子，实行项目负责人负责制。如住宅项目的设计必须由二级以上（含二级）的注册建筑师主持设计，并由注册结构工程师负责结构设计，2万平方米以上的住宅项目必须由一级注册建筑师主持设计。

项目合同生效后，项目组首先按照《工程设计文件编制深度的规定》确定设计原则，根据评标时的专家意见和建设方意见对方案进行第一步修改和调整；再征询城建和市政配套部门的意见，落实对方案的配套修改意见。然后，由主任工程师以上技术负责人召集有关专业人员进行专业定案，并在专业定案的基础上，协调好个专业间可能产生的各种矛盾，如水、电、气、热、通信等管线设计要统筹考虑，合理布局，合理设置或预留设施，保证设计的整体性和室内外设计的有序安排，从而进一步落实设计深度要求。

（3）施工图设计

要建立严格的质量责任制度，明确各自的质量责任，尤其是要强化注册建筑师、注册结构师等注册职业人士的责任，认真把好技术的质量关，按规定在图纸上签字盖章，并承担相应的责任。

在确定设计人的同时确定校审人，明确有资格的注册师担任校审人，实行专人校审，负责专业图纸（报告）的校审并持有质量否决权。项目设计过程中，由各专业设计人按照工程设计文件的统一编号，把本专业全部设计（包括设计依据、计算书等）连同质量评定记录表一起，按照规定的设计工作（技术）岗位，由上至下，由各专业设计到整个工程项目设计，逐层进行校审及质量评定。如计算书必须由设计人打勾，校对人也要打勾，即必须双勾才能通过；校审人员在校审图纸的同时写下校审意见，然后设计人员按照意见加以修正和改进，并在该图同时必须写上每条意见的处理结果，经评定人复审认可签字后方可出图,确保设计文件质量(产品)符合国家法律法规和技术标准。

7.3.2 工程项目施工阶段的质量控制

对于建设工程项目而言,工程施工阶段的工作质量控制是工程质量控制的关键环节。工程施工是一个从对投入原材料的质量控制开始,直到完成工程质量检验验收的系统过程,主要包括施工准备和施工两个阶段。

7.3.2.1 施工准备阶段工作质量控制

(1)图纸学习与会审

设计文件和图纸的学习是进行质量控制和规划的一项重要而有效的方法。这一方法一方面可使施工人员熟悉并了解工程特点、设计意图和掌握关键部位的工程质量要求,更好地做到按图施工;另一方面通过图纸审查,及时发现存在的问题和矛盾,提出修改与洽商意见,帮助设计单位减少差错,提高设计质量,避免产生技术事故或产生工程质量问题。

图纸会审由建设单位或监理单位主持,设计单位、施工单位参加,并写出会审纪要。图纸审查必须抓住关键,特别注意构造和结构的审查,必须形成图纸审查与修改文件,并作为档案保存。

(2)编制施工组织设计

施工组织设计是对施工的各项活动做出全面的构思和安排,指导施工准备和施工全过程的技术经济文件,它的基本任务是使工程施工建立在科学合理的基础上,保证项目取得良好的经济效益和社会效益。

根据设计阶段和编制对象的不同,施工组织设计大致可分为施工组织总设计、单位工程施工组织设计和难度较大、技术复杂或新技术项目的分部分项工程施工设计三大类。施工组织设计通常应包括工程概况、施工部署和施工方案、施工准备工作计划、施工进度计划、技术质量措施、安全文明施工措施、各项资源需要量计划及施工平面图、技术经济指标等基本内容。

施工组织设计中,对质量控制起主要作用的是施工方案,主要包括施工程序的安排、流水段的划分、主要项目的施工方法、施工机械的选择,以及保证质量、安全施工、冬季和雨季施工、污染防治等方面的预控方法和针对性的技术组织措施。

(3)组织技术交底

技术交底是指单位工程、分部工程、分项工程正式施工前,对参与施工的有关管理人员、技术人员和工人进行不同重点和技术深度的技术性交代和说明。其目的是使参与项目施工的人员对施工对象的设计情况、建筑结构特点、技术要求、施工工艺、质量标准和技术安全措施等方面有一个较详细的了解,做到心中有数,以便科学地组织施工和合理地安排工序,避免发生技术错误或操作错误。

技术交底是一项经常性的技术工作,可分级分阶段进行。技术交底应以设计图纸、施工组织设计、质量验收标准、施工验收规范、操作规程和工艺卡为依据,编制交底文件,必要时可用图表、实样、小样、现场示范操作等形式进行,并做好书面交底记录。

(4)控制物资采购

施工中所需的物资包括建筑材料、建筑构配件和设备等。如果生产、供应单位提供的物资不符合质量要求,施工企业在采购前和施工中又没有有效的质量控制手段,往往会埋下工程隐患,甚至酿成质量事故。因此,采购前应按先评价后选择的原则,由熟悉物资技术标准和管理要求的人员,对拟选择的供方通过对技术、管理、质量检测、工序质量控制和售后服务等质量保证能力的调查,信誉以及产品质量的实际检验评价,各供方之间的综合比较,最后做出综合评价,再选择合格的供方建立供求关系。

(5)严格选择分包单位

工程总承包商或主承包商将总包的工程项目按专业性质或工程范围(区域)分包给若干个分包商来完成,是一种普遍采用的经营方式。为了确保分包工程的质量、工期和现场管理能满足总合同的要求,总承包商应由主管部门和人员对拟选择的分包商,包括建设单位指定的分包商,通过审查资格文件、考察已完工程和施工工程质量等方法,对分包商的技术及管理实务、特殊及主体工程人员资格、机械设备能力及施工经验,认真进行综合评价,决定是否可作为合作伙伴。

7.3.2.2 施工阶段施工质量控制

(1)严格进行材料、构配件试验和施工试验

对进入现场的物料,包括甲方供应的物料以及施工过程中的半成品,如钢材、水泥、钢筋连接接头、混凝土、砂浆、预制构件等,必须按规范、标准和设计的要求,根据对质量的影响程度和使用部位的重要程度,在使用前采用抽样检查或全数检查等形式,对涉及结构安全的物料应由建设单位或监理单位现场见证取样,送有法定资格的单位检测,以判断其质量的可靠性。检验和试验的方法有书面检验、外观检验、理化检验和无损检验四种。严禁将未经检验和试验或检验和试验不合格的材料、构配件、设备、半成品等投入使用和安装。

(2)实施工序质量监控

工程的施工过程,是由一系列相互关联、相互制约的工序所构成的,例如,混凝土工程由搅拌、运输、浇灌、振捣、养护等工序组成。工序质量包含两个相互关联的内容,一是工序活动条件的质量,即每道工序投入的人、材料、机械设备、方法和环境是否符合要求;二是工序活动效果的质量,即每道工序施工完成的工程产品是否达到有关质量标准。

工序质量监控的对象是影响工序质量的因素,特别是对主导因素的监控,其核心是管因素、管过程,而不单纯是管结果,其重点内容包括:

①设置工序质量控制点;

②严格遵守工艺规程;

③控制工序活动条件的质量;

④及时检查工序活动效果的质量。

(3)组织过程质量检验

过程质量检验主要是指工序施工中或上道工序完工即将转入下道工序时所进行的质量检验,目的是通过判断工序施工的内容是否合乎设计或标准要求,决定该工序是否继续进行(转交)或停止。具体的检验形式有:

①质量自检和互检;

②专业质量监督;

③工序交接检查;

④隐蔽工程验收；

⑤工程预检（技术复核）；

⑥基础、主体工程检查验收。

（4）重视设计变更管理

施工过程中往往会发生没有预料的新情况，如设计与施工的可行性发生矛盾；建设单位因工程使用目的、功能或质量要求发生变化，而导致设计变更。设计变更须经建设、设计、监理、施工单位各方同意，共同签署设计变更洽商记录，由设计单位负责修改，并向施工单位签发设计变更通知书。对建设规模、投资方案有较大影响的变更，须经原批准初步设计单位同意，方可进行修改。接到设计变更，应立即按要求改动，避免发生重大差错，影响工程质量和使用。

（5）加强成品保护

在施工过程中，经常出现有些分项、分部工程已经完成，而其他部位或工程尚在施工的情况。对已完成的成品，如不采取妥善的措施加以保护，就会造成损伤、影响质量，甚至有些损伤难以恢复到原样，成为永久性缺陷。产品保护工作主要抓合理安排施工顺序和采取有效的防护措施两个主要环节。

（6）积累工程施工技术资料

工程施工技术资料是施工中的技术、质量和管理活动的记录，是实行质量追溯的主要依据，是评定单位工程质量等级的三大条件之一，也是工程档案的主要组成部分。施工技术资料管理是确保工程质量和完善施工管理的一项重要工作，施工企业必须按各专业质量检验评定。

标准的规定和各地的实施细则，全面、科学、准确、及时地记录施工及试（检）验资料，按规定积累、计算、整理、归档，手续必须完备，并不得有伪造、涂改、后补等现象。

7.3.3　工程项目竣工验收阶段的质量控制

（1）坚持竣工标准

由于建设工程项目门类很多，性能、条件和要求各异，因此土建工程、安装工程、人防工程、管道工程、桥梁工程、电气工程及铁路建筑安装工程等都有相应的竣工标准。凡达不到竣工标准的工程，一般不能算竣工，也不能报请竣工质量核定和竣工验收。

（2）做好竣工预检

竣工预检是承包单位内部的自我检验，目的是为正式验收做好准备。竣工预检可根据工程重要程度和性质，按竣工验收标准，分层次进行。通常先由项目部组织自检，对缺漏或不符合要求的部位和项目，确定整改措施，指定专人负责整改。在项目部整改复查完毕后，报请企业上级单位进行复检，通过复检，解决全部遗留问题，由勘察、设计、施工、监理等单位分别签署质量合格文件，向建设单位发送竣工验收报告，出具工程保修书。

（3）整理工程竣工验收资料

工程竣工验收资料是使用、维修、扩建和改建的指导文件和重要依据，工程项目交接时，承包单位应将成套的工程技术资料进行分类整理、编目、建档后，移交给建设单位。

7.4 工程项目质量统计方法

通过对质量数据的收集、整理和统计分析,找出质量的变化规律和存在的质量问题,提出进一步的改进措施,这种运用数学工具进行质量统计的方法是所有涉及质量管理的人员必须掌握的,它可以使质量控制工作定量化和规范化。下面介绍几种在质量控制中常用的数学工具及方法。

7.4.1 直方图法

(1)直方图的用途

直方图又称为频率分布直方图,它们将产品质量频率的分布状态用直方图形来表示,根据直方图形的分布形状和与公差界限的距离来观察、探索质量分布规律,分析和判断整个生产过程是否正常。

利用直方图可以制定质量标准、确定公差范围,也可以判明质量分布情况是否符合标准的要求。

(2)直方图的分析

直方图有以下几种分布形式,如图 7.1 所示。

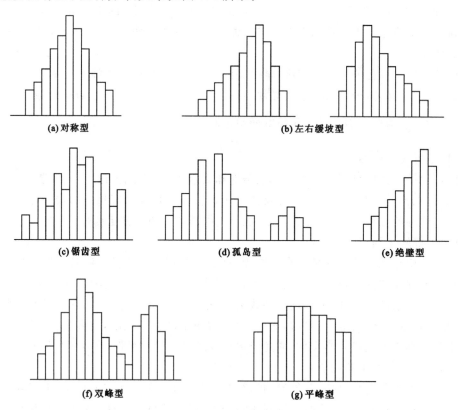

(a)对称型　　　　　(b)左右缓坡型

(c)锯齿型　　　(d)孤岛型　　　(e)绝壁型

(f)双峰型　　　　　(g)平峰型

图 7.1　常见的几种直方图形式

①对称型,说明生产过程正常,质量稳定,如图7.1(a)所示。

②左右缓坡型,主要是在质量控制中对上限或下限控制过严,如图7.1(b)所示。

③锯齿型,原因一般是分组不当或组距确定不当,如图7.1(c)所示。

④孤岛型,原因一般是材质发生变化或他人临时替班所造成,如图7.1(d)所示。

⑤绝壁型,一般是剔除下限以下的数据造成的,如图7.1(e)所示。

⑥双峰型,把两种不同的设备或工艺的数据混在一起造成的,如图7.1(f)所示。

⑦平峰型,生产过程中有缓慢变化的因素起主导作用,如图7.1(g)所示。

(3)注意事项

①直方图是静态的,不能反映质量的动态变化;

②画直方图时,数据不能太少,一般应大于50个数据,否则画出的直方图难以正确反映总体的分布状态;

③直方图出现异常时,应注意将收集的数据分层,然后再画直方图;

④直方图呈正态分布时,可求平均值和标准差。

7.4.2 排列图法

排列图法又称巴雷特法、主次排列图法,是分析影响质量主要因素的有效方法,将众多的因素进行排列,主要因素就一目了然。如图7.2所示,排列图法是由一个横坐标、两个纵坐标、几个长方形和一条曲线组成。左侧的纵坐标是频数或件数,右侧的纵坐标是累计频率,横轴则是项目或因素,按项目频数大小顺序在横轴上自左而右画长方形,其高度为频数,再根据右侧的纵坐标,画出累计频率曲线。该曲线也称巴雷特曲线。

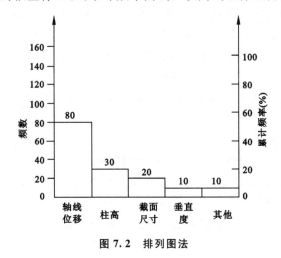

图7.2 排列图法

7.4.3 因果分析图法

如图7.3所示,因果分析图也叫鱼刺图、树枝图,是一种逐步深入研究和讨论质量问题的图示方法。在工程建设过程中,任何一种质量问题的产生,一般都是多种原因造成的,这些原因有大有小,把这些原因按照大小顺序分别用主干、大枝、中枝、小枝来表示,这样就可一目了然地观察出导致质量问题的原因,并以此为据制定相应对策。

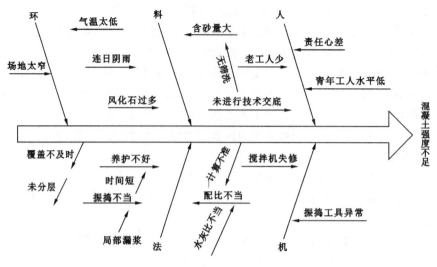

图 7.3　因果分析图法

7.5　全面质量管理的引入

7.5.1　全面质量的概念

全面质量管理是以组织全员参与为基础的质量管理形式,代表了质量管理发展的最新阶段全面质量管理起源于美国,后来在其他发达国家开始推行,并且在实践运用中各有所长。特别是日本,在 60 年代以后推行全面质量管理并取得了丰硕的成果,引起世界各国的瞩目。20 世纪 80 年代后期以来,全面质量管理得到了进一步的扩展和深化,逐渐由早期的 TQC(Total Quality Control)演化为 TQM(Total Quality Management),其含义远远超出了一般意义上的质量管理的领域,而成为一种综合的、全面的经营管理方式和理念。

全面质量管理有三层含义:
(1)全面质量管理是一种由顾客的需要和期望驱动的管理哲学。
(2)全面质量管理是以质量为中心,建立在全员参与基础上的一种管理方法,其目的在于长期获得顾客满意以及组织成员和社会的利益。
(3)从 TQC 到 TQM 质量管理目标已从追求企业利益最大化向体现企业的社会责任转移。

7.5.2　全面质量管理的基本观点

全面质量管理最早是依靠质量在生产经营过程的地位、经济规律而提出的。其基本理论及指导思想就是从更广泛的角度去看待质量,不仅看产品采用技术标准的水平,还要看产品适合用户需要的程度;同时从社会需要出发,树立一个明确而又可行的质量奋斗目标,形成一个有利于产品质量实施系统管理的质量体系,让一切与产品质量有关的人员都

能参与质量管理的现代质量管理思想。总的来说,全面质量管理的基本观点有以下几条:

①全面质量的观点是指除了要重视产品本身的质量特征外,还要特别重视数量(工程量)、交货期(工期)、成本(造价)和服务(回访保修)的质量以及各部门各环节的工作质量。把产品质量建立在企业各个环节的工作质量的基础上,用科学技术和高效的工作质量来保证产品质量。因此,全面质量管理要有全面质量的观点,才能在企业中建立一个比较完整的质量保证体系。

②为用户服务的观点:就是要满足用户的期望,让用户得到满意的产品和服务,把用户的需要放在第一位,不仅要使产品质量达到用户要求,而且要物美价廉,供货及时,服务周到,要根据用户的需要,不断地提高产品的技术性能和质量标准。为用户服务还应贯穿整个施工过程中,明确地提高本工序的工作质量,保证不为下道工序留下质量隐患。

③预防为主的观点:工程质量(产品质量)是在施工(加工)过程中形成的,而不是检查出来的。为此全面质量管理中的全过程质量管理就是强调各道工序、各个环节都要采取预防性控制。重点控制影响质量的因素,把各种可能产生质量隐患的苗头消灭在萌芽之中。

④用数据说话的观点:数据是质量管理的基础,是科学管理的依据。一切用数据说话,就是用数据来判别质量标准;用数据来寻找质量波动的原因,揭示质量波动的规律;用数据来反映客观事实,分析质量问题,把管理工作定量化,以便于及时采取对策、措施,对质量进行动态控制。

⑤持续改进的观点:持续改进是"增强满足要求的能力的循环活动"。就一个组织而言,为了改进组织的整体业绩,组织应不断提高产品质量,提高质量管理体系及过程的有效性和效率。坚持持续改进,组织才能不断进步。就一个工程项目来说,只有坚持持续改进,才能不断改进工程质量,以满足顾客和其他相关方日益增长和不断变化的需求和期望。

7.5.3 全面质量管理的核心

全面质量管理的核心是"三全"管理。所谓"三全"管理,主要是指全方位、全过程、全员参与的质量管理。

(1)全方位质量管理

建设工程项目的全面质量管理,是指建设工程项目各方干系人所进行的工程项目质量管理的总称,其中包括工程(产品)质量和工作质量的全面管理。工作质量是产品质量的保证,工作质量直接影响产品质量的形成。业主、监理单位、勘察单位、设计单位、施工总包单位、施工分包单位、材料设备供应商等,任何一方任何环节的怠慢疏忽或质量责任不到位都会造成对建设工程质量的影响。

(2)全过程质量管理

全过程质量管理是指根据工程质量的形成规律,从源头抓起,全过程推进。GB/T 19000强调质量的"过程方法"管理原则。因此,必须掌握识别过程和应用"过程方法"进行全程质量控制。主要的过程有:项目策划与决策过程、勘察设计过程、施工采购过程、施工组织与准备过程、检测设备控制与计量过程、施工生产的检验试验过程、工程质量的评定过程、工程竣工验收与交付过程、工程回访维修服务过程。

（3）全员参与质量管理

按照全面质量管理的思想，组织内部的每个部门和工作岗位都承担有相应的质量职能，组织的最高管理者确定了质量方针和目标，就应组织和动员全体员工参与到实施质量方针的系统活动中去，发挥自己的角色作用。开展全员参与质量管理的重要手段就是运用目标管理方法，将组织的质量总目标逐级进行分解，使之形成自上而下的质量目标分解体系和自下而上的质量目标保证体系。发挥组织系统内部每个工作岗位、部门或团队在实现质量总目标过程中的作用。

复习思考题

1. 工程项目质量的基本特性包括哪几个方面？
2. 工程项目质量控制的目标要求是什么？
3. 质量管理体系认证有什么重要意义？
4. 简述设计阶段的质量控制。
5. 施工准备阶段工作质量控制分别从哪几个方面展开？
6. 直方图有哪几种分布形式？

8

工程项目采购与合同管理

本 章 提 要

工程项目采购概述；工程项目采购的三种基本模式（工程发包、咨询服务采购和设备材料采购）；工程项目合同管理。

8.1 工程项目采购概述

8.1.1 工程项目采购的基本原理

工程项目采购管理是业主方管好项目的重要方面，项目采购管理模式同时直接决定了项目管理的模式，对项目整体管理起着举足轻重的作用。PMBOK 将项目采购管理定义为："为达到项目目标而从执行组织外部获取货物和/或服务所需的过程。"为简便起见，通常又把货物和/或服务（无论是一项还是多项）称为"产品"。"执行组织"一般可称为业主或业主的代表，是业主方管理项目的组织。

各种类型的项目采购，如工程项目采购、货物采购、咨询服务项目采购或 IT 项目采购，无论是哪一种都有其共性。本章以 PMI PMBOK2000 版中的项目采购管理过程为主线，重点介绍项目采购管理一般性的各个主要过程。

(1)采购计划编制：决定何时采购何物。

(2)询价计划编制：形成产品需求文档，并确定可能的供方。

(3)询价：获得报价单、投标、出价，或在适当的时候取得建议书。

(4)供方选择：从可能的卖主中进行选择。

(5)合同管理：管理与卖方的关系。

(6)合同收尾：合同的完成和解决，包括任何未解决事项的决议。

这些过程彼此之间及其与 PMBOK 定义的其他知识领域的过程之间存在相互的影响。根据项目需要，每一过程都包含了一个或多个团体的共同努力。虽然这里各个过程是彼此独立、相互间有明确的分界的组成部分，但在实践中，它们可能会交叉重叠、相互影响。

工程项目采购管理主要是从买方-卖方关系中买方（即业主方）的角度进行讨论的。

在项目的许多层次上都存在买方-卖方关系。根据应用领域的不同,卖方又可以称为承包商、供货商、制造商、分包商、咨询者或卖主等。

卖方通常以项目的方式管理其工作,在这种情况下:

①买方成为客户,并且是卖方的一个重要的项目参与方。

②卖方的项目管理班子应关注项目管理的所有过程,而不仅仅是项目采购管理的过程。

③项目采购管理过程中的合同条件一般由买方制定,是卖方许多过程的关键性输入。合同本身实际上可能就包括输入(如重要的可交付成果、关键里程碑、成本目标);合同可能会限制项目队伍的选择(例如,在设计性项目中,决定人员配备经常需要得到买方的批准)。

项目采购管理假定卖方在执行组织之外。然而,其中的多数探讨同样适用于买方组织内部,各分部之间签订的正式协议。

8.1.2　工程项目采购的基本模式

由于工程项目涉及的参与单位众多,各个单位之间会形成不同的关系,一般对工程项目的建设单位而言,工程项目采购的模式主要涉及三种,即工程发包、咨询服务采购和设备材料采购,如图 8.1 所示。

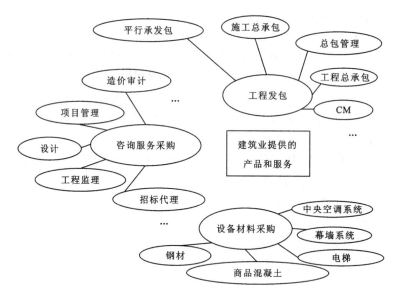

图 8.1　建设工程项目合同关系

工程发包是指施工任务的委托,委托方式包括平行承发包、施工总承包、施工总承包管理、项目总承包、CM 模式等;咨询服务采购是指设计委托、项目管理委托、监理委托、招标代理委托、造价审计委托等;设备材料采购是指购买钢材、商品混凝土、幕墙、电梯、机电设备、智能化系统等。

8.2 工程发包

工程发包是建筑市场中的商品交换方式,工程项目发包模式反映了工程项目建设方与实施方、实施方与实施方等相互之间的关系。目前建筑市场中常见的工程项目发包模式有很多种,如图8.2所示。

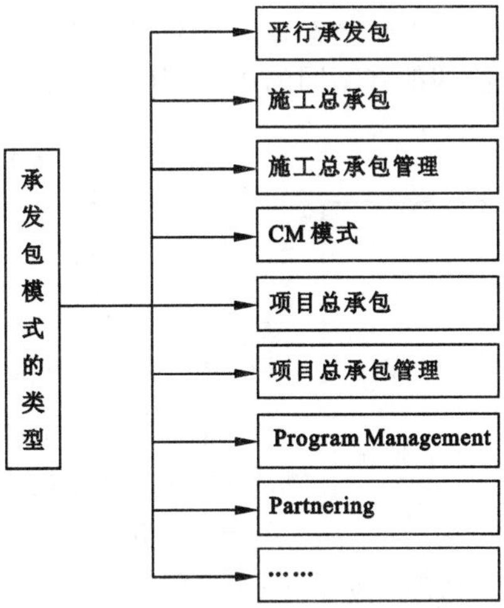

许多大型项目的项目管理实践证明,一个项目建设能否成功,能否进行有效的投资控制、进度控制、质量控制、合同管理及组织协调,很大程度上取决于承发包模式的选择。本节以平行承发包、施工总承包、施工总承包管理、CM模式、项目总承包为例进行论述。

```
                    ┌──────────────────────┐
                 ┌─→│ 平行承发包            │
                 │  └──────────────────────┘
                 │  ┌──────────────────────┐
                 ├─→│ 施工总承包            │
                 │  └──────────────────────┘
          承     │  ┌──────────────────────┐
          发     ├─→│ 施工总承包管理        │
          包     │  └──────────────────────┘
          模     │  ┌──────────────────────┐
          式  ───┼─→│ CM 模式              │
          的     │  └──────────────────────┘
          类     │  ┌──────────────────────┐
          型     ├─→│ 项目总承包            │
                 │  └──────────────────────┘
                 │  ┌──────────────────────┐
                 ├─→│ 项目总承包管理        │
                 │  └──────────────────────┘
                 │  ┌──────────────────────┐
                 ├─→│ Program Management   │
                 │  └──────────────────────┘
                 │  ┌──────────────────────┐
                 ├─→│ Partnering           │
                 │  └──────────────────────┘
                 │  ┌──────────────────────┐
                 └─→│ ……                   │
                    └──────────────────────┘
```

图 8.2 承发包模式的类型

8.2.1 平行承发包

平行承发包,又称为分别发包,是指发包方根据建设工程项目的特点、项目进展情况和控制目标的要求等因素,将建设工程项目按照一定的原则分解,将设计任务分别委托给不同的设计单位,将施工任务分别发包给不同的施工单位,各个设计单位和施工单位分别与发包方签订设计合同和施工合同的承发包模式。

8.2.1.1 平行承发包的合同结构

发包模式中有个很重要的因素是合同结构,各种发包模式都包含具有自身特点的合同结构。平行承发包的合同结构图如图8.3所示。

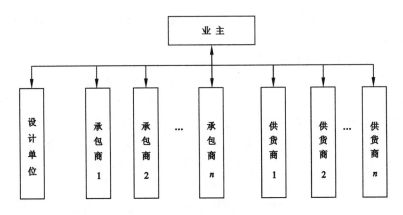

图 8.3 平行承发包模式的合同结构

平行承发包模式将工程化整为零,设计时分批出图(例如,桩基—地下结构—上部结构—设备安装—装修)。在施工阶段,业主将不同的施工任务分别委托给不同的施工单位,各个施工单位分别与业主签订合同,各个施工单位之间的关系是平行关系。一般情况下,在通过招标选择施工单位时,该部分工程的施工图已经完成,每个合同都可以采用总价合同。

8.2.1.2 平行承发包的特点

平行承发包模式对建设工程项目的质量、投资、进度的目标控制以及合同管理与组织协调都有不同的影响,其具体特点如表8.1所示。

表 8.1 平行承发包特点一览表

	特 点	
	优 点	缺 点
质量控制	符合质量控制上的"他人控制"原则	合同交互界面较多,应重视各合同之间界面的定义和管理,否则对质量控制不利
投资控制	每一部分工程发包,都以施工图设计为基础,投标报价有依据	业主要等最后一份合同签订后才知道总投资,对投资早期控制不利
进度控制	某一部分施工图完成后,即可开始这部分工程的招标,开工日期提前,可以边设计边施工,缩短建设周期	由于要进行多次招标,业主用于招标的时间较多
合同管理	业主要负责所有合同的招标、合同谈判、签约,招标及合同管理工作量大;业主要负责对多个合同的跟踪管理,工作量较大	
组织协调	业主要负责对所有承包商的管理及组织协调,承担类似于施工总承包管理的角色,工作量大	

8.2.2 施工总承包

施工总承包模式的英文名称是"General Contractor",简称GC,是指发包人将全部施工任务发包给一个施工单位或由多个施工单位组成的施工联合体。施工总承包单位主要依靠自己的力量完成施工任务,经发包人同意,施工总承包单位也可以根据需要将施工任务的一部分分包给其他符合资质的分包人,但不允许转包,即施工总承包单位必须自己完成主体工程的施工。

8.2.2.1 施工总承包的合同结构

施工总承包的合同结构图如图8.4所示,这种模式的特点如下:

(1)施工总承包单位承担整个项目的施工任务,视具体情况可将部分工程分包给具有相应资质的分包单位,但工程的主体部分不允许分包,分包单位不得再分包。

(2)对于一般分包商,总承包商须向业主承担全部的工程责任,负责工程的管理、所属各分包商之间工作的协调以及各分包商之间合同责任界限的划分,并向业主承担工程风险,分包单位按照分包合同的约定对总承包单位负责。

(3)业主视具体情况可能会就某些分部分项工程的施工责成施工总承包商将其分包给指定分包商。

(4)指定分包商的分包合同条款和工程价款,由业主确定,并由总包分包双方签订实施。

(5)总承包商对指定分包商的施工起管理和协调的作用,由指定分包商的责任影响了工期或造成总包的经济损失,由业主承担责任,总承包商可以索赔。

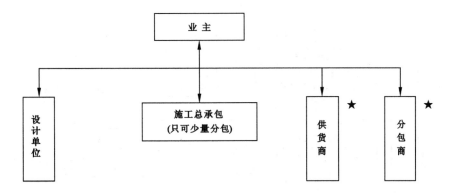

注：★为业主自行发包部分

图 8.4　施工总承包模式的合同结构

施工总承包的工作程序是：先进行项目的设计，待设计结束后再进行施工总承包招投标，然后再施工。一般情况下，在通过招标选择施工总承包单位时，施工图设计已经完成，施工总承包合同往往采用总价合同，如图 8.5 所示。

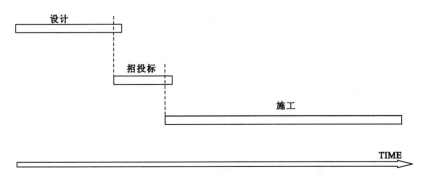

图 8.5　GC 的项目开展顺序

【案例分析 8.1】　某国际会展中心合同结构

某国际会展中心项目建设采用施工总承包模式，其合同结构如图 8.6 所示。

该项目合同结构的特点是业主委托混凝土框剪结构施工单位担任施工总承包，且自行分包某造船厂和某机制公司承担钢结构深化设计；施工总承包单位将其中的钢结构部分分包给钢结构主承包单位，将钢材供应分包给三家钢厂。钢结构主承包单位负责钢结构安装，将钢结构制作和防火喷涂再分包给三家机制公司；待造船厂和机制公司钢结构深化设计以及制作完成后交给钢结构主承包单位接管。

8.2.2.2　施工总承包的特点

施工总承包的最大好处是大大减轻了业主方的组织协调、合同管理工作，但最大的缺点是要等设计图全部完成后才能招标，建设周期较长，否则风险较大，其具体特点如表 8.2 所示。

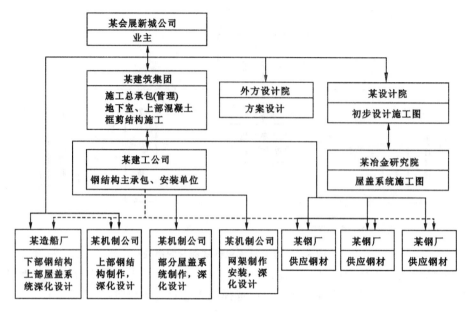

图 8.6　某国际会展中心工程合同结构图

表 8.2　施工总承包特点一览表

	特　点	
	优　点	缺　点
质量控制	项目质量好坏很大程度上取决于施工总承包单位的选择，取决于施工总承包单位的管理和技术水平	业主对施工总承包单位的依赖较大
投资控制	一般以施工图设计为投标报价的基础，投标人的投标报价较有据；在开工前就有较明确的合同价，有利于业主对总投资的早期控制	若在施工过程中发生设计变更，则可能发生索赔
进度控制	施工图设计全部结束后，才能进行施工总承包的招标	开工日期较迟，建设周期势必较长，限制了其在建设周期紧迫的建设项目上的应用
合同管理	业主只需要进行一次招标，与一家承包商签约，招标及合同管理工作量大大减小	在很多工程实践中，采用的并不是真正的施工总承包，而用所谓的"费率招标"，实质上是开口合同，对业主方的合同管理和投资控制不利
组织协调	业主只负责对施工总承包单位的管理及组织协调，工作量大大减小	

8.2.3　施工总承包管理

施工总承包管理模式的英文名称是"Managing Contractor"，简称 MC，意为"管理型承包"，它不同于施工总承包模式。采用该模式时，业主与某个具有丰富施工管理经验的单位或联合体签订施工总承包管理协议,负责整个建设项目的施工组织与管理。一般情况下,施工总承包管理单位不参与具体工程的施工,而是将工程实体再分包。

8.2.3.1 施工总承包管理的合同结构

按照 MC 单位是否和分包单位签约,施工总承包管理模式分为两种类型:第一种类型是 MC 单位与分包单位签约型(图 8.7);第二种是 MC 单位与分包单位不签约型(图 8.8)。其中第一种类型又分为纯施工总承包管理模式和承担部分施工任务的施工总承包管理模式两种,后者必须参加部分工程分包招标的投标,这时,分包合同的招标工作转由业主负责。

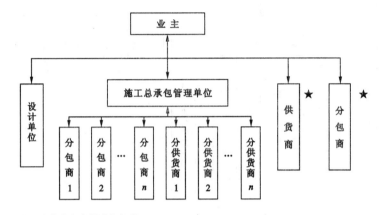

注:★为业主自行发包部分

图 8.7 MC 单位与分包单位签约型

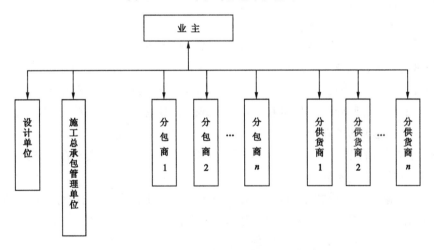

图 8.8 MC 单位与分包单位不签约型

【案例分析 8.2】 某国际机场航站楼一期工程合同结构

某国际机场项目建设采用施工总承包管理模式,其合同结构如图 8.9 所示。该项目采用施工总承包管理模式,业主虽然支付了一笔总承包管理费,但组织协调工作量大为减少,并转移了风险。其合同结构特点是:某建工(集团)总公司作为施工总承包管理单位与业主签订施工总承包管理合同,其集团下属的三建和七建与业主签订合同,分别负责土建

A段、B段的施工,集团下属的机施公司和设备安装公司与业主签订合同,分别负责项目的钢结构吊装、设备安装工作。集团总公司与业主、集团下属公司签订三方合同,对下属公司进行管理,使得业主的组织协调得以简化;建工(集团)总公司可以在项目未进行设计之前介入进来,协助业主设计配合,并提前进行施工准备,缩短项目建设周期。

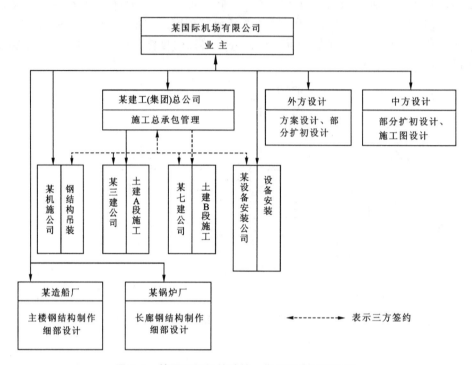

图 8.9　某国际机场航站楼一期工程合同结构图

8.2.3.2　施工总承包管理的特点

施工总承包管理相对于施工总承包来说,缩短了建设的周期;相对平行承发包来说,又减轻了业主合同管理工作量和组织协调难度。其具体特点如表 8.3 所示。

8.2.3.3　施工总承包管理模式与施工总承包模式的比较

MC 模式是"管理型"承包,它和 GC 模式有很大的不同,具体表现在以下几个方面:

(1)工作开展程序不同

与施工总承包管理模式不同,施工总承包模式的工作程序是:先进行建设工程项目的设计,待设计结束后再进行施工总承包招投标,然后再进行施工,如图 8.10(a)所示。从图中可以看出,如果要等到施工图全部出齐再进行工程招标,显然是很困难的,因此 GC 模式对于规模庞大的项目是很难进行的。

而如果采用施工总承包管理模式,施工总承包管理单位的招标可以提前到建设工程项目尚处于设计阶段进行,因为其招标不依赖完整的施工图。另外,工程实体由施工总承包管理单位化整为零,分别进行分包的发包,即每完成一部分施工图就招标一部分,从而使该部分工程的施工提前到整个建设工程项目设计阶段尚未完全结束之前进行,边设计边施工,从而大大缩短了建设的周期,如图 8.10(b)所示。

表 8.3　施工总承包管理特点一览表

	特　　点	
	优　　点	缺　　点
质量控制	对分包人的质量控制由施工总承包管理单位进行;对分包人来说,符合质量控制上的"他人控制"原则,对质量控制有利;各分包合同交界面定义由施工总承包管理单位负责,减轻了业主方的工作量	
投资控制	某部分施工图完成后,由业主单独或与施工总承包管理单位共同进行该部分工程招标,分包合同的投标报价较有依据	在进行施工总承包管理单位的招标时,只确定施工总承包管理费,没有合同总造价,是业主承担的风险之一
进度控制	施工总承包管理的招标不依赖于施工图设计,可以提前。分包合同的招标也得到提前,从而提前开工,可缩短建设周期	
合同管理	对分包人工程款支付又分为总包管理单位支付和业主直接支付,前者对加大总包管理单位对分包人管理力度更有利	一般情况下,所有分包合同的招投标、合同谈判、签约工作由业主负责,业主方的招标及合同管理工作量大
组织协调	由施工总承包管理单位负责对所有分包人的管理及组织协调,大大减轻了业主的工作。这是施工总承包管理模式的基本出发点	与分包人的合同一般由业主签订,一定程度上削弱了施工总承包管理单位对分包人管理的力度

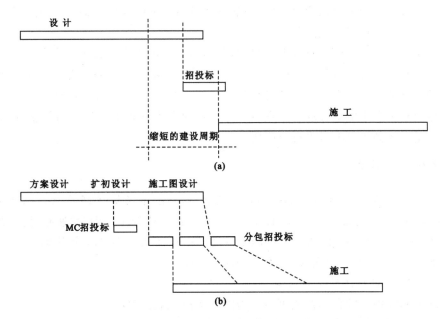

图 8.10　施工总承包与施工总承包管理模式下项目开展顺序的比较

(a)施工总承包模式下的项目开展顺序;(b)施工总承包管理模式下的项目开展顺序

(2)合同结构不同

在 GC 模式中,GC 单位与分包商或供货商签订合同;而在 MC 模式中,根据 MC 模式的不同类型,MC 单位可能与分包商签约,也可能直接由业主和分包商签约,前者更有利于 MC 单位对分包商的管理。

（3）分包范围不同

在 GC 模式中,绝大部分工程实体不允许分包,必须由 GC 单位自己完成;而在 MC 模式中,MC 单位一般不参与具体工程的施工,而是将所有工程实体再分包。

（4）对分包商的付款不同

在 GC 模式中,GC 单位支付分包商的各项款项;而第一种 MC 模式中,对各个分包单位的各种款项可以通过施工总承包管理单位支付,也可以由发包单位直接支付。如果由发包单位直接支付,需要经过施工总承包管理单位的认可。在第二种 MC 模式中,由业主支付分包商的各种款项。

（5）合同价格不同

在 GC 模式中,GC 单位根据全部施工图报出建安工程造价;在 MC 模式中,施工总承包管理合同中一般只确定施工总承包管理费(通常是按工程建安造价的一定百分比计取),而不需要确定建安工程造价。

由于 MC 模式中的分包是在该部分施工图出齐后再进行分包的招标,因此其合同价应该采用实价(即单价或总价合同)。由此可以看出,施工总承包管理模式与施工总承包模式相比具有以下优点:

①合同总价不是一次确定,某一部分施工图设计完成以后,再进行该部分施工招标,确定该部分合同价,因此整个建设工程项目的合同总额的确定较有依据;

②所有分包合同和分供货合同的发包,都通过招标进行选择,从而获得有竞争力的投标报价,对业主方节约投资有利;

③施工总承包管理单位只收取总包管理费,不赚总包与分包之间的差价。

需要注意的是,国家现行法规里并没有关于施工总承包管理的条文规定,但在国际上却是一种成熟的承发包模式。施工总承包管理是一种介于平行承发包和施工总承包之间的承发包模式。由于施工总承包管理对工程项目的实施具有很好的推动作用,因此目前已在国内某些大型建设项目中有所应用。

8.2.4 CM 模式

CM 是英文 Construction Management 的缩写,它的定义是:CM 模式是由业主委托 CM 单位,以一个承包商的身份,采取有条件的"边设计、边施工",即"快速路径法"的生产组织方式,来进行施工管理,直接指挥施工活动,在一定程度上影响设计活动,而它与业主的合同通常采用"成本＋利润(Cost Plus Fee)"方式。

8.2.4.1 CM 模式的合同结构

国际上 CM 模式的合同结构可以分为以下两种基本类型:

（1）CM/Non-Agency(非代理型 CM)

CM/Non-Agency(非代理型 CM)是指 CM 单位不是以"业主代理"的身份,而是以承包商的身份工作,具体说,就是由 CM 单位直接进行分包的发包,由 CM 单位直接与分包商签订分包合同。

（2）CM/ Agency(代理型 CM)

CM/ Agency(代理型 CM)指 CM 单位仅以"业主代理"的身份参加工作，CM 单位不负责进行分包的发包，与分包商的合同由业主直接签订。

CM/ Agency(代理型 CM)与 CM/Non-Agency(非代理型 CM)的最大区别，在于 CM 单位是否与分包商签约。这一区别又引申出两者在以下方面的不同：

①采用 CM/Non-Agency，CM 单位承担的风险更大；

②采用 CM/Non-Agency，CM 单位对分包商的控制强度大于 CM/ Agency；

③在 CM/Non-Agency 模式中，CM 单位要承担 GMP（保证最大工程费用），而 CM/Agency 不承担 GMP；

④两者合同条件的内容和组成有很大的区别；

⑤在 CM/Agency 模式中，CM 单位不向业主单位收取 CMfee（CM 利润），而 CM/Non-Agency 要收 CMfee，两者合同价的构成有很大的区别。

8.2.4.2　CM 模式的特点

CM 模式的最大特点在于非代理型 CM 单位向业主保证最大工程费用（GMP），超过部分由 CM 单位承担，节约部分则归业主，其具体特点如表 8.4 所示。

表 8.4　CM 模式的特点

	特　　点
质量控制	实现了在设计阶段设计与施工的结合与协调，有利于提高工程质量； 对分包商的质量控制由 CM 单位负责，对分包商来说，符合质量控制上的"他人控制"原则，对质量控制有利； 各分包合同交界面的定义由 CM 单位负责，减轻了业主方的工作量
投资控制	施工合同总价不是一次确定，而是有一部分完整图纸确定一部分，合同价的确定较有依据； CM 单位与分包商的合同价向业主公开，不赚总包与分包之间的差价； 在设计阶段采用价值工程方法，向设计提合理化建议，挖掘节约潜力； CM/Non-Agency 模式采用 GMP 模式，大大减轻了业主在投资控制方面的风险，CM/Agency 模式由于没有 GMP 的保证，业主在项目投资控制方面的风险较大
进度控制	采用"Fast Track"快速路径法，设计与施工充分搭接，有利于缩短工期，这是 CM 模式的基本出发点； 通过在设计阶段提出合理化建议，减少了在施工阶段因修改设计给工程造成的延误； CM 招标的时间不依赖于设计图纸的完成，可以提前
合同管理	CM/Non-Agency 模式所有分包合同的招投标、合同谈判、签约工作由 CM 单位负责，与分包商的合同由 CM 单位签订，加大了其对分包商管理的力度；CM/Agency 模式所有分包合同的招投标、合同谈判等工作都由 CM 单位负责，但由于是业主签约，势必加大业主方的合同管理工作
组织协调	CM/Non-Agency 模式与分包商的合同由 CM 单位签订，加大了其对分包商管理的力度；CM/Agency 模式与分包商的合同由业主直接签订，一定程度上削弱了 CM 单位对分包商管理的力度

8.2.4.3 GMP——保证最大工程费用

（1）GMP 的概念

GMP 是保证最大工程费用（Guaranteed Maximum Price）的简称，是指 CM 单位向业主保证将来的建安工程费用的总和不超过某一规定的数额，这个最大数额在合同文件中称为保证最大工程费用（除合同文件规定的设计变更外），超过保证最大工程费用的费用应由 CM 单位支付，业主不予承担。从中我们可以看出以下几方面含义：

①CM 单位对其施工阶段的工作要承担经济责任，即它必须按 GMP 的限制来计划和组织施工；

②GMP 表明了 CM 单位向业主保证的最大合同价格，业主实际支付的费用要小于或等于 GMP，如果实际工程费用加 CMfee 超出 GMP，将由 CM 单位承担，反之节余部分将归业主；

③为鼓励 CM 单位控制工程费用的积极性，通常经双方协商，CM 单位可对节约部分作一定比例的提成；

④由于 CM/Non-Agency 是以承包商的身份工作，承担工程风险，而 CM/Agency 是以业主代理的身份工作，不直接从事施工活动，所以 GMP 是只适合 CM/Non-Agency 模式使用的一种合同计价方法。

（2）GMP 的目的

CM/Non-Agency 的招标时间和项目总承包一样，往往在设计的前期进行；但是其合同计价方法与项目总承包不同，对整个工程费用没有采取总价包干，其合同总价是在 CM 合同签字以后，随着 CM 单位与各分包商签约而逐步形成。因此有些文献指出"在整个工程开始前没有固定或保证的最终费用，这是业主承担的最大风险，也是 CM 模式的最大弱点"。

采用 GMP 方法的最终目的，就是为了减少业主的费用控制风险，将业主承担的工程费用风险转由 CM 单位来承担，同时为业主控制工程费用提供一个明确的标准。因此，采用 GMP 从根本上是为了保护业主的利益，同时对 CM 单位的管理也是一种鞭策。

（3）GMP 的编制方法

GMP 的编制过程是一个连续的、持续的过程，它并不是在投标时即由投标商报价，在合同谈判时即已确定的，而是在 CM 合同签订以后，当设计图纸和文件达到足够深度时，由 CM 单位在某一规定的时间提出，并由业主确认。GMP 的具体编制方法可按以下步骤进行，如图 8.11 所示。

①在设计阶段，随着设计工作的不断深入，CM 经理同业主和设计单位一起分析和确定项目的标准和功能要求，并根据这些标准和要求编制工程费用的 1 号预算（Budget 1）。

②按照 CM 合同的事先商定，在合同签字后的合理期间内，CM 经理不断修改和细化工程费用预算并报业主批准，先后编出 2 号预算、3 号预算……

③在工程进展的某一时期（通常是施工图全部完成或基本完成），CM 单位提出 GMP 提案报业主批准，经业主接受和批准的工程费用详细预算在合同中称为保证最大工程费用（GMP）。

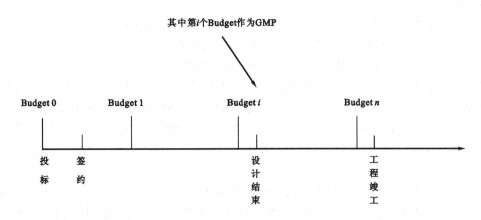

图 8.11　GMP 的提出时间

8.2.4.4　CM 与 MC 的区别

CM 与 MC 的区别主要体现在以下两个方面：

(1)MC 签约时只确定施工总承包管理费,工程实体的建筑安装总造价要等每一份分包合同签订后加起来才能确定,因此给业主的工程投资早期控制带来一定风险;而 CM 模式中,CM 单位向业主保证总投资不超过 GMP,投资风险转由 CM 单位承担,对业主投资控制十分有利。

(2)MC 单位必须按图施工;而采用 CM 模式,CM 单位通过早期介入,在设计阶段就采用价值工程方法,对设计的技术、经济方面提供咨询意见、挖掘资金、节约潜力,同时 CM 单位通过从承包商的角度在设计阶段提出合理化建议,可减少施工阶段因修改设计而给工程造成时间上的延误。

8.2.5　项目总承包

项目总承包又称为工程总承包。2003 年,原建设部颁发了《关于培育发展工程总承包和工程项目管理企业的指导意见》,该文件指出:"工程总承包和工程项目管理是国际通行的工程建设项目组织实施方式。积极推行工程总承包和工程项目管理,是深化我国工程建设项目组织实施方式改革,提高工程建设管理水平,保证工程质量和投资效益,规范建筑市场秩序的重要措施。"文件同时对工程总承包的定义做了说明,即工程总承包是指从事工程总承包的企业受业主委托,按照合同约定对工程项目的勘察、设计、采购、施工、试运行(竣工验收)等实行全过程或若干阶段的承包。

在项目总承包模式中,以两种方式最为常见。

(1)设计和施工总承包(D+B,即 Design+Build)

D+B 方式在以房屋建筑为主的民用建设项目中运用得较多,项目总承包单位的工作范围除了全部的施工任务,还包括设计任务。在国际咨询工程师联合会(FIDIC)新出版的合同中,对设计和施工总承包模式推荐的合同文本为"FIDIC 工程设备和设计——建造(D+B)合同条件(新黄皮书)",即 The new yellow book (the conditions of contract for plant and design-build)。

（2）设计、采购、施工总承包(EPC,即 Engineering, Procurement, Construction)

这种方式常见于以大型装置或工艺过程为主要核心技术的工业建设领域,如大型石化、化工、橡胶、冶金、制药、能源等建设项目。在这些类型的建设项目中, 项目总承包单位工作的范围包括设计、施工和物资（包括设备）采购。EPC 总承包模式与 D＋B 总承包模式在操作方法上有很大的不同,在国际咨询工程师联合会（FIDIC）新出版的合同中, 有专门针对 EPC 方式的合同文本 “FIDIC 设计采购施工（EPC）/交钥匙工程合同条件（银皮书）”,即 The silver book (the conditions of contract for EPC/turnkey projects)。

项目总承包单位介入项目的时间一般在项目决策后,施工图设计前。根据介入的时间不同,建设项目总承包单位可以从方案设计阶段就开始总承包工作,也可以从初步设计阶段、技术设计阶段或者施工图设计阶段开始总承包工作,如图 8.12 所示。

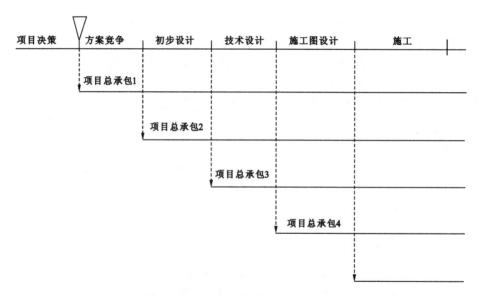

图 8.12　项目总承包单位的介入时间

8.2.5.1　项目总承包的特点

项目总承包的基本出发点不在于“总价包干”,也不是“交钥匙”,其核心是通过设计与施工的组织集成,促进设计和施工的紧密结合,以达到为建设项目增值的目的。项目总承包的最大特点是将设计与施工有效结合,但是在我国,很少有承包企业既有很强的设计能力,又有很强的施工承包能力,因此实际做法往往是由设计单位和施工单位组成联合体,共同承担项目总承包任务,其具体特点如表 8.5 所示。

8.2.5.2　项目总承包的适用范围

功能描述书的难度决定了项目总承包的难度,从国际情况来看,使用项目总承包方式发包的项目只占总数的 14% 左右,项目总承包方式只适用于技术上不是很复杂、规模不大或者虽然规模大但单体的性质比较一致的项目,而不适用于以下项目：

(1)纪念性建筑或意义十分重大的公共建筑。由于建筑师的思维受到施工单位(或总承包方式)的约束,所以这类建筑不适合用总承包模式。

(2)新型项目。由于技术上对这类建筑物还不能定义,所以不适合用总承包模式。

(3)国家政府部门指令性的重大工程。此类工程受各种因素干扰大,设计变更大,所以不适合用总承包模式。

表 8.5 项目总承包特点一览表

	特 点
质量控制	关键看功能描述书的质量,但由于设计方结合了施工单位的特点进行设计,施工单位又从工艺、施工方法的角度对设计提优化意见,有利于获得更好的质量
投资控制	由于投标者把设计和施工作为一个整体考虑,从设计阶段挖掘节约成本的潜力,能够更有效地降低造价;项目总承包一般采取总价合同形式,有利于造价的早期控制
进度控制	由于在方案设计阶段就可以根据建筑施工企业的施工经验、所拥有的施工机械、熟练工人和技术人员等情况考虑结构形式和施工方案,与采用常规发包模式相比,可以使建设项目提前竣工
合同管理	一般情况下,所有分包合同的招投标、合同谈判、签约工作由业主负责,业主方的招标及合同管理工作量大;对分包人工程款支付又可分为总包管理单位支付和业主直接支付,前者对加大总包管理单位对分包人管理的力度更有利
组织协调	在所有的实施单位中,业主只需要与一个项目总承包单位进行联系与协调,从而大大简化了协调工作,也减少了协调费用

由于采用项目总承包模式,招标时如果设计还未开始或是设计未能完成,这就给选择项目总承包单位的招标工作带来困难,对项目实施构成瓶颈,因此目前在国内应用不多。若是要推广应用项目总承包模式,就必须很好地解决招标问题。

综上所述,每种承发包模式都有其自身的特点,现以平行承发包、施工总承包、施工总承包管理第一种类型、施工总承包管理第二种类型、CM/Non-Agency、CM/Agency 模式为例,对其在投资控制、进度控制、质量控制、合同管理、组织协调五个方面进行比较,如表 8.6所示。

表8.6　几种承发包模式比较一览表

序号	名称	投资控制	进度控制	质量控制	合同管理	组织协调
1	平行承发包	每一部分工程发包，都以施工图设计完成这部分施工图设计为依据，投标报价较准；要等最后一份合同签订后，才知道总造价，对投资早期控制不利	某一部分施工图完成后，即可开始这部分招标、开工，工期提前，可缩短建设周期；由于要进行多次招标，业主用于招标的时间多	符合质量控制上的"他人控制原则"，对质量控制有利；应非常重视各分包合同交界面的定义，否则对质量控制不利	业主要负责所有分包合同的招投标、合同谈判、签约，招投标及合同管理工作量大大，对业主十分不利；业主要负责对多个合同的跟踪管理，工作量较大	业主要负责对所有分包商的管理及组织协调，工作量大大，对业主十分不利；这是平行承发包的致命弱点，它限制了该种承发包模式在大型项目上的应用。因此，在目前国内许多项目上不可能被采用
2	施工总承包	以施工图设计为投标报价基础，投标报价较有依据；在开工前就有较明确的合同价，有利于业主对总造价的早期控制；若在施工过程中发生设计变更，则可能发生索赔	施工图设计全部结束后，才能进行施工总承包的招标，开工日期较迟，建设周期必然较长；这是施工总承包模式的最大缺点，限制了其在建设周期紧迫项目上的应用	项目质量好坏很大程度上取决于施工总承包单位选择，取决于施工总承包单位的管理水平和技术水平。对施工总承包单位的管理依赖较大	业主只需要进行一次招标、合同签约，招投标及合同管理工作量大大减小，对业主十分有利；在很多工程实践中，采用的并不是真正的施工总承包，而用所谓的"费率招标"，实质上是开口合同，对业主的合同管理十分不利	业主只负责对施工总承包单位的管理，包括对分包的组织协调，工作量大大减小，对业主十分有利
3	施工总承包管理Ⅰ	某部分施工图完成后，由施工总承包管理单位进行该部分工程招标，分包合同投标报价有依据；在进行施工总承包管理招标时，只确定总包管理费，没有合同总造价，是业主承担的风险	施工总承包管理不依赖于施工图设计，可以提前招标，可提前开工；合同的招标（由施工总承包管理单位进行）也得到提前，从而提前建设周期，可缩短建设周期	对分包的质量控制由施工总承包管理单位进行；对分包商来说，符合质量控制上的"他人控制"原则，对质量控制有利；各分包合同交界面的定义由施工总承包管理单位负责，减轻了业主方的工作量	所有分包合同的招投标、合同谈判、签约工作由施工总承包管理单位负责，由业主批准，业主方的招投标及合同管理工作量减少，对业主有利；与分包商签订的合同由施工总承包管理单位签订，加大了其对分包商管理的力度；分包管理工作由施工总承包管理单位负责和业主直接支付，前者对分包商管理更有利，力度更有利	由施工总承包管理单位负责对所有分包商的管理及组织协调，大大减轻了业主的工作；这是施工总承包管理模式的基本出发点

序号	名称	投资控制	进度控制	质量控制	合同管理	组织协调
4	施工总承包管理Ⅱ	同3由于业主方与分包商签约,加大了业主方的风险(任何签约方都会承担风险)	同3	同3	尽管所有分包合同的招投标、合同谈判等工作都由施工总承包管理单位负责,但由于是业主方的签约,势必加大业主方的合同管理工作	与分包商的合同由业主签订,一定程度上削弱了施工总承包商对分包商管理的力度
5	CM/Non-Agency	类似施工总承包管理,施工合同价不是一次确定,而是有一部分完整图纸确定一部分、合同价的确定较有依据; CM单位与业主之间合同价公开,不赚总包与分包之间的差价; 在设计阶段采用合理化建议方法,向设计提出合理化建议,挖掘节约潜力; 采用了GMP模式,大大减轻了业主在投资控制方面的风险	采用"Fast Track"快速路径法,设计与施工充分搭接,有利于缩短工期; 通过合理化建议,减少了在施工阶段因修改设计给工程造成的延误; CM招标的时间不依赖于设计图纸的完成,可以提前	实现了在设计阶段设计与施工的结合与协调,有利于提高工程质量; 对分包商的质量控制由CM单位负责; 对分包商来说,符合质量控制上的"他人控制"原则,对质量控制有利; 各分包合同交界面的定义由CM单位负责,减轻了业主方的工作量	所有分包合同的招投标、签约、谈判由CM单位负责,类似第一种类型的施工总承包管理; 与分包商签订的合同由施工总承包管理单位签订,加大了其对分包商管理的力度; 类似第一种与施工总承包管理,对分包工程款支付和业主直接支付两种,前者对加大对分包商管理的力度更有利	与3类似
6	CM/Agency	与CM/Non-Agency模式相比,由于没有GMP的保证,业主在投资项目控制方面的风险较大	同5	同5	分包合同的招投标、合同谈判等由CM单位负责,但是业主方的签约,加大业主方的合同管理工作	与分包商的合同由业主直接签订,一定程度上削弱了CM单位对分包商管理的力度

8.3 工程咨询服务采购

8.3.1 工程咨询服务采购的特点

工程咨询服务采购是工程项目采购的一个重要方面。工程项目咨询服务采购与工程发包相比,两者都采用了竞争性的评选,但从采购程序和合同法律的角度分析,选聘和招标存在不同之处,具体表现在以下几个方面:

(1)业主在邀请之初提出的任务范围不是已确定的合同条件,只是合同谈判的一项内容,咨询公司可以而且往往对其提出改进建议。而项目采购时提出的采购内容则是正式的合同条件,投标者无权更改,只能在必要时按规定予以澄清。

(2)业主可开列短名单,并且只向短名单上的咨询公司直接发出邀请。而项目采购则大多要求通过公开广告直接招标。

(3)选聘应当以技术方面的评审为主要标准选择最佳的咨询公司,不应以价格最低为主要标准;而工程采购一般则是以技术达到标准为前提,将合同授予评标价最低的投标者。

(4)咨询公司可以对业主的任务大纲提出修改意见;而项目采购的投标文件必须以招标文件规定的采购内容和技术要求为标准,达不到标准的投标书为废标。

(5)咨询公司的选聘一般不进行公开开标,不宣布应聘者的报价,对于晚于规定期限送到的建议书,也不一定宣布无效;而项目采购则要求公开开标,宣布所有投标者的报价,迟到的投标文件则作为废标。

8.3.2 设计服务的采购

工程咨询服务的采购涉及面比较广,主要有设计、工程监理、项目管理、招标代理、造价审计等,下面主要就以设计和工程监理为例对工程咨询服务进行说明。

设计过程的成败不但决定着设计过程项目目标能否实现,而且是影响整个工程项目生命周期项目目标能否实现的关键因素之一。因此,设计服务采购是工程项目采购的一项重要工作,它不仅影响到设计质量同时也影响工程造价,而且还会影响到建设工期。设计服务采购是否得当,在很大程度上决定着项目工作的成败和项目目标实现的好坏。

8.3.2.1 设计招标和设计竞赛

(1)设计招标

工程项目的设计服务的采购主要有两种途径,即设计招标和设计竞赛。2003年国家发改委颁发了《工程建设项目勘察设计招标投标办法》,文中指出"工程建设项目符合《工程建设项目招标范围和规模标准规定》(国家计委令第3号)规定的范围和标准的,必须依据本办法进行招标……任何单位和个人不得将依法必须进行招标的项目化整为零或者以其他任何方式规避招标。"

设计招标是指在一个建设工程项目实施过程中,业主委托招投标代理机构发布项目设计任务的招标文件,愿意承接该项目设计任务的设计单位领取招标文件,并进行设计投标,在约定的日期由招投标代理机构主持开标,并由评标委员会成员使用事先制定的评标方法进行评标,选择评分最高的投标单位作为中标单位,并将项目的设计任务委托给中标单位。

但是在国际上,设计任务的委托往往不采用招标,而是采用设计竞赛的方式,因为设计比选的重点不是比较报价,而是比较方案;设计委托合同也不是承包合同,而是技术咨询合同。招标方式适用于承包合同的委托,但不适用于咨询合同。

(2)设计竞赛

设计竞赛是指业主委托专业工程咨询公司组织设计竞赛,咨询公司组织设计竞赛评审委员会进行评审,从参赛的众多设计方案中评选出优胜的设计,业主可将设计任务委托给竞赛优胜者,也可以综合几个优胜设计,再行设计委托。在设计过程中,业主可根据需要,再次组织设计竞赛,不断地寻求设计优化的可能。

按照目前我国现行法规的要求,设计任务委托应该采用设计招标的方式。然而按照国际惯例,设计竞赛作为一种手段,与招标相比,它更有利于获得一项好方案,有利于提高设计质量,并有利于促进设计技术的发展,而且设计费占总造价的比例很小,报价不成为比较的重点。

(3)设计竞赛与设计招标的区别

设计竞赛与设计招标的区别主要体现在以下3个方面:

①设计竞赛只涉及设计内容(设计的技术和经济的先进性),而不涉及设计费用与设计进度,因此设计竞赛的参赛单位不需要对设计费用进行报价;而设计招标不仅仅包括设计内容,即设计方案,也要求投标单位对设计费用和设计进度进行说明。

②设计竞赛的评选结果仅限于对参选设计作品进行入选排名,而不直接涉及设计任务的委托,并不一定意味优胜者就中标;而设计招标过程中,通过评标选择出的评分最高的投标单位就是中标单位,设计任务也将委任于它。

③设计竞赛参加者若未中标,则将得到一定的经济补偿;而设计招标投标者若未中标,则没有经济补偿。

8.3.2.2 设计服务采购合同结构

2003年国家发改委颁发了《工程建设项目勘察设计招标投标办法》,文中指出:"发包方可以将整个建设工程的勘察、设计发包给一个勘察、设计单位;也可以将建设工程的勘察、设计分别发包给几个勘察、设计单位……除建设工程主体部分的勘察、设计外,经发包方书面同意,承包方可以将建设工程其他部分的勘察、设计再分包给其他具有相应资质等级的建设工程勘察、设计单位……建设工程勘察、设计单位不得将所承揽的建设工程勘察、设计转包。"在以上法规文件中,有以下几个概念应当引起注意:

(1)发包:业主可以将整个项目的设计任务发包给一家设计单位。

(2)分别发包:业主也可以将项目的设计任务分别发包给几家不同的设计单位。

(3)分包:设计单位在满足下列条件下可以分包:

①除工程主体部分以外;

②经业主方书面同意;

③分包单位具有相应资质。

(4)转包：设计单位严禁转包设计任务。

以上这四个概念是不同的，因此要注意区别它们之间的差异。

在现代工程建设工程项目设计过程中，参与一个项目的设计单位往往不止一家。这是由于以下两方面原因所造成的：

(1)现代建设工程项目规模日益增大，功能和技术要求日趋复杂，导致设计工作本身的复杂性增加，一家设计单位很难完全满足业主方的要求，可以按项目内容将设计任务分别发包；

(2)设计任务是可以分阶段完成的，如通常划分的方案设计、初步设计和施工图设计三个设计阶段，这也便于分阶段将设计任务分别发包。

因此，设计任务的委托方式也由过去直接委托一家设计单位转变为多种委托方式，主要有平行委托、设计总包、设计联合体三种方式，如图 8.13 所示。

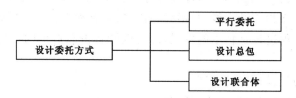

图 8.13　设计委托方式类型

(1)平行委托

平行委托，也可称为分别委托，这种方式是业主将设计任务同时分别委托给多个设计单位，而各设计单位之间的关系是平行的。其合同结构如图 8.14 所示。

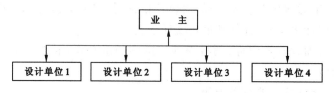

图 8.14　平行委托

采用平行委托时，设计任务的划分可以有多种方式，如按照项目划分、按照阶段划分、按照专业划分等，其相应的合同结构分别如图 8.15 中的(a)、(b)、(c)所示。

平行委托有以下几个优点：

①适用于大型复杂项目，有利于各个设计单位发挥自己的优势。

②业主可以直接对各个设计单位发出修改或变更的指令，有利于项目质量、投资、进度的目标控制。

其缺点在于：

①业主对于各家设计单位的协调工作量很大，合同的管理工作也较为复杂。

②由于各设计单位分别设计，因此较难进行总体的投资控制，参与单位众多也对整体设计进度控制造成一定的难度。

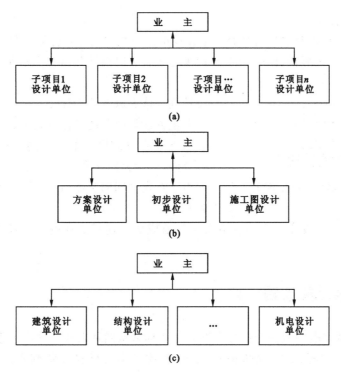

图 8.15 不同划分方式的设计委托合同结构

(a)按照项目划分;(b)按照阶段划分;(c)按照专业划分

(2)设计总包

设计总包是指业主只与牵头的设计总包单位签约,而由设计总包单位与其他设计单位签订分包合同。《工程建设项目勘察设计招标投标办法》第三章第十九条指出:"除建设工程主体部分的勘察、设计外,经发包方书面同意,承包方可以将建设工程其他部分的勘察、设计再分包给其他具有相应资质等级的建设工程勘察、设计单位。"因此,建设工程主体部分的设计必须由设计总包单位自主设计,不得分包给其他设计单位。设计总包的合同结构如图 8.16 所示。

设计总包有以下几个优点:

①由于有设计总包单位的参与,业主方设计协调的工作量大大减少。

②由于业主方的设计委托合同只有一个和总包单位的合同,因此合同管理较为有利。

其缺点在于:

①对总包单位的依赖性较大,总包单位的选取很重要。例如,按阶段划分的设计分包,如果由主要承担施工图设计的单位承担,将很难对方案设计单位进行有效控制;如果由承担方案设计的设计单位承担,则对后期控制也不利,必须慎重考虑。

②业主对设计分包单位的指令是间接的,直接指令必须通过总包单位,管理程序比较复杂。

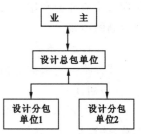

图 8.16 设计总包合同结构

(3)设计联合体

设计联合体是指业主与由两家以上设计单位组成的设计联合体签署一个设计委托合同,各家设计单位按照设计阶段的合作协议分别承担设计任务。其合同结构如图 8.17所示。

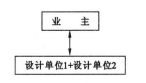

图 8.17 设计联合体合同结构

设计联合体有以下几个优点:

①业主方设计协调的工作量较少;

②由于业主方的设计委托合同只有一个和设计联合体的合同,因此合同管理较为有利;

③由于存在共同的利益,各家设计单位交流和合作更为紧密。

其缺点在于,各设计单位一般不太愿意组成负有连带责任的设计联合体,因其风险较大。

8.4 材料设备采购

材料设备的采购一般分为招标采购和非招标采购两种形式。其中工程项目中的大宗材料设备常采用招标采购,而价格较低、规模数量小的材料设备则常用非招标采购的形式。

8.4.1 招标采购

不同的招标方式在程序上都有这样一些环节:刊登招标公告→资格预审→编制招标文件→刊登具体招标通告→发售招标文件→投标→开标→评标→授标→签订合同。国内招标可将资格预审与评标工作一起进行。招标的结果是选择合适的中标人,签订合同,规定双方的权利和义务,从而保证采购活动的顺利进行。

8.4.1.1 编制招标文件

招标文件编制的快慢与优劣直接影响采购的进度和效果,项目采购单位或其委托的代理机构应充分利用已出版的各种招标文件范本,加快招标文件编制的速度,提高招标文件编制的质量。

8.4.1.2 评标

评标唯一的依据是招标文件。

(1)初评

初评主要是审查投标文件是否对招标文件做出了实质性的响应,以及投标文件是否完整、计算是否正确等。

(2)具体评标

对投标文件的具体评价主要包括技术评审和商务评审。

①技术评审:技术评审主要是为了确认备选的中标人完成生产项目的能力,以及他们的供货方案的可靠性。

②商务评审:商务评审主要是从成本、财务等方面评审投标报价的正确性、合理性、经

济效益和风险等,估量授标于不同投标人产生不同的后果。

（3）决标

评审结果是要选出合适的中标人,中标人的投标应当符合下列条件之一：

①能最大限度地满足招标文件中规定的各项综合评价标准；

②能满足招标文件的各项要求,并且经评审的投标价格最低（投标价格低于成本除外）。

8.4.2 非招标采购

8.4.2.1 询价采购

询价的结果是建议书,建议书是由供货商准备的、说明其具有能力并且愿意提供采购产品的文件。询价采购的程序如下：

（1）制定询价文件

由采购人代表和有关专家共三人以上单数成立询价小组,并对采购项目的价格构成和评定成交的标准等事项作出规定,即制定出询价采购文件。其中,技术文件包括供货范围、技术要求和说明、工程标准、图纸、数据表、检验要求以及供货商提供文件的要求；商务文件包括报价须知、采购合同基本条款和询价书等。

（2）询价

询价小组根据采购要求,从符合相应资格条件的供货商名单中确定不少于三家的供货商,并发出询价通知书让其报价,要求被询价的供货商一次报出不得更改的价格。

如果对有能力的供货商不是非常清楚,也可通过在报纸等媒体上刊登广告,以吸引供货商的注意,得到供货商的名单。

在编制建议书之前,采购人应与所有可能的供货商一起举行会议,即供货商会议又称标前会议,其目的是为所有可能的供货商都能对采购要求有一个明确的理解。

（3）确定成交供货商

根据采购要求、质量和服务相等且报价最低的原则确定成交供货商,并将结果通知所有被询价的未成交的供货商。在对供货商报价进行评审时,应进行技术和商务评价,并做出明确的结论。技术评价主要评审材料和设备的规格、性能是否满足规定的技术要求,报价技术文件是否齐全并满足要求；商务评价主要评审价格、交货期、交货地点和方式、保质期、贷款支付方式和条件、检验、包装运输是否满足规定的要求等。

8.4.2.2 直接采购

因直接采购是不通过竞争而直接签订合同的采购方式,故应注意其以下特定的适应环境：

（1）已签订且正在实施的项目,需要增加类似的货物的情况。

（2）为了使新采购部件与现有设备配套或与现有设备的标准化方面相一致而向原供货商增购货物。

（3）所需采购货物或设备等只有单一货源。

（4）负责工艺设计的承包人要求从一特定供货商处购买关键部件,并以此作为其保证达到设计性能或质量的条件。

(5)在某些特殊条件下,如不可抗力的影响,为了避免时间延误造成更多的花费。

(6)当竞争性招标未能找到合适的供货商时。

8.4.2.3 自营工程

自营工程是项目采购人不通过招标或其他采购方式而直接采用自己的施工队伍来承建土建工程的一种采购方式。这是一种针对土建工程而实施的采购方式,适应情况如下:

(1)土建工程的工程量无法事先准确得到的情况。

(2)由于土建工程的工程量小,施工地点比较偏远、分散,而使承包商不得不承担过高的动员调遣费的情况。

(3)要求将要进行的施工活动对正在施工中的作业无影响的情况。

(4)没有任何承包商感兴趣的工程。

(5)如果已经预知工程必然会中断,则在此情况下,由项目采购人来承担风险更为妥当的情况。

8.5 工程项目合同管理

合同管理是项目管理中的一项重要内容,因为项目许多工作需要委托专业人士、专业单位承担,而委托与被委托关系需要通过合同关系来体现,如果不能很好地管理好这些合同关系,项目实施的进展就会受到干扰,并会对项目实施的三大目标产生不利影响。

8.5.1 合同分类及合同结构

8.5.1.1 合同分类

项目合同管理的第一步是进行合同分类。按照《中华人民共和国合同法》,合同可以分为 15 大类,如表 8.7 所示。

表 8.7　合同法合同分类

序号	分　类	序号	分　类
1	买卖合同	9	运输合同
2	供用电、水、气、热力合同	10	技术合同
3	赠予合同	11	保管合同
4	借款合同	12	仓储合同
5	租赁合同	13	委托合同
6	融资租赁合同	14	行纪合同
7	承揽合同	15	居间合同
8	建设工程合同		

对于建设项目而言,由于参与单位众多,相关的合同可能有成百上千份,以上 15 大类合同基本上都会涉及。在整个项目生命周期中,根据项目阶段的不同,签订的合同亦有所不同,如表 8.8 所列。

表 8.8 项目生命周期合同分类

项目阶段	合同种类	合同主体
决策阶段	咨询合同	业主、咨询公司、政府、土地转让方、银行等
	土地征用合同	
	房屋拆迁合同	
	土地使用权出让转让合同	
	可行性研究合同	
	贷款合同	
	……	
实施阶段	勘察合同	业主、勘察单位、设计单位、招标代理机构、供应商、承包商、监理单位等
	设计合同	
	招标代理委托合同	
	监理合同	
	施工承包合同	
	采购合同	
	技术咨询合同	
	……	
使用阶段	保修合同	业主,供电、水、气单位,物业公司等
	供水、电、气合同	
	房屋销售合同	
	运营管理合同	
	物业管理合同	
	出租合同	
	……	

8.5.1.2 工程项目合同结构分解

合同结构分解是指对项目全生命周期内所需完成的工作按照合同管理的要求进行分解,直至分解至最小合同单元,再根据最小合同单元的属性与相互关系等因素确定招标合同单元,并以招标合同单元为要素建立合同结构体系。合理划分项目招标合同单元是招标采购合同规划的关键所在。合同结构分解的作用与项目管理的工作结构分解的作用基本相似,即通过合同结构分解,实现项目所有合同的系统规划,明确最小合同单元之间的逻辑体系以及单个合同的成本、进度和质量控制,进而合理确定招标合同单元,最终通过合同管理实现对项目整体的投资、进度和质量进行控制的目标。

合同结构分解的关键在于确定招标合同单元,而招标合同单元的确定直接或间接取决于最小工作单元的分解和最小合同单元的确定,故合同结构分解建立在整个项目工作分解的基础上。

8.5.2 国际工程标准合同文本

为了维护合同当事人双方的利益,确保合同订立的严密、完整和合理,在签订建设工程合同时,一般都趋向于采用具有标准、统一格式和内容的合同条件范本。这不仅节省了重新编制一套合同条件所需要的时间和费用,而且标准合同条件总结了多年经验,经历了各种特殊情况的考验,因而更有利于保护合同双方的合法权益。

如图 8.18 所示,目前国际上应用最为广泛、具有较大声誉的建设工程标准合同条件有:

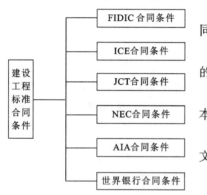

图 8.18 建设工程标准合同条件

①国际咨询工程师联合会制定的 FIDIC 标准合同文本;

②英国土木工程师学会、咨询工程师协会等制定的 ICE 标准合同文本;

③英国"联合合同法庭"颁布的 JCT 标准合同文本;

④英国土木工程师学会制定的 NEC 标准合同文本;

⑤美国建筑师学会制定的 AIA 标准合同文本;

⑥世界银行、亚洲银行颁布的标准合同文本。

8.5.2.1 FIDIC 标准合同文本

由各国咨询组织所组成的国际团体的领导机构"国际咨询工程师联合会(简称 FIDIC)"制定的 FIDIC 合同条件,适用于国际工程承包项目。目前作为惯例已成为国际工程界公认的标准化合同格式的有:

①《业主—咨询工程师标准服务协议书》及《业主/咨询工程师设计与施工监督工作标准服务协议书》(白皮书);

②《土木工程施工合同条件》(红皮书);

③《电气与机械工程合同条件》(黄皮书);

④《设计—建造与交钥匙合同条件》(橘皮书);

⑤《土木工程分包合同》。

2017 年 12 月,FIDIC 又出版了新的《施工合同条件》(新红皮书)《生产设备设计-施工合同条件》(新黄皮书)《EPC 交钥匙合同条件》(银皮书)及《合同简短格式》(绿皮书),这是迄今为止 FIDIC 的最新版本。它们各自的主要内容和特点如下:

(1)《施工合同条件》(Condition of Contract for Construction,简称"新红皮书")

该合同主要用于由发包人设计的或由咨询工程师设计的房屋建筑工程（Building Works）和土木工程（Engineering Works），承包商的主要工作为施工，也可承担部分设计工作，由工程师来监理施工和签发支付证书，一般采用单价包干形式，风险分担较均匀。施工合同条件的主要特点表现为：以竞争性招标投标方式选择承包商，合同履行过程中采用以工程师为核心的工程项目管理模式，适于整个土木工程。

（2）《永久设备和设计-建造合同条件》（Conditions of Contract for Plant and Design-Build，简称"新黄皮书"）

新黄皮书适合机电设备、基础设施项目以及其他类型的项目，业主只负责编制项目纲要和提出对设备的性能要求，承包人的基本义务是完成永久设备的设计、制造和安装，工程师负责监督设备的制造、安装和工程施工，并签发支付证书。包干价格按里程碑支付方式，也可对小部分分项工程采用单价合同，风险分担较均衡。

（3）《EPC 交钥匙项目合同条件》（Conditions of Contract for EPC Turnkey Projects，简称"银皮书"）

银皮书又可译为"设计－采购－施工交钥匙项目合同条件"，它适于工厂建设之类的开发项目，是包含了项目策划、可行性研究、具体设计、采购、建造、安装、试运行等在内的全过程承包方式。承包人"交钥匙"时，提供的是一套配套完整的、可以运行的设施。

（4）合同的简短格式（Short Form of Contract，简称"绿皮书"）

该合同条件主要适于价值较低的或形式简单或重复性的或工期短的房屋建筑和土木工程。

8.5.2.2　ICE 标准合同文本

由英国土木工程师学会、咨询工程师协会以及土木工程承包商联合会共同编制的 ICE 合同条件在土木工程界有着广泛的应用，适用于英国和英联邦及历史上与英国关系密切的国家。1991 年 1 月第六版《ICE 合同条件（土木工程施工）》共计 71 条 109 款，主要内容包括：工程师及工程师代表；转让与分包；合同文件；承包商的一般义务；保险；工艺与材料质量的检查；开工、延期与暂停；变更、增加与删除；材料及承包商设备的所有权；计量；证书与支付；争端的解决；特殊用途条款；投标书格式。此外 IEC 合同条件的最后也附有投标书格式、投标书格式附件、协议书格式、履约保证等文件。

8.5.2.3　JCT 标准合同文本

JCT 合同条件由英国"联合合同法庭（简称 JCT）"颁布，主要用于道路、桥梁、水利等大型土木工程及构筑物的建设。

JCT 系列的标准合同门类齐全，具体分成以下九个类别：

（1）标准建筑合同：按照地方政府或私人投资、带工程量清单、不带工程量清单、带近似的工程量清单分为六种标准合同文本；

（2）承包商带设计的合同；

（3）固定总价合同；

（4）总包标准合同；

（5）Intermediate Form of Building Contract（IFC84）；

（6）小型工程合同；

（7）管理承包合同；

（8）单价合同；

（9）分包合同标准文本。

8.5.2.4　NEC标准合同文本

NEC合同条件是英国土木工程师学会新工程合同条件的简称（The Institution of Civil Engineers ，New Engineering Contract）。NEC系列合同包括以下四个类别：

（1）工程施工合同：用于发包人和总承包商之间的主合同，也被用于总包管理的一揽子合同；

（2）工程施工分包合同：用于总承包商与分包商之间的合同；

（3）专业服务合同：用于发包人与项目管理人、监理人、设计人、测量师、律师、社区关系咨询师等之间的合同；

（4）裁判者合同：用于指定裁判者解决任何NEC合同项下的争议的合同。

与其他标准合同文本相比，NEC合同条件有它的独特性。它是一组可相互交替灵活使用的多功能合同文本。该文本尽管是为英国的工程与施工而设计制作的，但它的内容非常容易适应其他国家的不同情况，包括总包、分包、设计与建造合同的各类情况。NEC包含了土木、机械、电气、化学工程的建造和流水线工厂的建造的所有要求。

8.5.2.5　AIA标准合同文本

AIA标准合同文本由美国建筑师学会（AIA）制定颁布。AIA出版的系列合同文件在美洲地区具有较高的权威性，应用也很广泛。

AIA系列合同文件分为A、B、C、D、G等系列：

（1）A系列是用于发包人与承包商的标准合同文件，不仅包括合同条件，还包括承包商资格申报表，保证标准格式；

（2）B系列主要用于发包人与建筑师之间的标准合同文件，其中包括专门用于建筑设计、室内装修工程等特定情况的标准合同文件；

（3）C系列主要用于建筑师与专业咨询机构之间的标准合同文件；

（4）D系列是建筑师行业内部使用的文件；

（5）G系列是建筑师企业及项目管理中使用的文件。

AIA系列合同文件的核心是"通用条件"（A201）。采用不同的工程项目管理模式及不同的计价方式时，只需选用不同的"协议书格式"与"通用条件"即可。2007年版AIA文件A201《施工合同通用条件》共计15章，主要内容包括：一般条款，业主，承包商，建筑师，分包商，业主或独立承包商负责的施工，工程变更，期限，付款与完工，人员与财产的保护，保险与保函，工程的剥露及其修正，混合条款，合同的终止或停工，索赔和争议。

8.5.2.6　世界银行颁布的标准合同文本

世界银行于1995年出版了《在IBRD贷款和IDA信用项下的采购指南》第5版，1996年编写出版了《世界银行贷款项目招标文件范本》，具体包括以下13个文本：

（1）土建工程国际竞争性招标资格预审文本；

（2）土建工程国际竞争性招标文本；

（3）货物采购国际竞争性招标文本；

（4）大型成套设备供货和监督安装招标文本；

（5）生产工艺技术转让招标文本；

（6）总包合同招标文本；

（7）咨询服务合同文本；

（8）土建工程国内竞争性招标文本；

（9）货物采购国内竞争性招标文本；

（10）大宗商品国际竞争性招标文件；

（11）计算机系统国际竞争性招标文件；

（12）单个咨询专家咨询合同；

（13）标准评标报告格式。

《采购指南》和《标准招标文件》覆盖了建设工程合同的各个方面，详细规定了履约担保、预付款、进度款、价格调整公式、反贪污贿赂等条款的具体要求。

8.5.3　我国建设工程标准合同文本

目前我国建设工程标准合同文本主要有以下三种：

①《建设工程设计合同示范文本（专业建设工程）》（GF-2015-0210），《建设工程设计合同示范文本（房屋建筑工程）》（GF-2015-0209）；

②《建设工程施工合同（示范文本）》（GF-2017-0201）；

③《建设工程施工劳务分包合同（示范文本）》（GF-2003-0214），《建设工程施工专业分包合同（示范文本）》（GF-2003-0213）

这三种合同文本分别针对设计、施工总承包和分包。《建设工程施工合同（示范文本）》（GF-2017-0201）由住房城乡建设部和国家工商行政管理局根据最新颁布和实施的工程建设有关法律、法规，总结了近几年施工合同示范文本推行的经验，结合我国建设工程施工的实际情况编制而成，适用于房屋建筑工程、土木工程、线路管道和设备安装工程、装修工程等建设工程的施工承发包活动。《建设工程施工合同（示范文本）》由合同协议书、通用条款和专用条款三部分组成，并附有承包人承揽工程项目一览表、发包人供应材料设备一览表、工程质量保修书、主要建设工程文件目录、承包人用于本工程施工的机械设备表、承包人主要施工管理人员表、分包人主要施工管理人员表、履约担保格式、预付款担保格式、支付担保格式、暂估价一览表共11个附件。

（1）合同协议书的内容

合同协议书是《施工合同文本》中总纲性的文件，它集中约定了合同当事人基本的合同权利和义务，经当事人签字盖章后，就对合同双方产生法律约束力。它共包含13条，主要内容包括：

①工程概况：包括工程名称、工程地点、工程内容、工程立项批准文号、资金来源、工程承包范围。

②合同工期：包括开工日期、竣工日期，合同工期应填写总日历天数。

③质量标准：工程质量必须达到国家标准规定的合格标准，双方也可以约定达到国家标准规定的优良标准。

④签约合同价与合同价格形式。

⑤项目经理:需填写该项目实际负责的项目经理。

⑥合同文件构成:在合同订立及履行过程中形成的与合同有关的文件均构成合同文件组成部分。包括合同当事人就该项合同文件所作出的补充和修改,属于同一类内容的文件,应以最新签署的为准。专用合同条款及其附件须经合同当事人签字或盖章。

⑦承诺:发包人和承包人双方就履约义务进行承诺。

⑧词语含义。

⑨签订时间、签订地点、补充协议、合同生效、合同份数。

(2)通用合同条款的内容

通用合同条款共计 20 条,是一般土木工程所共同具备的共性条款,具有规范性、可靠性、完备性和适用性等特点,该部分可适用于任何工程项目。它的主要内容包括:

①一般约定:包括词语定义及各种词语的内涵解释;

②发包人、承包人、监理人三方的权利、义务等相关规定;

③工程质量、安全文明施工与环境保护;

④工期和进度;

⑤材料与设备及试验与检验的规定;

⑥变更与价格调整;

⑦合同价格、计量与支付及竣工结算规定;

⑧验收和工程试车;

⑨缺陷责任与保修;

⑩违约、索赔及争议解决等。

除上述提及的条款外,条款中还涉及不可抗力和保险的相关规定。

(3)专用合同条款的内容

专用合同条款共计 20 条,是对通用合同条款原则性约定的细化、完善、补充、修改或另行约定的条款。合同当事人可以根据不同建设工程的特点及具体情况,通过双方的谈判、协商对相应的专用合同条款进行修改补充。在使用专用合同条款时,应注意以下事项:

①专用合同条款的编号应与相应的通用合同条款的编号一致;

②合同当事人可以通过对专用合同条款的修改,满足具体建设工程的特殊要求,避免直接修改通用合同条款;

③专用合同条款的解释优于通用合同条款。

8.5.4　工程项目合同计价方式

施工承包合同可以按照不同的方法加以分类,按照承包合同的计价方式可以分为总价合同、单价合同和成本补偿合同三大类。

8.5.4.1　单价合同

当发包工程的内容和工程量一时不能明确、具体地予以规定时,则可以采用单价合同 (Unit Price Contract)形式,即根据计划工程内容和估算工程量,在合同中明确每项工程内容的单位价格(如每米、每平方米或者每立方米的价格),实际支付时则根据实际完成的工程量乘以合同单价计算应付的工程款。单价合同的特点是单价优先,例如 FIDIC 土木工程施工合同中,业主给出的工程量清单表中的数字是参考数字,而实际工程款则按实际完成的工程量和承包商投标时所报的单价计算。虽然在投标报价、评标以及签订合同中,人们常常注重总价格,但在工程款结算中单价优先,对于投标书中明显的数字计算错误,业主有权先作修改再评标;当总价和单价的计算结果不一致时,以单价为准调整总价。

由于单价合同允许随工程量变化而调整工程总价,业主和承包商都不存在工程量方面的风险,因此对合同双方都比较公平。另外,在招标前,发包单位无需对工程范围做出完整的、详尽的规定,从而可以缩短招标准备时间,投标人也只需对所列工程内容报出自己的单价,从而缩短投标时间。

采用单价合同对业主的不足之处是,业主需要安排专门力量来核实已经完成的工程量,需要在施工过程中花费不少精力,协调工作量大。另外,用于计算应付工程款的实际工程量可能超过预测的工程量,即实际投资容易超过计划投资,对投资控制不利。单价合同又分为固定单价合同和变动单价合同。

固定单价合同条件下,无论发生哪些影响价格的因素都不对单价进行调整,因而对承包商而言就存在一定的风险。当采用变动单价合同时,合同双方可以约定一个估计的工程量,当实际工程量发生较大变化时可以对单价进行调整,同时还应该约定如何对单价进行调整;当然也可以约定,当通货膨胀达到一定水平或者国家政策发生变化时,可以对哪些工程内容的单价进行调整以及如何调整等。因此,承包商的风险就相对较小。固定单价合同适用于工期较短、工程量变化幅度不会太大的项目。

在工程实践中,采用单价合同有时也会根据估算的工程量计算一个初步的合同总价,作为投标报价和签订合同之用。但是,当上述初步的合同总价与各项单价乘以实际完成的工程量之和发生矛盾时,则肯定以后者为准,即单价优先。实际工程款的支付也将以实际完成工程量乘以合同单价进行计算。

8.5.4.2 总价合同

所谓总价合同(Lump Sum Contract),是指根据合同规定的工程施工内容和有关条件,业主应付给承包商的款额是一个规定的金额,即明确的总价。总价合同也称作总价包干合同,即根据施工招标时的要求和条件,当施工内容和有关条件不发生变化时,业主付给承包商的价款总额就不发生变化。如果由于承包人的失误导致投标价计算错误,合同总价格也不予调整。总价合同又分固定总价合同和变动总价合同两种。

(1)固定总价合同

固定总价合同的价格计算是以图纸及规定、规范为基础,工程任务和内容明确,业主的要求和条件清楚,合同总价一次包死,固定不变,即不再因为环境的变化和工程量的增减而变化。在这类合同中承包商承担了全部的工作量和价格的风险,因此,承包商在报价时对一切费用的价格变动因素以及不可预见因素都做了充分估计,并将其包含在合同价格之中。

在国际上,这种合同被广泛接受和采用,因为有比较成熟的法规和先例的经验;对业主而言,在合同签订时就可以基本确定项目的总投资额,对投资控制有利;在双方都无法预测的风险条件下和可能有工程变更的情况下,承包商承担了较大的风险,业主的风险较小。但是,工程变更和不可预见的困难也常常引起合同双方的纠纷或者诉讼,最终导致其他费用的增加。

当然,在固定总价合同中还可以约定,在发生重大工程变更、累计工程变更超过一定幅度或者其他特殊条件下可以对合同价格进行调整。因此,需要定义重大工程变更的含义、累计工程变更的幅度以及什么样的特殊条件才能调整合同价格,以及如何调整合同价格等。

采用固定总价合同,双方结算比较简单,但是由于承包商承担了较大的风险,因此报价中不可避免地要增加一笔较高的不可预见风险费。承包商的风险主要有两个面:一是价格风险,二是工作量风险。价格风险有报价计算错误、漏报项目、物价和人工费上涨等;工作量风险有工程量计算错误、工程范围不确定、工程变更或者由于设计深度不够所造成的误差等。

(2)变动总价合同

变动总价合同又称为可调总价合同,合同价格是以图纸及规定、规范为基础,按照时价(Current Price)进行计算,得到包括全部工程任务和内容的暂定合同价格。它是一种相对固定的价格,在合同执行过程中,由于通货膨胀等原因使所使用的工、料成本增加时,可以按照合同约定对合同总价进行相应的调整。当然,一般由于设计变更、工程量变化或其他工程条件变化所引起的费用变化也可以进行调整。因此,通货膨胀等不可预见因素的风险由业主承担,对承包商而言,其风险相对较小,但对业主言,不利于其进行投资控制,突破投资的风险就增大了。

在工程施工承包招标时,施工期限一年左右的项目一般实行固定总价合同,通常不考虑价格调整问题,以签订合同时的单价和总价为准,物价上涨的风险全部由承包商承担。但是对建设周期一年半以上的工程项目,则应考虑下列因素引起的价格变化问题:

①劳务工资以及材料费用的上涨;

②其他影响工程造价的因素,如运输费、燃料费、电力等价格的变化;

③外汇汇率的不稳定;

④国家或者省、市立法的改变引起的工程费用的上涨。

(3)总价合同特点和应用

显然,采用总价合同时,对发包工程的内容及其各种条件都应基本清楚、明确,否则发承包双方都有蒙受损失的风险。因此,一般是在施工图设计完成,施工任务和范围比较明确,业主的目标、要求和条件都清楚的情况下才采用总价合同。对业主来说,由于设计花费时间长,因而开工时间较晚,开工后的变更容易带来索赔,而且在设计过程中也难以吸收承包商的建议。

总价合同的特点是:

①发包单位可以在报价竞争状态下确定项目的总造价,可以较早确定或者预测工程成本;

②业主的风险较小,承包人将承担较多的风险;

③评标时易于迅速确定最低报价的投标人;

④在施工进度上能极大地调动承包人的积极性；

⑤发包单位能更容易、更有把握地对项目进行控制；

⑥必须完整而明确地规定承包人的工作；

⑦必须将设计和施工方面的变化控制在最小限度内。

总价合同和单价合同有时在形式上很相似，例如，在有的总价合同的招标文中也有工程量表，也要求承包商提出各分项工程的报价，与单价合同在形式上很相似，但两者在性质上是完全不同的。总价合同是总价优先，承包商报总价，双方商讨并确定合同总价，最终也按总价结算。

8.5.4.3 成本加酬金合同

成本加酬金合同也称为成本补偿合同，是与固定总价合同正好相反的合同，工程施工的最终合同价格将按照工程的实际成本再加上一定的酬金进行计算。在合同签订时，工程实际成本往往不能确定，只能确定酬金的取值比例或者计算原则。

采用这种合同时，承包商不承担任何价格变化或工程量变化的风险，这些风险主要由业主承担，对业主的投资控制很不利。而承包商则往往缺乏控制成本的积极性，常常不仅不愿意控制成本，甚至还会期望提高成本以提高自己的经济效益，因此这种合同容易被那些不道德或不称职的承包商滥用，从而损害工程的整体效益。所以，应该尽量避免采用这种合同。

（1）成本加酬金合同的特点和适用条件

成本加酬金合同通常用于如下情况：

①工程特别复杂，工程技术、结构方案不能预先确定，或者尽管可以确定工程技术和结构方案，但是不可能进行竞争性的招标活动并以总价合同或单价合同的形式确定承包商，如研究开发性质的工程项目；

②时间特别紧迫，如抢险、救灾工程，来不及进行详细计划和商谈。

对业主而言，这种合同形式也有一定优点，如：

①可以通过分段施工缩短工期，而不必等待所有施工图完成才开始招标和施工；

②可以减少承包商的对立情绪，承包商对工程变更和不可预见条件的反应会比较积极和快捷；

③可以利用承包商的施工技术专家，帮助改进或弥补设计中的不足；

④业主可以根据自身力量和需要，较深入地介入和控制工程施工和管理；

⑤也可以通过确定最大保证价格约束工程成本不超过某一限值，从而转移一部分风险。

对承包商来说，这种合同比固定总价合同的风险低，利润比较有保证，因而比较有积极性。其缺点是合同的不确定性大，由于设计未完成，无法准确确定合同的工程内容、工程量以及合同的终止时间，有时难以对工程计划进行合理安排。

（2）成本加酬金合同的形式

成本加酬金合同有许多种形式，常见的形式包括以下四种。

1）成本加固定费用合同

根据双方讨论同意的工程规模、估计工期、技术要求、工作性质及复杂性、所涉及的风险等来考虑确定一笔固定数目的报酬金额作为管理费及利润,对人工、材料、机械台班等直接成本则实报实销。如果设计变更或增加新项目,当直接费超过原估算成本的一定比例(如10%)时,固定的报酬也要增加。在工程总成本一开始估计不准,可能变化不大的情况下,可采用此合同形式,有时可分几个阶段谈判付给固定报酬。这种方式虽然不能鼓励承包商降低成本,但为了尽快得到酬金,承包商会尽力缩短工期。有时也可在固定费用之外根据工程质量、工期和节约成本等因素,给承包商另加奖金,以鼓励承包商积极工作。

2)成本加固定比例费用合同

工程成本中直接费加一定比例的报酬费,报酬部分的比例在签订合同时由双方确定。这种方式的报酬费用总额随成本加大而增加,不利于缩短工期和降低成本。一般在工程初期很难描述工作范围和性质,或工期紧迫,无法按常规编制招标文件招标时采用。

3)成本加奖金合同

奖金是根据报价书中的成本估算指标制定的,在合同中对这个估算指标规定一个底点和顶点,分别为工程成本估算的60%~75%和110%~135%。承包商在估算指标的顶点以下完成工程则可得到奖金,超过顶点则要对超出部分支付罚款。如果成本在底点之下,则可加大酬金值或酬金百分比。采用这种方式通常规定,当实际成本超过顶点对承包商罚款时,最大罚款限额不超过原先商定的最高酬金值。

4)最大成本加费用合同

在工程成本总价基础上加固定酬金费用的方式,即当设计深度达到可以报总价的程度,投标人报一个工程成本总价和一个固定的酬金(包括各项管理费、风险费和利润)。如果实际成本超过合同中规定的工程成本总价,由承包商承担所有的额外费用,若实施过程中节约了成本,节约的部分归业主,或者由业主与承包商分享,在合同中要确定节约分成比例。在非代理型(风险型)CM模式的合同中就采用这种方式。

(3)成本加酬金合同的应用

当实行施工总承包管理模式或CM模式时,业主与施工总承包管理单位或CM单位的合同一般采用成本加酬金合同。

在国际上,许多项目管理合同、咨询服务合同等也多采用成本加酬金合同方式。在施工承包合同中采用成本加酬金计价方式时,业主与承包商应该注意以下问题:

①必须有一个明确的向承包商支付酬金的条款,包括支付时间和金额百分比,以及如果发生变更或其他变化,酬金支付如何调整。

②应该列出工程费用清单,要规定一套详细的工程现场有关的数据记录、信息存储甚至记账的格式和方法,以便对工地实际发生的人工、机械和材料消耗等数据认真而及时地记录。应该保留有关工程实际成本的发票或付款的账单、表明款额已经支付的记录或证明等,以便业主进行审核和结算。

8.5.5 工程项目合同履行与变更管理

合同履行,是指合同当事人按照合同约定或者法律规定全面地、适当地完成其义务,实现其权利的行为。项目合同的履行是双方当事人根据项目合同的规定在适当的时间、适当的地点,以适当的方法全面完成自己所承担的义务的活动。合同的有效履行是合同当事人依据一定的规则与原则所享有的权利和应负的义务,相互之间共同努力所构成的。一般情况下,合同的履行是合同当事人一方享有权利,而合同当事人另一方承担义务,共同构成合同的有效履行。

合同履行原则是规范合同当事人之间在履行合同过程中应遵循的基本规则。根据我国《合同法》的规定,合同的履行原则有全面履行原则、协作履行原则和情势变更原则。

第一,合同的全面履行原则,又称为适当履行原则、正确履行原则,是指合同当事人应按照合同约定全面履行自己的义务与行使权利。我国《合同法》第60条第1款规定:"当事人应当按照约定全面履行自己的义务。"根据该规定,合同的全面履行原则主要是依据合同约定的内容以及履行方式与条件等实现其合同目的,从而使合同消灭的民事法律行为。

第二,合同的协作履行原则,是指合同双方当事人不仅应履行自己的义务,而且还应当协助合同相对方履行义务,这是诚实信用原则的具体体现。我国《合同法》第60条第2款规定,当事人应当遵循诚实信用原则,根据合同的性质、目的和交易习惯履行通知、协助、保密等义务。根据该规定,合同当事人在履行合同过程中,双方当事人负有相互通知、协助的义务,并履行诚实信用原则的具体规定。

第三,情势变更原则,又称为情事变更原则,是指合同依法成立后,因不可归责于合同当事人的原因发生了不可预见的情事变动,致使合同的基础丧失或者动摇,若继续履行合同将使原有效力显失公平,从而允许变更或解除合同。该原则是因发生了客观情况而导致继续履行合同会明显显失公平的现象,法律允许其变更或解除合同。我国《合同法》司法解释确立了该规则:"合同成立以后客观情况发生了合同当事人在订立合同时无法预见的、非不可抗力的不属于商业风险的重大变化,继续履行合同对于一方当事人明显不公平或者不能实现合同目的,当事人请求人民法院变更或者解除合同的,人民法院应当根据公平原则,并结合案件的实际情况确定是否变更或者解除。"

合同在履行过程中难免会出现偏差,因为合同毕竟是基于对未来预测的基础上的。现代工程和环境的复杂性使得合同不可能预见到所有可能出现的问题,而且合同条款越来越复杂,其中考虑不周或者含糊不清的条款也是容易出现的。

合同变更主要有三类,涉及合同条款的变更、工程变更、合同主体变更。其中工程变更最为常见,具体包含设计变更;施工方案变更;现场遇到不可预见的物质条件,承包商执行工程师的处理指示导致工程变更;工程师指定分包商;业主和工程师的特殊要求;在缺陷责任期,承包商修补非承包商责任的缺陷引起变更;工程师指令工程变更等等。

处理合同变更有以下四点要求:

①变更尽可能快地做出;

②迅速、全面、系统地落实变更指令(合同价格和工期的调整一般由工程师和承包商、业主协商后确定);

③在合同变更过程中应记录、收集、整理、保存涉及变更的各种资料;

④对合同变更的影响作进一步分析,合同变更与提出索赔同步进行,甚至对重大的变更,应先进行索赔谈判,待达成一致后,再实施变更。

8.5.6　合同的索赔与反索赔

索赔是建筑承包企业因发包单位违反工程承包合同条款损失经济利益而对发包单位索取赔偿的一种经济活动。工程项目施工过程中，由于招标单位或其他原因，导致承包企业增加了工程费用或延误了工程进度，承包企业根据合同文件中有关条款，通过合法的途径和程序，要求招标单位偿还其在施工中的费用损失或工期损失。

现代工程规模大、技术性强、综合性强、投资额大、工期长、风险大，实施过程的不确定因素多，工程项目内外部环境的复杂多变，工程合同自身的复杂性及易出错性；双方对合同理解不一致等等原因使得索赔时有发生。而且现在承包人往往利润较低，索赔成为工程风险再分配的手段。

索赔有以下几种特征：索赔是要求给予赔偿或者补偿的一种权利；索赔的依据是法律法规、合同文件及工程建设惯例，但主要是合同文件；索赔是因非自身原因导致的，要求索赔一方没有过错；与原合同相比较，已经发生了额外的经济损失或工期损害；索赔是单方行为，双方还没有达成协议。

索赔的发起需要以下程序：

①索赔意向通知：干扰事件发生后 28 天内；

②索赔资料的准备；

③索赔报告的提交：干扰事件发生后 42 天内；

④工程师对索赔报告的审核：承包商提出索赔报告后 42 天内；

⑤工程师与承包人协商补偿额和工程师索赔处理意见；

⑥业主审查索赔处理；

⑦承包人是否接受最终索赔处理，可能仲裁或诉讼。

既然施工单位可以索赔，相应的，业主也就可以进行反索赔。即业主向承包商提出索赔要求或对对方提出的索赔要求进行反驳、反击，或防止对方提出索赔要求。业主索赔的目的在于向承包商追回因为承包商违约，或不能全面地履行合同所造成的损失，获得补偿、威慑承包商，以加强承包商的合同责任、通过向承包商索赔来平衡承包商的索赔要求。

业主反索赔的步骤与索赔类似：

①合同总体分析；

②事态调查；

③三种状态分析：合同状态、可能和实际状态；

④索赔报告分析：找出漏洞或薄弱环节，以全部或部分否定索赔要求；

⑤起草并向对方递交反索赔报告。

需要指出的是，索赔和反索赔都是起了争执，这种争执的处理既不应该只讲关系、义气和情谊，忽视利益，也不应该注重利益，不顾双方关系、信誉和长远利益。合同争执的处理应包含以下原则：

①迅速解决争执，使合同争执的解决简单、方便、低成本。

②公平合理地解决合同争执。

③符合合同和法律的规定。通常在合同中明确规定争执解决程序条款。这会使合同当事人对合同履行充满信心,减少风险。

④尽量达到双方都能满意的结果,即"双赢"。

复习思考题

1. 什么是工程项目采购管理?

2. 工程项目采购有哪几种模式? 它们又包括哪些具体的内容?

3. 工程发包模式都有哪些类型? 各有什么特点?

4. 什么是设计招标和设计竞赛? 二者之间有什么区别?

5. 材料设备的招标采购都有哪些环节?

6. 项目实施阶段都涉及哪些合同? 请简要说明。

9

工程项目职业健康安全与环境管理

本 章 提 要

本章主要阐述工程项目安全生产的特点与伤亡事故的主要类别、项目安全生产以及环境保护的基本理论和方法。

9.1 职业健康安全管理体系与环境管理体系

9.1.1 职业健康安全管理体系

9.1.1.1 概述

2011 年 12 月 30 日，我国颁布了新的《职业健康安全管理体系》GB／T 28000 系列国家标准体系，代替了 2001 版的《职业健康安全管理体系》GB/T 28000，并于 2012 年 2 月 1 日正式实施，其结构如下：

①《职业健康安全管理体系要求》GB／T 28001—2011；

②《职业健康安全管理体系实施指南》GB/T 28002—2011。

GB/T 28000 系列标准的制定是为了满足职业健康安全管理体系评价和认证的需要。为满足组织整合质量、环境和职业健康安全管理体系的需要，GB/T 28000 系列标准考虑了与《质量管理体系要求》GB/T 19001—2016 、《环境管理体系要求及使用指南》GB/T 24001—2016标准的兼容性。此外，GB/T 28000 系列标准还考虑了与国际劳工组织（ILO）的《职业健康安全管理体系指南》ILO-OSH：2001 标准间的兼容性。

9.1.1.2 职业健康安全管理体系标准实施的特点

职业健康安全管理体系是各类组织总体管理体系的一部分。目前，《职业健康安全管理体系》GB/T 28000 系列标准作为推荐性标准被各类组织普遍采用，适用于各行各业、任何类型和规模的组织，用于建立组织的职业健康安全管理体系，并作为其认证的依据。其建立和运行过程的特点体现在以下几个方面：

（1）标准的结构系统采用 PDCA 循环管理模式，即标准由"职业健康安全方针—策划—实施与运行—检查和纠正措施—管理评审"五大要素构成，采用了 PDCA 动态循环、不断上升的螺旋式运行模式，体现了持续改进的动态管理思想。

（2）标准强调了职业健康安全法规和制度的贯彻执行，要求组织必须对遵守法律、法规做出承诺，并定期进行评审以判断其遵守的实效。

（3）标准重点强调以人为本，使职业健康安全管理由被动强制行为转变为主动自愿行为，从而要求组织不断提升职业健康安全的管理水平。

（4）标准的内容全面、充实、可操作性强，提供了一套科学、有效的职业健康安全管理手段，不仅要求组织强化安全管理，完善组织安全生产的自我约束机制，而且要求组织提升社会责任感和对社会的关注度，形成组织良好的社会形象。

（5）实施职业健康安全管理体系标准，组织必须对全体员工进行系统的安全培训，强化组织内全体成员的安全意识，可以增强劳动者身心健康，提高职工的劳动效率，从而为组织创造更大的经济效益。

（6）我国《职业健康安全管理体系要求》GB/T 28001—2011 等同于国际上通行的《职业健康安全管理体系要求》BS-OHSAS18001：2007 标准。很多国家和国际组织把职业健康安全与贸易挂钩，形成贸易壁垒，因此贯彻执行职业健康安全管理标准将有助于消除贸易壁垒，从而可以为参与国际市场竞争创造必备的条件。

9.1.2　环境管理体系

9.1.2.1　环境管理体系标准实施的特点

（1）标准作为推荐性标准被各类组织普遍采用，适用于各行各业、任何类型和规模的组织，用于建立组织的环境管理体系，并作为其认证的依据。

（2）标准在市场经济驱动的前提下，促进各类组织提高环境管理水平、达到实现环境目标的目的。

（3）环境管理体系的结构系统，采用的是 PDCA 动态循环、不断上升的螺旋式管理运行模式，在"策划—支持与运行—绩效评价—改进"四大要素构成的动态循环过程基础上，结合环境管理特点，考虑组织所处环境、内外部问题、相关方需求及期望等因素，形成完整的持续改进动态管理体系。该模式为环境管理体系提供了一套系统化的方法，指导组织合理有效地推行其环境管理工作。

（4）标准着重强调与环境污染预防、环境保护等法律法规的符合性。

（5）标准注重体系的科学性、完整性和灵活性。

（6）标准具有与其他管理体系的兼容性。标准的制定是为了满足环境管理体系评价和认证的需要。为满足组织整合质量、环境和职业健康安全管理体系的需要，GB/T 24000系列标准考虑了与《质量管理体系要求》GB/T 19001—2016、《职业健康安全管理体系要求》GB/T 28001—2011 标准的兼容性。此外，GB/T 28000 系列标准还考虑了与国 ISO 14000 体系标准的兼容性。

9.1.2.2　环境管理体系标准的应用原则

（1）标准的实施强调自愿性原则，并不改变组织的法律责任。

（2）有效的环境管理需建立并实施结构化的管理体系。

（3）标准着眼于采用系统的管理措施。

（4）环境管理体系不必成为独立的管理系统，而应纳入组织整个管理体系中。

（5）实施环境管理体系标准的关键是坚持持续改进和环境污染预防。

（6）有效地实施环境管理体系标准，必须有组织最高管理者的承诺和责任以及全员的参与。

总之，GB/T 24000系列标准的实施，可以规范所有组织的环境行为，降低环境风险和法律风险，最大限度地节约能源和资源消耗，从而减少人类活动对环境造成的不利影响，维持和改善人类生存和发展的环境，有利于实现经济可持续发展和环境管理现代化的需要。

9.1.3　职业健康安全管理体系与环境管理体系的建立与运行

9.1.3.1　职业健康安全管理体系与环境管理体系的建立

职业健康安全管理体系与环境管理体系的建立应当遵循以下步骤：

（1）领导决策

最高管理者亲自决策，以便获得各方面的支持和在体系建立过程中所需的资源保证。

（2）成立工作组

最高管理者或授权管理者代表成立工作小组负责建立体系。工作小组的成员要覆盖企业的主要职能部门，组长最好由管理者代表担任，以保证小组对人力、资金、信息的获取。

（3）人员培训

培训的目的是使有关人员了解建立体系的重要性，了解标准的主要思想和内容。

（4）初始状态评审

初始状态评审是对企业过去和现在的职业健康安全与环境的信息、状态进行收集、调查分析、识别和获取现有的适用的法律法规和其他要求，进行危险源辨识和风险评价、环境因素识别和重要环境因素评价。评审的结果将作为确定职业健康安全与环境方针、制定管理方案、编制体系文件的基础。

（5）制定方针、目标、指标和管理方案

方针是企业对其职业健康安全与环境行为的原则和意图的声明，也是企业自觉承担其责任和义务的承诺。方针不仅为企业确定了总的指导方向和行动准则，而且是评价一切后续活动的依据，并为更加具体的目标和指标提供一个框架。

职业健康安全及环境目标、指标的制定是企业为了实现其在职业健康安全及环境方针中所体现出的管理理念及其对整体绩效的期许与原则，与企业的总目标相一致。

管理方案是实现目标、指标的行动方案。为保证职业健康安全和环境管理体系目标的实现，需结合年度管理目标和企业客观实际情况，策划制定职业健康安全和环境管理方案，方案中应明确旨在实现目标指标的相关部门的职责、方法、时间表以及资源的要求。

（6）管理体系策划与设计

体系策划与设计是依据制定的方针、目标和指标、管理方案确定企业机构职责和筹划各种运行程序。

（7）体系文件编写

体系文件包括管理手册、程序文件、作业文件三个层次。体系文件的编写应遵循"标准要求的要写到、文件写到的要做到、做到的要有有效记录"的原则。

①管理手册是对企业整个管理体系的整体性描述，为体系的进一步展开以及后续程序文件的制定提供了框架要求和原则规定，是管理体系的纲领性文件。

②程序文件的内容可按"4W1H"的顺序和内容来编写，即明确程序中管理要素由谁做（who），什么时间做（when），在什么地点做（where），做什么（what），怎么做（how）；程序文件的一般格式可按照目的和适用范围、引用的标准及文件、术语和定义、职责、工作程序、报告和记录的格式以及相关文件等的顺序来编写。

③作业文件是指管理手册、程序文件之外的文件，一般包括作业指导书（操作规程）、管理规定、监测活动准则及程序文件引用的表格。其编写的内容和格式与程序文件的要求基本相同。在编写之前应对原有的作业文件进行清理，摘其有用，删除无关。

(8)文件的审查、审批和发布

文件编写完成后应进行审查，经审查、修改、汇总后进行审批，然后发布。

9.1.3.2 职业健康安全管理体系与环境管理体系的运行

(1)管理体系的运行

体系运行是指按照已建立体系的要求实施，其实施的重点是围绕培训意识和能力，信息交流，文件管理，执行控制程序，监测，不符合、纠正和预防措施，记录等活动推进体系的运行工作。上述运行活动分别简述如下：

①培训意识和能力。由主管培训的部门根据体系、体系文件（培训意识和能力程序文件）的要求，制定详细的培训计划，明确培训的职能部门、时间、内容、方法和考核要求。

②信息交流。信息交流是确保各要素构成一个完整的、动态的、持续改进的体系和基础，应关注信息交流的内容和方式。

③文件管理包括对现有有效文件进行整理编号，方便查询索引；对适用的规范、规程等行业标准应及时购买补充，对适用的表格要及时发放；对在内容上有抵触的文件和过期的文件要及时作废并妥善处理。

④执行控制程序。体系的运行离不开程序文件的指导，程序文件及其相关的作业文件在施工企业内部都具有法定效力，必须严格执行，才能保证体系正确运行。

⑤监测。为保证体系的正确有效地运行，必须严格监测体系的运行情况。监测中应明确监测的对象和监测的方法。

⑥不符合、纠正和预防措施。体系在运行过程中，不符合的出现是不可避免的，包括事故也难免要发生，关键是相应的纠正与预防措施是否及时有效。

⑦记录。在体系运行过程中及时按文件要求进行记录，如实反映体系运行情况。

(2)管理体系的维持

①内部审核：内部审核是企业对其自身的管理体系进行的审核，是对体系是否正常进行以及是否达到了规定的目标所做的独立的检查和评价，是管理体系自我保证和自我监督的一种机制。

内部审核要明确提出审核的方式方法和步骤，形成审核日程计划，并发至相关部门。

②管理评审：管理评审是由企业的最高管理者对管理体系的系统评价，判断企业的管理体系面对内部情况的变化和外部环境是否充分适应有效，由此决定是否对管理体系做出调整，包括方针、目标、机构和程序等。

(3)合规性评价

为了履行合规性承诺,合规性评价分公司级和项目组级评价两个层次进行。

项目组级评价,由项目经理组织有关人员对施工中应遵守的法律法规和其他要求的执行情况进行一次合规性评价。当某个阶段施工时间超过半年时,合规性评价不少于一次。项目工程结束时应针对整个项目工程进行系统的合规性评价。

公司级评价每年进行一次,制定计划后由管理者代表组织企业相关部门和项目组,对公司应遵守的法律法规和其他要求的执行情况进行合规性评价。

各级合规性评价后,对不能充分满足要求的相关活动或行为,通过管理方案或纠正措施等方式进行逐步改进。上述评价和改进的结果,应形成必要的记录和证据,作为管理评审的输入。

管理评审时,最高管理者应结合上述合规性评价的结果、企业的客观管理实际、相关法律法规和其他要求,系统评价体系运行过程中对适用法律法规和其他要求的遵守执行情况,并由相关部门或最高管理者提出改进要求。

9.2　建筑施工安全生产的特点与伤亡事故的主要类别

人类社会进入 20 世纪以来,科技飞速发展,经济高速增长。人们在急切追求物质文明的同时,却忽视了劳动者的劳动条件和环境的改善,甚至以牺牲劳动者的人身安全和破坏人类赖以生存的自然环境为代价。

在全世界范围内,建筑业都是属于最危险的行业之一。同时,建筑业的生产活动也极大地耗费着资源,改造和影响着我们的生态环境。建设项目安全与环境管理的目的就是要提高建筑业的安全与环境水平,保障从业人员的生命财产安全,控制生产活动对环境的污染和危害,使建筑生产与人类自身以及生态环境相协调。

9.2.1　建筑施工安全生产的特点

作为一个传统的工业部门,建筑业之所以成为一个危险的行业,与建筑业本身具有的以下一些特点有关:

(1)建设工程是一个庞大的人机工程。在项目建设过程中,施工人员与各种施工机具和施工材料为了完成一定的任务,既各自发挥自己的作用,又必须相互联系,相互配合。这一系统的安全性和可靠性不仅取决于施工人员的行为,还取决于各种施工机具、材料以及建筑产品(统称为物)的状态。一般说来,施工人员的不安全行为和事物的不安全状态是导致意外伤害事故造成损害的直接原因。而建设工程中的人和物,以及施工环境中存在的导致事故的风险因素非常多,如果不能及时发现并且排除,将很容易导致伤亡事故。

另一方面,工程建设往往有多方参与,管理层次比较多,管理关系复杂。仅仅现场施工就涉及业主、总承包商、分包商、供应商和监理工程师等各方。安全管理要做到协调管理、统一指挥需要先进的管理方法和能力,而目前很多项目的管理仍未能做到这一点。因此,人的不安全行为、物的不安全状态以及环境的不安全因素往往相互作用,构成伤亡事故的直接原因。

（2）工程项目的施工具有单件性（Uniqueness）的特点。单件性是指没有两个完全相同的建设项目，不同的建设项目所面临的事故风险的多少和种类都是不同的，同一个建设项目在不同的建设阶段所面临的风险也不同。建筑业从业人员在完成每一件建筑产品（房屋、桥梁、隧道等设施）的过程中，更是每一天都面对几乎全新的物理工作环境。因此，不同工程项目在不同施工阶段的事故风险类型和预防重点也各不相同。项目施工过程中层出不穷的各种风险是导致事故频发的重要原因。

（3）工程项目施工具有离散性（Decentralization）的特点。离散性是指建筑产品的主要制造者——现场施工工人，在从事生产的工程中，分散于施工现场的各个部位，尽管有各种规章和计划，但他们面对具体的生产问题时，仍旧不得不依靠自己的判断做出决定。因此，尽管部分施工人员已经积累了许多工作经验，还是必须不断适应一直在变化的人—机—环境系统，并且对自己的作业行为做出决定，从而增加了建筑业生产过程中由于工作人员采取不安全行为或者工作环境的不安全因素导致事故的风险。

（4）建设项目施工大多在露天的环境中进行，工人的工作条件差，且工作环境复杂多变，所进行的活动受施工现场的地理条件和气象条件的影响很大。例如，在现场气温极高或者极低、现场照明不足（如夜间施工）、下雨或者大风等条件下施工时，容易导致工人生理或者心理的疲劳，注意力不集中，从而造成事故。由于工作环境较差，包含着大量的危险源，又因为一般的流水施工使得班组需要经常更换工作环境，因此常常是相应的安全防护设施落后于施工过程（结构施工中）。

（5）目前世界各国的建筑业仍属于劳动密集型产业，技术含量相对偏低，建筑工人的文化素质较低。尤其是在发展中国家和地区，大量的没有经过全面职业培训和严格安全教育的劳动力涌向建筑业成为施工人员。一旦管理措施不当，这些工人往往成为建筑伤亡事故的肇事者和受害者，不仅为自己和他人的家庭带来巨大的痛苦和损失，还给建设项目本身和全社会造成许多不利的影响。就我国的建筑业而言，大多数的工人来自农村，受到的教育、培训较少，素质相对较低，安全意识较差，安全观念淡薄，从而使得安全事故发生的可能性增加。

（6）建筑业作为一门传统的产业部门，许多相关从业人员对于安全生产和事故预防的错误观念由来已久。由于大量的事件或者错误操作并未导致伤害或者财产损失事故，而且同一诱因导致的事故后果差异很大，不少人认为事故完全是由于一些偶然因素引起的，因而是不可避免的。由于没有从科学的角度深入地认识事故发生的根本原因并采取积极的预防措施，因而导致建设项目安全管理不力、发生事故的可能性增加。此外，传统的建设项目三大管理，即工期、质量和成本，是项目生产人员主要关注的对象，在施工过程中，往往为达到这些目标而牺牲安全。再加上目前建筑市场竞争激烈，一些承包商为了节约成本，经常削减用于安全生产的支出，更加剧了安全状况的恶化。

尽管以上几点都是建筑业所固有的、导致事故频发的一些特点，但理论和实践都证明，只要树立正确的安全观念，采取科学的安全管理措施，依然能够在建筑工地营造一个安全的工作环境。

9.2.2　安全事故的分类

(1)按照安全事故伤害程度分类

根据《企业职工伤亡事故分类》GB 6441—1986 规定,安全事故按伤害程度分为:

①轻伤,指损失 1 个工作日至 105 个工作日的失能伤害;

②重伤,指损失工作日等于和超过 105 个工作日的失能伤害,重伤的损失工作日最多不超过 6000 工日;

③死亡,指损失工作日超过 6000 工日,这是根据我国职工的平均退休年龄和平均寿命计算出来的。

(2)按照安全事故类别分类

根据《企业职工伤亡事故分类》GB 6441——1986 中,将事故类别划分为 20 类,即物体打击、车辆伤害、机械伤害、起重伤害、触电、淹溺、灼烫、火灾、高处坠落、坍塌、冒顶片帮、透水、放炮、瓦斯爆炸、火药爆炸、锅炉爆炸、容器爆炸、其他爆炸、中毒和窒息、其他伤害。

(3)按照安全事故受伤性质分类

受伤性质是指人体受伤的类型,实质上是医学的角度给予创伤的具体名称,常见的有:电伤、挫伤、割伤、擦伤、刺伤、撕脱伤、扭伤、倒塌压埋伤、冲击伤等。

(4)按照生产安全事故造成的人员伤亡或直接经济损失分类

根据 2007 年 4 月 9 日国务院发布的《生产安全事故报告和调查处理条例》(国务院令第 493 号,以下简称《条例》)第三条规定:生产安全事故(以下简称事故)造成的人员伤亡或者直接经济损失,事故一般分为以下等级:

①特别重大事故,是指造成 30 人以上死亡,或者 100 人以上重伤(包括急性工业中毒,下同),或者 1 亿元以上直接经济损失的事故;

②重大事故,是指造成 10 人以上 30 人以下死亡,或者 50 人以上 100 人以下重伤,或者 5000 万元以上 1 亿元以下直接经济损失的事故;

③较大事故,是指造成 3 人以上 10 人以下死亡,或者 10 人以上 50 人以下重伤,或者 1000 万元以上 5000 万元以下直接经济损失的事故;

④一般事故,是指造成 3 人以下死亡,或者 10 人以下重伤,或者 1000 万元以下直接经济损失的事故。

本等级划分所称的"以上"包括本数,所称的"以下"不包括本数。

9.3　工程项目的安全管理

9.3.1　安全技术

施工安全技术措施是指工程施工中,针对工程特点、现场环境、施工方法、劳动组织、作业方法、使用的机械、动力设备、变配电设施、架设工具及各项安全防护设施等制定的确保安全施工的措施。原建设部规定,所有建筑工程的施工组织设计(施工方案)都必须有施工安全技术措施。

9.3.1.1　作用

在安全施工方面,尽管有国家、地区和企业的指令性文件,有各种规章制度和规范,但这些只是带普遍性的规定要求。对某一个具体工程(尤其是较为复杂的工程,或某些特殊项目)来说,还需要有具体的要求。根据不同工程的结构特点,提出各种有针对性的、具体的安全技术措施,这不仅具体地指导了施工,而且也是进行安全交底、安全检查和验收的依据,同样也是从业人员生命安全的根本保证。

9.3.1.2　编制要求

(1)要在工程开工前编制,并经过审批。在施工过程中,由于工程变更等情况,必须及时作相互补充完善。

(2)要有针对性。编制安全技术措施的技术人员必须掌握工程概况、施工方法、场地环境和条件等第一手资料,并熟悉安全法规、标准等,才能针对不同工程的特点,找出可能造成的施工危害,进而制定有针对性的安全技术措施。

(3)要考虑全面、具体。只有把多种因素和各种不利条件考虑周全,有对策措施,才能真正做到预防事故。

(4)对大型群体工程或一些面积大、结构复杂的重点工程,除必须在施工组织总设计中编制施工安全技术总体措施外,还应编制单位工程或分部分项工程安全技术措施,详细地制定出有关安全方面的防护要求和措施,确保该单位工程或分部分项工程的安全施工。

9.3.1.3　主要内容

(1)一般工程

①土方工程。根据基坑、基槽、地下室等挖掘土方深度和土的种类,选择开挖方法,确定边坡的坡度或采取哪种护坡支撑和护坡桩,以防土方塌方。

②脚手架、吊篮、工具式脚手架等选用及设计搭设方案和安全防护措施。

③高处作业的上下安全通道。

④安全网(平网、立网)的架设要求,范围(保护区域)、架设层次和段落。

⑤对施工用的电梯、井架(龙门架)等垂直运输设备的位置和搭设要求,以及对其稳定性、安全装置等的要求和措施。

⑥施工洞口及临边的防护方法和立体交叉施工作业区的隔离措施。

⑦场内运输道路及人行通道的布置。

⑧编制施工临时用电的组织设计和绘制临时用电图纸。建筑工程(包括脚手架具)的外侧边缘与外电架空线路的间距没有达到最小安全距离时,应采取的防护措施。

⑨防火、防毒、防爆、防雷等安全措施。

⑩在建工程与周围人行通道及民房的防护隔离措施等。

(2)特殊工程

结构复杂、危险性大、特性较多的分部分项工程,应编制专项施工方案和安全措施。如基坑支护与降水工程、土方开挖工程、模板工程、起重吊装工程、脚手架工程、拆除工程、爆破工程等,必须编制单项的安全技术措施,并要有设计依据、有计算、有样图、有文字要求。

(3)季节性施工安全措施

季节性施工安全措施,就是考虑夏季、雨季、冬季等不同季节的气候对施工生产带来的不安全因素可能造成的各种突发性事故,而从防护上、技术上、管理上采取的防护措施。一般建筑工程可在施工组织设计或施工方案的安全技术措施中编制季节性施工安全措施;危险性大、高温期长的建筑工程,应单独编制季节性的施工安全措施。

9.3.2 安全教育

9.3.2.1 安全教育的内容

(1)安全思想教育

安全思想教育是为安全生产奠定思想基础,使全体员工真正认识到安全生产的重要性和必要性,懂得安全生产和文明施工的科学知识,牢固树立安全第一的思想,自觉地遵守各项安全生产法律法规和规章制度。通常从加强思想路线和方针政策教育、劳动纪律教育两个方面进行。

(2)安全知识教育

安全基本知识教育的主要内容是企业的基本生产概况,施工(生产)流程、方法,企业施工(生产)危险区域及其安全防护的基本知识和注意事项,机械设备、场内动力的有关安全知识,有关电器设备(动力照明)的基本安全知识,高处作业安全知识,施工(生产)中使用的有毒有害原材料或可能散发的有毒有害物质的安全防护基本知识,消防制度及灭火器材应用的基本知识,个人防护用品的正确使用知识等。

(3)安全技能教育

每个职工都要熟悉本工种、本岗位专业安全技术知识。安全技能知识是比较专业、细致和深入的知识,它包括安全技术、劳动卫生和安全操作规程。

9.3.2.2 安全教育的基本要求

(1)领导干部必须先受教育

安全生产工作是企业管理的一个组成部分,企业领导是安全生产工作的第一责任者,必须接受安全教育。

(2)新工人三级安全教育

新工人(包括新招收的合同工、临时工、学徒工、农民工及实习和代培人员)都必须接受公司、分公司(工程处)、班组的三级安全教育。新工人经教育考试合格后才准许进入生产岗位;不合格者必须补课、补考。新工人的三级安全教育情况,要建立档案。新工人工作一个阶段后还应进行重复性的安全再教育,以加深对安全的感性、理性认识。

(3)特种作业人员的培训

①特种作业的定义:对操作者本人,尤其对他人和周围设施的安全有重大危害因素的作业,称为特种作业。直接从事特种作业者,称特种作业人员。

②特种作业范围:电气作业;锅炉司炉;压力容器操作;超重机械操作;爆破作业;金属焊接(气焊)作业;煤矿井下瓦斯检验;机动车辆驾驶、轮机操作;机动船舶驾驶;建筑登高架设作业;符合特种作业基本定义的其他作业。

③从事特种作业的人员,必须经国家规定的有关部门进行专门的安全教育和安全技术培训,并经考核合格取得特种作业操作资格证书者,方准上岗作业。

(4)经常性教育

把经常性的普及教育贯穿于管理全过程,并根据接受教育对象的不同特点,采取多层次、多渠道和多种活动方法,可以取得良好的效果。

(5)安全教育培训形式

安全教育培训可以采取各种有效方式开展活动,突出讲求实效,避免枯燥无味和流于形式。可采取各种生动活泼的形式,并坚持经常化、制度化。同时,应注意思想性、严肃性和及时性。进行事故教育时,要避免片面性,应正确指出造成事故的原因及防患于未然的措施。

9.3.3 安全检查

工程项目安全检查是消除隐患、防止事故、改善劳动条件及提高员工安全生产意识的重要手段,是安全控制工作的一项重要内容。通过安全检查可以发现工程中的危险因素,以便有计划地采取措施,保证安全生产。施工项目的安全检查应由项目经理组织,定期进行。

9.3.3.1 安全检查的主要内容

安全检查内容主要应根据施工(生产)特点,制定具体检查项目、标准。概括起来,主要包括以下几个方面:

(1)查思想:主要检查企业的领导和职工对安全生产工作的认识。

(2)查管理:主要检查工程的安全生产管理是否有效。主要内容包括安全生产责任制、安全技术措施计划、安全组织机构、安全保证措施、安全技术交底、安全教育、持证上岗、安全设施、安全标识、操作规程、违规行为、安全记录等。

(3)查隐患:主要检查作业现场是否符合安全生产、文明生产的要求。

(4)查整改:主要检查对过去提出问题的整改情况。

(5)查事故处理:对安全事故的处理应首先查明事故原因、明确责任并对责任者作出处理、明确和落实整改措施等要求。同时还应检查对伤亡事故是否及时报告、认真调查、严肃处理。

安全检查的重点是违章指挥和违章作业。安全检查后应编制安全检查报告,说明已达标项目、未达标项目、存在问题、原因分析、纠正和预防措施。

9.3.3.2 安全检查的类型

安全检查可分为日常性检查、专业性检查、季节性检查、节假日前后的检查和不定期检查。

(1)日常性检查:企业一般每年进行1~4次;工程项目组、车间、科室每月至少进行1次;班组每周、每班次都应进行检查。专职安全技术人员的日常检查应该有计划,针对重点部位周期性地进行。

(2)专业性检查:由企业有关业务部门组织有关专业人员对某项专业、特种设备、特殊场所(如电焊、气焊、起重设备、脚手架、运输车辆、锅炉压力容器、易燃易爆场所等)安全问题或在施工中存在的普遍性安全问题进行单项检查,这类检查专业性强,也可以结合单项评比进行。

（3）季节性检查：根据季节特点，为保障安全生产的特殊要求所进行的检查。如春季风大，要着重防火、防爆；夏季高温多雨和雷电，要着重防暑、降温、防汛、防雷击、防触电；冬季着重防寒、防冻等。

（4）节假日前后的检查：针对节假日期间容易产生麻痹思想的特点而进行的安全检查，包括节日前进行安全生产综合检查，节日后要进行遵章守纪的检查等。

9.3.3.3 安全检查的方法及要求

安全检查基本上都采用安全检查表和实测实量的检测手段，进行定性定量的安全评价。如《建筑施工安全检查标准》(JCJ 59－99)将检查对象分为十个分项，每个分项又设立若干子项，对建筑施工中易发生伤亡事故的主要环节、部位和工艺等做安全检查和评价。这十个分项包括安全管理、文明施工、脚手架、基坑支护与模板工程、"三宝""四口"防护、施工用电、物料提升机与外用电梯、塔吊、起重吊装和施工机具。每一个分项都有专门的检查表，设定具体的检查标准以及相应的评分标准，满分为100分。

不论何种类型的安全检查，都应做到以下几点：

（1）加强组织领导。

（2）要有明确的目的。

（3）检查记录是安全评价的依据，因此要认真、详细地记录。

（4）安全检查后要认真地、全面地进行系统分析，用定性和定量相结合的方法进行安全评价。

（5）整改是安全检查工作的重要组成部分，是检查结果的归宿。整改工作包括隐患登记、整改、复查、销案。

9.4 项目各方的安全责任

在建筑安全管理方面，承包商担负着最主要的责任。但必须牢记：安全是所有人的共同责任。因此，凡是与工程建设有关的各方，包括承包商、分包商、供应商、业主和设计人员等都应承担各自的安全责任。

9.4.1 建设单位的安全责任

9.4.1.1 建设单位在建筑安全中的重要作用

业主在其建造的每一个工程中都扮演着重要角色。业主对其建设工程项目的安全业绩究竟担负什么样的责任呢？在美国，直到20世纪80年代，绝大多数人仍然认为：一旦业主与承包商签订工程合同，业主就把施工过程中所有发生事故的风险转嫁给了承包商，承包商必须承担由事故所带来的所有经济损失及法律责任。通常在工程合同中都有相应的免责条款(Indemnification)来保护业主的相关利益。因此，所有与建筑安全相关的管理工作都应该由承包商独立承担，业主没有任何责任。

然而，近二十年来，越来越多的业主，尤其是大型工业企业的业主逐渐意识到，建筑安全事故同样会给他们带来很多负面的影响和损失。一旦施工项目发生事故，无论合同条款如何保护业主的利益，业主都不得不与承包商共同面对由事故导致的施工中断，工人生产效率降低,乃至由事故引起的经济损失和法律纠纷等。这些直接的后果,不但有可能影响业主和承包商的长期合作关系,损害双方的声誉和形象,甚至有可能造成整个工程的失败。另外,近二十年来,在美国出现了越来越多的源于建筑安全事故的法律纠纷,将业主告上了法庭,尽管业主并不是在每起法律案件中都被判败诉,但是由这些案件所带来的经济损失以及对企业形象的负面影响,都是不容忽视的。

在我国,越来越多的业内人士也逐渐意识到,没有业主的积极参与,建筑安全工作就无法真正实现零事故的目标。由我国国务院颁布并于 2004 年 2 月正式开始实施的《建设工程安全生产管理条例》用一个独立的章节——第二章对建设单位(即业主)在建设项目安全管理中应担负的责任进行了具体的规定。相信随着我国建筑法规的不断完善以及社会安全文化的不断改善,业主同样会越来越多地参与到建设项目安全生产管理中。

9.4.1.2 《条例》中对建设单位安全责任的若干主要规定

(1)建设单位不得对勘察、设计、施工、工程监理等单位提出不符合建设工程安全生产法律、法规和强制性标准规定的要求,不得压缩合同约定的工期。

本条规定主要是针对建设单位提出的不适宜要求导致承包单位盲目赶工期,简化工序,以致造成重大安全生产事故而设定的法律制度。

合同约定的工期是建设单位和施工单位经过双方论证、磋商约定的或者通过招标投标确定的、具有法律效力的合同内容。建设单位不能为了早日发挥项目的效益,迫使承包单位大量增加人力、物力投入,简化施工程序,赶工期,损害承包单位的利益。实际工作中,盲目赶工期,简化工序,不按规程操作,诱发了很多施工安全事故和工程结构安全隐患,不仅损害了承包单位的利益,也损害了建设单位的根本利益,具有很大的危害性。所以本条对此作了禁止性规定。

(2)建设单位在编制工程概算时,应当确定建设工程安全作业环境及安全施工措施所需费用。

工程建设与一般的生产经营不同,改善安全作业环境、落实安全生产措施一般均由施工单位来实施,保证安全生产条件的资金投入也由施工单位来使用,但安全作业环境及施工措施所需费用应当由建设单位承担。原因有两点:其一,安全作业环境及安全施工措施所需费用是保证建设工程安全和质量的重要条件,该费用应是工程总造价的组成部分,应当由建设单位支付;其二,建设工程产品单一、体积庞大、露天生产、高处作业、环境多变、危险性较高,需要复杂大量的安全设施,并且大多数为一次性的,要保证安全生产,需大量的资金投入,因此有必要专列一条规定以明确其为建设单位的责任。

(3)建设单位不得明示或者暗示施工单位购买、租赁、使用不符合安全施工要求的安全防护用具、机械设备、施工机具及配件、消防设施和器材。

在以往发生的质量、安全事故中,因使用不符合安全生产要求的安全防护用具、机械设备、施工机具及配件、消防设施和器材的案例屡见不鲜,其中许多是由于建设单位干预施工单位采购造成的。究其原因,一是由于经济利益驱动,建设单位为了降低投资成本,不考虑安全问题;二是个别建设单位的人员受个人利益驱动,非法接受供应商的贿赂或者回扣,明示或者暗示施工单位选购某厂家产品,施工单位出于多种缘由,往往违心服从。这些建设单位的行为干预了施工单位的正常采购工作,危害到建设工程的施工安全和使用安全,所以本条对此作了禁止性的规定。

9.4.2 设计及工程监理等单位的安全责任

9.4.2.1 设计单位的安全责任

建设项目的施工是一个复杂的人机工程,需要不同工种和技术的结合。在很多情况下,正是由于设计师设计的方案,决定了施工现场潜在的危害和安全隐患。过去对安全管理的改善一直是以承包商为核心进行的,设计方在安全方面的责任则很少被提到。新的《建设工程安全生产管理条例》对设计单位的安全责任做出了如下规定:

(1)设计单位应当按照法律、法规和工程建设强制性标准进行设计,防止因设计不合理导致生产安全事故的发生;

(2)设计单位应当考虑施工安全操作和防护的需要,对涉及施工安全的重点部位和环节在设计文件中注明,并对防范生产安全事故提出指导意见;

(3)采用新结构、新材料、新工艺的建设工程和特殊结构的建设工程,设计单位应当在设计中提出保障施工作业人员安全和预防生产安全事故的措施建议;

(4)设计单位和注册建筑师等注册执业人员应当对其设计负责。

9.4.2.2 工程监理的安全责任

工程监理是受建设单位或其他单位的委托,按照合同的约定完成授权范围内的工作和任务。事实上,监理作为对施工全过程的监理,而安全生产涉及施工现场所有的人、物和环境,安全工作贯穿于施工现场生产的全过程。因此,无论建设单位是否委托监理单位实施安全监理工作,因为监理单位是对施工全过程进行监理的,对安全工作也都应进行监理。并且由于安全工作的重要性,安全监理是建设监理的一个非常重要的组成部分。

实际上,质量和安全两者有时很难明确分开,比如:混凝土工程就需要靠一定数量的模板来完成,监理单位只关心钢筋的绑扎、浇筑混凝土,而一旦模板部分有问题,混凝土就会出现倒塌等意想不到的结果,对模板工程进行检查验收正是安全工作的内容。事实上每一方面的内容均与监理紧密相连,它完成的好坏,做的是否规范,关系到能否杜绝、控制和减少各类伤亡事故,保证安全生产。

工程建设安全监理的目的是对工程建设中对人的不安全行为、物的不安全状态、作业环境的防护及施工全过程进行安全评价、动态监控管理和督查,并采取法律、经济、行政和技术的手段,保证建设行为符合国家安全生产、劳动保护法律、法规和有关政策,制止建设行为中的冒险性、盲目性和随意性,督促落实各级安全生产责任制和各项安全技术措施,有效地杜绝各类事故隐患,实现安全生产。

《建设工程安全生产管理条例》对工程监理单位的安全责任做出的规定有以下几条:

(1)工程监理单位应当审查施工组织设计中的安全技术措施或者专项施工方案是否符合工程建设强制性标准。

(2)工程监理单位在实施监理过程中,发现存在安全事故隐患的,应当要求施工单位整改;情况严重的,应当要求施工单位暂时停止施工,并及时报告建设单位。施工单位拒不整改或者不停止施工的,工程监理单位应当及时向有关主管部门报告。

(3)工程监理单位和监理工程师应当按照法律、法规和工程建设强制性标准实施监理,并对建设工程安全生产承担监理责任。

9.4.3　施工单位的安全责任

无论何时,承包商都应保证施工现场有一个安全的工作环境和生产过程。它对自己的员工、代理商、分包商的安全负有直接责任,也对施工过程中安全计划的实施和由于事故所导致的法律诉讼负有直接责任。因此,承包商必须保证所有的工作都是在符合有关安全法规的环境下进行的,这些法规包括但不限于《建筑法》、《建设工程安全生产管理条例》和其他相关安全法规。

《条例》中对施工单位的安全责任做出的主要规定有以下几条:

(1)施工单位从事建设工程的新建、扩建、改建和拆除等活动,应当具备国家规定的注册资本、专业技术人员、技术装备和安全生产等条件,依法取得相应等级的资质证书,并在其资质等级许可的范围内承揽工程。

本条是关于施工单位从事工程建设活动的市场准入和市场行为方面的规定。建筑市场秩序混乱、市场行为不规范是导致建筑施工事故多发的一个重要原因。多年来建筑市场中无证施工、越级承包、非法转包、违法分包的现象十分严重,有些工程往往在不具备安全生产条件的情况下盲目开工建设,施工作业中不重视安全生产管理,安全隐患多,事故发生率高。

本条规定施工单位必须具备基本的安全生产条件才能取得相应的资质证书,是因为安全生产条件是保障安全生产的基础,如果企业不具备上述条件,则会给施工留下严重隐患。

(2)施工单位对列入建设工程概算的安全作业环境及安全施工措施所需费用,应当用于施工安全防护用具及设施的采购和更新、安全施工措施的落实、安全生产条件的改善,不得挪用。

安全生产资金投入没有保障也是导致安全事故发生的主要原因之一,从法律上保证安全生产资金投入,是十分必要和迫切的。安全生产资金不足,一种是资金短缺,无力投入;另一种是有资金,不投入。某些企业经营者往往只考虑自己眼前的经济利益,不顾职工的生命安全和身体健康,安全生产投入严重不足,甚至根本不投入,致使施工现场安全防护不到位、措施不落实,事故隐患增多,导致安全事故时有发生。施工单位对施工生产的必要安全生产费用必须予以保证,不得挪用,否则施工单位应承担相应的法律责任。

(3)施工单位应当在施工组织设计中编制安全技术措施和施工现场临时用电方案,对下列达到一定规模的危险性较大的分部分项工程编制专项施工方案,并附安全验算结果,经施工单位技术负责人、总监理工程师签字后实施,由专职安全生产管理人员进行现场监督:

①基坑支护与降水工程;

②土方开挖工程;

③模板工程;

④起重吊装工程;

⑤脚手架工程;

⑥拆除、爆破工程；

⑦国务院建设行政主管部门或者其他有关部门规定的其他危险性较大的工程。

对前款所列工程中涉及深基坑、地下暗挖工程、高大模板工程的专项施工方案,施工单位还应当组织专家进行论证、审查。

(4)建设工程施工前,施工单位负责项目管理的技术人员应当对有关安全施工的技术要求向施工作业班组、作业人员做出详细说明,并由双方签字确认。

施工现场高空与交叉作业及手工操作多、劳动强度大、作业环境复杂、作业人员的素质又普遍偏低,因此施工单位有必要对工程项目的概况、危险部位和施工技术要求、作业安全注意事项等向作业人员作详细说明,以保证施工质量和安全生产。这种详细说明也称为安全技术交底。

安全技术即研究建筑施工中各种特定工程项目各个环节中的不安全因素和安全保证要求,相应采取消除隐患以及警示、限控、保险、防护、救助等措施,以预防和控制安全事故的发生及减少其危害的技术。安全技术交底指将上述安全技术在进行分部分项工程和每天作业前,技术人员和班组长向全体施工人员进行说明。安全技术交底制度是施工单位预防违章指挥和作业,杜绝伤亡事故的有效措施。

(5)作业人员进入新的岗位或者新的施工现场前,应当接受安全生产教育培训。未经教育培训或者教育培训考核不合格的人员,不得上岗作业。

施工单位在采用新技术、新工艺、新设备、新材料时,应当对作业人员进行相应的安全生产教育培训。

9.5 文明施工与环境保护

9.5.1 文明施工

文明施工是指保持施工现场良好的作业环境、卫生环境和工作秩序。文明施工主要包括:规范施工现场的场容,保持作业环境的整洁卫生;科学组织施工,使生产有序进行;减少施工对周围居民和环境的影响;遵守施工现场文明施工的规定和要求,保证职工的安全和身体健康等。

9.5.1.1 文明施工的意义

(1)文明施工能促进企业综合管理水平的提高。保持良好的作业环境和秩序,对促进安全生产、加快施工进度、保证工程质量、降低工程成本、提高经济和社会效益有较大作用。文明施工涉及人力、财力、物力各个方面,贯穿于施工全过程之中,体现了企业在工程项目施工现场的综合管理水平。

(2)文明施工是适应现代化施工的客观要求。现代化施工更需要采用先进的技术、工艺、材料、设备和科学的施工方案,需要严密组织、严格要求、标准化管理和较好的职工素质等,是实现优质、高效、低耗、安全、清洁和卫生的有效手段。

(3)文明施工代表企业的形象。良好的施工环境与施工秩序,可以得到社会的支持和信赖,提高企业的知名度和市场竞争力。

（4）文明施工有利于员工的身心健康，有利于培养和提高施工队伍的整体素质，可以提高职工队伍的文化、技术和思想素质，培养尊重科学、遵守纪律、团队协作的生产意识，促进企业精神文明建设。

9.5.1.2　施工现场文明施工的要求

施工文明施工应符合以下要求：

（1）有整套的施工组织设计或施工方案，施工总平面布置紧凑、施工场地规划合理，符合环保、市容、卫生的要求。

（2）有健全的施工组织管理机构和指挥系统，岗位分工明确；工序交叉合理，交接责任明确。

（3）有严格的成品保护措施和制度，大小临时设施和各种材料构建、构件、半成品按平面布置堆放整齐。

（4）施工场地平整，道路畅通，排水设施得当，水电线路整齐，机具设备状况良好，使用合理。施工作业符合消防和安全要求。

（5）搞好环境卫生管理，包括施工区、生活区环境卫生和食堂卫生管理。

（6）文明施工应贯彻至施工结束后的清场。

9.5.1.3　施工现场文明施工的措施

（1）文明施工的组织措施

1）建立文明施工的管理组织

应确立项目经理为现场文明施工的第一责任人，以各专业工程师、施工质量、安全、材料、保卫、后勤等现场项目经理部人员为成员的施工现场文明管理组织，共同负责本工程现场文明施工工作。

2）健全文明施工的管理制度

包括建立各级文明施工岗位责任制、将文明施工工作考核列入经济责任制，建立定期的检查制度，实行自检、互检、交接检制度，建立奖惩制度，开展文明施工立功竞赛，加强文明施工教育培训等。

（2）文明施工的管理措施

1）现场围挡设计

围挡封闭是创建文明工地的重要组成部分。工地四周设置连续、密闭的砖砌围墙，与外界隔绝进行封闭施工，围墙高度按不同地段的要求进行砌筑，市区主要路段和其涉及市容景观路段的工地设置围挡的高度不低于 2.5mm，其他工地的围挡高度不低于 1.8m，围挡材料要求坚固、稳定、统一、整洁、美观。

结构外墙脚手架设置安全网，防止杂物、灰尘外散，也防止人与物的坠落。安全网使用不得超出其合理使用期限，重复使用的应进行检验，检验不合格的不得使用。

2）现场工程标志牌设计

按照文明工地标准，严格按照相关文件规定的尺寸和规格制作各类工程标志牌。"五牌一图"，即工程概况牌、管理人员名单及监督电话牌、消防保卫（防火责任）牌、安全生产牌、文明施工牌和施工现场平面图。

3)临设布置

现场生产临设及施工便道总体布置时,必须同时考虑工程基地范围内的永久道路,避免冲突或影响管线的施工。临时建筑物、构筑物,包括办公用房、宿舍、食堂、卫生间及化粪池、水池皆用砖砌。临时建筑物、构筑物要求稳固、安全、整洁,满足消防要求。集体宿舍与作业区隔离,人均床铺面积不小于 $2m^2$,适当分隔,防潮、通风,采光性能良好。按规定架设用电线路,严禁任意拉线接电,严禁使用电炉和明火烧煮食物。对于重要材料设备,搭设相应适用存储保护的场所或临时设施。

4)成品、半成品、原材料堆放

仓库做到账物相符。进出仓库有手续,凭单收发,堆放整齐。保持仓库整洁,专人负责管理。

严格按施工组织设计中的平面布置图划定的位置堆放成品、半成品和原材料,所有材料应堆放整齐。

5)现场场地和道路

场内道路要平整、坚实、畅通。主要场地应硬化,并设置相应的安全防护设施和安全标志。施工现场内有完善的排水措施,不允许有积水存在。

6)现场卫生管理

①明确施工现场各区域的卫生责任人。

②食堂必须有卫生许可证,并应符合卫生标准,生、熟食操作应分开,熟食操作时应有防蝇间或防蝇罩。禁止使用食用塑料制品作熟食容器,炊事员和茶水工需持有效的健康证明和上岗证。

③施工现场应设置卫生间,并有水源供冲洗,同时设简易化粪池或集粪池,加盖并定期喷药,每日有专人负责清洁。

④设置足够的垃圾池和垃圾桶,定期搞好环境卫生、清理垃圾,施药除"四害"。

⑤建筑垃圾必须集中堆放并及时清运。

⑥施工现场按标准制作有顶盖茶棚,茶桶必须上锁,茶水和消毒水有专人定时更换,并保证供水。

⑦夏季施工备有防暑降温措施。

⑧配备保健药箱,购置必要的急救、保健药品。

7)文明施工教育

①做好文明施工教育,管理者首先应为建设者营造一个良好的施工、生活环境,保障施工人员的身心健康。

②开展文明施工教育,教育施工人员遵守和维护国家的法律法规,防止和杜绝盗窃、斗殴及黄、赌、毒等非法活动的发生。

③现场施工人员均佩戴胸卡,按工种统一编号管理。

④进行多种形式的文明施工教育,如例会、报栏、录像及辅导,参观学习。

⑤强调全员管理的概念,提高现场人员的文明施工的意识。

9.5.2 环境保护

9.5.2.1 建设项目现场环境保护的意义

环境保护是按照法律法规、各级主管部门和企业的要求,保护和改善作业现场的环境,控制现场的各种粉尘、废水、废气、固体废弃物、噪声、振动等对环境的污染和危害。现场环境保护具有以下重要意义:

(1)保护和改善施工环境是保证人类身体健康和社会文明的需要。采取专项措施防止粉尘、噪声和水源污染,保护好作业现场及其周围的环境,是保证职工和相关人员身体健康、体现社会总体文明的一项利国利民的重要工作。

(2)保护和改善施工现场环境是消除对外部干扰,保证施工顺利进行的需要。随着人们的法制观念和自我保护意识的增强,尤其在城市中,施工扰民问题反映突出,应及时采取防治措施。减少对环境的污染和对市民的干扰,也是施工生产顺利进行的基本条件。

(3)保护和改善施工环境是现代化大生产的客观要求。现代化施工广泛应用新设备、新技术、新的生产工艺,对环境质量要求很高,如果粉尘、振动超标就可能损坏设备、影响其功能发挥,使设备难以发挥作用。

(4)建设项目现场的环境保护是节约能源、保护人类生存环境、保证社会和企业可持续发展的需要。人类社会即将面临环境污染和能源危机的挑战。为了保护子孙后代赖以生存的环境条件,每个公民和企业都有责任和义务来保护环境。良好的环境和生存条件,也是企业发展的基础和动力。

9.5.2.2 大气污染的防治

(1)大气污染物的分类

大气污染物的种类有数千种,已发现有危害作用的有100多种,其中大部分是有机物。大气污染物通常以气体状态和粒子状态存在于空气中。

①气体状态污染物

气体状态污染物具有运动速度较大,扩散较快,在周围大气中分布比较均匀的特点。如燃料燃烧过程中产生的二氧化硫(SO_2)、氮氧化物(NO_x)、一氧化碳(CO)等。还包含在常温常压下易挥发的物质,以蒸气状态进入大气,如机动车尾气、沥青烟中含有的碳氢化合物、苯并芘等。

②粒子状态污染物

粒子状态污染物又称固体颗粒污染物,是分散在大气中的微小液滴和固体颗粒施工工地的粒子状态污染物。主要有锅炉、熔化炉、厨房烧煤产生的烟尘,还有建材破碎、筛分、碾磨、加料过程、装卸运输过程产生的粉尘等。

(2)施工现场空气污染的防治措施

①施工现场的垃圾渣土要及时清理出现场。

②高大建筑物清理施工垃圾时,要使用封闭式的容器或者采取其他措施处理高空废弃物,严禁凌空随意抛撒。

③施工现场道路应指定专人定期洒水清扫,形成制度,防止道路扬尘。

④对细颗粒散体材料（如水泥、粉煤灰、白灰等）的运输、储存要注意遮盖、密封，防止和减少飞扬。

⑤车辆开出工地要做到不带混砂，基本做到不洒土、不扬尘，减少对周围环境的污染。

⑥除设有符合规定的装置外，禁止在施工现场焚烧油毡、橡胶、塑料、皮革、树叶、枯草、各种包装物等废弃物品以及其他会产生有毒、有害烟尘和恶臭气体的物质。

⑦机动车辆要安装减少尾气排放的装置，确保符合国家标准。

⑧工地茶炉应尽量采用电热水器。若只能使用烧煤茶炉和锅炉时，应选用消烟除尘型茶炉和锅炉，大灶应选用消烟节能回风炉灶，使烟尘降至允许排放的范围为止。

⑨大城市市区的建设工程已不容许搅拌混凝土。在容许设置搅拌站的工地，应将搅拌站封闭严密，并在进料仓上方安装除尘装置，采用可靠措施控制工地粉尘污染。

⑩拆除旧建筑物时，应适当洒水，防止扬尘。

9.5.2.3 水污染的防治

(1)水污染物的主要来源

施工现场废水和固体废物随水流流入水体部分，包括泥浆、水泥、油漆、各种油类、混凝土外加剂、重金属、酸碱盐、非金属无机毒物等。

(2)施工过程水污染的防治措施

①禁止将有毒有害废弃物作土方回填。

②施工现场搅拌站废水、现制水磨石的污水、电石（碳化钙）的污水必须经沉淀池沉淀合格后再排放，最好将沉淀水用于工地洒水降尘或采取措施回收利用。

③现场存放油料，必须对库房地面进行防渗处理。如采用防渗混凝土地面、铺油毡等措施。使用时，要采取防止油料跑、冒、滴、漏的措施，以免污染水体。

④施工现场100人以上的临时食堂，污水排放时可设置简易有效的隔油池，并定期清理，防止污染。

⑤工地临时厕所、化粪池应采取防渗漏措施。中心城市施工现场的临时厕所可采用水冲式厕所，并有防蝇、灭蛆措施，防止污染水体和环境。

⑥化学用品、外加剂等要妥善保管，库内存放，防止污染环境。

9.5.2.4 噪声污染的控制

噪声控制可从声源、传播途径、接收者防护等方面来考虑。

(1)声源控制

从声源上降低噪声，这是防止噪声污染的最根本的措施。

①尽量采用低噪声设备和工艺代替高噪声设备与加工工艺，如低噪声振捣器、风机、电动空压机、电锯等。

②在声源处安装消声器消声，即在通风机、鼓风机、压缩机、燃气机、内燃机及各类排气放空装置等进出风管的适当位置设置消声器。

(2)传播途径的控制

在传播途径上控制噪声方法主要有以下几种：

①吸声：利用吸声材料（大多由多孔材料制成）或由吸声结构形成的共振结构（金属或木质薄板钻孔制成的空腔体）吸收声能，降低噪声。

②隔声:应用隔声结构,阻碍噪声向空间传播,将接收者与噪声声源分隔。隔声结构包括隔声室、隔声罩、隔声屏障、隔声墙等。

③消声:利用消声器阻止传播。允许气流通过的消声降噪是防治空气动力性噪声的主要装置,如对空气压缩机、内燃机产生的噪声等。

④减振降噪:对来自振动引起的噪声,可通过降低机械振动减小噪声,如将阻尼材料涂在振动源上,或改变振动源与其他刚性结构的连接方式等。

(3)接收者的防护

让处于噪声环境下的人员使用耳塞、耳罩等防护用品,减少相关人员在噪声环境中的暴露时间,以减轻噪声对人体的危害。

(4)严格控制人为噪声

进入施工现场不得高声喊叫、无故摔打模板、乱吹哨,限制高音喇叭的使用,最大限度地减少噪声扰民。

(5)控制强噪声作业的时间

凡在人口稠密区进行强噪声作业时,须严格控制作业时间,一般晚10点到次日早6点之间停止强噪声作业。确系特殊情况必须昼夜施工时,尽量采取降低噪声措施,并会同建设单位找当地居委会、村委会或当地居民协调,出安民告示,求得群众谅解。

(6)施工现场噪声的限值

根据国家标准《建筑施工场界环境噪声排放标准》(GB/12523—2011)的要求,对不同施工作业的噪声限值见表9.1。在工程施工中,要特别注意不得超过国家标准的限值,尤其是夜间禁止打桩作业。

表 9.1　建筑施工场界噪声限值

施工阶段	主要噪声源	噪声限值[dB(A)]	
		昼　间	夜　间
土石方	推土机、挖掘机、装载机等	75	55
打　桩	各种打桩机等	85	禁止施工
结　构	振捣棒、电锯等	70	55
装　修	吊车、升降机等	65	55

9.5.2.5　固体废物的处理

固体废物是生产、建设、日常生活和其他活动中产生的固态、半固态废弃物质。固体废物是一个极其复杂的废物体系。按照其化学组成可分为有机废物和无机废物;按照其对环境和人类健康的危害程度可以分为一般废物和危险废物。

(1)建筑工地上常见的固体废物

①建筑渣土:包括砖瓦、碎石、渣土、混凝土碎块、废钢铁、碎玻璃、废屑、废弃装饰材料等。

②废弃的散装建筑材料包括散装水泥、石灰等。

③生活垃圾：包括炊厨废物、丢弃食品、废纸、生活用具、玻璃、陶瓷碎片、废电池、废旧日用品、废塑料制品、煤灰渣、废交通工具等。

④设备、材料等的废弃包装材料。

⑤粪便。

（2）固体废物的处理和处置

固体废物处理的基本思想是采取资源化、减量化和无害化的处理，对固体废物产生的全过程进行控制。固体废物的主要处理方法如下：

①回收利用：回收利用是对固体废物进行资源化、减量化的重要手段之一。对建筑渣土可视其情况加以利用。废钢可按需要用做金属原材料。对废电池等废弃物应分散回收，集中处理。

②减量化处理：减量化是对已经产生的固体废物进行分选、破碎、压实浓缩、脱水等处理，减少其最终处置量，减低处理成本，减少对环境的污染。在减量化处理的过程中，也包括和其他处理技术相关的工艺方法，如焚烧、热解、堆肥等。

③焚烧技术：焚烧用于不适合再利用且不宜直接予以填埋处置的废物，尤其是对于受到病菌、病毒污染的物品，可以用焚烧进行无害化处理。焚烧处理应使用符合环境要求的处理装置，注意避免对大气的二次污染。

④稳定和固化技术：利用水泥、沥青等胶结材料，将松散的废物包裹起来，减小废物的毒性和可迁移性，使得污染减少。

⑤填埋：填埋是固体废物处理的最终技术，把经过无害化、减量化处理的废物残渣集中到填埋场进行处置。填埋场应利用天然或人工屏障，尽量使需处置的废物与周围的生态环境隔离，并注意废物的稳定性和长期安全性。

复习思考题

1. 建筑施工安全生产的特点有哪些？
2. 建筑施工中主要有哪些伤亡事故？
3. 建设项目的安全管理主要从哪几方面展开？请简要论述。
4. 请简述项目各方的安全责任。
5. 工程项目环境保护的意义是什么？

10

工程项目信息管理

本 章 提 要

本章内容主要包括工程项目信息管理的内涵,工程项目信息的分析、收集和处理,项目管理信息系统和项目信息门户。

10.1 工程项目信息管理内涵

10.1.1 工程项目信息管理的含义

工程项目信息管理属于信息化的范畴,它和企业信息化也有联系。与工业发达国家相比,我国建筑业和基本建设领域应用信息技术尚存在较大的数字鸿沟,这种差距既反映在信息技术在建设项目管理中应用的观念上,也反映在有关的知识管理上,还反映在有关技术应用方面。

工程项目信息管理指的是建设项目管理信息资源的开发和利用,以及信息技术在建设项目管理中的开发和应用。在投资建设一个新的工程项目时,应重视开发和充分利用国内和国外同类或类似建设工程项目的有关信息资源。

信息技术在建设项目管理中的开发和应用,包括在建设项目决策阶段的开发管理、实施阶段的项目管理和使用阶段的设施管理中开发和应用信息技术。目前总的发展趋势是基于网络的建设项目管理平台的开发和应用。

10.1.2 工程项目信息管理的意义

工程项目管理信息资源的开发和信息资源的充分利用,可吸取类似工程项目的正反两方面的经验和教训,许多有价值的组织类信息、管理类信息、经济类信息、技术类信息和法规类信息将有助于项目决策期多种可能方案的选择,有利于建设项目实施期的项目目标控制,也有利于项目建成后的运行。因此,在建设项目管理信息资源的开发和利用过程中,要充分注重知识管理。

随着信息及通信技术在各个行业中的应用,各行业的生产效率得到了大幅度的提高,但建筑业依然固守着传统的生产方式和管理方式。由于工程项目管理工作方式和工作手段的落后给建筑业带来了很多浪费,降低了建筑业生产效率,因此很多国家、政府或相关组织开始反思这一问题。

根据美国《经济学家》杂志 2000 年刊登的有关资料表明:"一个典型的 1 亿美元的建设项目在实施过程中会产生 15 万份左右独立的文档或资料(包括设计文件、合同文件、采购文件、资金申请单、进度计划等),联邦快递在美国国内运输工程蓝图每年获取约 5 亿美元的运输费;项目建设成本的 1%~2%仅仅是与打印、复印和传真等有关的办公费用。"

由于很多建设项目地域跨度越来越大,项目参与单位分布越来越广,项目的信息量成指数级增长,信息交流问题已成为影响建设项目实施的主要问题。目前,信息交流手段还较为落后,使用纸质文档、电话、传真、邮政快递、项目协调会等方式作为信息交换的手段,不仅容易造成信息沟通的延迟(Delay),而且大大增加了信息沟通的费用。

信息技术在建设项目管理中的开发和应用具有以下优点:

①信息存储数字化和存储相对集中;

②信息处理和变换的程序化;

③信息传输的数字化和电子化;

④信息获取便捷;

⑤信息透明度提高;

⑥信息流扁平化。

信息技术在建设项目管理中的开发和应用的意义在于:

①"信息存储数字化和存储相对集中"有利于项目信息的检索和查询,有利于数据和文件版本的统一,有利于建设项目的文档管理;

②"信息处理和变换的程序化"有利于提高数据处理的准确性,并可提高数据处理的效率;

③"信息传输的数字化和电子化"可提高数据传输的抗干扰能力,使数据传输不受距离限制,并可提高数据传输的保真度和保密性;

④"信息获取便捷"、"信息透明度提高"以及"信息流扁平化"有利于建设项目参与方之间的信息交流和协同工作。

10.2 工程项目信息管理的收集和处理

10.2.1 工程项目信息的收集

工程项目信息管理的好坏,很大程度上取决于原始资料、原始信息的全面性、准确性和可靠性。因此,建立一套完善的信息收集制度是极其必要的。建设项目信息的收集包括以下内容。

10.2.1.1 工程项目建设前期的信息收集

工程项目在正式开工之前,需要进行大量的工作,这些工作将产生大量的文件,文件中包含着丰富的内容,工程建设单位应当了解和掌握这些内容。

(1)可行性研究报告及其有关资料的收集

这方面的资料一般包括以下内容：

①工程项目的目的和依据；

②工程的规模和标准；

③工程的水文地质条件,燃料、动力和建筑材料的供应情况,交通运输条件等；

④工程建设地点和占地估算；

⑤建设进度和工期；

⑥投资的资金来源；

⑦环境保护的要求；

⑧工程的经济效益分析；

⑨存在的问题和解决办法。

(2)设计文件及其有关资料的收集

收集这方面的资料通常包括以下内容：

①社会调查情况:建设地区的工农业生产、社会经济、地区历史、人民生活水平以及自然灾害等调查情况。

②工程技术勘测调查情况:收集建设地区的自然条件资料,如河流、水文、资源、地质、地形、地貌、水文地区、气象等资料。

③技术经济勘测调查情况:主要收集工程建设地区的原材料、燃料来源,水电供应和交通运输条件,劳动力来源,数量和工资标准等资料。

(3)招投标合同文件及其有关资料的收集

在招投标文件中包含了大量的信息,包括甲方的全部"要约"条件、乙方的全部"承诺"条件,如甲方所提供的材料供应、设备供应、水电供应、施工道路、临时房屋、征地情况、通信条件等;乙方投入的人力、机械方面的情况、工期保证、质量保证、投资保证、施工措施、安全保证等。

项目建设前期除以上各个阶段产生的各种资料外,上级关于项目的批文和有关指示,有关征用土地、拆建赔偿等协议式批准文件等,均是十分重要的文件。

10.2.1.2 施工期间的信息收集

工程项目在整个施工阶段,每天都会发生各种各样的情况,相应的包含着各种信息,需要及时收集和处理。因此,工程的施工阶段,可以说是大量的信息发生、传递和处理的阶段,工程项目信息管理工作也主要集中在这一段。

(1)收集业主提供的信息

业主作为工程项目建设的组织者,在施工中要按照合同文件规定提供相应的条件,并要及时表达对工程各方面的意见和看法,下达某些指令,因此,应及时收集业主提供的信息。当业主负责某些材料的供应时,需收集提供材料的品种、数量、质量、价格、提货地点、提货方式等信息。

(2)收集承包商的信息

承包商在施工中,现场发生的各种情况均包含大量的内容,承包商自身必须掌握和收集这些内容,同时工程项目负责人在现场中也必须掌握和收集。经收集和整理后,汇集成丰富的信息资料。承包商在施工中必须经常向有关单位,包括上级部门、设计单位、业主及其他方面发出某些文件,传达一定的内容。

(3)建设项目的施工现场记录

此记录是驻地工程师的记录,主要包括工程施工历史记录、工程质量记录、工程计量、工程款记录和竣工记录等内容。

①现场管理人员的日报表;

②工地日记;

③现场每日的天气记录;

④驻施工现场管理负责人的日记;

⑤驻施工现场管理负责人周报;

⑥驻施工现场管理负责人月报;

⑦驻施工现场管理负责人对施工单位的指示;

⑧补充图纸;

⑨工地质量记录。

(4)收集工地会议记录

工地会议记录是工程项目管理工作的一种重要方法,会议包含着大量的信息,这就要求项目管理工程师必须重视工地会议,并建立一套完善的会议制度,以便于会议信息的收集。会议记录包括会议的名称、主持人、参加人、举行会议的时间、会议地点等。每次工地会议都应有专人记录,会后应有工作会议记录等。

10.2.1.3　工程竣工阶段的信息收集

工程竣工并按要求进行竣工验收,需要大量的与竣工验收有关的各种资料信息。这些信息一部分是在整个施工过程中长期积累形成的;一部分是在竣工验收期间根据积累的资料整理分析而形成的。完整的竣工资料应由承包商编制,经工程项目负责人和有关方面审查后,移交业主并通过业主移交管理运行单位。

10.2.2　工程项目信息的处理

(1)工程项目信息的加工整理

通过各种途径和方法收集到的原始数据往往是杂乱无章、相互独立的,必须结合工程项目的目标与实际情况经过加工处理,才能成为对工程项目有用的信息。

工程项目信息的加工整理一般须经过真伪鉴别、排错校验、分类整理、加工分析四个步骤。真伪鉴别是通过对信息的渠道、内容和时效的审查达到去伪存真的目的;排错校验是对原始数据的准确性进一步核实和纠正;分类整理则是使零乱的原始数据系统化;加工分析是信息加工的最重要的一环,通过对工程项目内外原始数据与建设项目目标的综合分析,找出有关问题的规律和趋势,明确信息的价值所在。

工程项目信息加工的具体方法有:变换、排序、计算、合并、抽出、分配、生成等。在实际应用中,工程项目信息加工方法的选择应服从于管理任务的要求。例如,在制订进度计划时要了解建设项目的实际情况,必须对所有前期收集到的信息进行合并汇总处理。

（2）工程项目信息存储

由于不同工程项目信息的属性和时效不同,建筑企业加工处理生成的信息有的立即利用,有的暂时不用,有的只有一次性利用的价值,但绝大多数信息具有多次长期利用的价值,因此,需要将时效较长的信息存储起来,以备随时调用。

工程项目信息存储的主要形式包括普通分类台账、档案、缩微胶片、录像带、计算机数据库等。存储方式可采用顺序存储,亦可采用随机存储。随机存储的优点是检索速度快,但对存储介质的要求较高,一般为磁盘、光盘等。

在信息化社会中,任何一个建筑企业和一个工程项目都是一个大的信息处理系统,存储的信息量是相当巨大的,因此必须依靠先进的存储技术。信息的有序存储涉及两方面的技术,一个是硬件的存储介质技术,另一个则是软件方面的数据存储的逻辑组织技术,这就要求降低数据重复存储的冗余度,保持数据的一致性、完整性、安全性和保密性。而在硬件条件相同的情况下,数据的组织和存储所要求的软件技术就成为管理信息系统发挥的重要因素,它关系着管理信息系统处理信息的效率。

（3）工程项目信息的检索

信息存储的目的是为了信息的再利用,管理中所需的许多信息可以源于自己存储的信息,因此,信息检索是日常信息管理中最频繁的工作之一。信息检索和信息存储属于同一问题的正反两面,二者密切相关;迅速准确地检索应以先进科学的存储为前提。为此,必须对信息进行科学的分类、编码,并采用先进的存储媒体和检索工具,如计算机存储和联机检索。

管理信息系统要求建立庞大的数据库,从数据库中找出所需的有用信息,这就是数据的检索。查询效率取决于数据库的组织方式和检索计算的方法,这种技术决定了检索信息的速度,也影响了管理信息系统处理信息的效率和质量。

（4）工程项目信息的传递

信息传递亦称信息传输,信息通过传递形成信息流。由于信息流具有双向流动特征,因此,信息传递包括正向传递和反馈两个方面。企业信息传递既有垂直传递（不同管理层之间的信息传递）,也有横向传递（同一管理层各部门之间的信息传递）。

企业的组织机构系统是内部信息传递的基本渠道,为了提高传递速度和效率,企业应合理设置组织机构,明确规定信息传递的级别、流程、时限以及接受方和传递方的职责。此外,应尽可能采用先进的传递工具,如电话、传真、计算机网络通信等,尽量减少人工传递。

信息传递的目的是为了使信息作为一种资源、产品或商品,能为其他人所共享。信息借助于计算机与通信技术进行传递,而不再像以前那样只能靠某些存储介质来作为传递的媒介。Internet 的出现,使信息传递与网络技术紧密联系起来,网上的信息传递技术和其他与通信技术结合的信息传递技术,将对管理信息系统的发展起到极大的促进作用。

10.3　工程项目信息流程图

项目信息管理是现代管理制度中的重要一环,信息处理工作的规范化、制度化、科学化,将大大提高信息处理的效率和质量。同时,科学有效的信息处理系统也将能够很好地保障信息在管理运作过程中的顺畅与安全。

工程项目信息管理所需的信息主要来自于项目设计、施工阶段移交的数据和管理过程中产生的新数据。由于项目各个阶段的参与人员较多且项目产生的信息类型复杂,形式多样,如果没有一个明确的项目信息流程图提供指引,容易在信息传递中发生丢失的现象。

针对建设管理中施工环节多、涉及面广的特点,建设工程项目要建立"一人一机一室"制,即明确一名以上专职信息管理工作人员,配备一台以上的计算机用于文件收集、整理和归档,建立符合规定条件的信息资料整理室。

工程项目信息图表达的是项目各参与方之间及各参与方内部部门之间的信息沟通流程。信息流程图一般表达的某一项信息文档的流转路径及途经的单位和部门,信息流转过程中涉及的单位和部门一般用方框表示,而单位或者部门之间的流转用箭头表示。

信息管理的要求为安全、准确、顺畅、高效。安全指信息传播流动的安全,通过一系列的软、硬件措施及严格的规程、制度等,保证信息发送、流通、接收各个环节的安全;准确,即信息发送、传递、接收,各个环节交接准确,通过一定的核查程序避免信息误发、误传,造成不良影响;顺畅,指信息传播顺畅,信息更新及时、到位;高效,指信息的发送、传递、接收简捷有效,运转稳定。

图 10.1 是项目月报的信息处理流程图。

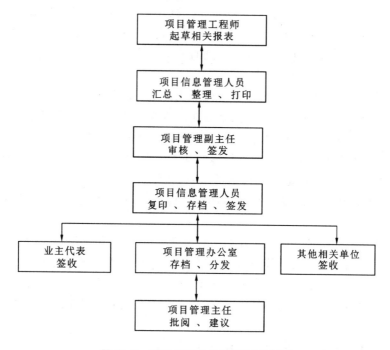

图 10.1 项目月报的信息处理流程图

10.4 项目管理信息系统(PMIS)

10.4.1 项目管理信息系统的概念

项目管理信息系统(PMIS)是基于计算机的项目管理信息系统,主要用于项目的目标控制,为项目目标的实现提供了强有力的帮助。项目管理信息系统的应用,主要是应用计算机作为手段,进行项目管理有关数据的收集、记录、存储、过滤以及将数据处理的结果提供给项目管理班子的成员。它是项目进展的跟踪和控制系统,也是信息流的跟踪系统。

项目管理信息系统的功能主要包括以下几个方面:

①投资控制;

②进度控制;

③质量控制;

④合同控制。

每一个功能模块由一个子系统完成,因此项目管理信息系统又相应地分成以下几个子系统:

①投资控制子系统;

②进度控制子系统;

③质量控制子系统;

④合同控制子系统。

10.4.1.1 投资控制子系统

投资控制子系统是处理项目投资信息,为项目建设各级管理人员控制项目投资提供决策依据的信息系统。如图 10.2 所示,投资控制子系统功能可以归纳为以下四个方面:

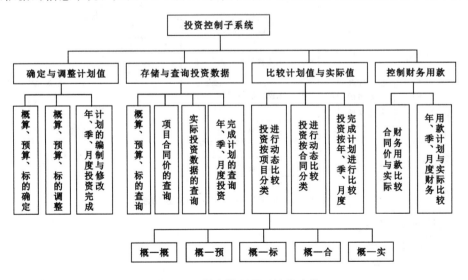

图 10.2 投资控制子系统的功能

①确定与调整项目各阶段的投资计划值;

②存储与查询项目各类投资数据(包括投资计划值与实际值);

③动态比较项目投资计划值与实际值;

④控制财务用款。

10.4.1.2 进度控制子系统

进度控制子系统作为项目管理信息系统的一部分,其功能如图10.3所示。其功能目标由两部分组成:

(1)能辅助项目进度控制人员发现问题、编制项目进度目标规划、辅助决策、进行工程项目进度的跟踪检查;

(2)能有效地辅助对正在实施的工程项目进行进度控制,有关进度控制的信息能为未来的工程项目进度控制服务。

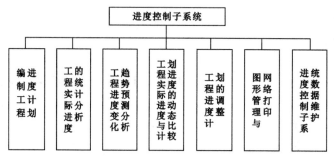

图10.3 进度控制子系统功能略图

10.4.1.3 质量控制子系统

质量控制子系统具有以下几项基本功能,如图10.4所示。

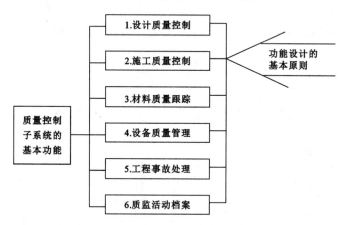

图10.4 质量控制子系统的基本功能

①设计质量控制;

②施工质量控制;

③材料质量控制;

④设备质量控制;

⑤工程事故处理;

⑥质监活动档案。

【案例分析10.1】 南京幸福城保障房项目信息管理系统

在保障房项目的建设中,参与工程建设的单位多,组织关系和合同关系相当复杂,而参与工程建设的单位往往又分布在不同的地域,再加上工程进展过程中的变化因素多,干扰因素多,所以工程目标控制的难度很大。

在对项目实施全过程中项目参与各方产生的信息和知识进行集中式管理的基础上,通过构建项目信息门户,为项目参与各方在 Internet 平台上提供一个获取个性化项目信息的单一入口,从而为项目的参与各方提供一个高效率信息交流和共同工作的环境,实现从以人为核心的协作转变为以数据为核心的协作。

幸福城项目综合管理信息系统将幸福城项目总控管理、项目过程管理、维护支持体系和安全保障体系等集成于一体,主要有项目总控、视频监控、项目数据库管理、投资(目标成本+动态成本)与合同管理、进度管理、质量安全管理和知识管理七大模块构成。幸福城项目综合管理信息系统框架见图10.5,其核心模块是项目管理和项目总控两大模块。

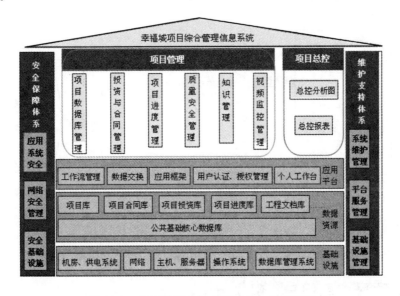

图10.5 幸福城项目综合管理信息系统框架

通过以上模块功能,实现三大方面的管理:

一是在全寿命周期内对质量、进度、投资(成本)进行项目总控。所有的参建单位都要根据授权,及时录入工程建设的相关数据。这些经系统处理后,将会自动生成一系列的图表,为决策提供依据。借助这些图表、报告,以及视频监控系统等以"信息流"控制"物质流",实施项目群的总控。

二是实施全员、全过程的项目管理。借助信息系统,项目的所有参与方(包括建设、监理、施工、设计单位,以及分包单位和材料设备商)都可以在同一个平台上实施不同主体单位的项目管理。

三是实现全寿命周期的知识管理。通过信息系统,将项目的前期证照、设计文件和图纸、工程资料、管理文档及与工程有关信息等进行收集、加工、处理和再利用。

可见,通过项目信息化建设可实现对大型项目的总控,达成各参建单位的在线信息交流和协同工作,做到全寿命周期的知识管理,从而有效提高项目管理和运作效率,降低全寿命周期成本,使管理过程可控、透明、科学。

10.4.2　基于互联网的投资控制与合同管理系统

基于互联网的投资控制与合同管理是一个较新的概念,它是在网络社会、信息社会以及知识经济社会环境下产生的一种新的投资控制与合同管理方式。在项目建设的全过程中,它不但利用项目管理理论对投资控制和合同管理的目标进行策划、控制以及管理,而且借助现代信息技术和互联网技术建立独立的项目信息网站,集中存储与投资控制和合同管理有关的结构化和非结构化信息,消除地域和时间约束,为项目参与各方提供准确、及时以及安全的项目信息,通过提高个性化和单一的项目信息接入方式,减少项目信息交流和传递的时间和过程,提高项目参与各方的信息沟通和协同工作能力。图 10.6 表示了基于互联网的投资控制与合同管理的形成过程。

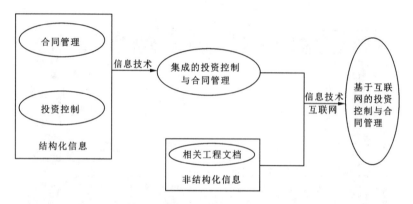

图 10.6　基于互联网的投资控制与合同管理的形成

10.5　项目信息门户(PIP)

10.5.1　项目信息门户的概念

项目信息门户(PIP)属于电子商务的范畴。电子商务有电子交易和电子协同两大分支。其中电子交易包括电子采购、供应链管理等方面的内容;电子协同则包括信息门户等方面的内容,所以 PIP 属于电子商务中电子协同工作的范畴。

项目信息门户(PIP)是在项目主题网站和项目外联网的基础上发展起来的一种工程管理信息化的前沿研究成果。根据国际学术界较公认的定义,项目信息门户是在对项目实施全过程中项目参与各方产生的信息和知识进行集中式存储和管理的基础上,为项目参与各方在 Internet 平台上提供的一个获取个性化（按需索取）项目信息的单一入口。

项目信息门户是基于互联网的一个开放性工作平台，为项目各参与方提供项目信息沟通(Communication)、协调(Coordination)与协作(Collaboration)的环境，因此它的核心理念是 3C。

10.5.1.1　项目信息门户的特点

与传统建设项目的信息管理和信息沟通方式相比，基于 PIP 的信息管理和沟通具有以下特点：

(1)与传统工程项目团队信息的分散保存和管理不同，PIP 以项目为中心对项目信息进行集中存储与管理，这种对信息集中管理的高级形式是通过统一的产品数据模型对项目信息进行分布式的存储管理。但由于这种方式在技术上的困难，目前 PIP 系统较多采用的是将项目信息集中存储在 Internet 上的项目信息库中。

(2)信息的集中存储改变了项目组织中信息沟通的方式，由于采用集中和共享式的信息沟通，大大提高了信息沟通的效率，降低了工程信息沟通的成本，提高了信息沟通的稳定性、准确性和及时性。

(3)提高了信息的可获取性和可重用性。使用 PIP 系统作为项目信息获取途径，项目信息的使用者摆脱了时间和空间的限制，同时也提高了信息的可重用性。

(4)改变了项目信息的获取和利用方式。PIP 系统将传统项目组织中对信息的被动获得改为自动获取，更改变了过量信息对人活动的制约。传统建设工程项目组织中项目参与者信息获取的方式是信息产生者将信息推(Push)给信息的使用者，这是信息沟通中"信息过载"问题产生的重要原因。而在 PIP 系统中，由于信息门户所具有信息集中个性化信息表达的特点，提高了信息推送的准确度。而且由于 PIP 系统对信息的集中存放和有效管理，信息获取者可以根据业务处理和决策工作的需要来拉(Pull)信息，这就大大提高了信息利用的效率，缓解了以往将大量信息推给决策者而导致的"信息过载"现象，提高了项目决策的效率。

10.5.1.2　项目信息门户与项目管理信息系统的区别

项目信息门户(PIP)与项目管理信息系统(PMIS)的区别包括如下几个方面：

(1)PMIS 是项目参与的某一方或几方，为有效控制项目的投资、进度、质量目标，主要利用信息处理技术，处理与项目目标控制有关的结构化数据，为项目管理者提供信息处理的结果和依据。项目参与各方有各自的 PMIS，是一个相对封闭的信息系统。

PIP 则是项目参与各方为有效进行信息沟通和共享，利用信息管理和通信技术，提供个性化的信息获取途径和高效协同工作的环境。PMIS 的核心功能是目标控制，PIP 可以集中存储、处理 PMIS 所产生的目标控制数据。项目的成功既需要 PMIS 提供有效的目标控制功能，也需要 PIP 提供良好的信息沟通和协作功能。

(2)PIP 和 PMIS 在系统目的、功能、信息技术工具、处理对象、用户等方面的区别如表 10.1 所示。

表 10.1　PIP 和 PMIS 的区别

比较内容	PMIS	PIP
系统目的	有效控制项目的投资/成本、进度、质量目标	有效进行信息沟通和共享,为项目参与各方提供个性化的信息获取途径和高效协同工作的环境
功　　能	投资/成本控制、进度控制、质量控制以及合同管理等	文档管理、信息搜索、变更提醒、在线讨论、工作流管理等
信息技术工具	信息处理技术	信息管理和通信技术
处理对象	与项目目标控制有关的数据	参建各方共享的各种类型的信息,包括数字、文本、图像、声音等形式的文档信息,也包括形体-语言、影像等形式的隐含着知识的非文档信息
用　　户	项目参与的某一方或几方	项目参与各方

10.5.1.3　项目信息门户的优势

项目信息门户(PIP)加上项目管理信息系统(PMIS),再加上其他运用软件及操作系统所形成的建设工程项目运用软件系统,再加上由计算机及网络系统组成的硬件系统,构成了工程项目信息平台。如图 10.7 所示,PIP 是搭建工程项目信息平台的核心。项目管理软件对工程相关数据进行处理,PIP 则实现包括项目管理软件处理的信息在内的项目有关信息的交流和共享,是工程项目信息平台信息交流的枢纽。它是对传统的项目信息管理方式和手段的革命性的变革。

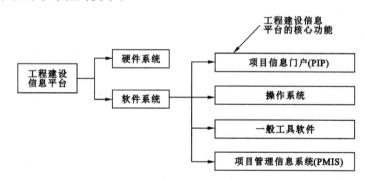

图 10.7　项目信息门户与项目管理信息系统

10.5.2　项目信息门户的意义

据有关国际资料的统计显示:
①传统建设工程中 2/3 的问题都与信息交流有关;
②建设工程中 10%～33% 的成本增加都与信息交流存在的问题有关;
③在大型建设工程中,信息交流问题导致的工程变更和错误约占工程总投资的 3%～5%。

据美国 Rebuz 网站预测,PIP 服务的应用将会在未来 5 年节约 10%～20% 的建设总投资,这是一个相当可观的数字。通过项目信息门户的开发和应用,能实现以下几种功能:

①信息存储数字化和存储相对集中;

②信息处理和变换的程序化;

③信息传输的数字化和电子化;

④信息获取便捷;

⑤信息透明度提高;

⑥信息流扁平化。

基于 PIP 的建设工程管理在建设项目组织与管理中的应用有着重要的意义,主要表现在以下几个方面:

(1)对工程的管理和控制提供强有力的支持,提高项目建设的效益

项目信息门户(PIP)的应用从根本上改变了传统工程项目建设过程中信息交流和传递的方式,使项目业主和各参与方能够在任何地方、任何时间准确及时地掌握工程项目建设的实际情况和准确信息,从而能够做到对项目实施全过程进行有效的监控,极大地提高对工程项目建设管理和控制的能力。在工程项目结束后,业主和各参与方可以十分方便地得到项目实施过程中全部记录信息,这些信息对于项目今后的运营与维护有着极为重要的作用。从包括项目的建设期和建成后的生产运营期的整个项目生命的经济效益来看,项目信息门户(PIP)的应用将极大地提高整个项目建设的效益。

(2)降低工程项目实施的成本

成本的节约来自两方面:一方面是减少了花费在纸张、电话、复印、传真、商务旅行及竣工文档准备上的大量费用,从而带来的直接成本降低;另一方面是提高了信息交流和传递的效率和有效性,从而减少了不必要的工程变更,提高了决策效率,带来了间接成本的降低。

(3)缩短项目建设时间

据统计,现代建设项目中,工程师工作时间的 10%～30% 是用在寻找合适的信息上,而项目管理人员则有 80% 的时间是用在信息的收集和准备上。在美国,一个项目经理每天大约要处理 20 多个来自项目参与各方的信息请求,这要占去项目经理大部分的工作时间。由于信息管理工作的繁重,有人甚至称项目经理已经变成了项目信息经理。使用基于互联网的项目信息门户进行项目信息的管理和交流可以大幅降低搜寻信息的时间,提高工作和决策的效率,从而加快项目实施的进度。另外,应用基于互联网的项目信息门户可以有效减少由于信息延误、错误所造成的工期拖延。

(4)提高工程建设的质量

项目信息门户(PIP)可以为业主、设计单位、施工单位及供货单位提供有关设计、施工和材料设备供货的信息。在一定的授权范围内,这些信息对业主、设计单位、施工单位及供货商是透明的,从而避免了传统信息交流方式带来的弊端,有利于工程项目的设计、施工和材料设备采购的管理与控制,为获得高质量的工程提供有力的保障。

(5)降低项目实施的风险

在工程建设过程中,采用项目信息门户(PIP)可以保证项目信息的交流和传递在任何时候和任何地点都十分通畅,提高了决策人员对工程实施情况把握的准确性和对项目发展变化趋势的预见性,从而可以很好地应对项目实施过程中的风险和各种干扰因素,保证项目目标更好地实现。

10.5.3　项目信息门户的功能

PIP 的核心功能是实现项目生命周期信息管理必须具备的功能,体现在以下三个方面:Project Communication,即项目各参与方的信息交流;Document Management,即项目文档管理;Project Collaboration,即项目各参与方的共同工作。

(1)项目各参与方的信息交流

项目各参与方的信息交流功能主要是使项目主持方和项目参与方之间以及项目各参与方之间在项目范围内进行信息交流和传递,如电子邮件传递信息功能、预定项目文档的变动通知功能等。

(2)项目文档管理

项目文档管理功能包括文档的查询、文档的上传下载、文档在线修改以及文档版本控制等功能。在 BLM 信息管理模式下,PIP 的文档管理功能与 BLM 的设计文档生成功能必须进行有效的集成,保证设计文档的及时更新和正确的版本信息。

(3)项目各参与方的共同工作

项目各参与方的共同工作功能能够使项目参与各方在 PIP 中在线完成同一份工作,如工程项目相关事项的讨论功能、在线图纸信息编辑更改功能、在线报批功能等。

项目信息门户的产品还有一些扩展功能,如多媒体的信息交互、电子商务功能和在线项目管理(Web-Based Project Management)等。图 10.8 为基于互联网的项目信息门户的功能结构图,它涵盖了目前一些基于互联网的项目信息门户商品软件和应用服务的主要功能,是较为系统全面的基于互联网的项目信息门户的功能架构,在具体建设工程项目的应用中可以结合工程实际情况进行适当的选择和扩展。

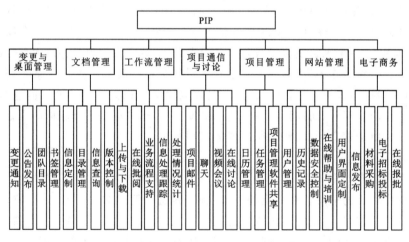

图 10.8　项目信息门户的功能结构图

对其中的功能说明如下:

(1)桌面管理(Desktop Management):包括变更提醒、公告发布、团队目录、书签管理等相关功能。

(2)文档管理(Documents Management):包括文档查询、版本控制、文档的上传和下载、在线审核、文档在线修改。项目参与各方可以在其权限范围通过 Web 界面对中央数据库中的各种格式的文档(包括 CAD)直接进行修改。

(3)工作流管理(Workflow Management):业务流程的全部或部分自动化,即根据业务规则在参与方之间自动传递文档、信息或者任务。工作流管理也包括工程变更、处理跟踪、处理统计等工作。项目信息门户定义和组织了项目管理流程和业务处理流程,并为各个业务子系统提供接口,实现项目管理流程的控制和改进。

(4)项目通信与讨论(Project Messaging and Collaboration),或称为项目协同工作:包括项目邮件、实时在线讨论、BBS、视频会议等内容。使用同步(如在线交流)和异步(线程化讨论)手段使建设项目参与各方结合一定的工作流程进行协作和沟通。

(5)任务管理(Task Management):包括任务管理、项目日历、进度控制、投资控制、项目管理软件共享等内容。

(6)网站管理(Website Administration),或称为系统管理:包括用户管理、安全控制、历史记录、界面定制、用户帮助与培训等功能。如安全管理建设项目信息门户有严格的数据安全保证措施,用户通过一次登录就可以访问所有规定权限内的信息源。

(7)电子商务(E-commerce):包括设备材料采购、电子招投标、在线报批等功能。

此外,PIP 还包括在线录像功能。在施工现场的某些关键部位安装摄像头,使得项目参与各方能够通过 Web 界面实时查看施工现场,从而及时为施工问题提供解决方案、解释设计意图或者只是简单地监控施工现场。

10.5.4　BIM 协同管理平台

随着信息化和大数据时代的到来,建筑行业信息化的实现迫在眉睫。而协同工作、信息共享和工程信息管理有机化是建筑行业未来的发展趋势,这是实现建筑行业的智能化、控制人力和资金成本根本途径。BIM 技术的出现正好解决了这一问题。

BIM 技术是以 3D 建筑模型为依托,将建筑项目全生命周期中所有阶段、所有部门之间的信息通过一个统一的建筑模型串联起来,在此基础上增加成本和时间等维度进行信息集成应用和管理,形成完整全面的描述。BIM 技术在建筑全生命周期中高度的信息集成和共享方便了部门内部和部门之间的信息传递和共享。

基于 BIM 技术项目信息管理一般是搭建一个可串联其所有参与部口的工程信息集成管理平台,并在平台上建立基于开放的信息交换标准 IFC,供不同部门在工程建设管理的各阶段有机地集成、管理和共享各阶段各相关部门所有工程信息,实现基于 BIM 的建筑项目工程管理。

理想中的基于 BIM 的信息管理平台允许用户通过系统执行查询、修改等指令,并同时在所有用户的界面上进行更新,实现信息的高效传递。在项目决策阶段,各参与方可以对模型进行反复地修正和优化,同时记录设计图纸、可行性研究等文档。在项目的招投标阶段,招标人可以直接把模型和前期信息适度公布于招投标平台上,投标人可直接根据模型的信息编制投标文件,避免了以往 2D 图纸不清晰的问题,最后签订的合同文件同样可以存入系统。

在项目施工阶段,系统可以存储期间发生的材料采购记录、设计变更、质量问题等一系列文件信息,用户可以使用系统的质量、进度、投资等控制子模块方便地查看相关信息,做出决策。

在项目运营阶段,项目的使用情况、维修情况、用户反馈情况等可以录入系统,作为对与项目运行情况的评估。

10.5.4.1 BIM 协同管理平台的技术支撑

随着 BIM 技术的广泛应用,BIM 技术与传统的 PMIS、PIP 技术相结合,形成了基于 BIM 的协同管理平台。当下,互联网＋、大数据、云计算等一大批先进技术不断涌入工程领域,BIM 技术的应用场景越来越广。在 BIM 技术的应用下,传统局限于人与人之间的协同将被打破,人、物、流程之间的协同将会建立起来,实现超组织、超协同的智能化协同。

随着互联网技术的发展,Web 技术日益成熟,BIM 的应用大量以 Web 技术为载体,在 Web 服务和浏览器中构建。Web-BIM 技术将会打破现有 BIM 技术普遍侧重于单点、单机的问题,构建协同、快速、高效的应用方式。构建基于 Web 技术的 BIM 协同管理平台一般是将建立的 BIM 模型实现在 Web 服务器和浏览器中,利用模型的物理特性以及三维可视化视图来反应项目的各项信息,为工程各参与方的沟通和决策提供参考依据。Web-BIM 技术的应用难点在于如何在客户端实现模型的轻量化展示,保证模型在客户端显示和操作的快速性和及时性。

Cloud-BIM 技术充分发挥了云技术的优势,将 BIM 所需的计算能力、存储能力等分布于云端,通过建立公有的 Cloud-BIM 平台来搭建针对基于 BIM 协同管理平台应用的服务器云环境。通过将 BIM 软件、模型转换软件、模型资源等存储在云端实现了云端和客户端的有效分离,云端负责计算和输出,客户端只需负责接收和显示。在实际工程应用场景中,将手机、电脑、RFID 设备一同接入公有 Cloud-BIM 平台,管理人员可以很方便地展开协同工作,从而打破了地域和硬件条件的限制。

BIM 协同平台不同于传统平台的一个特点就是更广泛的信息维度,将管理信息抽取加工 BIM 信息,实现管理信息和 BIM 信息的无缝集成。在实际应用场景中,一方在平台上传相关信息,另一方发起信息查询、业务处理、模型修改等请求,平台会根据需求来组合和加工数据通过可视化界面来反馈给用户。

常见的 BIM 信息和管理信息分类(部分)见表 10.2。

表 10.2 基于 BIM 的项目信息分类(部分)

项目阶段	信息类别部分	BIM 提取信息	项目管理信息
决策阶段	投资决策信息	周边地理环境信息	监测管理
		建筑外观信息	
		建筑功能信息	
		建筑日照分析信息	
设计阶段	建筑性能分析信息	应急模拟分析信息	变更管理
	施工图设计信息	多方案比较信息	

项目阶段	信息类别部分	BIM 提取信息	项目管理信息
		设备机房深化信息	
		综合支架吊架设计信息	
		各专业碰撞检查信息	
	管线综合平衡设计信息	净高控制信息	
		维修空间检查信息	
		预留预埋洞口信息	
	施工方案模拟信息	施工现场布置模拟信息	
		现场运输模拟信息	
施工阶段	施工进度控制信息	进度计划调整信息	
		施工动态信息	日报管理
		构件工程量统计信息	
	施工成本控制信息	材料价格信息	材料设备进场信息
		动态成本新消息	
		施工预算信息	
		施工结算信息	
		合同管理信息	
		设备采购信息	
		物料管理信息	
	施工现场安全管理信息	建筑空间信息	现场安全管理信息
			现场质量管理信息
			文档资料管理信息
运营阶段	建筑运营管理信息	建筑设备信息	设备管理信息
		建筑空间信息	
		设备维护信息	

10.5.4.2　BIM 协同管理平台的构建

一个典型的 BIM 协同平台的架构分为终端层、平台层、应用层,具体见图 10.9。

(1)终端层

通过互联网+技术,结合手机、电脑、RFID 等终端设备来提高现场管控能力,实现实时监控、智能感知、数据采集、高效协同等功能。

(2)平台层

通过云平台在线整合、存储、计算、分析业务过程中产生的数据,实现数据在各参建方的高效流动的传递。

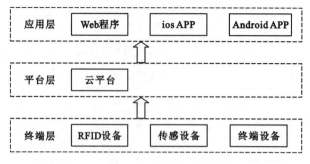

图 10.9　一个典型 BIM 协同管理平台架构

（3）应用层

应用层实现了 BIM 技术的可视化、参数化、数据化，方便了项目管理人员进行实时操作，及时应对工程突发情况，传递和下达指令。

基于 BIM 的协同管理平台通过云端数据来获取工程进展和相关信息，实现各业务流程的透明化，打破了传统协同平台的"信息孤岛"。BIM 协同管理平台可以分为工程检测系统、微现场系统、可视化管理系统、企业级门户系统四个子系统。

工程检测系统包括 Web 端和移动端两部分。其中 Web 端是基于 BIM 技术的可视化质量、投资、进度综合管理系统。例如可以用来检测和管理基坑开挖过程，包括基坑监测、降水检测、检测数据可视化、应急预案、报表管理等一系列内容。移动端包括适用于 iOS 和 Android 两个系统的 APP，以 Web 版的功能为基础，以轻量化运行为前提，充分考虑了移动设备的硬件特性，以数据信息查看和现场定位采集为主要用途。

"微现场"摆脱了传统 PMIS 依赖办公室中电脑终端的特点，拓宽了应用场景，允许管理人员在移动设备上开展项目管理工作。"微现场"同样包括 Web 端和移动端两部分，Web 端侧重于施工现场的可视化管理，包括施工进度、质量安全工况、变更签证、项目日报等功能，通过数据传递和信息分享实现协同工作，通过信息集成分析和智能推送提醒实现施工现场智慧管理。移动端通过现场数据即时采集和上传，现场工况发布、处理、跟踪、查询等功能来实现现场施工的及时管理，并且结合定位技术可以很方便地定位问题，方便日后的处理和解决。

可视化管理系统实现了基于 Web-BIM 和 Cloud-BIM 模式下 BIM 模型的漫游和查看，即时显示项目进度，方便管理人员掌握工程信息。

企业级门户功能集成了 BIM 系统和"微现场"系统，实现了信息流的即时更新，支持及时查看和决策，包含了决策分析、实时监控、业务监控三个模块。决策分析模块使用信息化技术对数据进行汇总分析，生成数据报表，供管理人员参考做出决策。实时监控模块方便管理人员实时查看项目进展，设备和材料使用情况，展开实时分析。业务监控模块方便管理人员查看各参与方的业务完成情况，

10.5.4.3　BIM 协同管理平台的应用流程

BIM 协同管理平台的运行需要工程各参与方的积极参与和配合，在实际运用中需要各方遵守使用制度和规则。表 10.3～表 10.5 列出了各参与方的使用要求。

表 10.3 工程检测系统实施单位及要求

模块	应用单位	应用说明
基坑监测	所有	每天查看数据变化和趋势分析报警情况
降水检测	所有	每天查看数据变化和趋势分析报警情况
监测数据	所有	按需查询
报表系统	所有	按监测方案规定的频率在线生成和打印
数据上传	监测单位	按监测方案规定的内容和频率,上传监测数据
工况维护	监理单位	根据项目实际进度,及时维护项目进度,更新 BIM 模型
项目设置	建设/监测单位	如实上传项目相关信息

表 10.4 "微现场"系统应用单位及要求

模块	应用单位	应用说明
问题讨论	所有	准确描述发起问题的标题,内容,各参建方积极参与讨论和提出解决方案,发起人及时关闭问题
现场工况	所有	在工况处理和整改流程的各步骤中,项目各参建方按照职责实施工况问题发布严格且及时,计时反馈和处理
现场检查	所有	建立科学的项目检查标准和规范,准确录入检查过程信息和结果,监督整改过程
材料设备进场管理	所有	严格材料设备进场设备过程监督,认真核对材料设备信息和合格证明材料,及时上传平台,借助移动终端设备拍私照取证
日报管理	监测单位	按项目要求填写日报内容,并上传日报设计内同所必需的照片、文档等资料
文档	监理单位	建立科学的文档结构、建立文档编码、按职责上传文件、设定文档权限

表 10.5 "微现场"系统建设单位及要求

模块	应用单位	应用说明
地上模型	建设单位	模型的建立、更新、整合和上传需各方协同
地下模型	建设单位	模型的建立、更新、整合和上传需各方协同

(1)工程检测系统

应用单位包括建设单位、代建单位、BIM 咨询公司、设计单位、监理单位等等。

(2)"微现场"系统

应用单位包括建设单位、代建单位、BIM 咨询公司、设计单位、监理单位等所有参建方。

(3)可视化管理系统

应用单位为建设单位,相关单位需要及时更新模型。

在明确各方的职责后,各参建方需要按照标准业户处理流程来开展业务。下面以现场工况平台处理流程为例,图10.10为现场工况平台处理流程。

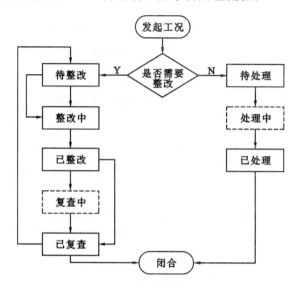

图10.10 为现场工况平台处理流程

现场工况平台的处理流程分为需整改流程和不需整改流程两类。

(1)需整改流程

①建设单位或监理单位现场管理人员发起工况后,由监理单位项目经理确定工况问题需要整改,修改流程状态为"待整改"并做出回复;

②总包单位项目经理接收信息后,安排现场施工班组进行整改,修改流程状态为"整改中"并说明整改方案;

③现场施工班组整改完成后,修改流程状态为"已整改",拍照说明整改结果,与整改前对比;

④监理单位项目经理接收信息后,修改流程状态为"复查中",并回复复查工作准备情况;

⑤监理单位项目经理复查完成后,若复查结果合格,修改流程状态为"已复查",并上传复查结果资料;

⑥工况发起人接收信息后,核实复查结果,关闭工况问题。其中若复查过程整改结果不合格,则整改过程反复,直至结果合格。

(2)不需整改流程

①监理单位现场管理人员或施工单位自检人员发起工况后,由监理单位项目经理确定工况问题无需修改,修改流程状态为"待处理"并做出回复;

②总包单位项目经理接收信息后,安排现场施工班组进行处理,修改流程状态为"处理中"并说明处理方法;

③现场施工班组处理完成后,修改流程状态为"已处理",并拍照说明处理结果,与整改前对比;

④工况发起人接收信息后,核实处理结果,关闭工况问题。

10.6.1 BIM 应用下的组织模式

BIM 的应用需要与之配套的组织模式,即不是把相关工作丢给 BIM 咨询单位,而是需要各参建方协同参与进来。因此在项目实施阶段形成一个强有力的组织进行保障是非常有必要的。

表 10.6 为某医院的 BIM 应用组织方案。

表 10.6　某医院的 BIM 应用组织方案

层次	需求层	核心层			支持层	
单位	建设方	代建方	BIM 咨询方	设计院	承包商	其余参建方
职责	功能需求	策划	BIM 建模	图纸提供	方案提供	数据提供
	运营需求	组织	分析报告	专项分析	方案论证	数据更新
	空间需求	协调	平台开发	建议反馈	建议反馈	建议反馈
	规模需求	决策	系统应用			
	组织协调	管理	课题研究			
方式	定期召开 BIM 协调例会和专题会 基于 Cloud 平台信息共享 优化合同文件和管理程序					

(1)建设单位及代建单位

建设单位及代建单位 BIM 管理贯穿整个项目建设的全过程。主要工作职责是:提出应用需求、提出应用目标、总体组织协调(包括院内各部门)、进行项目决策、辅助项目管理等。

①提出应用 BIM 技术的需求,通过 BIM 模拟提高项目的决策能力。

②组织设计院、施工单位、监理单位、车库运营单位等各参与方共同推进 BIM 工作的进行。

③通过基于 BIM 的项目管理云平台实时了解项目动态,与相关方共同商议做出决策。

(2)BIM 咨询单位

①在项目前期,编制项目 BIM 应用方案、应用模式以及应用点;形成高效的组织架构和各分项工作流程等。

②在施工阶段前,根据设计院方案图构建 BIM 模型。

③审核各参与方递交的 BIM 模型,并提出修改意见。

④在各参与方进场后,将前期 BIM 模型移交给相关方,并对进场之后的 BIM 相关工作进行讨论与安排。

⑤BIM 模型漫游。根据 BIM 优化后的模型进行 3D 漫游,根据美观性以及实用性提出优化意见。

(3)设计单位

设计图纸及变更信息的及时提交,以及 BIM 模型的设计确认等,具体如下:

①成立 BIM 小组,参加 BIM 例会及配合业主方各项 BIM 工作。

②在图纸上及时反馈建设单位需求变化,并通知 BIM 咨询服务单位进行模型的修改,协同优化变更图纸,做到各个专业同步变更。

③提供各个阶段与蓝图对应的电子版图纸,作为 BIM 建模的基础。

④对 BIM 单位移交的模型进行双向确认,以免信息沟通遗漏。

⑤应用基于 BIM 的项目管理云平台。

(4)施工总承包单位

①负责服务期内 BIM 模型的创建和维护工作,参加每周举行的 BIM 例会及配合 BIM 咨询单位各项 BIM 工作。

②施工阶段模型构建。理解分析由 BIM 咨询服务单位移交的相关模型,并指派专业的 BIM 人员负责与 BIM 咨询服务单位进行沟通。

③根据 BIM 咨询服务单位的 BIM 技术及项目管理要求,结合自身项目经验,提出有效提升建筑效率的方案。通过场平布置模型、施工模拟模型进行审核优化,优化施工流程设计。

④进度 4D 控制。在 BIM 三维模型上增加进度属性,及时监控进度情况,对进度进行控制。

⑤根据 BIM 咨询服务单位的建模标准进行模型深化。

⑥根据 BIM 咨询服务单位的建模标准进行竣工模型构建。

⑦根据 BIM 咨询服务单位的建模要求、标准、进度安排协调各分包的 BIM 应用,招投标阶段明确各分包的 BIM 要求。

⑧应用基于 BIM 的项目管理云平台。

(5)工程监理单位

①成立 BIM 小组,参加 BIM 例会及配合 BIM 咨询单位各项 BIM 工作。

②查看移交模型,用于现场管理,提高管理效率。

③通过 BIM 移交模型,直观了解设计变更情况及对应工程量,加快签证速度。

④应用基于 BIM 的项目管理云平台。

(6)投资监理单位

①成立 BIM 小组,参加 BIM 例会及配合 BIM 咨询单位各项 BIM 工作。

②根据 BIM 咨询服务单位提供的招投标阶段工程量统计,提高算量精度,控制投资。

③根据 BIM 咨询服务单位提供的施工阶段 BIM 工程量统计,提高算量精度,了解变更实际增加工程量,提高签证及决策效率。

④配合 BIM 咨询服务单位进行 BIM 5D 造价研究,提高 BIM 试点项目的应用深度。

⑤应用基于 BIM 的项目管理云平台。

（7）各分包单位

一是机电安装分包，主要工作是构建机电模型（给排水、暖通、电气）。

①通过 BIM 技术进行管线综合并形成报告，在施工前利用 BIM 技术排除难点问题，相关变更及时与设计院沟通，并且梳理相关问题形成阶段性汇总报告；

②根据 BIM 咨询服务单位的要求及规范，提交现场管线调整变更单，经 BIM 审核，确定实际施工管线与 BIM 模型的偏差，调整模型，提高竣工模型的进度，避免竣工模型与实际安装尺寸不符。

③根据 BIM 咨询服务单位的建模标准进行竣工模型构建。

④应用基于 BIM 的项目管理云平台。

二是弱电安装、消防安装、铝合金门窗、电梯安装、太阳能安装等分包一系列分包单位。

①根据 BIM 单位移交模型进行深化设计。

②应用基于 BIM 的项目管理云平台。

10.6.2　BIM 在各阶段的应用

医院建设项目具有专业性强，系统配置复杂，专业要求高等特点。项目设计分工详细且设计冲突较多、修改量大；项目建设过程中，专业施工分工详细，施工交叉作业面多；专业系统复杂，设备安装与系统调试工作量大。为了更好地开展医院建设项目工程的项目管理，达到项目设定的安全、质量、工期、投资等各项管理最终最佳目标，可通过 BIM 的应用，以数字化、信息化和可视化的方式，提升前期工作深度、设计深度、建设精细化管理深度。

BIM 的信息具有可追溯性、共享性、透明性的特点，贯穿于工程整个生命周期，使之成为智能化（制造）建设和数字化医院管理的平台。医院建设项目全寿命周期包含了前期阶段、设计阶段、招标阶段、施工阶段、竣工阶段和运营阶段，BIM 在其中的应用包括：

10.6.2.1　前期阶段

（1）虚拟现实

BIM 参数模型的出现，可以较好地充当各部门需求的统一数据载体。参数模型的虚拟现实可充分展示各部门之间需求的关联性和独立性。

（2）可行性分析

通过 BIM 进行拟建项目的参数建模，通过渲染能够同等比例显示出现实建筑物在周遭的环境中不同形式和材料所呈现的不同效果。以幕墙为例，在 BIM 建模时，采取构件的表达形式来对幕墙进行定义，龙骨、施工工艺以及保温材料均可较为详尽的统计出来，方便待建项目的早期成本测算，决策人可直观地判断拟建项目的可行性。

10.6.2.2　设计阶段

（1）可视化建造

BIM 将专业、抽象的二维建筑描述通俗化、三维直观化，使得专业设计师和建设方等非专业人员对项目需求是否得到满足的判断更为明确、高效，决策更为准确。设计阶段的可视化建造依托模型构建，根据设计进度，模型构建可包括方案模型、扩初模型和施工图模型等内容。

（2）建筑性能与环境分析

基于设计模型数据的 GBXML 格式转化，通过应用 Ecotect 软件，对医院建设项目进行日照分析、可视度分析、光环境和热环境分析等。通过客观数据帮助设计师对设计方案进行优化和调整。这有利于提高建筑的性能和室内外环境的舒适度，减少项目在建造和运营阶段对能源、材料和水等自然资源的消耗，降低污染，打造节能环保的新型建筑。

（3）人流疏散分析

以 BIM 模型为研究对象，应用 IES 软件，可以对医院建设项目进行人流疏散的模拟和分析，优化人流疏散方案。通过分析疏散过程中的详细数据，较为真实地反映出疏散过程中可能出现的各种问题，对紧急情况下的应对措施有指导作用。

（4）施工周边环境分析

医院建设项目可能毗邻交通主干道和地铁，其基坑开挖、维护以及后续建设对周末环境的影响较大，可采用以周边环境模型为研究对象，应用 Navisworks 软件，对其进行周边施工环境模拟与分析，优化施工组织方案。通过分析施工过程中的详细数据，较为真实地反映施工过程中可能出现的各种问题。

（5）碰撞分析

碰撞检查流程包括利用 BIM 模型的碰撞检查服务，是指利用 Revit、Archi CAD 等 BIM 软件建立 BIM 模型，通过碰撞检查系统整合各专业模型并自动查找出模型中的碰撞点，可获得需要的碰撞检查的报告。

（6）净空分析

BIM 模型基于设计单位提供的管线综合图，并参照最终施工图，以最初设定的功能区域的最低净空标准要求为依据，通过计算机仿真模拟，合理优化管线布置，配合施工安装标准，以达到各区在不改变结构和系统情况下的最大管线安装高度。

10.6.2.3　招标阶段

在招标阶段，对设计图纸进行 3D 建模以后，根据分部分项工程量清单中的分部分项原则，快速地从 BIM 模型中导出符合标准的分部分项工程量清单（即 BIM 工程量）。将该清单与各方提供的材料进行对比，快速审核各方编制的清单错误（包括可能的 BIM 建模错误），一方面可对清单工程量进行校核，一方面也能间接实现对 BIM 模型的错误检查。同时基于 BIM 的造价管理软件还能实现工程量溯源功能，在审核工程量清单阶段，甚至在建设过程中月度计量阶段以及竣工结算阶段，当各方对某类工程量有争议时，通过 BIM 模型快速定位对应的工程部位，方便各方明确工程量争议的原因并确定正确的工程量，避免纠纷、保障建设方权益。

10.6.2.4　施工阶段

（1）施工准备阶段深化设计修改错误与漏洞

基于 BIM 模型的平台，将各个专业各个系统设计整合集成在一起，专业和系统间的冲突及碰撞一目了然，且调整相较于传统二维 CAD 设计较快，在施工前即可修改调整到位，继而加快了施工进度，减少了浪费，而且在很大程度上减少了个专业设计人员间不必要的纠纷。

（2）虚拟 4D 模拟、优化施工方案

BIM 系统将 BIM 模型、4D 软件、建设项目施工进度计划等联动起来形成一个动态的三维模式来模拟建设项目的整个施工过程和施工现场，进而较为及时和直接地发现设计中存在的问题，并提出施工优化方案。同时，虚拟 4D 施工模拟还可以对场地临时性建筑，比如大型设备、脚手架、起重机、物料等的进出场时间进行模拟，为未来施工节约成本、优化整体进度安排提供帮助。

（3）构件预制加工

BIM 设计模型可以生成建筑物的细节化的构件模型，并可用以指导生产预制和施工。

（4）提高施工精益化

BIM 参数模型可以提供每一项工作所需的资源清单，包括设备、人员、材料等，这就方便了总承包商和各分包商之间的协调与合作，最大化地确保了资源的合理管理、节省了不必要的库存管理工作和不必要的等候时间，进而提高了生产效率。

（5）工程量统计

医院建设项目 BIM 应用系统工程量统计的基础数据包括施工作业模型、构建参数化信息、构件项目特征及相关描述信息以及其他相关的合约与技术资料信息。除此之外，将构件相关的参数信息和构建项目特征及相关描述信息加入施工作业模型，以完善建筑信息模型中的成本信息。

（6）变更管理

对施工过程中各方提出的设计变更进行模型预演，以确认变更的正确性、合理性以及现场的可实施性，同时提供变更相关的工程量增减信息以及造价信息，以提供对设计变更的决策支持。

（7）设备材料管理

为了达到按施工作业面配料的目的，实现施工过程中设备、材料的有效控制，提高工作效率，减少不必要的浪费，可通过运用 BIM 技术实现设备与材料管理。基于 BIM 的设备与材料管理的成果包括动态变化的施工设备与材料的物流信息，以及不同阶段、区域及专业施工作业面设备与材料表。

（8）质量与安全管理

基于 BIM 技术的质量与安全管理是通过现场施工情况与模型的比对，提高质量检查的效率与准确性，并有效控制危险源，进而实现项目质量、安全可控的目标。

10.6.2.5　竣工阶段

竣工阶段是建设方向运维管理部门移交建筑产品的阶段，基于 BIM 的建设方项目管理团队除了向运维管理部门移交常规的竣工图纸之外，还能提供一份信息完备的 BIM 竣工模型。依据竣工资料，结合运维模型参数而建立的竣工 BIM 模型是最终的建筑产品模型，它能将工程空间信息和建筑、设备参数信息有机地整合起来，形成工程竣工资料数据库。从而为建设方获取完整的全局信息提供途径。通过 BIM 模型与施工过程记录信息的关联，甚至能够实现包括隐蔽工程资料在内的竣工信息集成，不仅为后续的运营维护管理带来便利，并且可以为建设方及项目团队在未来可能进行的翻新、改造、扩建提供有效的历史信息。同时,通过对 BIM 竣工模型的各项工程量计算,实现 BIM 工程量与投资监理的结算清单进行比对和相互校核,支持工程结算工作,实现各结算项的有效追溯,以达到控制最终造价的目的。

10.6.2.6 运营阶段

运营阶段是占建筑全寿命期中时间最长的阶段,医院建设项目在运营阶段具备功能复杂、人性化要求高、功能空间经常变化、能耗大、设备维护保养重要等特点,增加了医院建设项目运营的难度。基于 BIM 技术的运营管理将增加管理的直观性、空间性和集成度,能够有效帮助建设和物业单位管理建筑设施和资产,进而降低运营成本,提高用户满意度。运营阶段的 BIM 应用主要包括运营系统构建、设备运行管理、空间管理和资产管理等,其中建立基于 BIM 技术的建筑运营管理平台和管理机制,是运营阶段 BIM 应用的重点。

复习思考题

1. 什么是工程项目信息管理?
2. 工程项目信息的收集主要从哪几个方面展开?
3. 什么是项目管理信息系统?它主要包括哪几方面的内容?
4. 什么是项目信息门户?
5. 简述项目管理信息系统与项目信息门户的区别。

参 考 文 献

[1]　丁士昭．工程项目管理．北京:中国建筑工业出版社,2006.

[2]　戚安邦．项目管理学．天津:南开大学出版社,2003.

[3]　卢有杰,王勇译．项目管理知识体系指南．北京:电子工业出版社,2005.

[4]　余志峰等．项目组织．北京:清华大学出版社,2000.

[5]　斯蒂芬·P. 罗宾斯．管理学．北京:中国人民大学出版社,1997.

[6]　全国注册咨询工程师(投资)资格考试参考教材编写委员会.工程项目组织与管理.北京:中国计划出版社,2007.

[7]　建设部．建筑施工企业项目经理资质管理办法(建字[1995]1号).1995.

[8]　乐云,崔政．项目实施组织策划的理论与实践．建设监理,2005(6).

[9]　丁士昭．建设监理导论．上海:上海快必达软件出版发行公司,1990.

[10]　丁士昭．建设监理与建设项目管理．上海:上海快必达软件出版发行公司,1990.

[11]　全国一级建造师执业资格考试用书编写委员会．建设工程项目管理．北京:中国建筑工业出版社,2004.

[12]　谭震寰．大型项目组织策划研究．上海:同济大学出版社,2001.

[13]　庄惟敏．建筑策划导论．北京:中国水利水电出版社,2000.

[14]　丛培经等．实用工程项目管理手册．北京:中国建筑工业出版社,1999.

[15]　官振祥等．工程项目质量管理与安全．北京:中国建材出版社,2001.

[16]　美国项目管理协会(PMI)网站．http://www.pmi.org.

[17]　全国一级建造师执业资格考试用书编写委员会．工程项目管理．北京:中国建筑工业出版社,2005.

[18]　全国造价工程师执业资格考试培训教材编审委员会．工程造价管理基础理论与相关法规．北京:中国计划出版社,2005.

[19]　王家远．工程项目风险管理风险．北京:中国水利水电出版社,2004.

[20]　方东平,黄新宇,Jimmie Hinze. 工程建设安全管理．北京:中国水利水电出版社,2003.

[21]　何清华,李永奎,李殿维．项目管理．上海:同济大学出版社,2011.

[22]　乐云,李永奎等．工程项目前期策划．北京:中国建筑工业出版社,2011.

[23]　乐云,朱盛波．建设项目前期策划与设计过程项目管理．北京:中国建筑工业出版社,2010.

[24]　何清华,李永奎,彭勇,周双海．建筑项目管理信息化．北京:中国建筑工业出版社,2011.